组织理论：公共的视角

Organization Theory: A Public Perspective

田凯 等著

图书在版编目(CIP)数据

组织理论:公共的视角/田凯等著.—北京:北京大学出版社,2020.9
21世纪公共管理学规划教材.行政管理系列
ISBN 978-7-301-31758-7

Ⅰ.①组… Ⅱ.①田… Ⅲ.①公共管理—高等学校—教材 Ⅳ.①D035

中国版本图书馆CIP数据核字(2020)第198957号

书　　　名	组织理论:公共的视角 ZUZHI LILUN: GONGGONG DE SHIJIAO
著作责任者	田　凯　等著
责 任 编 辑	梁　路　孙莹炜
标 准 书 号	ISBN 978-7-301-31758-7
出 版 发 行	北京大学出版社
地　　　址	北京市海淀区成府路205号　100871
网　　　址	http://www.pup.cn
新 浪 微 博	@北京大学出版社　　@未名社科-北大图书
微信公众号	ss_book
电 子 信 箱	ss@pup.pku.edu.cn
电　　　话	邮购部 010-62752015　发行部 010-62750672 编辑部 010-62765016
印　刷　者	河北滦县鑫华书刊印刷厂
经　销　者	新华书店
	730毫米×980毫米　16开本　24印张　412千字 2020年9月第1版　2021年2月第2次印刷
定　　　价	60.00元

未经许可,不得以任何方式复制或抄袭本书之部分或全部内容。
版权所有,侵权必究
举报电话:010-62752024　电子信箱:fd@pup.pku.edu.cn
图书如有印装质量问题,请与出版部联系,电话:010-62756370

序 言

　　自 1958 年马奇和西蒙的《组织》(*Organizations*)一书出版以来,组织理论作为一个独立的研究领域已经有六十余年的历史了。[①] 在这六十余年中,组织理论迅猛发展,快速成为横跨社会学、经济学、管理学、政治学、公共行政学和心理学等学科的重要研究领域。20 世纪七八十年代是组织理论发展的黄金时期,新制度主义[②]、资源依赖理论[③]、组织生态学[④]和组织经济学[⑤]逐渐成为组织理论的核心流派,组织理论的概念体系、理论框架和研究范式逐步形成并被广泛运用于社会科学的诸多研究主题。

　　基于公共部门的观察为组织理论的发展做出了重大贡献。马克斯·韦伯关于科层制原则的分析,是以对普鲁士国家和政府发展过程的观察为基础的。[⑥] 塞尔兹尼克以对美国田纳西农田管理局运转过程的分析为基础,提出了"吸收"(cooptation)等重要概念。[⑦] 20 世纪五六十年代,罗伯特·默顿[⑧]、安

[①] James March and Herbert Simon, *Organizations*, New York: Wiley, 1958.

[②] John Meyer and Brian Rowan, "Institutionalized Organizations: Formal Structure as Myth and Ceremony," *American Journal of Sociology*, Vol. 83, No. 2, 1977, pp. 340–363; Paul DiMaggio and Walter Powell, "The Iron Cage Revisited: Institutional Isomorphism and Collective Rationality," *American Sociological Review*, Vol. 48, No. 2, 1983, pp. 147–160.

[③] Jeffrey Pfeffer and Gerald R. Salancik, *The External Control of Organizations: A Resource Dependence Perspective*, Stanford: Stanford University Press, 1978.

[④] Michael Hannan and John Freeman, "The Population Ecology of Organizations," *American Journal of Sociology*, Vol. 82, No. 5, 1977, pp. 929–964.

[⑤] Oliver E. Williamson, "The Economics of Organization: The Transaction Cost Approach," *American Journal of Sociology*, Vol. 87, No. 3, 1981, pp. 548–577.

[⑥] Max Weber, *Economy and Society*, Berkeley: University of California Press, 1978.

[⑦] Philip Selznick, *TVA and the Grass Roots*, Berkeley: University of California Press, 1949.

[⑧] Robert Merton, *Reader in Bureaucracy*, New York: Free Press, 1952.

东尼·唐斯①、阿尔文·古尔德纳②、彼得·布劳③、路易斯·高思罗普④、罗伯特·戈伦别夫斯基⑤等学者对官僚制的内部结构和行为以及官僚组织的非市场特征进行了较为深入的研究。汉南、卡罗尔和弗里曼的组织生态学以美国工会和报纸行业发展为经验基础。⑥普费弗和萨兰西克的资源依赖理论以大学、协会等非营利组织为观察对象。迈耶和罗恩、迪马吉奥和鲍威尔的新制度主义理论大量讨论了政府在塑造制度环境、影响组织行为方面的重要作用。科恩、马奇和奥尔森关于决策的垃圾桶模型把美国大学作为分析对象。⑦这些研究成果在组织理论的基本概念和研究范式的形成上发挥了奠基性作用。

20世纪70年代以后,公共行政领域的学者逐渐认识到,现有组织理论在解释公共组织运转时存在一定的局限性,公共组织和私人组织具有不同的特征,因此需要构建可以更有力地解释公共组织的理论。雷尼等人提出了公共组织和私人组织的区别这一研究主题。他们认为,公共组织和私人组织面临的环境不同,与环境的连接方式、内部结构和运作过程也存在明显差异。公共组织受到市场影响较少,但更容易受到法律和规章制度的约束,政治因素也更容易影响公共组织的运作过程。公共组织的目标、评估和决策标准更加复杂和模糊,相互之间也更容易产生冲突。⑧雷尼及其合作者开展了一系列研究来探讨公共组织和私人组织在激励机制、回报预期、角色感知、工作满意度方面的区别。博兹曼强调了公共组织的公共性(publicness)。在他看来,所

---

① Anthony Downs, *Inside Bureaucracy*, Boston: Little Brown, 1967.
② Alvin Gouldner, *Patterns of Industrial Bureaucracy*, New York: Free Press, 1954.
③ Peter Blau, *The Dynamics of Bureaucracy: A Study of Interpersonal Relations in Two Government Agencies*, Chicago: University of Chicago Press, 1955.
④ Louis C. Gawthrop, *Bureaucratic Behavior in the Executive Branch*, New York: Free Press, 1969.
⑤ Robert T. Golembiewski, "Organization Development in Public Agencies," *Public Administration Review*, Vol. 29, No. 4, 1969, pp. 367-377.
⑥ John Freeman, Glenn R. Carroll and Michael Hannan, "The Liability of Newness: Age Dependence in Organizational Death Rates," *American Sociological Review*, Vol. 48, No. 5, 1983, pp. 692-710.
⑦ Michael D. Cohen, James G. March and Johan P. Olsen, "A Garbage Can Model of Organizational Choice," *Administrative Science Quarterly*, Vol. 17, No. 1, 1972, pp. 1-25.
⑧ Hal G. Rainey, Robert W. Backoff and Charles H. Levine, "Comparing Public and Private Organizations," *Public Administration Review*, Vol. 36, No. 2, 1976, pp. 233-244.

有的组织都在一定程度上受到政治权威的影响,因此所有的组织都具有公共性。公共性是理解组织行为的关键所在。[1] 博兹曼还呼吁在组织理论和公共政策研究之间建立更加密切的联系。[2]

公共行政领域的学者对公共组织独特性的研究取向,一方面有利于发现公共组织与私人组织不同的发展规律,另一方面也加剧了组织理论的公私分野。公共行政领域的学者更多是在"公共组织"层面讨论问题,而不是像主流组织理论家塞尔兹尼克、布劳、马奇和西蒙等人那样,基于对公共部门的观察,在"组织"这个更为基础的层面发展适用于各种类型组织的通用理论。这种研究取向使得公共组织研究逐步从组织科学的研究体系中分离出来。和基于企业组织的研究成果相比,公共组织的研究主题过于狭窄,集中于组织绩效、激励(包括公共服务动机)、网络等几个主题。很少有公共组织的研究者对新制度主义、资源依赖理论、组织生态学、组织经济学、网络理论的核心命题进行拓展,组织理论的大量核心研究主题被公共组织研究者搁置。在 *Administrative Science Quarterly*、*Academy of Management Review*、*Academy of Management Journal*、*Organization Science*、*Organization Studies* 这些组织研究的重要刊物上,已经难觅公共组织的身影。公共组织的相关研究主要发表在公共行政领域的刊物上,例如 *Public Administration Review*、*Journal of Public Research and Theory*、*American Review of Public Administration*、*Administration and Society* 等。值得一提的是,*Administrative Science Quarterly* 创刊时主要是以公共部门为研究对象的,在创立阶段曾经是基于公共部门观察的组织理论发展的重地,但近些年来,该刊物已经被以企业为对象的组织研究所占据,在很多情况下,"组织"已经成为"企业组织"的代名词,研究公共组织的学者不得不在"组织"前加上"公共"二字,以示区别。正如公共行政学者史蒂文·凯尔曼的评论,"公共行政曾经是组织理论的主流,但现在成了一个贫民区,陷入

---

[1] Barry Bozeman, *All Organizations Are Public: Bridging Public and Private Organizations*, San Francisco: Jossey-Bass, Inc., 1987.

[2] Barry Bozeman, "What Organization Theorists and Public Policy Researchers Can Learn From One Another: Publicness Theory as A Case-In-Point," *Organization Studies*, Vol. 34, No. 2, 2013, pp.169-188.

了一种与组织理论分离的、不平等的状态"①。正是基于公共组织研究所面临的危机,阿雷拉诺-高尔特等学者才大声疾呼"把公共组织带回组织研究领域",在组织研究和公共政策、公共行政之间建立更加密切的联系。他们进而指出公共组织研究的重点问题:公共组织的公共性和独特性、治理(公共和私人行动者之间的网络、合作与伙伴关系)、公共组织绩效、管制、全球化、跨国化(transnationalization)、去国家化(denationalization)。②

中国的公共部门正处于急剧变革之中,政府组织的重要改革时有发生,政府与非营利组织和企业之间的关系不断变化。相对于社会现实,我们的理论建构严重滞后。和国际学术界相比,中国的组织研究(尤其是公共组织研究)起步较晚,在知识积累和创造方面和欧美学术界还有一定差距。组织理论可以为我们更为深入地观察和解释中国社会现实提供更为有效的视角。我们希望本书能够为中国的组织研究人才培养贡献一份自己的力量。

美国斯坦福大学是组织研究的重镇。新制度主义、组织生态学、资源依赖理论、网络理论都是在这片神奇的土地上发展起来的。1999年,我在北大图书馆南天井偶然买到了理查德·斯科特撰写的《组织理论》一书,被深深吸引而开始逐渐步入组织研究的殿堂。20年后,2019年本书编撰期间,我有幸在斯坦福大学开展合作研究,在这个阳光灿烂的校园里亲身感受这些伟大的学术前辈开疆拓土时的学术氛围,激动和幸福之情难以言述。在斯坦福大学期间,我多次向周雪光教授和沃特尔·鲍威尔教授请教组织方面的相关问题,在此向两位教授表示衷心感谢!

本书是我和几位学者合作的产物,章节撰写的具体分工如下:

第一章 田凯(北京大学政府管理学院教授)、赵娟(北京大学政府管理学院博士,清华大学政治学系博士后)撰写第一、二、三、四、六节,田凯撰写第五节;

第二章 陆家欢(美国马里兰大学公共政策学院博士,现为罗格斯大学公共事务与管理学院助理教授);

---

① Steven Kelman, "Public Administration and Organization Studies," *The Academy of Management Annals*, Vol. 1, No. 1, 2007, p. 225.

② David Arellano-Gault, David Demortain, Christian Rouillard and Jean-Claude Thoenig, "Bringing Public Organization and Organizing Back In," *Organization Studies*, Vol. 34, No. 2, 2013, pp. 145-167.

第三章 蔡潇彬(北京大学政府管理学院博士);

第四章 黄金(北京大学政府管理学院博士);

第五章 唐远雄(北京大学社会学系博士);

第六章 林雪霏(北京大学政府管理学院博士,现为厦门大学公共事务学院政治学系副教授);

第七章 曾奕婧(北京大学政府管理学院博士);

第八章 练宏(北京大学社会学系博士,现为中山大学政治与公共事务学院副教授);

第九章 田凯;

第十章 田凯、黄金撰写第一、二、四、五节,田凯撰写第三节;

第十一章 田凯;

第十二章 田凯。

全书由田凯统稿。

各章作者在撰写过程中付出了巨大的努力。由于时间和知识面所限,我们的研究还有不足之处,期待学界同人在使用本书的过程中提出宝贵的意见和建议!

田 凯

2020年春于美国斯坦福大学

目 录

第一章 新制度主义   1
    第一节 组织趋同与多样性   2
    第二节 合法性机制   13
    第三节 组织与制度环境   18
    第四节 制度的产生与变迁   22
    第五节 关于新制度主义发展的反思   24
    第六节 本章小结   37

第二章 组织间网络   39
    第一节 组织间网络的基本内涵   39
    第二节 组织间网络的演化   48
    第三节 组织间网络的治理和管理   57
    第四节 组织间网络的绩效评估   66
    第五节 本章小结   73

第三章 组织结构   76
    第一节 组织结构概述   76
    第二节 组织结构的基本类型   79
    第三节 组织理论流派及其结构观   83
    第四节 本章小结   107

第四章 组织中的集体行动　　112

　　第一节　作为集体行动者的组织　　112
　　第二节　关于集体行动的主要理论模型　　113
　　第三节　组织中集体行动的影响因素　　116
　　第四节　对奥尔森集体行动理论的反思　　129
　　第五节　组织中集体行动的成本—收益分析　　136
　　第六节　本章小结　　142

第五章 组织决策　　144

　　第一节　组织决策的内涵　　144
　　第二节　组织决策主体　　149
　　第三节　组织决策的类型　　159
　　第四节　组织决策的过程　　165
　　第五节　本章小结　　180

第六章 组织学习理论　　183

　　第一节　组织学习的定义　　183
　　第二节　组织学习的动因　　186
　　第三节　组织内学习　　191
　　第四节　组织间学习　　200
　　第五节　公共组织学习的影响因素　　207
　　第六节　本章小结　　216

第七章 激励理论　　218

　　第一节　管理学角度的激励理论　　218
　　第二节　经济学角度的激励理论　　238
　　第三节　公共组织中的激励机制　　245
　　第四节　本章小结　　252

第八章　注意力分配理论　255

    第一节　注意力分配　255
    第二节　注意力分配的社会学研究　257
    第三节　注意力分配的社会学研究评价　268
    第四节　注意力分配的跨学科研究　273
    第五节　本章小结　283

第九章　政府与非营利组织关系理论　292

    第一节　政府失灵理论　292
    第二节　合约失灵理论　295
    第三节　第三方政府理论　297
    第四节　政府—第三部门关系的类型学　299
    第五节　政府、市场、志愿部门相互依赖理论　301
    第六节　本章小结　302

第十章　治理理论　305

    第一节　治理理论的发展　305
    第二节　治理理论的主要论题　309
    第三节　治理理论中的政府作用　318
    第四节　对治理理论的反思　332
    第五节　本章小结　335

第十一章　非营利组织治理理论　340

    第一节　代理理论　341
    第二节　管家理论　343
    第三节　资源依赖理论　345
    第四节　制度理论　347
    第五节　利益相关者理论　350
    第六节　不同理论的主要观点的比较　351

第七节　本章小结　353

第十二章　非营利组织战略管理理论　355

第一节　基本概念和特征　356
第二节　布赖森的战略管理模式　362
第三节　罗勒的非营利组织战略选择矩阵　366
第四节　本章小结　368

第一章　新制度主义

【内容提要】

新制度主义已成为组织理论的重要流派之一。本章系统阐述了组织分析的新制度主义产生和发展的学术脉络及主要思想,并对该理论的发展状况进行了反思,主要包括强制性趋同、模仿性趋同、规范性趋同的发生条件和动力机制,对组织多样性的研究,合法性的界定、类型和测量,制度环境对组织的影响,组织对制度环境的回应策略,以及制度产生和变迁的机制。

新制度主义是组织理论最重要的范式之一。迈耶和罗恩于1977年发表的论文《制度化的组织:作为神话与仪式的正式结构》[1]以及迪马吉奥和鲍威尔在1983年发表的论文《再访铁笼:制度趋同与集体理性》是该流派的两篇奠基性论文。[2] 迈耶和罗恩提出了一个重要的观点:组织受制度环境影响会与环境趋同,组织会为追求其在制度环境中的合法性和资源而采取社会上广为接受的正式结构、程序等要求。这种制度趋同会增加组织的合法性,让组织得以生存。迪马吉奥和鲍威尔的重要贡献是提出了组织趋同(isomorphism)的三种机制:强制性趋同(coercive isomorphism)、模仿性趋同(mimetic isomorphism)和规范性趋同(normative isomorphism)。本章将介绍新制度主义的主要观点和发展脉络,并分析其在公共组织中的应用。

---

[1] John Meyer and Brian Rowan, "Institutionalized Organizations: Formal Structure as Myth and Ceremony," *American Journal of Sociology*, Vol. 83, No. 2, 1977, pp. 340-363.

[2] Paul DiMaggio and Walter Powell, "The Iron Cage Revisited: Institutional Isomorphism and Collective Rationality," *American Sociological Review*, Vol. 48, No. 2, 1983, pp. 147-160.

第一节 组织趋同与多样性

迈耶与罗恩、迪马吉奥与鲍威尔的两篇奠基性论文把组织趋同及组织之间的相似性作为新制度主义的核心议题,并提出了导致组织趋同的机制。后续学者在他们论文的基础上不断拓展和深入,这一领域产生了一批富有价值的学术成果,导致组织趋同的机制研究进一步精细化。在一批学者集中关注组织相似性的同时,也有少部分学者发现了组织对制度压力回应的差异性和多样性。① 1991 年,新制度主义的重要奠基人之一鲍威尔对新制度主义的发展路径进行了反思,认为新制度主义把关注点放在组织的相似性上过于狭窄,因此倡导更多地去研究组织的多样性与异质性。在他的影响之下,一批学者开始集中从制度环境复杂性的角度研究组织的差异性,积累了一定的研究成果。目前从国际上来看,组织分析的新制度主义已经进入组织趋同与多样性并重的阶段。

一、组织趋同理论的发展

在迈耶与罗恩之前已经有学者观察到,组织是由环境塑造的,并与环境趋同。霍利最早使用"趋同"这一概念来研究组织,他认为趋同是一个限制的过程,迫使群体中的一个单位与同样环境中的其他单位类似。② 迈耶和罗恩把解释趋同的理论归结为两类:一是技术论。组织由于技术上的相互依赖而与环境趋同,这一解释路径以艾肯和哈格③、霍利④和汤普森⑤为代表。二是以伯格和

---

① Christine Oliver, "Strategic Responses to Institutional Processes," *Academy of Management Review*, Vol. 6, No. 1, 1991, pp. 145-179.
② Amos Hawley, "Human Ecology," in David L. Sills, ed., *International Encyclopedia of the Social Science*, New York: Macmillan, 1968, p. 539.
③ Michael Aiken and Jerald Hage, "Organizational Interdependence and Intra-Organizational Structure," *American Sociological Review*, Vol. 33, No. 12, 1968, pp. 912-930.
④ Amos Hawley, "Human Ecology," in David L. Sills, ed., *International Encyclopedia of the Social Science*, New York: Macmillan, 1968, p. 539.
⑤ James Thompson, *Organizations in Action*, New York: McGraw-Hill, 1967.

卢克曼①为代表的现象学解释,认为组织结构反映了社会建构的现实。迈耶与罗恩沿着伯格和卢克曼的现象学思路,进一步阐明了组织与环境趋同的机制。他们认为,在高度制度化的环境中,组织通过与环境趋同来获取合法性和外部资源,维持组织的生存和发展。制度环境不仅包括法律、规范,还包括社会上广为接受的文化、观念和价值。迪马吉奥和鲍威尔在迈耶与罗恩的基础上,从组织和场域层面探讨了导致制度性趋同的三种机制——强制性趋同、模仿性趋同和规范性趋同。三种趋同机制在一定程度上得到了后继研究者的经验验证和部分理论拓展,其中模仿性趋同的研究成果最为丰富,强制性趋同次之,关于规范性趋同的研究最为薄弱。

(一) 强制性趋同

在迪马吉奥和鲍威尔看来,强制性趋同源于"一个组织所依赖的其他组织向它施加的正式或非正式压力,以及其所运行的社会中存在的文化期待施加的压力"②。强制性趋同的压力直接或间接地来自政府。政府通过直接命令或制定法律和政策,成为促使组织趋同的一个重要的动力因素。国家是资源和强制性权力的关键来源,现代政府常常把一种统一的结构和程序强加给组织。此外,法律也是促使组织趋同的强制性因素之一,迫使组织不得不采纳符合相关法律的程序或实践。共同的法律环境会促使组织的行为和结构呈现出相似性。埃德尔曼的研究发现,法律通过对组织内外部人员的意识和注意力进行引导,形成外在的社会压力,促使组织采取合理的治理模式,最终导致工作场所中正当程序(due process)的扩张。③ 杜宾等人更强调人事管理者和法庭所发挥的重要作用——人事经理首先注意到组织外部广为流传的法律并为其在组织内部的扩散提供渠道,劝说领导采纳这一体系,而法庭则通过对诉讼案例的赞成或否定来诱使组织做出合适的策略选择。④ 这两个因

---

① Peter Berger and Thomas Luckmann, *The Social Construction of Reality*, New York: Doubleday, 1967.

② Paul DiMaggio and Walter Powell, "The Iron Cage Revisited: Institutional Isomorphism and Collective Rationality," *American Sociological Review*, Vol. 48, No. 2, 1983, p. 150.

③ Lauren B. Edelman, "Legal Environments and Organizational Governance: The Expansion of Due Process in the American Workplace," *American Journal of Sociology*, Vol. 95, No. 6, 1990, pp. 1401-1440.

④ Frank Dobbin, John R. Sutton, John W. Meyer, and Richard Scott, "Equal Opportunity Law and the Construction of Internal Labor Markets," *American Journal of Sociology*, Vol. 99, No. 2, 1993, pp. 396-427.

素的共同作用促使组织采纳法律允许的相关实践,导致了组织的趋同。

研究者发现,在面对制度环境的强制性压力时,不同性质的组织具有不一样的行为倾向和行动模式。埃德尔曼的研究表明,那些离公共领域更近、更依赖公共资金生存、接受公共监督更多、规模更大的组织,建立正式申诉程序的比例更高。① 杜宾等人也研究了公共领域的距离、规模等因素对组织行为的影响。他们发现,与联邦政府有合同关系、与公共领域更近、规模更大的组织更易于采纳内部劳动力市场机制。公共组织和非营利组织更多依靠舆论来获取合法性和资源,且更多受制于程序和结构而非基于产出的评估的影响,因而更容易受到制度压力的制约。② 弗鲁姆金和格拉斯契维茨深入分析了公共组织、非营利组织和私人组织对制度压力的敏感性差异。③ 迈耶和罗恩以及迪马吉奥和鲍威尔的研究是把政府作为制度环境中最重要的影响因素加以处理的。弗鲁姆金和格拉斯契维茨则把政府组织作为分析的焦点,他们认为,由于资金来源和绩效评估方式的差异,制度压力对不同类型的组织的影响是不一样的。企业有着明确的所有者,所有者具有剩余索取权并对绩效进行监督,其面临的制度压力较小;政府和非营利组织则缺乏类似企业的明确绩效指标,更容易受到环境中更为复杂的问责机制的影响。与企业和非营利组织相比,政府组织更容易受到制度压力的影响。

有些研究者还发现,强制性趋同具有情境性与阶段性的特点。组织在不同阶段受到不一样的强制性压力,不同时期会受到不同趋同机制的影响。托尔伯特和朱克关于公务员制度的采纳的研究显示,在制度扩散的早期阶段,采纳公务员制度与城市特性及内部需求有关,而后期采纳公务员制度则与该制度的制度化程度及合法性有关。④ 埃德尔曼的研究发现,组织采用正当程

---

① Lauren B. Edelman, "Legal Environments and Organizational Governance: The Expansion of Due Process in the American Workplace," *American Journal of Sociology*, Vol. 95, No. 6, 1990, pp. 1401-1440.

② Frank Dobbin, John R. Sutton, John W. Meyer and Richard Scott, "Equal Opportunity Law and the Construction of Internal Labor Markets," *American Journal of Sociology*, Vol. 99, No. 2, 1993, pp. 396-427.

③ Peter Frumkin and Joseph Galaskiewicz, "Institutional Isomorphism and Public Sector Organizations," *Journal of Public Administration Research and Theory*, Vol. 14, No. 3, 2004, pp. 283-307.

④ Pamela S. Tolbert and Lynne G. Zucker, "Institutional Sources of Change in the Formal Structure of Organizations: The Diffusion of Civil Service Reform, 1880-1935," *Administrative Science Quarterly*, Vol. 28, No. 1, 1983, pp. 22-39.

序的动力机制在早期和后期存在差异。在早期阶段,正当程序在组织间的扩散更多是强制性趋同因素导致的,而在后期阶段则更多是由模仿性趋同因素推动的。①

(二)模仿性趋同

迪马吉奥和鲍威尔提出了模仿性趋同的概念,并分析了导致模仿性趋同的条件。他们认为,当组织面临技术、目标、环境或解决方案的不确定性时,会为了降低成本和风险或提高合法性而模仿其他组织。模仿对象可能是更具合法性或更成功的组织,即使这种模仿可能"并没有任何具体的证据表明能够提高效率"②。格拉斯契维茨和沃瑟曼在迪马吉奥和鲍威尔的基础上,进一步研究了模仿行为发生的条件,特别强调网络关系在选择模仿对象中的重要作用。③ 他们发现,公司首席执行官更倾向于模仿人际网络中认识和信任的同行的行为。即使在捐赠活动中,公司高管也会模仿熟人的行为进行捐赠。豪斯达尔在格拉斯契维茨和沃瑟曼的基础上,进一步验证了关系网络对组织选择模仿对象和模仿方式的重要影响。④ 她的研究显示,组织间的模仿影响着组织的战略行动,公司之间由于董事互锁而存在关联,公司管理者更倾向于模仿他们担任董事的其他公司的管理者的行为。

迪马吉奥和鲍威尔在研究模仿性趋同时曾提出一个重要论点:新组织会模仿旧组织或成功的组织。哈夫曼通过研究借贷协会这一新的组织种群发现,新组织确实会模仿旧组织及场域中的成功组织:新组织根据组织规模和盈利能力选择成功的组织进行模仿,"规模大的组织会成为其他大型组织的模仿对象,而具有高赢利能力的组织会成为所有组织的模仿榜样"⑤。韩申甲

---

① Lauren B. Edelman, "Legal Environments and Organizational Governance: The Expansion of Due Process in the American Workplace," *American Journal of Sociology*, Vol. 95, No. 6, 1990, pp. 1401-1440.

② Paul DiMaggio and Walter Powell, "The Iron Cage Revisited: Institutional Isomorphism and Collective Rationality," *American Sociological Review*, Vol. 48, No. 2, 1983, p. 152.

③ Joseph Galaskiewicz and Stanley Wasserman, "Mimetic Processes within an Inter-organizational Field: An Empirical Test," *Administrative Science Quarterly*, Vol. 34, No. 3, 1989, pp. 454-479.

④ Pamela R. Haunschild, "Inter-organizational Imitation: The Impact of Interlocks on Corporate Acquisition Activity," *Administrative Science Quarterly*, Vol. 38, No. 4, 1993, pp. 564-592.

⑤ Heather A. Haveman, "Mimetic Isomorphism and Entry into New Markets," *Administrative Science Quarterly*, Vol. 38, No. 4, 1993, p. 622.

的研究发现,组织的地位影响着模仿行为。① 在行业中处于引领地位的组织为了显示自身地位,不会采取其他组织已有的做法;处于中等地位的组织对合法性有着更大的需求,更有动力去模仿成功组织的实践行为;位于底层的组织往往规模较小,支付能力有限,采取模仿行为的可能性会降低。

豪斯达尔和迈纳进一步拓展了迪马吉奥和鲍威尔关于模仿对象选择的观点。她们认为组织存在三种不同的模仿方式:频率模仿(frequency imitation)、特征模仿(trait imitation)和结果模仿(outcome imitation)。② 频率模仿是指组织模仿那些先前被其他组织大量采用的实践;特征模仿是指组织有选择地模仿具有特定特征的其他组织采用的实践,例如规模大的组织、成功的组织或具有网络联系的组织;结果模仿是指组织根据其他组织的实践所产生的结果来决定是否模仿该实践行为。这三种模仿方式独立发挥作用,只有非常突出的结果才会导致结果模仿。组织面临的不确定性越高,就越可能模仿大量其他组织采取的实践。组织可能仅仅采取某一个方式来模仿其他组织,也可能将三种方式结合起来。

豪斯达尔和迈纳的研究有两个突出贡献:一是试图打破迈耶和罗恩以及迪马吉奥和鲍威尔的奠基性论文中把合法性机制和效率机制对立起来的观点。她们认为,模仿既涉及合法性机制等社会过程,也可能有助于组织获得技术信息,达成更好的技术效率。她们的另外一个贡献在于,观察到模仿不一定导致组织趋同,也可能导致差异性。组织自身特性是多样化的,组织在模仿和采纳其他组织的实践时,往往会同时采用多种模仿方式,从而可能导致新制度的差异或创新,而不一定是趋同。这是对迈耶和罗恩以及迪马吉奥和鲍威尔关于制度性趋同观点的一个重要拓展。

(三)规范性趋同及不同机制的混合

迪马吉奥和鲍威尔认为,规范性趋同主要是由于专业化导致的。大学、专业培训机构、专业协会和行业协会系统地培养专业人才,这些人员接受了

---

① Shin-kap Han, "Mimetic Isomorphism and Its Effect on the Audit Services Market," *Social Forces*, Vol. 73, No. 2, 1994, pp. 637-663.

② Pamela R. Haunschild and Anne S. Miner, "Modes of Inter-organizational Imitation: The Effects of Outcome Salience and Uncertainty," *Administrative Science Quarterly*, Vol. 42, No. 3, 1997, pp. 472-500.

相似的教育,容易采用相似的方式解决问题和做出决策,从而导致组织趋同。在规范性趋同的过程中,专业人员的作用至关重要。专业人员支配着组织改革的意图和方向,影响着组织的形式和功能。① 格拉斯契维茨运用网络分析的方法对迪马吉奥和鲍威尔的规范性趋同观点进行了拓展。② 迪马吉奥和鲍威尔认为,当组织面对不确定性时,处于同一个专业协会或专业网络的组织会采取相似的行为。格拉斯契维茨对此提出了异议,他认为组织面对不确定性时,更倾向于向网络中拥有更多知识或地位更高的组织寻求解决方案,而不是与自身相似的组织。格拉斯契维茨还发现,专业人员所处的网络对场域内组织的行为具有规范作用,网络关系的邻近性和专业协会对组织行为具有间接的趋同影响。

很少有后续文献单独对规范性趋同进行研究,大多数研究是在经验层面探讨规范性趋同、模仿性趋同和强制性趋同之间的混合关系。有些研究者指出,在组织可能同时面临两种及两种以上压力的情况下,不同趋同机制可能发生综合作用。金斯伯格和布克霍尔茨认为,州立法机构通过诱导或强制给组织施加了强制性趋同压力,其制定的政策和程序对组织活动进行指导的同时又反映了规范的压力,这两种趋同因素是难以明确区分的。③ 萨顿等人认为,工作场所的合法化是由强制性趋同和规范性趋同共同导致的,国家对工作场所中公正问题的关注以及劳动关系专业人员对规范模式的推广,共同促使组织采纳正当程序。④ 大部分学者把关系网络对组织行为的影响处理为模仿性趋同,而伯恩斯和沃利则认为,组织间网络对组织采纳新结构的影响,是通过模仿性趋同和规范性趋同两种机制发生作用的,"模仿和规范压力在经

---

① Paul J. DiMaggio, "Constructing an Organizational Field as a Professional Project: U.S. Art Museums, 1920-1940," in Walter Powell and Paul DiMaggio, eds., *The New Institutionalism in Organizational Analysis*, Chicago and London: The University of Chicago Press, 1991, pp. 267-292.

② Joseph Galaskiewicz, "Professional Networks and the Institutionalization of a Single Mind Set," *American Sociological Review*, Vol. 50, No. 5, 1985, pp. 639-658.

③ Ari Ginsberg and Ann Buchholtz, "Converting to For-Profit Status: Corporate Responsiveness to Radical Change," *The Academy of Management Journal*, Vol. 33, No. 3, 1990, pp. 445-477.

④ John R. Sutton, Frank R. Dobbin, John W. Meyer, and W. Richard Scott, "The Legalization of the Workplace," *American Journal of Sociology*, Vol. 99, No. 4, 1994, pp. 944-971.

验上难以区分"①。帕尔默等人研究发现,美国20世纪60年代大型企业采用事业部结构源于强制性趋同、规范性趋同和模仿性趋同三种机制的结合。②对财务资源的依赖是一种强制性趋同的压力,事业部结构有利于降低由财务依赖带来的不确定性,因此财务依赖型企业更倾向于采用事业部结构。规范性趋同体现在首席执行官和董事的关系网络之中,首席执行官接受过商学院培训的企业以及与已经采纳事业部结构的公司的董事存在连锁关系的企业,更倾向于采纳事业部结构。模仿性趋同体现在,当企业选择事业部结构时,会倾向于模仿当时已经被广为接受的观念。

研究者发现,对于趋同压力的选择具有一定程度的模糊性。③ 弗雷格斯坦在研究公司采纳事业部时④,首先讨论了迪马吉奥和鲍威尔的三种趋同模式,但在操作化过程中却放弃了对强制性和规范性趋同的测量,而只用采纳事业部结构的比例来验证模仿效果。密苏奇和费恩对此提出了质疑,"弗雷格斯坦认为这一研究结果(一个企业可能在行业中其他企业已采纳事业部结构时,跟风采纳该结构)体现模仿效果的观点看似合理,然而,没有理由认为这一结果不能由强制和/或规范压力导致"⑤。他们认为,企业采取行业中大多数其他企业的做法,既可以理解为企业自愿的模仿行为,又可以解释为竞争者、供应商或国家施加给组织的强制性趋同要求,同时还可以理解为专业管理人员创造的规范压力。弗雷格斯坦在研究中也表示,"迪马吉奥和鲍威尔的观点很难操作",因此,他将问题简化为"如何捕捉模仿效应",只考察"模仿效

---

① Lawton R. Burns and Douglas R. Wholey, "Adoption and Abandonment of Matrix Management Programs: Effects of Organizational Characteristics and Interorganizational Networks," *The Academy of Management Journal*, Vol. 36, No. 1, 1993, p. 114.

② Donald A. Palmer, P. Devereaux Jennings and Zhou Xueguang, "Late Adoption of the Multidivisional Form by Large U.S. Corporations: Institutional, Political and Economic Accounts," *Administrative Science Quarterly*, Vol. 38, No. 1, 1993, pp. 100-131.

③ Mark S. Mizruchi and Lisa C. Fein, "The Social Construction of Organizational Knowledge: A Study of the Uses of Coercive, Mimetic and Normative Isomorphism," *Administrative Science Quarterly*, Vol. 44, No. 4, 1999, pp. 653-683.

④ Neil Fligstein, "The Spread of the Multidivisional Form among Large Firms, 1919-1979," *American Sociological Review*, Vol. 50, No. 3, 1985, pp. 377-391.

⑤ Mark S. Mizruchi and Lisa C. Fein, "The Social Construction of Organizational Knowledge: A Study of the Uses of Coercive, Mimetic and Normative Isomorphism," *Administrative Science Quarterly*, Vol. 44, No. 4, 1999, p. 662.

应的可能来源"。①

密苏奇和费恩对芬内尔和亚历山大以及格拉斯契维茨和沃瑟曼的研究也提出了类似的质疑。芬内尔和亚历山大在研究医院采用边界跨越(boundary spanning)战略时,认为医院加入更大的多医院系统(multihospital system)是模仿的结果。②密苏奇和费恩认为,这种解释过于武断和简化。医院选择加入多医院系统可能是出于增加合法性的考虑,这是强制性趋同机制导致的;也可能是由于医院管理者通过社会网络获得了关于边界跨越的知识,而这是规范性趋同机制在发挥作用。③格拉斯契维茨和沃瑟曼的结论是,组织在面临不确定性时,会通过关系网络发生模仿行为,导致模仿性趋同。④密苏奇和费恩则认为,趋同过程也可能是强制性或规范性压力导致的。

密苏奇和费恩认为,三种趋同机制之所以难以明确区分,在一定程度上是因为迪马吉奥和鲍威尔的开创性论文自身具有模糊性。⑤迪马吉奥和鲍威尔对模仿进行解释时指出,"模仿可能是无意识地、间接地通过员工调动、更换而传播的,也可能是明确地通过咨询公司或行业协会等组织传播的";在解释规范性趋同的来源时又指出,"管理人员通过加入其他组织的董事会、参加行业或跨行业的委员会、担任政府机构顾问等方式强化自己的地位","专业协会是规定和普及组织和专业人员行为规范的另一个传播媒介"⑥。在经验研究中,对于人员调换或行业协会的网络关系导致的扩散,研究者既可理解为规范性趋同,也可理解为模仿性趋同,但多数研究者都视之为模仿性趋同

---

① Neil Fligstein, "The Spread of the Multidivisional Form among Large Firms, 1919-1979," *American Sociological Review*, Vol. 50, No. 3, 1985, p. 384.

② Mary L. Fennell and Jeffrey A. Alexander, "Organizational Boundary Spanning in Institutionalized Environments," *The Academy of Management Journal*, Vol. 30, No. 3, 1987, pp. 456-476.

③ Mark S. Mizruchi and Lisa C. Fein, "The Social Construction of Organizational Knowledge: A Study of the Uses of Coercive, Mimetic and Normative Isomorphism," *Administrative Science Quarterly*, Vol. 4, No. 4, 1999, pp. 653-683.

④ Joseph Galaskiewicz and Stanley Wasserman, "Mimetic Processes Within an Inter-organizational Field: An Empirical Test," *Administrative Science Quarterly*, Vol. 34, No. 3, 1989, pp. 454-479.

⑤ Mark S. Mizruchi and Lisa C. Fein, "The Social Construction of Organizational Knowledge: A Study of the Uses of Coercive, Mimetic and Normative Isomorphism," *Administrative Science Quarterly*, Vol. 44, No. 4, 1999, pp. 653-683.

⑥ Paul DiMaggio and Walter Powell, "The Iron Cage Revisited: Institutional Isomorphism and Collective Rationality," *American Sociological Review*, Vol. 48, No. 2, 1983, pp. 151-152.

加以处理。奠基性概念的内在模糊性在一定程度上影响了后续研究的清晰性。

二、组织多样性

新制度主义的两篇奠基性论文把组织的相似性作为关注的核心问题,但在这一主流研究范式之下,也有学者发现,制度环境是复杂的、分割化的、模糊的,甚至包含着各种相互矛盾的要求,这会产生多种不同的组织结构。[①] 组织也并不是被动地遵从制度环境的要求,而是根据具体情形进行策略性回应。奥利弗采用类型学的方法,把组织回应制度压力的方式归结为五种:默认(acquiescence)、折中(compromise)、回避(avoid)、反抗(defy)和操纵(manipulate)。[②] 越来越多的学者认识到,仅仅关注趋同过程使得新制度主义忽略了很多重要的研究主题。

1991年,鲍威尔对新制度主义的研究路径进行了系统性反思,认为新制度主义奠基性论文确立的研究主题过于狭窄,应该对组织的多样性、异质性以及制度变迁过程给予更多关注,"我们需要拓展研究领域,这使我们能够更好地理解千变万化的组织场域中存在的那些重要而不同的制度逻辑,尤其需要进一步研究制度环境异质性的根源及制度变迁的过程,同时要对不同的制度规则具有不同力量这一现象进行解释"[③]。鲍威尔认为,制度环境中的各种约束也具有一定的能动性,"它们在限制或否定一种可能的机会的同时,又提供了另一种可能的机会"[④]。制度环境中既有促使组织趋同的因素,也有导致组织分化的因素:(1)组织生存的资源环境是存在差异的,而且有些环境允许组织策略性地对外部要求做出回应;(2)不同的产业存在明显差异,政府干预

[①]　W. Richard Scott and John W. Meyer, "The Organizations of Societal Sectors," in John W. Meyer and W. Richard Scott, eds., *Organizational Environments: Ritual and Rationality*, Beverly Hills: Sage, 1983, pp. 129-153.

[②]　Christine Oliver, "Strategic responses to institutional processes," *Academy of Management Review*, Vol. 16, No. 1, 1991, pp. 145-179.

[③]　Walter Powell, "Expanding the Scope of Institutional Analysis," in Walter Powell and Paul DiMaggio, eds., *The New Institutionalism in Organizational Analysis*, Chicago and London: The University of Chicago Press, 1991, p. 194.

[④]　Ibid.

的程度也不一样,组织对政府干预进行回应的方式也有所不同;(3)不同层级、不同类型的政府机构对组织提出了矛盾性的要求,导致组织的复杂性和异质性;(4)组织在面对政府要求时可能会与政府讨价还价,两者的谈判和妥协会增加组织的异质性;(5)不同的职业和专业人员对如何建立组织有着不同的理解,从而导致组织的多样性;(6)制度环境中的各种约束是有差异的、多样化的甚至相互冲突的,这也可能为组织多样性提供发展空间。

在对组织和制度多样性的分析中,桑顿提出的制度逻辑(institutional logics)的概念非常重要。在桑顿看来,制度逻辑是指"由社会建构的,关于实践、假定、价值、信仰和规则的历史模式。个体通过这个模式对物质生活进行生产和再生产,对时间和空间进行组织,并赋予社会现实意义"①。制度逻辑常常是多重的、竞争性的,甚至是相互冲突的。斯科特等人分析了医疗保健领域中不同逻辑的转换如何产生了不同的治理结构。② 劳恩斯伯里通过对美国互助基金行业的实证研究,发现竞争性的逻辑导致了不同组织实践的差异性。③ 桑顿和奥卡西奥对1958—1990年美国高等教育出版业中高管的继任方式进行了研究,认为从以编辑为中心到以市场为中心的逻辑转换,改变了高管继任的决定因素。④

劳恩斯伯里通过对大学废物回收利用项目的比较研究发现,场域层面的组织(例如行业协会)会推动形成不同的实践。⑤ 劳恩斯伯里认为,制度也可能导致组织实践的差异,新制度主义应该把制度变迁研究与组织实践多样性的研究结合起来。场域是由多重逻辑构成的,场域中也存在多种形式的制度

---

① Patricia H. Thornton, *Markets from Culture: Institutional Logics and Organizational Decisions in Higher Education Publishing*, Stanford, CA: Stanford University Press, 2004, p. 69.

② Richard W. Scott, M. Ruef, P. J. Mendel, and C. A. Caronna, eds., *Institutional Change and Healthcare Organizations: From Professional Dominance to Managed Care*, Chicago: University of Chicago Press, 2000.

③ Michael Lounsbury, "A Tale of Two Cities: Competing Logics and Practice Variation in the Professionalizing of Mutual Funds," *The Academy of Management Journal*, Vol. 50, No, 2, 2007, pp. 289-307.

④ Patricia H. Thornton and William Ocasio, "Institutional Logics and the Historical Contingency of Power in Organizations: Executive Succession in the Higher Education Publishing Industry, 1958-1990," *American Journal of Sociology*, Vol. 105, No. 3, 1999, pp. 801-843.

⑤ Michael Lounsbury, "Institutional Sources of Practice Variation: Staffing College and University Recycling Programs," *Administrative Science Quarterly*, Vol. 46, No. 1, 2001, pp. 29-56.

理性。多重逻辑导致行动者对合适的实践行为的认知存在多样性,也生成了大量的模糊性,这为创造新的逻辑和新的实践形式提供了可能性。集体行动会推动产生新的逻辑,以及各种新的理性和创新形式。[1]

贝克特对迈耶和罗恩以及迪马吉奥与鲍威尔仅仅关注趋同过程进行了反思,认为这一研究导向忽略了制度的差异性和多样性。[2] 他倡导运用一种更为综合的观点来理解制度发展过程。他认为,要解释制度的同质化和异质化过程,必须理解制度模式在特定背景下得以采纳或不被采纳的机制与过程。贝克特在迪马吉奥与鲍威尔提出的三种趋同机制基础上,增加了竞争机制,作为他解释制度变革的动力机制。他认为,这四种机制在特定条件下会导致制度同质化,但在不同的条件下也可以推动制度的异质化。当存在强有力的外生性权力、存在对制度模式的功能性或规范性的吸引力、制度企业家存在认知上和规范上的一致性、利益相关者的制度模式存在合法性,或未分化的市场中存在直接的竞争压力时,制度容易走向同质化。但是,当本土制度规则存在强有力的拥护者、在不同国家背景下行动者的认知框架不一致,或者制度存在互补性、在不同制度下当权者的利益存在差异、特定的制度模式缺少合法性、公司存在差异化的产品和结构上的自主性时,制度更趋向于异质化。贝克特的研究试图阐明制度趋同或趋异的条件和机制,这是对迪马吉奥与鲍威尔思想的重要发展。

组织实践的差异性可能还因为存在非预期结果。豪斯达尔和迈纳在研究组织模仿的过程中"惊奇地发现了复杂的、意外的组织行为",她们认为"偶然性和多样的模式可能导致组织及其种群层次非预期的结构变化"[3]。特征模仿、结果模仿和频率模仿这三种机制的混合,可能导致对同一制度的模仿既产生趋同,也产生差异,造成非预期的结果。

---

[1] Michael Lounsbury, "Institutional Rationality and Practice Variation," *Accounting, Organizations and Society*, Vol. 33, No. 4, 2008, pp. 349-361.

[2] Jens Beckert, "Institutional Isomorphism Revisited: Convergence and Divergence in Institutional Change," *Sociological Theory*, Vol. 28, No. 2, 2010, pp. 150-166.

[3] Pamela R. Haunschild and Anne S. Miner, "Modes of Inter-organizational Imitation: The Effects of Outcome Salience and Uncertainty," *Administrative Science Quarterly*, Vol. 42, No. 3, 1997, pp. 472-500.

第二节　合法性机制

一、合法性的界定

马克斯·韦伯是最早注意到合法性在社会生活中具有重要地位的社会理论家之一。① 他在对行政管理系统的分析中,按照权威的不同来源把组织分为魅力型组织、传统型组织和法理型组织。每种组织的合法性获得与该组织的领导形式有着密切的关系。当统治者通过个人魅力或传统神圣的授权而获得合法性时,组织的合法性即来自对这些领袖的命令的遵守;当统治者的合法性只能通过制度和法律获得时,组织的合法性则来自理性的规范和制度。

新制度主义理论强调合法性的重要性。迈耶和罗恩提出了一个重要的观点,"如果一个组织在正式结构中融合了社会承认的理性要素,就会提高自身的合法性,增加资源和提高生存能力"②。他们所强调的合法性不仅限于韦伯的合法性理解,而且将文化和观念置于法律、规则的制度框架内,强调这些制度的社会影响力和被广为接受的程度(take-for-grantedness)。他们认为,组织的合法性来自社会中广为流传的信念、文化、规则或规范对组织的认知和评价。对组织的认知来源于组织的内部和组织外部,有时"组织融合进来的要素只具有外部的合法性",因为"那些代表制度化规则的活动,尽管被视为必要的仪式性支出,但从效率的观点来看可能是纯粹的成本",这时有可能会产生内部认知和外部认知失调的问题。评价也分为来自内部的评价和外部的评价,如果内外评价不一致,组织的目标就会悄然发生置换,造成"医院是治疗而不是治愈病人"或"学校产出学生,而不是产出知识"的局面。③

---

① 〔美〕W. 理查德·斯科特:《制度与组织——思想观念与物质利益(第3版)》,姚伟、王黎芳译,中国人民大学出版社2010年版,第159页。
② John Meyer and Brian Rowan, "Institutionalized Organizations: Formal Structure as Myth and Ceremony," *American Journal of Sociology*, Vol. 83, No. 2, 1977, p. 352.
③ Ibid., pp. 348-357.

迈耶和罗恩认为,合法性来源于复杂的关系网络、环境的集体组织化程度以及组织领导的努力。① 随着社会中关系网络越来越密集、社会行动者的组织化程度越来越高以及组织领导对结构、程序的推动,越来越多的结构、程序、制度等被人们接受并广为扩散,成为组织获得合法性的社会来源。复杂的关系网络主要强调社会网络对组织合法性的影响;环境的集体组织化程度化主要是反映管制性机构或规范性机构施加给组织的压力;组织领导的努力则强调组织并非被动地接受制度环境的合法性压力,而是会"积极地从集体权威中寻求特权,并在这些集体权威的规则中极力将自身的目标和结构制度化"②。组织常常面临多样的、相互冲突的合法性来源。组织需要适时地进行调整,以保证自身的生存。

萨奇曼认为,"合法性是在社会建构的规范、价值、信仰和定义体系之内的,关于一个实体(entity)的行动是合意的(desirable)、正当的(proper)或者适当的(appropriate)一般化感觉或设想"③。组织的合法性是人们主观创造的。④ 一个组织是否合法由组织的观察者决定,他们来评判组织与具体标准或者模式的一致性。⑤ 组织内部和外部的利益相关者参与评判过程。外部利益相关者如政府、专业协会、大众媒体等机构对组织非常重要。来自这些机构的认可、支持、鉴定或认证,通常是一个组织是否具有合法性的重要衡量标准,例如商业银行的合法性是由政府管制机构和媒体来共同评判的,它们的评估对银行的发展战略、公众的信任具有举足轻重的影响。⑥ 医院的合法性则是由行业领域内的专业组织进行评定的,包括对其管理方面的合法性和技

---

① John Meyer and Brian Rowan, "Institutionalized Organizations: Formal Structure as Myth and Ceremony," *American Journal of Sociology*, Vol. 83, No. 2, 1977, pp. 347-348.

② Ibid., p. 348.

③ Mark C. Suchman, "Managing Legitimacy: Strategic and Institutional Approaches," *Academy of Management Review*, Vol. 20, No. 3, 1995, p. 574.

④ Ibid., p. 578.

⑤ 〔美〕马丁·瑞夫、W. 理查德·斯科特:《组织合法性的多维模型:制度环境变迁中的医院生存》,张永宏主编:《组织社会学的新制度主义学派》,上海人民出版社2007年版,第105页。

⑥ David L. Deephouse, "Does Isomorphism Legitimate?" *Academy of Management Journal*, Vol. 39, No. 4, 1996, pp. 1024-1039.

术方面的合法性的评定。① 内部利益相关者对组织的合法性评定也有着重要的影响。当组织内部有权力的关键行动者（如公司中的销售、市场营销或金融部门的总裁），在感知组织场域中一定数量的组织采纳了某种新实践并获得好处时，也会发动内部力量来引入这种新实践。②

并不是所有的人员或机构对合法性的评判都具有决定权或相同的影响力，组织会对外部多重的合法性来源进行分类并排序，最后可能结合外部合法性评定主体的最低要求而部分地遵守这些外部环境要求。③ 组织的合法性评判主体并不是一成不变的，在不同时间和地点，组织可能面临着不同的合法性压力。瑞夫和斯科特研究发现，美国医院在不同的历史时期面临着不同的生存要求，需要满足不同的制度环境，而评判医院合法性的重心也会在技术合法性和管理合法性之间摇摆。④

二、合法性的类型

斯科特认为，不同的学科对制度要素的侧重点有所不同，经济学和政治学强调作为规制要素，社会学强调规范要素，人类学和组织学则强调文化—认知要素。⑤他把这些要素结合起来，提出了一个综合性的制度定义：制度由文化—认知、规范和规制要素以及相关的活动与资源构成，它为社会生活提

---

① 就美国医疗保健部门来说，其管理合法性一般由其监督组织——美国医院协会（AHA）认定。美国医院协会评估医院的结构、功能及行政人员的级别。技术合法性则主要由研究生医学教育认证委员会（ACGME）和美国医院组织认证联合委员会（JCAHO）来评定，主要集中在人员任职资格、培训项目、工作程序及质量保证机制等以病人为中心的核心技术（诊断、治疗、训导、护理的连续性等）方面。参见〔美〕马丁·瑞夫、W. 理查德·斯科特：《组织合法性的多维模型：制度环境变迁中的医院生存》，张永宏主编：《组织社会学的新制度主义学派》，上海人民出版社2007年版，第108页。

② Neil Fligstein, "The Spread of the Multidivisional Form among Large Firms, 1919-1979," *American Sociological Review*, Vol. 50, No. 3, 1985, pp. 377-391.

③ Thomas D'Aunno, Robert I. Sutton, and Richard H. Price, "Isomorphism and External Support In Conflicting Institutional Environments: A Study of Drug Abuse Treatment Units," *Academy of Management Journal*, Vol. 34, No. 3, 1991, pp. 636-661.

④ 〔美〕马丁·瑞夫、W. 理查德·斯科特：《组织合法性的多维模型：制度环境变迁中的医院生存》，张永宏主编：《组织社会学的新制度主义学派》，上海人民出版社2007年版。

⑤ 〔美〕W. 理查德·斯科特、杰拉尔德·F. 戴维斯：《组织理论：理性、自然与开放系统的视角》，高俊山译，中国人民大学出版社2011年版，第242页。

供稳定性和意义。①。基于这三种要素,他提出了合法性的三种类型,即管制合法性、准则合法性及文化—认知合法性,每种合法性的基础各不相同(见表1-1)。在现实中,三种要素可能独立运行,也有可能相互融合、共同作用于组织,于是可能出现这样的情形,即"在很多情景中,某一种制度基础要素可能被假定为首要的制度要素",或"三种制度基础要素之间可能出现错误的组合,并支持和引发不同的选择和行为"②,或"依据某一套要素来判断,一个组织具有合法性,但是按照另一套要素该组织却不合法"③。因此,行动者的能动性选择成为一个重要的影响因素。

表1-1 合法性类型比较

	管制合法性	准则合法性	文化—认知合法性
合法性基础	依法批准	道德支配	可理解、认可的文化支持
遵守基础	权宜性应对	社会责任	视若当然、共同理解
秩序基础	规制性规则	约束性期待	建构性图式
扩散机制	强制	规范	模仿
逻辑类型	工具性	适当性	正统性
系列指标	规则、法律、奖惩	合格证明、资格承认	共同信念、共同行动逻辑、同形
情感反应	内疚/清白	羞耻/荣誉	确定/惶惑

来源:〔美〕W. 理查德·斯科特:《制度与组织——思想观念与物质利益(第3版)》,姚伟、王黎芳译,中国人民大学出版社2010年版,第59页。

奥尔德里奇把合法性区分为两类:认知合法性(cognitive legitimacy)和社会政治合法性(sociopolitical legitimacy)。认知合法性是指社会把某种新生事物当作环境的一种理所当然的特征加以接受。当一种新的产品、程序或者服务作为社会文化的一部分被接受,就具有了认知合法性。社会政治合法性指

---

① 〔美〕W. 里查德·斯科特:《制度与组织——思想观念与物质利益(第3版)》,姚伟、王黎芳译,中国人民大学出版社2010年版,第56页。
② 同上书,第71页。
③ 〔美〕马丁·瑞夫、W. 理查德·斯科特:《组织合法性的多维模型:制度环境变迁中的医院生存》,张永宏主编:《组织社会学的新制度主义学派》,上海人民出版社2007年版,第104页。

组织被主要的股东、公众、政府官员认为是适当的和正当的而加以接受。社会政治合法性包括道德接受(moral acceptance)和管理接受(regulatory acceptance)两部分。道德接受指对文化价值和规范的遵从;管理接受指对政府的规章制度的遵从。在奥尔德里奇看来,衡量道德接受的指标包括:(1)缺少宗教或民间领导人的攻击;(2)该组织领导人的公共威信在增加。衡量管理授受的指标包括:(1)政府通过的用于保护或监督该产业的法律;(2)政府对于该产业的资助程度。①

三、合法性的测量

不同行动者可能选择不同标准作为判定制度合法性的依据。托尔伯特和朱克对合法性概念进行了测量和操作化。她们把一项制度的扩散速度和程度作为衡量合法性的标准。② 组织生态学家卡罗尔和汉南则用组织密度作为测量组织合法性的标准。③ 任何一个组织种群,都会经历从产生时数量少到数量急剧增加,再到数量稳定,最后很可能数量下降的过程④,在这个过程中,合法性会随着组织的数量变化而变化。他们通过研究3个国家中9份报纸在150年间的创建率和死亡率发现,在组织种群形成的低密度时期,组织数量的增长会增加组织种群及组织形式的合法性;当这种组织形式被相关行动者认为是实现某种目的的"自然方式"时,会促使创建更多类似的组织;一旦一种组织形式变得普遍了,合法性会随着密度的增加而增加,但是合法性增加

---

① Howard Aldrich, *Organization Evolving*, Thousand Oaks: Sage Publications, 1999.
② Pamela Tolbert and Lynne G. Zucker, "Institutional Sources of Change in The Formal Structure of Organizations: The Diffusion of Civil Service Reform, 1880-1935," *Administrative Science Quarterly*, Vol. 28, No. 1, 1983, pp. 22-39.
③ 密度是指群落里曾经建立和已经倒闭的组织数量。组织生态学认为,密度是影响群落未来动态特征的重要因素。参见〔美〕W.理查德·斯科特、杰拉尔德·F.戴维斯:《组织理论:理性、自然与开放系统的视角》,高俊山译,中国人民大学出版社2011年版,第239页。卡罗尔和汉南通过构建密度与合法性、密度与竞争率、密度与组织群体创建率及死亡率之间的关系,即密度依赖模型参数,来推断组织种群创立和死亡时的合法性和竞争过程。
④ Glenn R. Carroll, Michael T. Hannan, and Lynne G. Zucker, "Density Dependence in the Evolution of Populations of Newspaper Organizations," *American Sociological Review*, Vol. 54, No. 4, 1989, pp. 524-541.

的比例却是不断下降的。①

还有学者把语言风格看作一种价值倾向和制度环境要素。赫希研究发现,在最初出现恶意收购现象时,无论是商业期刊,还是经历过兼并收购活动的人士,都极端负面地用"入侵者""海盗"等词语称呼收购方。随着恶意收购行为日益普遍化,媒体就会把收购称为"玩游戏的竞争者开始的一场专业管理的、大公司之间的比赛",被收购方是"在一场可接受的比赛中的职业选手",负面语言明显减少,新的游戏规则开始形成。② 在恶意收购行为被组织内外的利益相关者采纳和接受之后,对其进行描述的语言风格发生了显著变化。语言风格的变化与股权收购程序的变化是一致的,它促进了恶意收购行为的制度化与合法性进程。

第三节 组织与制度环境

迈耶和罗恩认为,制度环境包括公众舆论、重要人物的观点、教育系统传授的知识、法律以及法院做出的判决等人们"广泛理解的社会现实"③。他们将文化因素引入制度环境,认为制度环境不仅包括成文的规则,还包含观念和文化认知。斯科特和迈耶把制度环境看作具有完善的规则和要求的环境,这些规则和要求可能来自民族国家、政府授权的机构、专业协会或者界定组织应该如何行动的信仰系统。④

新制度主义把组织环境区分为技术环境和制度环境。迈耶和罗恩认为,合法性与效率是相互排斥的,技术活动及其绩效要求与组织遵守制度化的规

---

① Glenn R. Carroll, Michael T. Hannan, and Lynne G. Zucker, "Density Dependence in the Evolution of Populations of Newspaper Organizations," *American Sociological Review*, Vol. 54, No. 4, 1989, pp. 524-541.

② Paul M. Hirsch, "From Ambushes to Golden Parachutes: Corporate Takeovers as an Instance of Cultural Framing and Institutional Integration," *American Journal of Sociology*, Vol. 91, No. 4, 1986, pp. 800-837.

③ John Meyer and Brian Rowan, "Institutionalized Organizations: Formal Structure as Myth and Ceremony," *American Journal of Sociology*, Vol. 83, No. 2, 1977, p. 347.

④ 〔美〕W. 理查德·斯科特、约翰·W. 迈耶:《社会部门组织化:系列命题与初步论证》,〔美〕沃尔特·W. 鲍威尔、保罗·J. 迪马吉奥主编:《组织分析的新制度主义》,姚伟译,上海人民出版社 2008年版,第 133 页。

则之间会产生矛盾和冲突。后来,斯科特和迈耶逐渐意识到,不应该把技术环境和制度环境看作是相互排斥的,两者是可以共存的。① 鲍威尔指出,技术环境是以产出来评价组织的环境,制度环境是根据组织结构形式的适当性来评价组织的环境,两者在不同的场域中以不同的方式交织在一起。②

政府和专业组织是制度环境的重要组成部分。鲍威尔和迪马吉奥认为,影响科层化和同质化的主要力量是国家和专业人士,他们已经成为20世纪后半叶最大的理性行动者。③ 两类行动者影响社会组织生活的机制不同:国家更有可能采用强迫机制或诱导机制,专业组织则主要依赖社会规范或模仿的影响力。④ 由各级政府组成的管制机构管理着整个社会的经济和政治生活。大量国家或国际层面的、日益多样化的组织和协会,把民族国家和专业人员联结在一起,成为在制度领域实施权威的行动者。⑤

政府具有建构和规范社会、经济、政治生活等领域内的制度的重要作用。作为规制整个社会的主要行动者,其在不同时期、不同地域以不同的形式对制度环境、市场和组织进行管理。政府构建各种法律体系来对社会、经济部门的行为进行约束和限制,通过强制的方式使组织遵从。在强制趋同过程中,施加压力的主体直接或间接地来自政府,政府通过直接命令或制定某些法律和政策驱动组织趋同。法律是导致组织强制性趋同的核心因素之一,它有时会直接作用于组织,有时会通过一系列中间介质的影响,给组织带来强大的社会压力,从而使组织不得不采纳符合相关法律的程序或实践。

专业人士通过创立概念系统在文化—认知层面发挥作用。他们取代了术士、预言家、先知、圣人、智者这些以前的智慧和道德权威代言者,在当今理

---

① 〔美〕W. 理查德·斯科特、约翰·W. 迈耶:《社会部门组织化:系列命题与初步论证》,〔美〕沃尔特·W. 鲍威尔、保罗·J. 迪马吉奥主编:《组织分析的新制度主义》,姚伟译,上海人民出版社2008年版,第133页。

② 〔美〕沃尔特·W. 鲍威尔:《拓展制度分析的范围》,〔美〕沃尔特·W. 鲍威尔、保罗·J. 迪马吉奥主编:《组织分析的新制度主义》,姚伟译,上海人民出版社2008年版,第199页。

③ Paul DiMaggio and Walter Powell, "The Iron Cage Revisited: Institutional Isomorphism and Collective Rationality," *American Sociological Review*, Vol. 48, No. 2, 1983, p. 147.

④ 〔美〕W. 理查德·斯科特:《制度理论的青春期》,张永宏主编:《组织社会学的新制度主义学派》,上海人民出版社2007年版,第454页。

⑤ 〔美〕W. 理查德·斯科特:《制度与组织——思想观念与物质利益(第3版)》,姚伟、王黎芳译,中国人民大学出版社2010年版,第110页。

性化的世界中占据着重要地位。① 专业人员通过创造和推行规范性框架来影响组织。医学家、环保人士、科学研究者、法律专家等专业人士对行业、组织场域甚至整个社会的认知系统产生了重要影响,涉及专业许可证的发放、技术资格的认证、慈善组织的身份认证等诸多内容。

一、制度环境对组织的影响

迈耶和罗恩指出,制度环境会使组织"改变正式结构""采纳外部评估标准"和"稳定化",并最终促进"组织的成功与发展"②。制度环境对组织规则设定、组织形式、组织战略、组织决策、组织工作程序、组织结构、组织职能及组织评估等方面都产生了影响。制度环境的复杂性会使组织相应变得更为复杂,复杂而精细的组织结构是对不同制度环境要求的反映。斯科特总结了制度环境影响组织的七种机制——强迫接受(imposition)、合法授权(authorization)、诱导(inducement)、自致(acquisition)、烙印(imprinting)、融合(incorporation)以及超越(bypassing)。强迫接受是组织被迫接受制度环境的强制性要求;合法授权是组织自愿寻求权威机构的承认,并依据外部权威机构的支持或限制来修正其结构和活动,强调组织的主动性选择;诱导是制度环境中的组织由于缺乏强制性权力而通过激励手段促进组织结构的趋同;自致是行动者对结构模型进行深思熟虑后的选择,强调组织中的决策者通过自主设计制度来选择更适合组织运行的结构;烙印是指组织现在和未来的结构会保持创立时的特征;融合则是组织会在适应性机制作用下主动吸纳环境中的要素;超越是指广泛共享的信念或广为接受的程序已经嵌入组织的文化系统中,已经超越组织结构来对参与者施加影响,文化控制替代了组织结构对参与者产生直接影响。

二、组织对制度环境的回应

组织并不是被动承接受环境压力,而是会选择性地做出反应。迈耶和罗

---

① 〔美〕W. 理查德·斯科特、杰拉尔德·F. 戴维斯:《组织理论:理性、自然与开放系统的视角》,高俊山译,中国人民大学出版社2011年版,第252页。
② John Meyer and Brian Rowan, "Institutionalized Organizations: Formal Structure as Myth and Ceremony," *American Journal of Sociology*, Vol. 83, No. 2, 1977, pp. 349-352.

恩发现,组织会采用"分离化"(decoupling)的策略,仪式性地遵守制度环境的要求,但在实际运作过程中却和形式上的制度规则分离。奥利弗提出了组织应对制度环境的五种策略:默许、折中、回避、反抗、操纵。① 默许策略是指组织遵守和接受各种规则和规范;妥协策略是指组织与利益相关者协商,平衡多种制度要求;回避策略是组织试图隐瞒自己的不遵从,改变目标或行为,以免受到制度要求的影响;反抗策略是组织忽略明确的规范和价值、抵抗制度要求;操纵策略是组织吸收环境中具有影响力的利益相关者,塑造组织的价值和标准,支配和控制组织的利益相关者和组织的内部过程。受多重制度逻辑影响的组织,可能由于认知能力、互动方式、所处阶段和各自代表利益等的不同而选择不同的应对行为,从而表现出多样性和复杂性。处于冲突的制度环境中的组织,会形成各种复杂的组织结构和策略以应对复杂的环境。迈耶等人对美国中小学行政管理结构的研究发现,依赖于联邦资金的学校与学区,由于涉及更多相互独立的程序和财政预算,比那些主要依赖州政府资金的学校与学区的行政管理结构更加复杂。②

迪安诺、萨顿和普赖斯研究精神健康机构增设药物滥用治疗服务时发现,社区精神健康中心面临着矛盾的、相互冲突的制度要求,传统的和新型的治疗滥用药物的业务通常采取不同的组织模式。在此情况下,组织采取了折中措施,只是部分地遵从了冲突的制度要求。③ 这种策略性选择使组织在传统的精神健康部门和新型的管理滥用药物的部门那里都具有合法性。组织并非简单被动地接受政府强制的影响,它们有时会单独或联合起来对政府的政策施加重要影响。帕拉迪斯和卡明斯关于收容所演变过程的研究证明了这一论点。他们认为,制度并不只是简单地将其标准强加给新的社会服务组织,组织会与制度环境中的机构协商并达成妥协。④ 组织在面对复杂和冲突

---

① Christine Oliver,"Strategic Responses to Institutional Processes," *Academy of Management Review*, Vol. 16, No. 1, 1991, pp. 145-179.

② John W. Meyer, Richard Scott, and David Strang, "Centralization, Fragmentation, and School District Complexity," *Administrative Science Quarterly*, Vol. 32, No. 2, 1987, pp. 186-201.

③ Thomas D'Aunno, Robert I. Sutton, and Richard H. Price, "Isomorphism and External Support in Conflicting Institutional Environments: A Study of Drug Abuse Treatment Units," *Academy of Management Journal*, Vol. 34, No. 3, 1991, pp. 636-661.

④ Lenora Finn Paradis and Scott B. Cummings, "The Evolution of Hospice in America Toward Organizational Homogeneity," *Journal of Health and Social Behavior*, Vol. 27, No. 4, 1986, pp. 370-386.

的制度环境时,不仅会采取迈耶和罗恩提出的分离化策略,还会根据自身利益和所处情境,策略性地选择奥利弗提出的其他应对策略,如默许、妥协、反抗甚至操纵。

第四节 制度的产生与变迁

组织分析的新制度主义不仅关注制度建立的各种方式、制度变迁的类型和过程,还关注组织内的行动者在制度建立和变迁过程中的影响以及权力与利益问题。关于制度如何产生有两种不同的观点:一种观点认为制度是自然地演化生成的,如托尔伯特和朱克研究美国州政府公务员制度改革时发现,不受强制的公务员制度是随着时间慢慢扩散的;另一种观点认为制度是行动者有意识地设计出来的,行动者可以利用制度化的规则来达成目标。迪马吉奥呼吁研究者重视行动者和利益问题,他认为,当拥有足够资源的、有组织的行动者(制度企业家)看到获得利益的机会时,新的制度就会出现。[1] 这里的行动者包括政府、协会、专业人员以及精英和各种利益群体等。政府通过强制性权力向政治、经济行动者施加压力来推动新制度生成;协会通过规范性约束对场域内组织的合法性认知发挥影响,来促进新制度的形成和传播;专业人员通过专业知识来影响行动者的思想、促进新制度的产生;精英和利益群体通过其所控制的组织资源和拥有的权力来创立新的制度。鲍威尔认为,在制度形成和发展过程中,精英的介入和干预发挥了重要作用。[2]

杰普森区分了四种制度变迁类型:制度形成或产生、制度发展、去制度化和再制度化。他认为,制度的形成是从一种无序状态中退出,制度的发展是从制度的持续状态中退出,去制度化是从制度化状态中退出或走向失序,再制度化是从一种制度形式中退出而进入另一种制度形式。[3]

---

[1] 〔美〕保罗·迪马吉奥:《制度理论中的利益与行动者》,张永宏主编:《组织社会学的新制度主义学派》,上海人民出版社2007年版,第469—472页。

[2] 〔美〕沃尔特·W.鲍威尔:《拓展制度分析的范围》,〔美〕沃尔特·W.鲍威尔、保罗·J.迪马吉奥主编:《组织分析的新制度主义》,姚伟译,上海人民出版社2008年版,第207页。

[3] 〔美〕罗纳尔德·L.杰普森:《制度、制度影响与制度主义》,〔美〕沃尔特·W.鲍威尔、保罗·J.迪马吉奥主编:《组织分析的新制度主义》,姚伟译,上海人民出版社2008年版,第166—167页。

弗利南德和阿尔弗德认为,一个社会往往存在几种不同的制度,每一种制度秩序会根据自己的中心逻辑建构其组织原则来促进组织的发展。当制度之间出现矛盾时,"人们会动员起来保卫他们的制度符号和实践不受其他制度变迁的影响,或者他们可能试图输出制度符号和实践,以使另一种制度发生转型"①。不管是制度的采纳还是变迁,支持者都通过说明制度的合法性来巩固他们的地位,那些支持意见和争论都是与利益相关的。组织实践与结构也会因为那些受益者的积极支持而得以维持。因此,对情境有新的理解并拥有权力的行动者是促进制度变迁的重要因素。制度是否变迁以及如何变迁,很大程度上取决于行动者,特别是关键行动者所掌握的权力资源。弗利南德和阿尔弗德指出,在对权力系统进行分析时,要特别注意权力的性质以及提供、分配、控制资源的具体制度规则,因为权力的制度性质为制度再生产和制度转型提供了特定的机会。② 拥有权力的行动者如果支持制度变迁,组织会动员各种力量从合法性的角度对新制度进行阐释。制度变迁将以较快的速度发生;反之,如果对一项新制度缺乏认知和共识,强有力的权力联盟或利益集团将会阻止新制度的采纳和制度变迁。组织运作中的多种因素使得制度变迁出现多样化的结果:成功模仿、重新整合、不完全的制度化和组织场域的重构。③ 成功模仿比较常见,但也可能引起局部修订或出现非预期结果;重新整合是对多重制度逻辑中不同要素的组合;不完全的制度化和组织场域的重构是采纳新制度的程度和范围的差异的表现和结果。

组织分析的新制度主义引入了历史制度主义的路径依赖分析,认为组织并不一定随其制度环境的变迁而发生改变。组织常常遵从早期的或之前成功过的案例,当其得到更高层次的政府或其他权威机构的支持时,路径依赖的程度会更深,组织变革会受到更加强烈的抵制,改变制度规则需要更高的转变成本。因此,即使有些制度安排并不一定是最优的,也会在较长时间内

---

① 〔美〕罗格尔·弗利南德、罗伯特·R.阿尔弗德:《把社会因素重新纳入研究之中:符号、实践与制度矛盾》,〔美〕沃尔特·W.鲍威尔、保罗·J.迪马吉奥主编:《组织分析的新制度主义》,姚伟译,上海人民出版社2008年版,第277页。

② 同上。

③ 〔美〕沃尔特·W.鲍威尔:《拓展制度分析的范围》,〔美〕沃尔特·W.鲍威尔、保罗·J.迪马吉奥主编:《组织分析的新制度主义》,姚伟译,上海人民出版社2008年版,第216页。

持续存在,因为路径依赖阻碍了更好的新制度的产生。

第五节 关于新制度主义发展的反思

组织理论新制度主义已经和政治学、经济学新制度主义并列为社会科学制度主义的重要流派。自迈耶和罗恩、迪马吉奥和鲍威尔的奠基性论文发表以来,组织分析的新制度主义不仅对组织理论产生了重要影响,还影响了政治学、经济学、管理学等相关学科。例如,政治学家彼得斯认为,在研究政治科学中的新制度主义时,如果不讨论社会学中已有的重要文献的话,就会忽略理解政治制度的一个重要方法;对政治科学而言,社会学的这些文献是非常重要的。彼得斯甚至强调,政治学中大量的制度分析本质上主要承继了社会学的遗产。① 20世纪90年代以来,随着经济学、政治学制度主义的发展及深化,组织理论学者也开始对新制度主义的研究范围、研究主题等重大问题进行反思,并提出未来的发展方向。著名的组织理论家斯科特先后发表了多篇论文,对组织理论新制度主义的发展提出了自己的独到见解。② 新制度主义的领军人物鲍威尔、迪马吉奥、朱克等人也对组织理论新制度主义中存在的问题进行了全方位思考。这些反思对于组织理论新制度主义的发展路径产生了极其重要的影响。

一、研究主题和范围的拓展

制度一直被社会学视为传统的重要研究主题。社会学创始人之一涂尔干认为,"社会学是研究制度的科学"③。结构功能主义的代表人物帕森斯提出,构建制度理论是社会学的中心课题。④ 科尔曼也认为,"规范应该是社会

---

① 〔美〕B. 盖伊·彼得斯:《政治科学中的制度理论:"新制度主义"》,王向民等译,上海人民出版社2011年版,第248—249页。

② Richard Scott, "Approaching Adulthood: The Maturing of Institutional Theory," *Theory and Society*, Vol. 37, No. 5, 2008, pp. 427-442.

③ Emile Durkheim, *The Rules of Sociological Method*, Glencoe: Free Press, 1950, p. 1.

④ Talcott Parsons, "Prolegomena to A Theory of Social Institutions," *American Sociological Review*, Vol. 55, No. 3, 1990, pp. 319-333.

科学研究的中心问题"①。然而,在迈耶和罗恩、迪马吉奥和鲍威尔的奠基性论文中,制度环境本身的构成并不是研究的中心问题,他们把研究重点放在了制度对组织的影响以及组织的回应策略上。倪志伟认为,组织理论的制度主义简单地假定了制度存在,而没有对制度本身进行深入探讨。② 斯科特也认为,"组织研究者们关于制度的大多数研究,主要关注制度对单个组织的影响"③。无论对于组织内部还是外部来说,制度规则都是对组织运作影响最大的因素,离开规则,我们很难理解组织的运作过程。然而,令人遗憾的是,无论对于组织内部还是环境中的制度规则,新制度主义的两篇奠基性论文都缺乏深入研究。与此相比,经济学家则把更多精力放在对制度生成、制度变迁等与制度本身相关的研究上。

自 1991 年以来,组织理论家已经认识到新制度主义的研究范围过于狭窄,因而倡导拓宽研究主题和范围。鲍威尔提出,"我们需要拓展研究领域,这使我们能够更好地理解千变万化的组织场域中存在的那些重要而不同的制度逻辑,尤其需要进一步研究制度环境异质性的根源及制度变迁的过程,同时要对不同的制度规则具有不同力量这一现象进行解释"④。周雪光在分析新制度主义发展的过程时也认为,新制度主义发展至今,虽然做研究的人很多,但是现在的研究大多数是在原有的框架内进行的,在很长时间内没有创新和突破,新制度主义学派需要在研究课题和发展方向上有所创新。⑤

事实上,在组织社会学内部至少存在两类新制度主义:一是迈耶和罗恩、迪马吉奥和鲍威尔倡导的研究路径,这一路径侧重分析制度环境对组织的影响以及组织对环境的回应;二是马奇、舒尔茨和周雪光关于组织内成文规则

---

① 〔美〕詹姆斯·科尔曼:《社会理论的基础》,邓方译,社会科学文献出版社 2008 年版,第 223 页。
② 倪志伟:《社会学新制度主义的来源》,何俊志等编译:《新制度主义政治学译文精选》,天津人民出版社 2007 年版,第 228 页。
③ 〔美〕W.理查德·斯科特:《制度与组织——思想观念与物质利益(第 3 版)》,姚伟、王黎芳译,中国人民大学出版社 2010 年版,第 157 页。
④ 〔美〕沃尔特·W.鲍威尔:《拓展制度分析的范围》,〔美〕沃尔特·W.鲍威尔、保罗·J.迪马吉奥主编:《组织分析的新制度主义》,姚伟译,上海人民出版社 2008 年版,第 217 页。
⑤ 周雪光:《组织社会学十讲》,社会科学文献出版社 2003 年版,第 107 页。

的研究①,他们尝试利用制度理论和组织生态学的分析框架来研究组织内规则产生、修订、终止的过程,得到了很多富有创见的研究发现。然而,后一研究传统在组织社会学中显得颇为孤独,没有得到应有的重视,很少有学者把他们的研究作为新制度主义的代表性作品,也缺乏以他们为基础的高质量的后续研究,这是新制度主义学派的一个重要缺憾。马奇、周雪光和舒尔茨开创的制度研究方式与迈耶和罗恩、迪马吉奥和鲍威尔的新制度主义是一种互补关系,前者关注规则和制度本身的演变过程,后者关注环境对组织的影响以及组织对制度的回应。如果能够把这两个研究传统结合起来,组织理论新制度主义将获得新的发展动力。

有一些组织社会学家逐渐把注意力放到了与制度本身相关的问题上,探讨制度建立、制度变迁、制度扩散、制度采纳等核心问题。其中的重要代表人物是弗雷格斯坦和坎贝尔。弗雷格斯坦以社会学的规则、资源和社会技能为基础来研究制度建立和变迁的过程。② 在他的理论中,行动者的权力、地位、利益等因素是影响制度建立的重要变量。在他看来,制度是社会建构的产物,是行动者创造出来维持社会秩序的工具。制度的本质在于,拥有权力的群体创造出互动的规则来维持不平等的资源分配。制度一旦存在,就会在持续的互动过程中对行动者进行约束,同时赋予行动者相应的行动权力。弗雷格斯坦利用他的制度理论分析了政府、拥有不同地位和资源的企业建构市场规则的过程。坎贝尔是近年来社会学新制度主义的另一个重要代表性人物。他的研究目的在于以社会学为基础提出综合性的制度变迁理论,以弥补理性选择制度主义、组织分析的新制度主义和历史制度主义这三大分析传统在制度变迁研究中的不足。③ 坎贝尔提出了他的"受制约的制度创新理论",试图综合制度变迁理论中的宏观分析与微观基础、制度企业家的

---

① 〔美〕詹姆斯·马奇、马丁·舒尔茨、周雪光:《规则的动态演变:成文组织规则的变化》,童根兴译,上海人民出版社 2005 年版。Xueguang Zhou, "The Dynamics of Organizational Rules," *American Journal of Sociology*, Vol. 98, No. 5, 1993, pp. 1134−1166; Martin Schulz, "Limits to Bureaucratic Growth: The Density Dependence of Organizational Rule Births," *Administrative Science Quarterly*, Vol. 43, No. 4, 1998, pp. 845−876.

② Neil Fligstein, "Social Skill and Institutional Theory," *American Behavioral Scientist*, Vol. 40, No. 4, 1997, pp. 397−405.

③ 〔美〕约翰·L. 坎贝尔:《制度变迁与全球化》,姚伟译,上海人民出版社 2010 年版。

能动因素与制度环境的结构性约束因素,以及思想观念与物质利益对制度变迁的影响。①

二、对效率问题的处理

组织理论新制度主义的两篇开创性论文都把制度逻辑视为与技术效率逻辑并列甚至冲突的②,都认为新制度主义探讨的是影响组织运作的非效率因素。例如,迈耶和罗恩认为,"如果组织遵从制度化规则,常常会严重背离效率标准;相反,为促进效率而协调和控制活动,也会破坏组织对仪式符号的遵从,进而损害该组织的相关支持者的利益和组织的合法性"③。迪马吉奥和鲍威尔的观点与迈耶和罗恩的相似,他们在论文中指出,今天,由竞争或效率需要推动的组织的结构性变革越来越少。与此相反,有些机制使组织变得越来越相似,但不一定会更有效率,科层化以及其他形式的组织变革正是这些机制和过程的结果。④ 在谈到制度性趋同与效率之间的关系时,他们进一步指出,"每一种制度性趋同过程,都缺少证据表明它们会增加组织的内部效率。如果组织的绩效提升,经常是因为组织与其所处场域中其他组织变得相似而获得了回报。这种相似性,使得组织更容易与其他组织进行交易,更易于吸引具有职业精神的雇员,更易于被认为具有合法性和声誉,更容易获得公共和私人资助及合约的资格。然而,这些并不能确保遵从的组织比起那些不遵从的组织更有效率"⑤。

新制度主义的奠基性作品确立的非效率取向研究传统,极大地影响了后续学者的研究策略,也成为学者们反思的一个焦点问题。鲍威尔在其奠基性论文发表 8 年之后,对这一研究路径进行了思考,认为新制度主义在处理效率问题上存在缺陷,呈现出自相矛盾的论证逻辑,例如"制度理论家有时认为,

---

① 向静林、田凯:《坎贝尔的制度变迁理论及其对我国地方政府制度创新研究的启示》,《中共浙江省委党校学报》2015 年第 1 期。

② John Meyer and Brian Rowan,"Institutionalized Organizations: Formal Structure as Myth and Ceremony," *American Journal of Sociology*, Vol. 83, No. 2, 1977, pp. 340-363.

③ Ibid., pp. 340-341.

④ Paul DiMaggio and Walter Powell, "The Iron Cage Revisited: Institutional Isomorphism and Collective Rationality," *American Sociological Review*, Vol. 48, No. 2, 1983, p. 147.

⑤ Ibid., pp. 153-154.

制度过程不会提升组织的效率,但会改善组织的生存前景"①,"组织对制度环境的遵从增加了肯定性评价和资源,并因此增加了生存机会,同时降低了组织的效率"②。鲍威尔对这些观点提出疑问:"明显存在的问题是,能够增加生存前景的做法,怎么能同时被视为无效率的呢?如果组织因为遵从外部环境要求而获得了回报,那我们怎么能认为这种遵从不是建立在那些寻求合法性的行动者的计算性行为的基础上呢?"③斯科特在分析迈耶和罗恩以及鲍威尔和迪马吉奥的奠基性工作时,提出了类似的看法,"从这些奠基性文章来看,制度理论处于一种危险的理论边缘:尽管组织是无效率的,但从社会的角度来看是合法的"④。同时,斯科特认为,集中关注组织的非理性特征,会使制度理论家相对于理性主义者来说处于一种次要的地位,理性主义者可以很有把握地去建构解释有效组织的理论,而给制度主义者留下一些边角废料,让制度主义者去解释他们等式中的误差项。对于新制度主义在处理效率问题上的模糊性,鲍威尔提出的解决方法是,创造一种更有效的视角来研究那些非最优的安排为什么能够长期存在,也就是说,仍然关注非最优现象,但需要有新的理论视角来解释逻辑上的不一致性。斯科特的主张则更有革命性,他认为制度主义应该向理性主义者关注的更为核心的问题进军,去研究与组织有效性更为直接相关的问题,而不是关注理性主义者的剩余范畴。

鲍威尔和斯科特对于新制度主义处理效率问题方面的矛盾性的分析还存在不足之处,其中一个重要原因在于他们没有很好地区分"效率"(efficiency)和"生存"(survival)这两个概念。如果厘清了这两个概念,他们所分析的矛盾性可能并没有那么尖锐,甚至并不存在逻辑上的不一致性。事实

---

① 〔美〕沃尔特·W. 鲍威尔:《拓展制度分析的范围》,〔美〕沃尔特·W. 鲍威尔、保罗·J. 迪马吉奥主编:《组织分析的新制度主义》,姚伟译,上海人民出版社 2008 年版,第 206 页。

② W. Richard Scott and John W. Meyer, "The Organizations of Societal Sectors," in John W. Meyer and W. Richard Scott, eds., *Organizational Environments*: *Ritual and Rationality*, Beverly Hills: Sage, 1983, pp. 129-153.

③ 〔美〕沃尔特·W. 鲍威尔:《拓展制度分析的范围》,〔美〕沃尔特·W. 鲍威尔、保罗·J. 迪马吉奥主编:《组织分析的新制度主义》,姚伟译,上海人民出版社 2008 年版,第 206 页。

④ Richard Scott, "Approaching Adulthood: The Maturing of Institutional Theory," *Theory and Society*, Vol. 37, No. 5, 2008, p. 438.

上,组织理论对于"效率"有着较为清楚的界定:埃齐奥尼和桑德福认为,组织的效率是指单位产出所耗用的资源量[①],它可以用投入产出率来衡量,如果一个组织能用比其他组织更少的资源生产出同样的产品,那么这个组织就更有效率。斯蒂尔斯进一步指出了"效率"和"效能"(effectiveness)的区别,认为效能是组织实现其目标的程度,效率是指单位产出所耗用的资源量。[②] 这三位学者对效率的界定是一致的。虽然迈耶和罗恩、迪马吉奥和鲍威尔并没有在其论文中对效率这一概念进行界定,但从上下文可以看出,他们所说的组织效率,是指组织的生产效率。鲍威尔在质疑中实际上更换了"效率"的概念。组织的某些实践增加了生存前景,但确实是无生产效率或低生产效率的。有些组织可能是低生产效率的,但具有社会合法性。这两者之间并不存在逻辑上的悖论。迈耶和罗恩已经指出,有些组织是因为生产效率高而得以生存,有些组织则是遵从了制度环境的要求而得以生存,这是两种不同的生存逻辑。[③]

另一个关键问题是,新制度主义是否需要在效率问题上实现某种程度的转向。在这个问题上,斯科特和鲍威尔给出了两个不同的建议。鲍威尔倾向于创建更有效的视角来研究非最优的安排为什么会持续存在,而斯科特则主张转向理性主义者关注的重大问题。这两个研究策略可以同步运用,互不妨碍。斯科特可能低估了研究非效率行为或制度的价值。事实上,不仅社会学家关注非最优化的一面,一些杰出经济学家如诺思、威廉姆森、巴泽尔也十分关注影响经济绩效的非效率因素。诺思在剖析自己的研究思路时写道:"我放弃了以效率来考量制度的视角。统治者从其自身利益出发来设计产权,而交易费用则使得典型的无效率产权普遍存在。这就可以解释为何古已有之且一直广泛存在的产权并没有带来经济成长的现象。……我们可以解释诸种无效率制度的存在,但问题是:竞争压力为什么没有将它们淘汰?为什么

[①] Gary D. Sandefur, "Efficiency in Social Service Organizations," *Administration and Society*, Vol. 14, No. 4, 1983, pp. 449-468.

[②] Richard M. Steers, *Organizational Effectiveness: A Behavioral View*, Santa Monica, CA: Goodyear, 1977, p. 51.

[③] John Meyer and Brian Rowan, "Institutionalized Organizations: Formal Structure as Myth and Ceremony," *American Journal of Sociology*, Vol. 83, No. 2, 1977, pp. 340-363.

在经济停滞时期,政策企业家没有迅速推出一些更成功的政策来?"①威廉姆森用交易成本经济学系统分析了公共部门中精心设计的无效率现象。② 巴泽尔在解释国家的出现以及影响国家演化过程的因素时,也把相当多的精力放到了研究历史上法律制度死亡的例子上。③ 从以上两位经济学家关注的问题可以看出,有效率的制度和无效率的制度都是人类社会中的常见现象,很难说关注效率现象就比关注非效率现象更为主流,关键在于我们如何构建更好的理论来解释现实世界。斯科特倡导新制度主义从关注非效率现象走向研究效率方面,以便走出解释"边角废料"或"等式中的误差项"的状态,这是一个良好的愿望,但问题在于,组织社会学的研究传统和经济学的存在较大差异。经济学在几百年的历程中围绕着最优化问题发展出了一系列概念工具和分析方法,组织社会学则一直采用自然系统的视角研究真实世界的组织现象,相对来说对最优化问题缺少知识上的积累。如何在组织社会学的学术积累上发展出研究效率最大化的理论模式?这是斯科特倡导的发展路径迫切需要解决的问题。

三、统一的概念体系和研究范式的形成

组织理论新制度主义存在一些概念和思想上的模糊性。政治学家彼得斯在评论社会学制度主义时指出,尽管社会学关于制度的文献十分丰富,但在某种程度上也是复杂而令人困惑的。这些文献通常没有区分制度和组织,也没有区分作为实体的制度和构建制度的制度化过程,"公正地说,未能在制度和组织之间做出清晰的区分不只限于社会学的制度分析,大多数制度分析都未能说清楚两者的差异。然而,这个不足在社会学文献中表现得更为明显……概念的差异在这里比其他理论更倾向于产生混乱"④。在组织理论新制度主义内部,学者们已经意识到该问题的严重性。斯科特指出,"在组

---

① 〔美〕道格拉斯·C.诺思:《制度、制度变迁与经济绩效》,杭行译,格致出版社、上海三联书店、上海人民出版社2008版,第8—9页。
② 〔美〕奥利弗·E.威廉森:《治理机制》,王健、方世建等译,中国社会科学出版社2001年版。
③ 〔美〕约拉姆·巴泽尔:《国家理论:经济权利、法律权利与国家范围》,钱勇、曾咏梅译,上海财经大学出版社2006年版。
④ 〔美〕B.盖伊·彼得斯:《政治科学中的制度理论:新制度主义》,王向民、段红伟译,上海人民出版社2016年版,第248—249页。

织的制度研究领域,学者们的各种理论以及概念之间往往存在很大分歧,因此组织的制度研究亟须协调各种理论以及概念之间的关系。例如,我们应该如何理解制度过程与组织过程呢?目前该领域关于这个问题的研究相当混乱,各种概念以及基本假设相互冲突,充满了各种不和谐的声音"[1]。新制度主义另外三位领军人物即鲍威尔、迪马吉奥和朱克的观点与斯科特类似。鲍威尔认为,"制度主义的解释力还没有完全发挥和全部实现,这部分是因为在该理论的一些早期文献中,还存在很多模棱两可之处,部分是因为迄今为止人们提出的制度理论已经多少有些僵化或程式化这一事实"[2]。在鲍威尔看来,学术界对新制度主义理论存在着多种误读,这部分是由于新制度主义的奠基性论文缺少清晰性,"在这些论文中常常存在多义性的陈述,因此,明智的办法就是对这些论文的陈述进行修正和补充"[3]。迪马吉奥在研读制度学派的相关文献后发现,初看起来同属制度学派的文献,实际上却有着不同的理论观点。[4] 他认为,制度学派需要更多的自觉性和规范化,才能成为一个有意义的理论流派,才能成为具有内在聚合力以及区别于其他流派的理论传统。

　　迈耶和罗恩的论文虽然极具思想性和原创性,提出了很多富有洞察力的观点,但充满了语意模糊性。他们所使用的"文化""仪式""符号""神话"(迷思)"制度化"等重要概念,缺少清晰的内涵和外延。他们所强调的"理所当然加以接受"(take-for-granted)的论点,很大程度上是一种现象学的想象和假设,缺少清晰的论述和以经验为基础的验证。朱克针对迈耶和罗恩的论文,倡导建立更加精确的制度理论,她认为制度理论应该明确界定术语,限制使用诸如"神话""仪式"这样模糊不清的术语。[5]

---

[1] 〔美〕W. 理查德·斯科特:《制度与组织——思想观念与物质利益(第 3 版)》,姚伟、王黎芳译,中国人民大学出版社 2010 年版,前言,第 2 页。

[2] 〔美〕沃尔特·W. 鲍威尔:《拓展制度分析的范围》,〔美〕沃尔特·W. 鲍威尔、保罗·J. 迪马吉奥主编:《组织分析的新制度主义》,姚伟译,上海人民出版社 2008 年版,第 198 页。

[3] 同上书,第 206 页。

[4] Paul DiMaggio, "Interest and Agency in Institutional Theory," in Lynne G. Zucker, ed., *Institutional Patterns and Organizations*, Cambridge, Mass.: Ballinger Publishing Company, 1988.

[5] Lynne G. Zucker, "Institutional Theories of Organization," *Annual Review of Sociology*, Vol. 13, No. 1, 1987, pp. 443–464.

下面我们以"制度"这个最基本的概念为例,来比较社会学和经济学在处理概念问题上的差异性。组织理论新制度主义对制度的概念至今没有达成共识。杰普森尖锐地指出,"我们在把制度概念(以及相关术语)引入社会学,并强调其在社会学中的重要性的同时,并没有真正做到制度一词在含义上的清晰性,甚至在使用制度一词时也不十分谨慎。一些学者所使用的制度概念,仅仅指的是某种规模特别大或特别重要的协会,一些学者则似乎把制度等同于环境影响,还有一些学者则简单地把制度等同于文化或历史影响"[①]。他认为,"学者们在制度概念问题上存在的差异与模糊矛盾是十分惊人的"[②]。后来,斯科特为了改变这种状况,综合了经济学、社会学和政治学的理解,提出了一个复杂的制度概念——制度由文化—认知、规范和规制要素以及相关的活动与资源构成,它为社会生活提供稳定性和意义[③]。他认为,在任何发育完全的制度系统里,都存在三方面的力量或要素,它们互相作用,促进有序的行为。一般来说,经济学和政治学强调管制要素,社会学强调规范要素,人类学和组织学强调文化—认知要素。[④] 斯科特对制度的界定虽然包容性很强,但过于宽泛,不太具有分析性。彼得斯的观点与我们类似,他认为,斯科特的制度概念"非常清楚地规定了制度的构成,但是它也太过于宽泛并被这个词本身在理论上的模棱两可所累,它几乎包容一切"[⑤]。更重要的是,斯科特的这一界定把社会学排斥出了对制度的管制性要素的研究范围,而把社会学的研究领域自我束缚为研究制度的剩余范畴,这种定位既不客观、不准确,也不具有学科发展的战略眼光。事实上,社会学家坎贝尔、周雪光等对制度的研究,已经大大超出了斯科特所界定的社会学视野的制度研究范围。

与此相比,经济学在使用"制度"一词时要清晰得多。诺思指出,"制度是

[①] 〔美〕罗纳尔德·L. 杰普森:《制度、制度影响与制度主义》,〔美〕沃尔特·W. 鲍威尔、保罗·J. 迪马吉奥主编:《组织分析的新制度主义》,姚伟译,上海人民出版社2008年版,第155—156页。

[②] 同上。

[③] 〔美〕W. 理查德·斯科特:《制度与组织——思想观念与物质利益(第3版)》,姚伟、王黎芳译,中国人民大学出版社2010年版。

[④] 〔美〕W. 理查德·斯科特、杰拉尔德·F. 戴维斯:《组织理论:理性、自然与开放系统的视角》,高俊山译,中国人民大学出版社2011年版,第242页。

[⑤] 〔美〕B. 盖伊·彼得斯:《政治科学中的制度理论:新制度主义》,王向民、段红伟译,上海人民出版社2016年版,第253页。

一个社会的博弈规则,或者更规范地说,它们是人为设计的、形塑人们互动关系的约束"①。诺思认为,制度和组织的区别在于,制度提供了博弈规则,而组织参与博弈。在诺思看来,建构一种制度理论的必要前提是"将对基础性规则的分析与对参与者策略的分析区分开来"②。尽管经济学也曾经历过不区分"组织"与"制度"、模糊使用"制度"一词的阶段,对"制度"也存在多元化的理解,但自诺思对"组织"与"制度"进行明确区分,并界定"制度"的内涵和外延之后,经济学家基本上接受了诺思的界定,并以他的概念框架为基础走向深入和精细化,很少再在"制度"一词的基本含义上争论不休,停滞不前。概念是理论的基石,使用共同认可的概念工具是理论建构的前提。③ 但组织社会学家至今仍在一些基本概念的问题上存在分歧,彼此的理论之间缺乏沟通和延续。如果在一个流派内部关于制度这样的基本概念都无法达成一致,怎么能够形成共同的研究范式以及在共同的平台上进行理论建构呢？组织社会学的学术场域本身没有制度化和结构化,这是制约该学派发展的重要因素。

四、对制度主义其他范式的吸纳和对话

当前已经进入制度主义的不同流派相互借鉴、融合的时代。经济学家科尔奈指出,"制度范式不能够被限制在任何传统的分支学科中(比如经济学、社会学或政治学)。它必须被视为一个综合的、一般性的社会科学流派。它对于社会功能的不同领域(政治、经济、文化、意识形态)之间所发生的交互影响给予了特别的关注"④。朱克认为,结合经济学、社会学、政治学的不同视角,将会产生更为完整的制度理论。⑤ 坎贝尔明确提出,现在是"寻求各种制度主义范式的共同基础,并促进彼此交汇融合的时候了"⑥,各种制度主义者

---

① 〔美〕道格拉斯·C.诺思:《制度、制度变迁与经济绩效》,杭行译,格致出版社、上海三联书店、上海人民出版社2008年版,第3页。
② 同上书,第6页。
③ Jonathan Turner, *Contemporary Sociological Theory*, Los Angeles: Sage, 2013.
④ 〔匈〕雅诺什·科尔奈:《后社会主义转轨的思索》,肖梦译,吉林人民出版社2011年版,第31页。
⑤ Lynne G. Zucker, "Institutional Theories of Organization," *Annual Review of Sociology*, Vol. 13, No. 1, 1987, pp. 443-464.
⑥ 〔美〕约翰·坎贝尔:《制度变迁与全球化》,姚伟译,上海人民出版社2010年版,前言,第2页。

将会从其他流派的研究中获益。他倡导在面临和解决共同问题的基础上，发展出综合的制度理论。

当组织理论新制度主义把研究对象扩展到对制度本身的研究时，和其他学科、其他流派的对话就已经开始。例如，鲍威尔在拓展制度分析的范围时，就已经大量借用经济学的路径依赖理论来解释非最优的制度安排为什么会长期存在。坎贝尔在提出综合性的制度变迁理论时，就已经大量融合了经济学理性选择制度主义、经济史学派制度主义、历史制度主义以及组织分析的新制度主义理论。在这个借鉴和对话过程中，经济学的一些基本概念工具和分析方法正逐步被组织社会学家所接纳，例如路径依赖、制度惰性、转换成本等。组织理论新制度主义在和经济学的对话过程中也变得日益清晰和有逻辑。社会学家帕森斯、科尔曼等关于制度的研究也被制度经济学家接受和引用。社会学、经济学、政治学的制度主义对话与交融的时代已经到来。

组织社会学该如何面对这个对话与交融的时代？除了学习与借鉴概念工具和分析方法外，社会学家在研究视角和主题上有自己的特性，可以作为流派拓展的竞争优势。弗雷格斯坦在他的制度理论中，明确提出把行动者的权力、地位、利益、资源和社会技能作为分析制度建立和变革的重要变量，强调从不同群体的权力和利益来分析其在制度建立和变革中的互动过程。这是一个非常重要的研究路径，可以和经济学的制度主义形成对话和互补关系，有助于我们更全面地解释制度现象。从分析视角上来看，社会学制度主义和政治学制度主义更易于进行概念和思想上的沟通，因为这两种视角同样关注行动者的权力和利益，更趋向于从权力和利益的角度来解释制度的产生和运行。例如，政治学家奈特在分析社会制度的产生、变迁和维持时，切入点就是利益分配。他认为，权力和利益分配中的冲突是制度变革的主要根源。[①] 这和弗雷格斯坦的研究视角是高度吻合的，两者的交流和对话也再自然不过。然而，由于学术场域的区隔，两者的理论并没有进行对话，这不能不说是一个遗憾。但对于后继的学者来说，在跨学科的视野和学术交流平台产生之后，突破学科的界限、寻找不同学科之间的共同视角和关注点，就十分必要了。

---

① 〔美〕杰克·奈特：《制度与社会冲突》，周伟林译，上海人民出版社2009年版。

除了从权力和利益这个视角去分析制度之外,组织理论新制度主义还在研究主题上拥有一些竞争优势。制度是多层次的,从组织理论的视角来看,至少可分为群体层面的制度、组织层面的制度、场域层面的制度、国家层面的制度。相对来说,经济学制度主义和政治学制度主义更关注国家层面的制度,而忽略了群体、组织和场域层面的制度规则。组织理论在这三个研究层面已经积累了丰富的研究成果,可以结合已有的概念、假设和理论,从组织层面的制度开始,例如法人治理制度、财务制度、人事管理制度等,逐步扩展到场域层面、国家层面的制度分析。这种研究策略具有一定的可行性。

社会学还可以在传统的制度分析中引入新的视角和概念工具。婚姻制度、亲属制度、生育制度、习俗等是社会学的经典研究主题。尽管社会学对于这些制度的研究有着悠久的历史,但近年来这些传统主题已经出现明显的衰退之势,缺少理论上的创新。可以尝试把经济学、社会学、政治学的制度分析的一些理论和概念工具,引入社会学关注的传统制度的研究之中,从而打破长期以来社会学、经济学、政治学的制度研究范式相互割裂、缺少沟通的情况。[①]

组织理论新制度主义可以更加关注制度的运作过程。相对来说,经济学、政治学制度主义更加注重制度设计过程,而对制度的运作过程关注较少。[②] 制度的运作过程仍是当前制度研究中亟待关注的薄弱环节。社会学有重视经验研究的传统,可以把已有的研究方法拓展到制度运作过程的分析

---

① 例如,很少有学者会认为经济学关注的产权制度和社会学家研究的婚姻制度之间存在共同之处。学术界的研究也证明这两个领域的学者长期以来都是各自独立发展、缺乏沟通的。但当我们把这二者都看作制度的时候,也许可以用研究产权制度的一些概念工具来研究婚姻制度,比如交易成本的概念、理性化的视角等。也许这些新的视角和概念工具的引入,可以让我们看到一些传统研究中没有发现的规律。当然,这只是笔者不成熟的研究设想,仅提出了一种可能的研究路径,目前还缺少具体操作。

② 新制度主义经济学家科斯认为,大多数经济学家习惯于描绘理想的经济体系,然后把它和实际观察到的经济体系进行对比,在此基础上提出建议,为了达到这个理想状态,需要采取什么措施,而对措施本身如何实施并没有太多考虑。他把这些经济学家使用的方法称为"黑板经济学",认为他们考虑的政策是在黑板上贯彻实施,假定所有需要的信息都可以得到,而忽略了经济政策中政府、企业等行动者各自的利益、政策和权力。参见〔美〕罗纳德·哈里·科斯:《企业、市场与法律》,盛洪、陈郁译校,格致出版社、上海三联书店、上海人民出版社 2009 年版。当然,这种区分只是相对的。例如经济学家诺思也很注重制度实施过程,但社会学更强调从一手资料的收集来观察和分析制度运作过程。

中。组织理论学者戴维斯倡导社会学家去研究公司治理的运作过程。[1] 事实上,社会学在这一点上可以走得更远,可以利用已有理论和方法研究更大范围的制度运作过程。在这种研究策略上,社会学与新制度经济学正日益接近。与新古典经济学相比,新制度经济学更加重视经验现象,更加强调走出黑板经济学而建立真实世界的经济理论。但新制度经济学的经验研究相对于社会学来说依然抽象。扎根理论、田野调查等社会学分析工具的使用,将促使社会学在制度运作过程的研究中创造出更多的理论。

组织理论新制度主义注重研究制度的微观基础和个人主观认知等方面的内容。制度理论目前存在两大缺陷:一是较为宏观,缺乏微观基础;二是过于关注客观,而对主观认知层面的因素分析不足。个人主观认知在制度设计和运作中起着极为关键的作用,但新制度经济学对其的研究很不充分。诺思认为,制度从本质上讲是人类的心智构念。意识形态和产权、国家一起,构成他的制度变迁理论的三大基本要素。[2] 他试图把个人主观因素纳入制度分析的框架,但显得较为粗糙。社会学的分析传统使得弥补这两大缺陷成为可能。社会学的符号互动主义、常人方法学、现象学理论以及社会心理学对规范的研究,对于理解个人对制度的认知和建构过程有一定作用,但需要一些改良。目前这些理论对解释具体的制度来说,往往比较抽象和不清晰,需要更多的研究来把个人主观认知纳入制度分析模型。

目前组织分析的新制度主义仍然处于发展的关键阶段。随着社会科学边界的日益模糊,制度范式中不同学科、不同流派的竞争越来越激烈,组织分析的新制度主义也正面临经济学和政治学两大学科中的制度主义的严峻挑战。组织分析的新制度主义能否克服概念和思想上的模糊性,能否进一步丰富和发展已有理论范式,能否在拓宽主题的过程中与不同流派的制度主义进行对话,并学习和吸收不同流派的制度主义的优点与精髓,是影响未来发展的关键。

---

[1] Gerald F. Davis, "New Directions in Corporate Governance," *Annual Review of Sociology*, Vol. 31, No. 1, 2005, pp. 143-162.

[2] 〔美〕道格拉斯·C. 诺思:《制度、制度变迁与经济绩效》,杭行译,格致出版社、上海三联书店、上海人民出版社 2008 版,第147页。

第六节　本章小结

　　组织分析的新制度主义已经成为社会科学领域中新制度主义的重要组成部分。本章系统介绍了组织分析的新制度主义的主要观点和发展脉络,并对其发展中面临的危机和未来发展方向进行了思考。组织趋同是新制度主义的传统研究主题。迈耶和罗恩强调组织通过与制度环境趋同而获取合法性和外部资源。迪马吉奥和鲍威尔提出了强制性趋同、模仿性趋同、规范性趋同三种趋同机制。20世纪90年代以后,新制度主义在研究组织趋同的同时,开始强调研究组织实践的多样性和异质性。在多重、竞争和冲突的制度逻辑下,组织会产生差异化的治理结构和实践、形成不同的策略来应对制度环境要求。新制度主义强调合法性机制对组织的影响。组织外部利益相关者如政府、专业协会、大众媒体、公众意见、专业组织等,在评判合法性方面发挥着重要作用。新制度主义强调制度环境与组织之间的互相影响。一方面,制度环境对组织产生了重要影响;另一方面,组织并不是被动承受环境的压力,而是策略性地做出反应。奥利弗将组织的应对策略归纳为默许、妥协、回避、反抗和操纵。组织在多重复杂的制度逻辑中,会基于认知能力、互动方式、所处阶段等选择不同的应对策略。新制度主义强调研究制度的生成机制、制度变迁和发展过程,包括去制度化和再制度化的过程。克服概念和思想上的模糊性,进一步丰富和发展已有理论范式,在拓宽研究主题的过程中与不同流派制度主义进行对话,学习和吸收其优点与精髓,是新制度主义发展的重要方向。

【思考题】

　　1. 导致组织趋同的机制是什么?
　　2. 新制度主义强调的合法性机制是什么?如何测量和评价?
　　3. 在新制度主义理论中,制度环境如何影响组织行为?
　　4. 在新制度主义理论中,组织如何对制度环境进行回应?
　　5. 新制度主义在发展中面临哪些挑战?未来的发展方向是什么?

【推荐阅读】

Meyer, John, and Brian Rowan, "Institutionalized Organizations: Formal Structure as Myth and Ceremony," *American Journal of Sociology*, Vol. 83, No. 2, 1977, pp. 340-363.

DiMaggio, Paul, and Walter Powell, "The Iron Cage Revisited: Institutional Isomorphism and Collective Rationality," *American Sociological Review*, Vol. 48, No. 2, 1983, pp. 147-160.

Tolbert, Pamela S., and Lynne G. Zucker, "Institutional Sources of Change in the Formal Structure of Organizations: The Diffusion of Civil Service Reform, 1880-1935," *Administrative Science Quarterly*, Vol. 28, No. 1, 1983, pp. 22-39.

Oliver, Christine, "Strategic Responses to Institutional Processes," *Academy of Management Review*, Vol. 16, No. 1, 1991, pp. 145-179.

Beckert, Jens, "Institutional Isomorphism Revisited: Convergence and Divergence in Institutional Change," *Sociological Theory*, Vol. 28, No. 2, 2010, pp. 150-166.

〔美〕W. 理查德·斯科特:《制度与组织——思想观念与物质利益(第3版)》,姚伟、王黎芳译,中国人民大学出版社 2010 年版。

〔美〕沃尔特·W. 鲍威尔、保罗·J. 迪马吉奥主编:《组织分析的新制度主义》,姚伟译,上海人民出版社 2008 年版。

张永宏主编:《组织社会学的新制度主义学派》,上海人民出版社 2007 年版。

第二章 组织间网络

【内容提要】

近几十年来,公共组织的任务环境正变得越来越复杂。单个组织在实现组织目标的过程中往往需要跨越组织边界和其他组织发生联系。当多个组织基于共同的目标,协调彼此的行动并密切合作时,这些组织间的关系呈现为网络状。组织间网络正日益成为公共管理实践和研究的新领域。本章从多个角度重点介绍公共组织间网络的使用和管理。第一节概述了公共组织间网络的含义、特征、类型,并介绍了组织间网络在公共管理领域兴起的原因和背景。第二节依次介绍了网络结构从形成、发展、成熟到衰退的四个阶段,并分别描述了各阶段网络活动的主要内容与特征。第三节从治理和管理两个角度介绍了组织间网络治理和管理的一系列难点和重点。第四节分析了评估组织间网络绩效的层次、角度、指标,并在此基础上介绍了网络绩效评估的基本框架。

第一节 组织间网络的基本内涵

一、组织间网络(network)的含义与特征

当两个以上的独立组织基于共同的目标,协调彼此的行动并密切合作时,这些组织间的关系呈现为网络状。这种网络结构由多个节点构成,同时节点之间又存在多重联系。在网络结构中,组织彼此独立,但又相互依存,为共同的目标而协作。网络基于共同的利益,体现出与原有的组织间联系所不同的结构稳定性。在组织理论的文献中,与组织间网络近似的词语包括伙伴关系(partnership)、战略联盟(strategic alliance)、联盟(coalition)与合作安排(cooperative arrangement)等。

约翰森和马特森从五个方面阐释组织间网络的含义:(1)网络结构由一系列彼此依赖的独立组织之间的关系构成;(2)网络结构中的组织的协调和互动存在着专业分工;(3)网络结构中组织间的互动包括交换(exchange)和适应(adaptation)两个维度;(4)组织间的交换是为了获得单个组织之外的资源,并促进知识与技术的累积,而组织间的适应则用于解决组织间的矛盾,并长期维持网络关系;(5)网络中的组织之间同时存在着互补与竞争的关系。①

组织间网络有别于层级(hierarchy)和市场(market)两种传统的组织方式。首先,网络不同于传统的层级制。层级制以权威为基础,通过命令和服从来安排组织行为。网络中的组织之间不存在权力上的隶属关系,因此不是命令或者层级链条中的一部分。网络中的组织是独立自主的,没有正式的权威关系。其次,网络也与市场不同。市场以契约关系为基础,以价格机制为手段,赋予行动者高度的灵活性来决定彼此是否协作,而网络中的组织行为不同于市场中的个体行为。网络中的组织行为不是完全个体化的,而是以共同价值为基础,通过协商一致进行合作。因此,网络不是组织间建立在契约关系上的交易活动,而是组织间基于社会资本的合作行为。表2-1比较了层级、市场和网络这三种组织方式。

表2-1 层级、市场、网络的比较

核心特征	层级	市场	网络
基本规范	雇佣关系	契约和产权	优势互补
沟通媒介	规则	价格	关系
冲突解决方式	行政命令	契约履行	互惠互利
灵活性	低	高	中
参与者的承诺度	中到高	低	中到高
文化	正式的、官僚的	精准的、猜疑的	开放的、互利的
行动者的偏好或选择	从属	独立	相互依存

来源:Walter W. Powell, "Neither Market nor Hierarchy: Network Forms of Organization," *Research in Organizational Behavior*, Vol. 12, 1990, p. 300。

---

① Jan Johanson and Lars-Gunnar Mattsson, "Marketing Investments and Market Investments in Industrial Networks," *International Journal of Research in Marketing*, Vol. 2, No. 3, 1985, pp. 185-195.

波多尼和佩奇认为,组织间网络的形成基于两个原因:(1)若干组织追求彼此间重复和持久的交换关系;(2)这些组织缺乏一个合法的权威来解决交换中产生的矛盾。① 在市场中,组织间的交易关系是暂时的。形成这种交易关系是为了履行合同并交换物品和资源。当交易完成后,这种组织间的关系即终止。在层级中,存在一个合法的权威来解决交易中存在的问题,从而使这种交易关系得以维持。因此,当层级制、市场制无法发挥理想作用时,网络便成为一种在层级和市场之外的尝试。网络结构位于市场和层级的治理结构之间,是一种处于自愿与强制之间的中间状态。鲍威尔认为,网络结构最大的特点在于,以市场、层级和网络的三分法替代了传统的市场与层级的两分法。② 拉森建议用市场、网络和层级的三级制度框架替代市场与层级的两级制度框架。他按照亚当·斯密和艾尔弗雷德·钱德勒把市场和层级分别称为"看不见的手"和"看得见的手"的比喻,把组织间网络形象地比作"握手"。③

有两个理论对组织间网络的形成进行了阐释:资源依赖理论和交易成本经济学。资源依赖理论认为组织需要资源以实现持续发展,因此会对某些特定的资源产生依赖。然而,任何组织都无法做到完全的自给自足。组织为了生存和发展,必须与环境中其他组织进行交换,以获取必要的资源。对外部资源的需求导致组织对外部环境的依赖。通过组织间网络,组织可以实现资源交换和共享,从而相互依存,减少外部环境的复杂性和不确定性对其造成的冲击或影响。④ 交易成本经济学主要关注的是一个组织如何界定它的组织边界和活动范围,以降低组织的生产和交易成本,进而提高组织行为的效率。效率是交易成本理论的核心问题。根据交易成本经济理论,组织间网络是介

---

① Joel M. Podolny and Karen L. Page, "Network Forms of Organization," *Annual Review of Sociology*, Vol. 24, 1998, pp. 57-76.

② Walter W. Powell, "Neither Market nor Hierarchy: Network Forms of Organization," *Research in Organizational Behavior*, Vol. 12, 1990, pp. 295-336.

③ Rikard Larsson, "The Handshake Between Invisible and Visible Hands: Toward A Tripolar Institutional Framework," *International Studies of Management & Organization*, Vol. 23, No. 1, 1993, pp. 87-106.

④ Jeffrey Pfeffer and Gerald R. Salancik, *The External Control of Organizations: A Resource Dependence Perspective*, Stanford: Stanford University Press, 2003.

于市场和层级之间的一种有效率的组织形式。组织间网络的形成是一种为了实现最低成本的制度安排,从而减少由市场失灵带来的不确定性,并降低层级制下的交易成本。组织间网络可以分担风险,降低外部不确定性,从而提高组织行为的效率。① 综合以上两个理论,组织间网络的形成源于组织的生存压力,以及获取外部资源或者降低交易成本的需求。② 当若干组织认为通过网络能够获取的收益超过维持这种网络关系的成本时,组织间网络就会出现。

二、组织间网络在公共管理中的兴起

近几十年来,技术创新、全球化、分权化以及专业化等社会变革不断重塑着公共管理的生态环境和政府的行为方式。③ 在这种背景下,组织间网络日益成为一种公共管理的常用战略工具。20 世纪 80 年代以来,全球范围内的公共管理改革极大推动了组织间网络的兴起。虽然各个国家的公共管理模式存在多样性,但分权化和市场化仍是大部分国家公共管理改革的主题。这种由中央向地方分权,国家向社会分权,以及公共服务市场化的改革使得政府在解决公共问题、供给公共产品和服务时对其他组织的依赖日益增加。公共管理活动正日益发生在相互依存的环境中。公共管理者必须依赖其他行为者来实现自己的目标。奥图尔归纳了组织间网络在公共部门兴起的五个原因:(1)公共行政中许多问题不能完全分割成小块并分别交给不同的部门去处理,需要跨机构的协作;(2)处理复杂事务的政策需要网络化的结构;(3)政治性压力使得网络成为实现政策目标所必需的工具;(4)将各种组织之间存在的原有联系制度化;(5)跨部门和不同层次管理的需要。④

---

① Oliver E. Williamson, "The Economics of Organization: The Transaction Cost Approach," *American Journal of Sociology*, Vol. 87, No. 3, 1981, pp. 548-577.

② Brian Uzzi, "The Sources and Consequences of Embeddedness for the Economic Performance of Organizations: The Network Effect," *American Sociological Review*, Vol. 61, No. 4, 1996, pp. 674-698.

③ Donald F. Kettl, *The Global Public Management Revolution: A Report on the Transformation of Governance*, Washington, DC: Brookings Institution Press, 2005.

④ Laurence J. O'Toole, "Treating Networks Seriously: Practical and Research-Based Agendas in Public Administration," *Public Administration Review*, Vol. 57, No. 1, 1997, pp. 45-52.

第二章　组织间网络

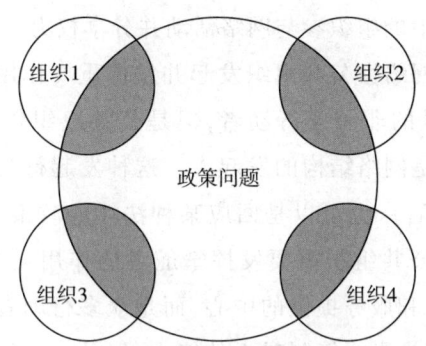

图 2-1　组织间网络的形成

来源:Benny Hjern, "Illegitimate Democracy: A Case for Multiorganizational Policy Analysis," *Policy Currents*, Vol. 2, No. 1, 1992, p. 4。

图 2-1 形象地描述了组织间网络在公共管理中的必要性。图中存在四个独立的组织,当它们面临着庞大的、超越各自组织边界的政策问题时,任何一个组织仅仅能够解决整个政策问题的一小部分(图中单个组织与政策问题的重合处),因此,单个组织无法妥善地解决整个政策问题。但是,如果四个组织进行协作,它们共同解决政策问题的能力将会增强。

网络描述了组织间的一种制度安排,以解决单个组织所不能解决或者解决不好的问题。它意味着在多组织的关系中,基于互惠互利的价值,跨越单个组织的边界共同合作,以实现共同目标。在公共管理中,组织间网络可以理解为由一个或多个公共组织邀请非国家的利益相关者参与到集体决策过程的治理安排。这种决策过程是正式的、以共识为导向的、相互协商的,并且以制定或执行公共政策、提供公共产品和服务为最终目标。[①] 因此,公共组织网络主要包括以下特征。

第一,通过组织间的安排来设计政策、提供产品和服务。

第二,经常涉及多部门和多组织,并且跨越部门或组织的边界。

第三,与传统的层级制不同,组织间是平等的合作关系,不存在命令—服从关系。

[①] Chris Ansell and Alison Gash, "Collaborative Governance in Theory and Practice," *Journal of Public Administration Research and Theory*, Vol. 18, No. 4, 2008, pp. 543-571.

第四，要求网络中的组织参与网络活动并分享权力。①

第五，公共组织网络由公共组织发起并发挥重要作用。虽然公共组织网络中可能存在着大量的非国家行动者，但是公共组织仍然扮演着特殊的角色。首先，公共组织是网络结构的发起人。这种发起行为可以出于自身的目的（如弥补能力的缺陷），也可以是回应某种法律或政策要求。其次，在网络活动开展的过程中，公共组织需要发挥掌舵者的作用。在网络方式中，公共组织不再是公共产品和服务提供的中心，而是众多行动者之一。这些行动者之间不存在彼此能够操纵或管制对方的能力，但是，由于公共组织的公共性，公共组织必须要为网络的最终结果负责。

第六，非国家的利益相关者（例如企业组织和非营利组织）经常参与到公共组织网络中来。公共组织和非国家行动者参与一个多边协商、决策的过程，这个过程应该是集体性的，而非独占性的。对公共管理者而言，重要的工作是发现最直接的利益相关者，组织这些行动者，协同彼此的行动，缓和潜在的冲突。

第七，公共组织网络主要描述的是组织的正式行为，而组织的非正式行为将影响组织的正式行为。

第八，公共管理组织网络中的决策应是以达成共识为导向的。组织间网络的目标是促使所有利益相关者达成一定程度的共识，进而通过各方的共同努力，实现协作目标。因此，共识是每个利益相关者参与网络的基础。

三、组织间网络的功能

组织间网络的功能可以体现在以下几个方面（具体见表2-2）。

表2-2 组织间网络的功能

功能	描述
获取或利用资源	单个组织可以通过网络结构克服自身的资源限制，并获取其他组织所拥有的资源

---

① Rosemary O'Leary et al., "Introduction to the Symposium on Collaborative Public Management," *Public Administration Review*, Vol. 66, No. s1, 2006, pp. 6-9.

（续表）

功能	描述
分担风险	网络结构能够分散单个组织所承担的风险
提升效率	由于分工协作，组织间网络能够更有效率地使用资源，发挥资源的规模效应
促进学习	组织间的知识交换和分享能够促进组织和网络的学习
创新	网络鼓励创新
灵活性和回应性	网络结构拥有更多的组织资源和能力，从而更能回应各种潜在的问题，并灵活地应对
分担责任	网络中组织分担解决共同问题的责任

（一）资源的有效使用

网络的一个最直接的效用是有效地配置和使用资源。组织通过构建网络可以获取自身无法获得的资源，从而实现共同目标。此外，网络还能通过组织间的专业分工实现有效率的资源配置。网络可以吸收各参与组织的特长，将其整合，通过分工实现最优效率。

（二）知识传播和网络学习

网络通过组织间联系可以加速新观点、新方法的传播，从而促进信息的分享和新方法的使用。[1] 网络中的组织存在着信任关系，并致力于协同解决问题，因此网络有助于缄默知识（tacit knowledge）的分享和传播。通过信息传播和知识分享，网络可以培养出解决单个组织无法应对的问题的能力。奈特将网络学习（network learning）定义为若干组织作为一个整体的学习，以增进集体的知识和实现网络的目标。[2] 通过组织间的知识交换和学习，网络能够

---

[1] Walter W. Powell et al., "Interorganizational Collaboration and The Locus of Innovation: Networks of Learning in Biotechnology," *Administrative Science Quarterly*, Vol. 41, No. 1, 1996, pp. 116-145.

[2] Louise Knight, "Network Learning: Exploring Learning by Interorganizational Networks," *Human Relations*, Vol. 55, No. 4, 2002, pp. 427-454.

鼓励创新。①

（三）回应性与灵活性

除上述两个基本功能以外，网络还能增加公共管理的灵活性和回应性。② 在传统的政府组织形式下，基于层级的官僚体制使得公共管理者很难对新的环境迅速做出回应。相比而言，网络结构更加敏捷和灵活，可以使公共管理绕开迟缓的决策程序、规章，动用其他部门的资源对外部环境做出快速反应。

（四）影响力

公共管理者通过网络可以扩大治理的影响范围。③ 在高度专门化的社会中，公共管理必然面对资金、技术、人才方面的限制。公共管理者运用网络建立起与非政府组织的合作，可以扩大解决社会问题的范围和影响力。

四、组织间网络的类型

基于不同的方法，组织间网络可以分为不同的类型。米尔沃德和普罗文根据不同的目标，将网络分为服务提供型、信息传播型、问题解决型和社区能力建构型（见表2-3）。④

表2-3 基于目标的网络分类

网络类型	主要特点
服务提供型网络	主要用于横向协调不同的服务提供者； 网络的目标是更有效地提供服务； 服务由政府通过合同等方式出资，并由两个以上的其他组织共同提供

---

① Kathleen Hale, *How Information Matters: Networks and Public Policy Innovation*, Washington, DC: Georgetown University Press, 2011; Rachael Addicott et al., "Networks, Organizational Learning and Knowledge Management: NHS Cancer Networks," *Public Money and Management*, Vol. 26, No. 2, 2006, pp. 87-94.

② Stephen Goldsmith and William D. Eggers, *Governing by Network: The New Shape of the Public Sector*, Washington, DC: Brookings Institution Press, 2005.

③ Ibid.

④ H. Brinton Milward and Keith G. Provan, *A Manager's Guide to Choosing and Using Collaborative Networks*, Washington, DC: IBM Center for the Business of Government, 2006, pp. 10-17.

第二章 组织间网络

（续表）

网络类型	主要特点
信息传播型网络	主要用于组织间信息的传播和分享； 网络的目标是通过更有效的沟通来改善政府对问题的回应
问题解决型网络	主要用于设定解决问题的政策议程； 网络的目标是解决现有或未来的问题； 常由信息传播型网络演变而来
社区能力建构型网络	主要用于构建社区中的社会资本； 网络的目标是提升社会解决问题的能力

来源：H. Brinton Milward and Keith G. Provan, *A Manager's Guide to Choosing and Using Collaborative Networks*, Washington, DC: IBM Center for the Business of Government, 2006, p. 11。

阿格拉诺夫根据网络中组织的协同程度，将网络划分为信息型、发展型、外延型和行动型（见表2-4）。① 麦圭尔 ②、拉布和米尔沃德③提出了其他的分类方法。公共管理者可以采用不同的分类方法，但前提是必须了解不同类型的网络的基本特点，以便有效地运用和管理网络。

表2-4 基于组织协同程度的网络类型

网络类型	主要特点
信息型网络	组织针对某一政策问题就各自掌握的信息进行交流，并寻求各自的应对策略； 单个组织的应对策略局限于个体组织层面，并自愿决定； 组织的协同程度最低
发展型网络	组织通过信息交流，增强各自使用资源、解决问题的能力； 单个组织的行为仅基于个体组织层面； 组织的协同程度较低

① Robert Agranoff, *Leveraging Networks: A Guide for Public Managers Working across Organizations*, Arlington, VA: IBM Endowment for the Business of Government, 2003, pp. 10-11.
② Michael McGuire, "Collaborative Public Management: Assessing What We Know and How We Know It," *Public Administration Review*, Vol. 66, No. s1, 2006, pp. 33-43.
③ Jörg Raab and H. Brinton Milward, "Dark Networks as Problems," *Journal of Public Administration Research and Theory*, Vol. 13, No. 4, 2003, pp. 413-439.

(续表)

网络类型	主要特点
外延型网络	组织探讨协作的可能性及合作策略,并提出潜在的协同方案; 该协同方案为组织的后续合作行动提供建议; 组织的协同程度较高
行动型网络	组织通过协商正式采纳协作方案; 各组织在网络层面互动,进行集体决策,实施协作方案; 组织的协同程度最高

来源:Robert Agranoff, *Leveraging Networks: A Guide for Public Managers Working Across Organizations*, Arlington, VA: IBM Endowment for the Business of Government, 2003, pp. 10-11。

第二节 组织间网络的演化

组织间网络是如何演化的？它的生命周期是怎样的？目前国内外学界对该问题的研究还比较有限。[①] 本节将网络的演变大致分为四个阶段,即形成、发展、成熟、衰退,并分别描述各阶段网络活动的主要内容与特征。

一、网络的形成

研究网络的形成主要考虑网络在什么情况下可能是取得期望结果的最有效的安排。组织构建起网络是基于解决单个组织无法应对的复杂问题。因此,组织的权力或资源的不平衡、所需解决问题的复杂性,以及传统的组织方式(市场和层级)的失灵,都是导致网络产生的最直接的动因。当单个组织凭借自身的权力和资源无法解决某个问题时,它就可能与其他组织协作,共同解决该问题。在这一过程中,组织原有的某些联系机制和曾经合作的历史

[①] Kimberley R. Isett et al., "Networks in Public Administration Scholarship: Understanding Where We Are and Where We Need to Go," *Journal of Public Administration Research and Theory*, Vol. 21, No. suppl_1, 2011, pp. i157-i173; Keith G. Provan et al., "Interorganizational Networks at the Network Level: A Review of the Empirical Literature on Whole Networks," *Journal of Management*, Vol. 33, No. 3, 2007, pp. 479-516.

都有益于网络的形成。此外,社会环境也会对网络的形成产生影响。当组织存在于动荡的环境中时,会加强相互依赖来分担由于环境的不确定性而产生的风险。布赖森等将影响网络形成的因素归纳为权力与资源的不平衡、组织合作的历史和社会环境。[1] 汤姆森和佩里进一步将促进网络形成的因素总结为:(1)组织高度依存;(2)对分离资源和共担风险的需求;(3)资源的稀缺;(4)组织合作的历史;(5)对其他组织拥有的资源的需求;(6)复杂的问题。[2]

在网络形成初期,组织需要考虑如何设计网络的结构以及采取什么行动促使网络进一步发展。这一时期对网络的规划、设计和协调会直接影响网络的后续发展。网络形成初期的主要活动包括规范网络中组织间的基本关系以及界定网络目标。

一方面,网络中的组织需要设计网络的结构和过程。布赖森等发现,在网络形成初期,具有包容性的过程和扁平的结构能够最大限度地将利益相关者纳入网络的决策活动中,从而使网络中的组织相互妥协并达成共识,进而推动网络发展。[3] 凯尔曼和洪提出,网络在形成初期需要规范网络中组织的行为方式,而非仅仅关注观念的改变。虽然网络中的组织需要将合作变成它们的核心观念,但更重要的是组织是否真正采取合作行为。他们认为,由于路径依赖,早期行为会影响网络的发展。[4] 在形成初期,设计网络结构和过程还需要考虑精确性和灵活性。网络需要有明确的结构和流程,使信息可以自由流动,组织可以规范地开展活动。同时,需要防止网络结构过度正式化而制约后续的变革。因此,初期的网络设计应在精确和模糊之间取得平衡。[5]

另一方面,网络中的组织需要就协作的目标达成共识,对共同面临的问

---

[1] John M. Bryson et al., "The Design and Implementation of Cross-Sector Collaborations: Propositions from the Literature," *Public Administration Review*, Vol. 66, No. s1, 2006, pp. 44-55.

[2] Ann M. Thomson and James L. Perry, "Collaboration Processes: Inside the Black Box," *Public Administration Review*, Vol. 66, No. s1, 2006, pp. 20-32.

[3] John M. Bryson et al., *Designing and Managing Cross-Sector Collaboration: A Case Study in Reducing Traffic Congestion*, Washington, DC: IBM Center for the Business of Government, 2009.

[4] Steven Kelman and Sounman Hong, "This Could Be the Start of Something Big: Linking Early Managerial Choices with Subsequent Organizational Performance," *Journal of Public Administration Research and Theory*, Vol. 25, No. 1, 2014, pp. 135-164.

[5] Charmaine M. McPherson et al., "Re-examining the Paradox of Structure: A Child Health Network Perspective," *Healthcare Papers*, Vol. 7, No. 2, 2006, pp. 46-52.

题、解决问题的方法以及所需资源达成一致。丹尼尔斯和沃克将这一协商过程称为"协同学习"(collaborative learning)。[①] 梅斯和斯卡奇菲尔德认为,由于网络的形成具有自发性,网络的可持续性取决于能否不断取得阶段性成果,以激励网络中的组织,进而增强组织彼此的信任和对于网络的承诺。[②] 因此,在网络形成初期应该选择低风险的活动,并在这一过程中积累社会资本。经过这一阶段后,网络中的组织才会给予网络更多的承诺和资源,网络也才能被用于解决更为复杂的问题。

二、网络的发展和成长

(一)发展过程

随着网络的不断发展,其结构和过程会从非正式逐渐向正式演变。布赖森等发现,随着网络活动不断展开,网络结构会从刚开始的不稳定和开放变得等级化和排外。这一阶段的活动可以通过林和范德文的组织间合作关系演变模型来描述。[③] 林和范德文认为,组织间合作关系的发展包括协商、承诺、执行、评估四个动态循环的阶段(如图2-2所示)。[④]

1. 协商阶段

在协商阶段,各方就集体行动的动机、预期投入、潜在风险等问题进行讨论,以达成共识。此阶段主要包括正式的磋商过程和非正式的社会心理互动(informal sense making)。前者主要是就网络的过程和规则等内容展开正式讨论,后者使组织在意识层面上就目标和期望等问题进行互动,寻求可能的交集。这种正式与非正式过程可以相互作用、互为补充。正式过程为组织提供评估网络中各种不确定性(例如权责等)的机会,而非正式过程则提高了正式磋商过程中组织达成一致的可能性。当组织在正式与非正式协商中达成一

[①] Steven E. Daniels and Gregg B. Walker, *Working through Environmental Conflict: The Collaborative Learning Approach*, Westport, US: Praeger, 2001.

[②] Glen P. Mays and F. Douglas Scutchfield, "Improving Public Health System Performance through Multiorganizational Partnerships," *Preventing Chronic Disease*, Vol. 7, No. 6, 2010, p.116.

[③] John M. Bryson et al., *Designing and Managing Cross-Sector Collaboration: A Case Study in Reducing Traffic Congestion*, Washington, DC: IBM Center for the Business of Government, 2009.

[④] Peter Smith Ring and Andrew H. Van de Ven, "Developmental Processes of Cooperative Interorganizational Relationships," *Academy of Management Review*, Vol. 19, No. 1, 1994, pp. 90–118.

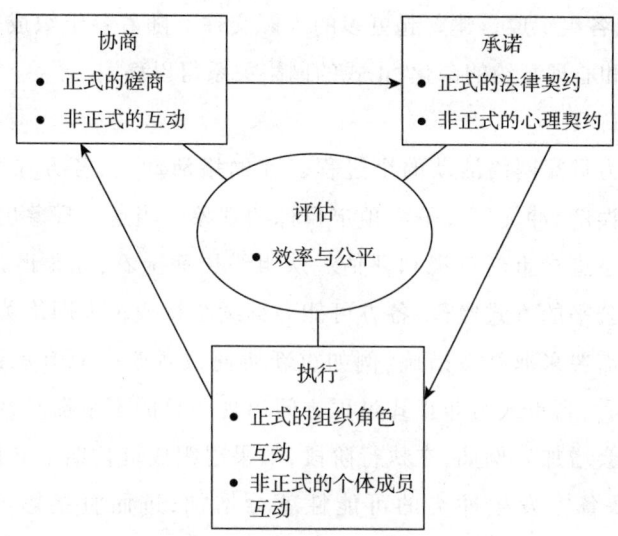

图 2-2 组织间合作关系演变模型

来源：Peter Smith Ring and Andrew H. Van de Ven, "Developmental Processes of Cooperative Interorganizational Relationships," *Academy of Management Review*, Vol. 19, No. 1, 1994, p. 97。

致后,网络活动就进入承诺阶段。

2. 承诺阶段

在承诺阶段,网络中组织就未来行动中的契约条款与治理结构等达成一致,制定正式的规则和契约,并形成非正式的心理契约。组织在协商一致的基础上就网络中的结构、权责、规则等做出规定,达成具有正式约束力的契约。同时,组织也会在心理上就预期、意愿等形成默契,结成没有条文的非正式心理契约。非正式心理契约可以增进组织的信任与依赖,是对正式契约的补充,它将增加建立正式契约的可能性,也使正式的治理结构更加稳固。

3. 执行阶段

执行阶段的主要工作是履行各项承诺、完成预期的任务。这一阶段的活动涉及正式的组织互动与非正式的组织成员互动。一方面,各方按照承诺中的角色安排,参与到具体执行过程中,开展网络活动。这种正式互动降低了执行的不确定性,使各方的互动具有可预见性。另一方面,通过组织互动,各方逐渐熟悉,各组织成员建立起更多的人际交往。随着各组织成员之间人际关系的建立和心理契约的深化,正式的网络关系得以稳固。

4. 评估阶段

评估行为贯穿网络活动的全过程。在网络活动中,各方在互动过程中难免会出现误解、冲突以及偏离预定目标的现象。当这些现象出现时,组织会对网络关系进行重新审视和评估。从组织层面上看,如果既定的承诺是以有效率和公平的方式履行,各方可能会继续维持或扩大网络关系。反之,各方则可能需要采取补救措施,例如重新协商或者改变原有承诺。从社会心理层面上看,当正式与非正式过程之间出现明显的不平衡时,终止网络关系的可能性会增加。例如,在执行阶段,如果组织成员长期不支持正式的组织互动,那么各方发生冲突的可能性就会增加,进而直接影响到网络的延续。

(二) 主题

从林和范德文的模型来看,网络的发展和成长需要考虑正式的组织行为和非正式的社会心理。维持和发展网络关系的关键不仅是组织间正式关系的稳定,而且是正式的组织行为与非正式的社会心理行为的动态平衡。只有两者取得平衡,即正式的组织磋商体现了非正式的心理预期、心理契约补充了法律契约、人际关系补充了正式的组织间关系时,网络才能延续和发展,实现预期的目标。从另一个角度看,这一阶段的网络活动主要围绕以下四个主题展开。

1. 信任

信任常常被认为是合作关系成功的关键因素。古拉蒂等认为,组织间的信任是指组织之间能够相互依赖,并忠实地履行责任和进行具有可预见性的行动。信任在很大程度上可以降低组织互动的复杂性及交易成本,从而使网络能够持续存在并取得积极的效果。网络中的信任能够促进组织间资源和知识的交换。① 正如科尔曼所说的,如果一个群体的成员明显具有可以信赖

---

① Ranjay Gulati et al., "How Do Networks Matter? The Performance Effects of Interorganizational Networks," *Research in Organizational Behavior*, Vol. 31, 2011, pp. 207–224.

的特征,并且成员普遍相互信任,那么,这个群体将比其他相对缺乏可信性与信任关系的群体获得更多的成功。① 因此,网络的发展需要花费时间和精力去构建和强化组织间的信任关系。

然而,组织间信任的建立并非易事。网络中的组织虽然存在各种联系机制,但是这些联系本身并不意味着相互信任。网络中的组织联系往往没有经过检验,因此缺乏深度。例如,普罗文等发现,随着网络的发展,尽管组织联系的强度增加了,但是网络内的信任却减少了。② 其背后的原因是,随着联系的增多,组织间的矛盾也相应增长,从而降低了彼此的信任。组织间真正的信任关系的建立需要长时间的互动,耗费大量的精力去培养。赫克斯曼和范根认为,组织间信任的建立和维持是一个持续的过程,应该贯穿网络活动的始终。他们建议从五个方面去构建和维持信任:形成预期、管理风险、管理变革、管理权力的不平衡以及培养协作关系。③ 此外,网络自身的某些特征可以促进信任的建立。④ 首先,组织之所以建构起网络,是因为它们都认识到单个组织无法实现特定的目标。这种对相互依存的认识有助于信任的建立。其次,网络中的组织常常在网络形成前就存在某些联系,这种既有的联系可能有助于累积彼此的信任。

2. 权力

权力是发展任何协作关系和信任关系的关键要素。从根本上说,网络是组织基于共同目标而做出的制度安排。因此,网络本身意味着权力的分享。赫克斯曼和比奇将组织间权力定义为能够影响、控制或抵抗其他组织活动的能力。⑤ 贝里等认为在考察网络活动时要注意分析网络活动代表谁的利益和

---

① James S. Coleman, *Foundations of Social Theory*, Cambridge, US: Harvard University Press, 1990.
② Keith G. Provan et al., "Building Community Capacity around Chronic Disease Services through A Collaborative Interorganizational Network," *Health Education & Behavior*, Vol. 30, No. 6, 2003, pp. 646-662.
③ Chris Huxham and Siv Vangen, *Managing to Collaborate: The Theory and Practice of Collaborative Advantage*, New York: Routledge, 2005.
④ Robyn Keast et al., "Network Structures: Working Differently and Changing Expectations," *Public Administration Review*, Vol. 64, No. 3, 2004, pp. 363-371.
⑤ Chris Huxham and Nic Beech, "Inter-Organizational Power," in Steve Cropper et al., eds., *The Oxford Handbook of Inter-Organizational Relations*, New York: Oxford University Press, 2008, pp. 555-579.

网络中谁掌握决策权。① 网络中组织间权力的不平衡将影响信任的建立,进而影响网络的维持和发展。因此,对权力问题的处理是网络活动的一大挑战。如布赖森等所述,只有当网络投入资源并设计策略来处理权力不平衡时,网络活动才能成功。②

事实上,目前的公共管理研究尚无法解决如何应对网络中组织间权力的不平衡问题。③ 赫克斯曼和比奇认为,处理权力不平衡首先应该考虑权力的使用问题,即如何分享和共同使用权力来促进网络的发展。与赫克斯曼和比奇不同,珀迪认为处理组织间权力的不平衡需要首先考虑网络中组织的权力来源。她归纳了三种权力的来源:正式的权威、有形或无形的资源以及对信息解释与问题界定的合法性。④ 基于这个分类方法,我们可以分析网络中组织在这几个维度上的权力构成。

3. 相互性

网络的发展需要平衡网络整体的利益和网络中组织的利益。虽然网络是为了达成组织的共同目标而建立的,但是只有在照顾网络中组织利益的基础上才能发展和维持。就单个组织而言,它们参与网络的动机往往是获得实现共同目标所需的重要资源。因此,如果网络中的组织不能满足彼此的利益需求,网络活动是无法开展的。⑤ 这种相互性(mutuality)的根源是组织间的依赖性。从组织行为学角度看,相互依赖是一种组织共赢的解决问题的策略。网络中的组织基于各自不同的利益诉求,会产生利益的相互依赖。这种相互关系成为各方形成共同观点的基础。只要组织能够满足彼此的利益需求,网络就有可能发展、成长。

---

① Frances S. Berry et al., "Three Traditions of Network Research: What the Public Management Research Agenda Can Learn from Other Research Communities," *Public Administration Review*, Vol. 64, No. 5, 2004, pp. 539-552.

② John M. Bryson et al., "The Design and Implementation of Cross-Sector Collaborations: Propositions from the Literature," *Public Administration Review*, Vol. 66, No. 1, 2006, pp. 44-55.

③ Michael McGuire, "Collaborative Public Management: Assessing What We Know and How We Know It," *Public Administration Review*, Vol. 66, No. 1, 2006, pp. 33-43.

④ Jill M. Purdy, "A Framework for Assessing Power in Collaborative Governance Processes," *Public Administration Review*, Vol. 72, No. 3, 2012, pp. 409-417.

⑤ Ann M. Thomson and James L. Perry, "Collaboration Processes: Inside the Black Box," *Public Administration Review*, Vol. 66, No. 1, 2006, pp. 20-32.

这种组织间的相互依赖要求网络的发展建立在相互满足、互惠的基础上。从社会资本理论看,相互依赖有利于促进合作、克服集体行动问题。奥斯特罗姆曾提出集体行动的三种核心要素,即互利、信任、信誉。[①] 如果网络中的组织相互信任,做出可信的承诺,并遵循互利原则,那么它们就能获得比没有这些社会资本时更多的东西。此时,网络的效用可能大幅度增加,网络活动也可能进一步深入。

4. 成果和责任的归属

如何界定网络活动中的成果和责任的归属也是一大核心问题。我们可以从几个角度来讨论界定网络活动成果的归属的必要性。首先,网络活动中存在普罗文和米尔沃德所说的"共同生产问题"(joint production problem),即当多个组织联合提供某一种服务时,这些组织间的边界变得模糊,联合作业所产生的网络层面和组织层面的成果更需要清晰的界定。[②] 其次,网络常常具有自发性。网络关系需要阶段性的小成果来展示其价值。[③]这些小的阶段性成果可以不断激励网络中的组织,让它们体会到网络的优势,进而增强彼此的信任和对网络活动的参与意愿。反之,当网络中的组织无法实现阶段性成果,网络将难以为继。最后,目前的政策环境越来越重视资源使用的绩效。在这一背景下,网络活动需要界定清楚网络活动所取得的成果,使网络可以持续存在和发展。本章将在第四节具体讨论如何评估网络的绩效。

三、网络的成熟

当网络经历充分的发展和成长后就进入了成熟阶段。这一阶段的网络,其活动过程已经基本制度化,结构也趋于稳定。成熟的网络应该具有可持续性、稳定性和弹性等特征,它们有助于网络进行学习,从而增强网络的效用。

[①] Elinor Ostrom, "A Behavioral Approach to the Rational Choice Theory of Collective Action: Presidential Address, American Political Science Association, 1997," *American Political Science Review*, Vol. 92, No. 1, 1998, pp. 1–22.

[②] H. Brinton Milward and Keith G. Provan, *A Manager's Guide to Choosing and Using Collaborative Networks*, Washington, DC: IBM Center for the Business of Government, 2006.

[③] Stergios Tsai Roussos and Stephen B. Fawcett, "A Review of Collaborative Partnerships as a Strategy for Improving Community Health," *Annual Review of Public Health*, Vol. 21, No. 1, 2000, pp. 369–402.

网络的可持续性在很大程度上取决于在网络演进过程中对内在和外在合法性的维护和强化。网络的内在合法性体现为网络内组织对于网络价值的判断,而外在合法性则描述了其他利益相关者对于网络价值的判断。相较而言,持续地发展网络内组织间的关系,增强内在合法性,是网络得以持续的更为重要的因素。① 特别是对于那些组织间自发形成的网络,忽视内在合法性的建设是这些网络失效的一大原因。② 因此,网络要想持续地存在和发挥作用,需要将网络内组织对于网络的参与制度化,以稳固组织间的关系。

成熟期的网络还需要保持稳定性和弹性的平衡。首先,网络的稳定是获取网络效用的必要条件。其次,网络还需要保持一定的弹性,允许它随着外部环境不断更新。普罗文和黄昆发现,允许资源在组织间分散流动能够促使网络保持弹性,进而提升网络的效用。③ 因此,稳定性和弹性的统一能够使网络更有效地应对外部环境的不确定性和变动。正如普罗文和勒马尔所说,网络在保持其核心的稳定性的同时,在外围留有灵活性。④

成熟期的网络活动主要包括审视网络的外部环境,根据环境的变化修订网络的愿景,持续地强化内在和外在合法性,追踪和评估网络的过程和成果,以及保持网络稳定性和弹性的平衡。

四、网络的衰退和变更

网络是因为组织要解决某一共同的问题而产生的。因此,网络有其生命周期。然而,到目前为止,对于网络生命周期的研究尚有不足。从理论而言,一个特定的网络在实现其既定目标后存在两个可能:(1)组织间的网络关系终止,网络结构将不再存在;(2)组织间的网络关系得以延续,并转而用于解

---

① Keith G. Provan and Robin H. Lemaire, "Core Concepts and Key Ideas for Understanding Public Sector Organizational Networks: Using Research to Inform Scholarship and Practice," *Public Administration Review*, Vol. 72, No. 5, 2012, pp. 638-648.

② Keith G. Provan et al., "Interorganizational Networks at the Network Level: A Review of the Empirical Literature on Whole Networks," *Journal of Management*, Vol. 33, No. 3, 2007, pp. 479-516.

③ Keith G. Provan and Kun Huang, "Resource Tangibility and the Evolution of a Publicly Funded Health and Human Services Network," *Public Administration Review*, Vol. 72, No. 3, 2012, pp. 366-375.

④ Keith G. Provan and Robin H. Lemaire, "Core Concepts and Key Ideas for Understanding Public Sector Organizational Networks: Using Research to Inform Scholarship and Practice," *Public Administration Review*, Vol. 72, No. 5, 2012, pp. 638-648.

决其他问题。波普等提出,当网络完成原先的目标时,网络中的组织在思考网络最终去向时可以考虑以下问题:(1)该网络是否处在其效用最大化的阶段?(2)该网络最初形成的原因是否还存在?(3)该网络是否需要重新设计和建构?(4)该网络是否还能展现新的价值?(5)该网络是否很容易被外部环境影响?(6)该网络的愿景是否还有效?(7)该网络是否还有助于实现其愿景?[1]

此外,赫斯特与齐默尔曼[2]和帕坎与霍华德-格伦维尔[3]认为,网络可以不断自我更新从而保持活力,因此未必会遵循"形成—发展—成熟—衰退"这一生命周期。事实上,在完成既定目标后,如果网络中的组织同意延续这种协作关系并用于解决其他的问题,则新的网络安排可以节约大量的管理成本,也有利于新问题的解决。波普等人描述了成功实现这种变更的若干要素,包括积极的、有远见的、具有弹性的领导力,对于网络变更的承诺,对于未来的战略规划,变更过程中利益相关者的广泛参与,有效和广泛地沟通变更的方案,充分利用现有的合作和资源,发展新的合作对象以及利益相关者的能力等。[4]

第三节 组织间网络的治理和管理

一、组织间网络的复杂性

组织间网络由一系列组织基于共同的目标组成。这些网络中的组织既拥有各自不同的目标、结构和战略,同时必须协作以取得所期望的结果。因此,组织间网络与单个组织相比,其结构和过程更加复杂,因而网络的使用和

---

[1] Janice K. Popp et al., *Inter-Organizational Networks: A Review of the Literature to Inform Practice*, Washington, DC: IBM Center for the Business of Government, 2014, pp. 71-72.

[2] David K. Hurst and Brenda J. Zimmerman, "From Life Cycle to Ecocycle: A New Perspective on the Growth, Maturity, Destruction, and Renewal of Complex Systems," *Journal of Management Inquiry*, Vol. 3, No. 4, 1994, pp. 339-354.

[3] Raymond L. Paquin and Jennifer Howard-Grenville, "Blind Dates and Arranged Marriages: Longitudinal Processes of Network Orchestration," *Organization Studies*, Vol. 34, No. 11, 2013, pp. 1623-1653.

[4] Janice K. Popp et al., *Inter-Organizational Networks: A Review of the Literature to Inform Practice*, Washington, DC: IBM Center for the Business of Government, 2014, p. 72.

管理难度更大。① 具体而言,网络的复杂性主要体现在以下几个方面。

第一,网络由多个组织组成。网络中的每个组织都拥有自己的利益,其参与网络的动机并不相同,而且对网络所能取得的效果有不同预期。一旦这些利益要求与预期无法得到满足和实现,网络中的组织就会对网络结构失去信心,网络也将难以为继。

第二,网络与参与其中的组织拥有不同的使命。任何网络安排都有特定的共同使命和目标。这些使命和目标激励单个组织参与到网络结构中来。然而,每一个组织也有自己必须遵循的使命和目标。在某些情况下,这两种使命和目标可能会发生冲突。因此,网络需要平衡好这两者之间的关系。一旦这两者之间的矛盾激化,网络的存在和发展将受到威胁。

第三,网络中的组织拥有不同的文化。当不同的组织形成网络结构时,文化的多样性可能会对网络所倡导的一致性、协同性等价值造成冲击。因此,如何整合网络中不同的组织文化,同时构建起网络层面的整体文化,是网络需要处理的另一个问题。

第四,网络中的组织拥有不同的利益相关者和出资方。组织行为需要回应其利益相关者和出资方的要求。当组织间形成网络,单个组织会对网络运作方式和活动产生不同的看法和偏好。因此,网络需要整合这些不同的偏好,以防它们产生冲突,进而影响网络的运行。

第五,网络中组织间协调存在困难。网络的顺畅运行需要大量协调。然而,网络中缺乏层级制中的命令和服从关系。网络中组织间的协调往往依赖组织基于信任的相互磋商和谈判,但是,这种协调方式的成本较高,也相对困难。

二、组织间网络的治理

当若干组织决定形成网络结构以协作解决某一问题时,它们首先需要考虑的是如何设计该网络的结构,即通过何种结构来治理网络。如上文所述,

---

① Rosemary O'Leary and Lisa B. Bingham, *A Manager's Guide to Resolving Conflicts in Collaborative Networks*, Washington, DC: IBM Center for the Business of Government, 2007.

网络中的组织需要大量的协调和整合工作。如何设计网络的治理结构来完成这些工作将直接影响到网络的运行和效果。普罗文和凯尼斯将网络治理（network governance）定义为通过制度、权力结构与合作在网络中分配资源和协调共同的行动。① 通过有效的治理，网络中的组织致力于协作、缓和冲突以及有效地获取和使用资源，从而实现网络的效用。事实上，对网络治理的研究到目前为止并不多。② 普罗文和凯尼斯的研究成果为大家普遍接受。

普罗文和凯尼斯根据两个维度来划分治理结构：首先，网络治理是否由掮客来协调；其次，网络治理是否由网络中的组织完成。在此基础上，普罗文和凯尼斯认为网络治理主要有三种治理结构：分享治理、领导组织治理、网络管理组织治理（如图2-3所示）。

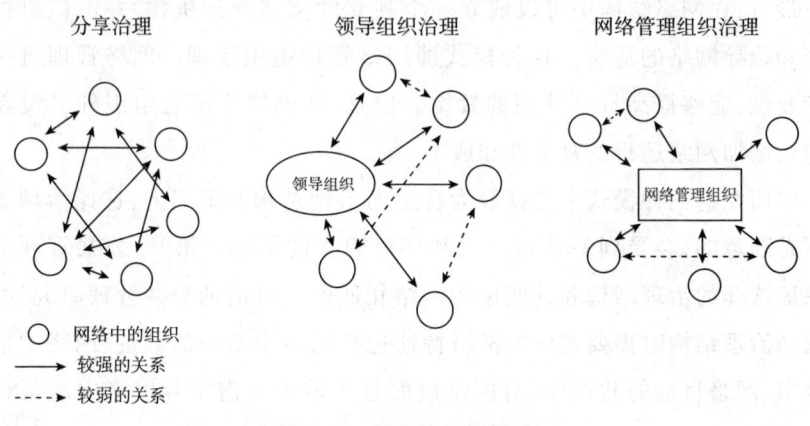

图 2-3　网络治理的模式

来源：Keith G. Provan and Patrick Kenis, "Modes of Network Governance: Structure, Management, and Effectiveness," *Journal of Public Administration Research and Theory*, Vol. 18, No. 2, 2008, pp. 229-252。

首先，在分享治理模式中，网络中的组织都参与到对网络的管理和领导的过程中。网络中没有正式的行政机构来负责网络的运行。这种模式的优

---

① Keith G. Provan and Patrick Kenis, "Modes of Network Governance: Structure, Management, and Effectiveness," *Journal of Public Administration Research and Theory*, Vol. 18, No. 2, 2008, pp. 229-252.

② Keith G. Provan et al., "Interorganizational Networks at the Network Level: A Review of the Empirical Literature on Whole Networks," *Journal of Management*, Vol. 33, No. 3, 2007, pp. 479-516.

点是可以鼓励网络中组织的参与。但是,该模式下的任何决策都需要网络中组织的频繁交流和协商才能取得共识。因此,这种治理模式的效率往往不高。当网络中组织的数量超过五个时,这种治理安排一般会非常低效,甚至失效。

其次,可以由网络中的某一个组织来承担管理和领导的责任,负责网络的正常运行。这个组织即成为网络的领导者。相应地,这种治理就变成领导组织治理。在这种治理安排下,网络层面的决策不需要组织密切协商,因而能极大地提高网络决策的效率。此外,在领导组织治理模式下,网络的目标和运行轨迹往往比较清晰。但是,这种治理模式下的网络常由其领导组织完全控制,没有其他组织的广泛参与,因而缺乏民主。

最后,在网络结构中可以成立一个独立的网络管理机构,并由该机构来管理和领导网络的运行。这种模式即网络管理组织治理。网络管理机构具有专业性,能够提高日常管理的效率。但是,在网络中原有组织外另设新的机构会增加网络运行的复杂性和成本。

如何在这三种模式中选择最为合适的治理结构?事实上,选择治理结构并不是随意的,会受到一系列组织和环境因素的影响。第一,公共管理者需要保证选择的治理结构和其使用的网络相匹配。目前的公共管理研究发现,在选择治理结构时需要考虑的网络特征包括网络中组织的数量、网络中信任的分布、网络目标的共识度、对网络层面管理能力的需求和网络中决策权的位置等(如表2-5所示)。[①] 当网络中组织间的信任比较有限、组织的数量增多、对网络目标认可度下降和需要较强网络管理能力时,领导组织治理和网络管理组织治理比分享治理更有效。

表 2-5 影响网络治理结构的因素

影响因素	分享治理	领导组织治理	网络管理组织治理
参与组织的数量	较少	中等	中等或较多
目标的共识	高	较低	较高

[①] Keith G. Provan and Patrick Kenis, "Modes of Network Governance: Structure, Management, and Effectiveness," *Journal of Public Administration Research and Theory*, Vol. 18, No. 2, 2008, pp. 229-252.

（续表）

影响因素	分享治理	领导组织治理	网络管理组织治理
信任的分布	广泛的分布	有限的分布	中等的分布
对网络管理能力的需求	较低	中等	较高

来源：Keith G. Provan and Patrick Kenis, "Modes of Network Governance: Structure, Management, and Effectiveness," *Journal of Public Administration Research and Theory*, Vol. 18, No. 2, 2008, p. 237。

第二，治理结构的设计还应随着时间而调整。在网络刚刚形成的时候，分享治理常常被使用。如果网络不断发展扩大，则需要一种更为正式的治理结构。① 治理结构的选择还受到网络环境的影响。比如，网络可以支配的资源的规模会影响治理模式的选择。网络管理组织的建立需要相对多的资源来支持。因此，网络管理组织治理模式会比其他的模式需要更多的资源支持。综合起来，公共管理者需要选择在某一特定时期与某一特定的网络相匹配的治理结构。

三、组织间网络的管理

对网络的有效管理可以为网络活动的开展创造良好的环境，是实现网络目标的重要保证。网络管理者制定网络活动的基本规则，协调组织间的关系，促使网络朝预定方向发展。克里金等发现，如何管理网络比如何建构网络更为重要，对网络的最终效用也影响更大。② 希伯特等将网络管理定义为管理者使用不同的技能和采取不同的方式来确定网络的目标，并通过分配和使用资源来实现该目标的一系列过程。③ 里斯迈耶和海特马克则强调网络管理的社会性，认为网络管理主要是管理者使用社会工具来引导组织的社

---

① H. Brinton Milward and Keith G. Provan, *A Manager's Guide to Choosing and Using Collaborative Networks*, Washington, DC: IBM Center for the Business of Government, 2006.

② Erik-Hans Klijn et al., "Trust in Governance Networks: Its Impacts on Outcomes," *Administration & Society*, Vol. 42, No. 2, 2010, pp. 193-221.

③ Paul Hibbert et al., "Managing Collaborative Inter-Organizational Relations," in Steve Cropper et al., eds., *The Oxford Handbook of Inter-Organizational Relations*, New York: Oxford University Press, 2008, pp. 391-416.

会心理过程,使网络朝着既定的目标发展,并解决联合作业中的矛盾。① 事实上,这两种定义并不矛盾。正如林和范德文的组织间合作关系演变模型指出的那样,网络活动往往包含正式的组织层面和非正式的社会心理层面。相应地,对网络的管理也应该同时关注这两个层面,并使之相互补充。

应该说,网络管理千头万绪,需要处理好众多不同的关系。学者们试图归纳出网络管理的主要任务。例如,米尔沃德和普罗文认为,网络管理者的核心任务是强化网络中的信任和互利的关系。② 奥利里等指出,网络管理应首要关注网络中的人际关系,而非具体的事务。③ 麦圭尔认为网络管理必须首先分析网络的外部环境;有效的网络管理行为应该与具体的环境相匹配。④ 阿格拉诺夫和麦圭尔回顾了网络管理的相关文献,认为网络管理主要包括以下四项基本活动。⑤

第一,激活,即发现有助于实现网络目标的相关组织,并将其纳入网络中。网络管理者应该分析现有网络的不足,并发现可以弥补这些不足的潜在对象。这些组织往往拥有现有网络所缺乏的资源(如知识、信息、资金、经验、合法权威等)。网络管理者不断地激活潜在的协作对象,对网络活动的展开是有益的。

第二,建构,即搭建起网络的基本架构。网络管理者应该对网络进行整体的战略规划,并促进网络中组织就网络的基本架构达成共识,包括网络的结构、行动规则、目标、文化等。

第三,动员,即鼓励网络中组织对网络的持续参与和支持。网络管理者

---

① R. Karl Rethemeyer and Deneen M. Hatmaker, "Network Management Reconsidered: An Inquiry into Management of Network Structures in Public Sector Service Provision," *Journal of Public Administration Research and Theory*, Vol. 18, No. 4, 2007, pp. 617-646.

② H. Brinton Milward and Keith G. Provan, *A Manager's Guide to Choosing and Using Collaborative Networks*, Washington, DC: IBM Center for the Business of Government, 2006.

③ Rosemary O'Leary et al., "The Skill Set of the Successful Collaborator," *Public Administration Review*, Vol. 72, No. s1, 2012, pp. s70-s83.

④ Michael McGuire, "Collaborative Public Management: Assessing What We Know and How We Know it," *Public Administration Review*, Vol. 66, No. 1, 2006, pp. 33-43.

⑤ Robert Agranoff and Michael McGuire, "Big Questions in Public Network Management Research," *Journal of Public Administration Research and Theory*, Vol. 11, No. 3, 2001, pp. 295-326.

需要创造激励,使网络中的组织不断认可网络的价值,并保持对网络活动的参与和投入。

第四,综合,即促进网络中组织间的良性互动。网络管理者为组织间的互动创造良好的环境,并致力于加强组织间的联系和信任关系的建立与维护。

米尔沃德和普罗文特别区分了对网络的管理(management of networks)和对网络中组织的管理(management in networks)。前者的着眼点是网络整体,主要关注如何管理网络层面活动以实现网络的目标。后者的着眼点是网络中的组织,主要关注如何管理单个组织来实现组织层面和网络层面的目标。他们认为,有效的网络管理应该两者兼顾,达到两者的平衡。在此基础上,他们提出了网络管理的五项主要任务,即责任的管理、合法性的管理、冲突的管理、设计的管理和承诺的管理(如表2-6所示)。[1]

表2-6 网络管理的五项任务

任务	对网络的管理	对网络中组织的管理
责任的管理	决定相应结果的责任人; 奖励和强化对网络目标的遵守; 监督和处理"搭便车"问题	监督组织对网络活动的参与; 确保相应的组织资源用于网络活动; 确保组织因参与网络活动而获得肯定; 拒绝"搭便车"
合法性的管理	建立和维护网络价值、网络结构、网络参与的合法性; 吸引正面的宣传、资源、新的组织成员等	向其他组织展示参与网络活动的价值; 强化自身组织的合法性
冲突的管理	建立解决冲突和争端的机制; 充当善意的调停者; 确保决策反映网络整体目标,而非单个组织的利益	避免和解决与其他组织的矛盾; 平衡好组织自身和网络整体的需求

---

[1] H. Brinton Milward and Keith G. Provan, *A Manager's Guide to Choosing and Using Collaborative Networks*, Washington, DC: IBM Center for the Business of Government, 2006.

(续表)

任务	对网络的管理	对网络中组织的管理
设计的管理	确定最有助于网络成功的治理结构; 实施和管理治理结构; 根据整个网络需要变更治理结构	根据治理结构和其他组织一起参与网络治理; 接受单个组织对网络决策影响力不足的事实
承诺的管理	鼓励网络中组织对网络活动的参与; 确保网络中组织认识到网络的成功有助于改善自身的绩效; 公平地在组织间分配网络资源; 确保网络中组织完全了解网络活动	建立对网络目标的承诺; 对网络的参与制度化,使之不受组织内人员等变动的影响

来源:H. Brinton Milward and Keith G. Provan, *A Manager's Guide to Choosing and Using Collaborative Networks*, Washington, DC: IBM Center for the Business of Government, 2006, p. 19。

上述研究大都基于一个共同的假设,即管理组织间网络和管理单个组织内的层级结构存在很大的差异。理论上,如前文所述,网络和层级是两种不同的组织方式,差异较多。因此,对网络的管理和对层级的管理理应存在差异。但是,在实际的操作中,我们并不知道两者之间到底有多少不同。事实上,并不是所有的研究都认同管理网络和管理单个组织之间存在重大差异。例如,芳汀指出,管理一个组织和管理组织间网络存在大量的相似之处。有效管理二者都需要致力于关系的建立和对过程的管理。[1] 凯尔曼等发现,大量管理单个组织的工具和技能在网络环境中依然适用。[2] 因此,这些研究质疑是否有必要去特别研究网络环境下的管理,而忽视大量现有的管理单个组织的成果。与此问题相关的是,是否可以将传统的管理层级的方法应用于管

---

[1] Jane Fountain, *Implementing Cross-Agency Collaboration: A Guide for Federal Managers*, Washington, DC: IBM Center for the Business of Government, 2013.

[2] Steven Kelman et al., "Are There Managerial Practices Associated with the Outcomes of an Interagency Service Delivery Collaboration? Evidence from British Crime and Disorder Reduction Partnerships," *Journal of Public Administration Research and Theory*, Vol. 23, No. 3, 2012, pp. 609–630.

理网络。如果可以,层级制中的"命令—服从"的控制关系是否会影响网络中的平等协作关系? 这些问题都有待后续的研究和探讨。

对网络管理的研究还发现,网络管理者在完成上述管理任务时需要应对若干个难题。① 是否能有效地处理这些问题会在很大程度上影响网络管理的效果。

第一个难题即上文提到的对网络的管理和对网络中组织的管理之间的关系。网络是由一系列组织构成的。网络的管理需要顾及网络层面和网络中的个体组织。现有的大量研究往往仅讨论网络层面的活动,而缺乏对网络中个体组织的关注。网络中的组织作为理性的行为者,在参与网络活动时必然要考虑自身的利益,同时服务于组织层面和网络层面这两类目标。但是,这两种目标未必完全一致。因此,有效的网络管理需要统筹好这两个层面的关系。

第二个难题是效率与包容性之间的关系。网络的管理还要考虑效率和决策的包容性。一方面,网络管理者需要在管理和决策中保持相应的效率,使网络活动能够及时、有效地展开;另一方面,网络活动本质上是一种协作行为,要求网络中的组织在活动规划、决策过程中广泛参与和协商。但是这种决策过程中的包容性会导致决策行为的迟缓和低效率。

第三个难题是内在合法性和外在合法性之间的关系。如本章第二节所述,网络的合法性包含两个方面:内在合法性主要涉及网络中的组织,外在合法性则涉及网络的外在利益相关者。这两种合法性对网络的存在和发展都至关重要。但是,这两种合法性对网络活动的诉求未必总是一致。网络管理者如何同时回应并在一定程度上满足这两类不同的诉求是一个挑战。

第四个难题是灵活性和稳定性之间,或者分权和集权之间的关系。本章第二节中提到,网络需要保持灵活性和稳定性的统一。网络本身是动态的,处于不断演变中。因此,其灵活性要求网络对外部环境保持弹性,在其治理中适当分权,从而使网络能够根据环境的变化做相应的改变。但是,网络的

---

① Siv Vangen et al., "Governing Cross-Sector, Inter-Organizational Collaborations," *Public Management Review*, Vol. 17, No. 9, 2015, pp. 1237-1260.

存在和延续必须保持原有网络核心架构(如规则和目标)的稳定性。因此,有效的网络又必须保持适当的集权。

第四节 组织间网络的绩效评估

如前文所述,尽管网络结构具有若干优势,但网络的使用和管理相当复杂。因此,评估网络结构绩效以衡量网络结构是否达到了既定的目标变得非常必要。事实上,评估组织间网络的绩效非常具有挑战性。但是,网络作为一种新的组织方式,拥有其他组织方式所没有的特性,因此很多研究都假定网络是有效的,而很少去考虑其实际绩效以及如何评估绩效。但是,一系列个案研究显示网络的效用并非完全正面。例如,赫克斯曼发现,"协作惰性"(collaborative inertia)在组织间网络中较为普遍存在,即网络中的组织难以就共同的目标达成共识,平等地在组织间分配权力并建立信任。[1] 奥图尔和迈尔发现,网络中的组织获利不均,从而影响网络的效用。[2]

网络的绩效可以定义为网络中的组织通过网络结构取得了它们任何单个组织所无法实现的积极效果。这种积极的效果主要体现在效率(efficiency)和效益(effectiveness)的提升。[3] 布赖森等建议从以下三个方面来分析网络的绩效。[4]

第一,原有的政策问题是否得到解决。网络是基于组织对协同解决某个政策问题的需求而产生。因此,考察网络的最直接效果应该考虑该政策问题是否得到解决,或者在多大程度上得到了改善。

第二,公共价值是否得到维护或者增进。任何公共管理活动的根本目的

---

[1] Chris Huxham, "Theorizing Collaboration Practice," *Public Management Review*, Vol. 5, No. 3, 2003, pp. 401-423.

[2] Laurence J. O'Toole and Kenneth J. Meier, "Desperately Seeking Selznick: Cooptation and the Dark Side of Public Management in Networks," *Public Administration Review*, Vol. 64, No. 6, 2004, pp. 681-693.

[3] Keith G. Provan and Patrick Kenis, "Modes of Network Governance: Structure, Management, and Effectiveness," *Journal of Public Administration Research and Theory*, Vol. 18, No. 2, 2008, pp. 229-252.

[4] John M. Bryson et al., "The Design and Implementation of Cross-Sector Collaborations: Propositions from the Literature," *Public Administration Review*, Vol. 66, No. 1, 2006, pp. 44-55.

是维护、增进整个社会的公共利益。作为一种公共管理工具的网络,同样需要考虑其在社会公共利益方面的作用。

第三,组织间的协作机制是否会延续。如前文所述,组织间网络关系的形成和维护是相当复杂和困难的。当网络达成既定目标后,组织间的协作关系能够延续,进而解决其他的政策问题,则可能节约大量的管理成本,也有利于其他政策问题的解决。

基于这三个分析层面,布赖森等认为,网络的绩效应该包括三阶段的效果、公共价值、韧性与重新评估(resilience and reassessment)。

第一,三阶段的效果。第一阶段的效果是高质量的公共产品和服务;第二阶段的效果包括协作中的新伙伴关系、联合行动、协同学习以及约定的履行;第三阶段的效果包括新的协作伙伴、组织间更多的协调和更少的冲突、处理公共问题的新模式。

第二,公共价值。网络中的组织通过协作发挥各自的长处,弥补彼此缺陷,从而创造公共价值,增进社会的公共利益。

第三,韧性与重新评估。网络中的组织对协作过程中的变革具有适应力,并不断重新评估、调整协作关系,使组织间的信任不断增强,协作关系不断稳固。网络的初步目标实现后,组织同意继续这种协作行为,以解决其他的政策问题。

事实上,既有的公共管理研究尚无法完全回答如何评估网络绩效的问题。现有的研究主张从两个角度来评价网络的绩效:一是评估网络绩效应考虑网络本身的结构和过程;二是评估网络绩效应考虑网络的多层次。

一、网络的结构和过程

考察网络的绩效需要考虑网络的结构和过程,即网络绩效是如何取得的,或者说哪些因素能够促进网络的积极效果。从这个角度来考察网络的绩效,波普等建议考虑如下问题:[①]

---

① Janice K. Popp et al., *Inter-Organizational Networks: A Review of the Literature to Inform Practice*, Washington, DC: IBM Center for the Business of Government, 2014.

1. 该网络是否拥有一个为网络中所有组织所理解和支持的清晰的愿景或目标;
2. 该网络是否拥有一个与之相匹配的治理结构;
3. 该网络是否拥有相应的资源来实现既定的目标;
4. 该网络是否拥有合适的领导方式;
5. 该网络的管理是否随着时间的变化而相应转变;
6. 该网络是否同时考虑了对网络整体的管理以及对网络中组织的管理;
7. 该网络是否拥有所需的内在和外在的合法性;
8. 该网络的结构是否随着任务的变化而不断演变;
9. 该网络中的组织是否相互信任;
10. 该网络是否明确承认和有效解决网络中组织间权力的不平等;
11. 该网络是否有效地平衡了稳定性和灵活性;
12. 该网络中的组织间联系是否合适和有针对性;
13. 该网络中的组织间联系是否是强弱联结(strong and weak ties)的有效组合。

基于这个结构和过程的角度,普罗文和米尔沃德曾经提出分析网络绩效的模型(如图2-4所示)。① 该模型认为网络的绩效取决于四个因素:网络中是否存在集中整合(centralized integration),网络是否存在直接的、非分散的外部控制,网络是否存在于稳定的环境中,以及网络存在的环境是否资源充沛。首先,当网络中存在一个核心机构来集中整合、协调网络中的组织时,该网络能够有效地控制组织行为和追踪行为的结果,从而使该网络比松散的、分散的网络更加有效。其次,网络经常受到外部组织和出资方(例如政府机构)的影响,也就是当网络受到的控制是直接的且集中在有限的几个外部组织时,该网络更加有效。相反,间接的、分散在不同外部组织中的外部控制则有损网络绩效。此外,网络的外部环境也会影响其效果。稳定和资源充沛的外在

---

① Keith G. Provan and H. Brinton Milward, "A Preliminary Theory of Interorganizational Network Effectiveness: A Comparative Study of Four Community Mental Health Systems," *Administrative Science Quarterly*, Vol. 40, No. 1, 1995, pp. 1-33.

环境有助于网络绩效。总体而言,当网络存在集中整合以及直接的、非分散的外部控制时,网络通常更为有效。如果这种网络存在于稳定和资源充足的环境中时,绩效将达到最优状态。

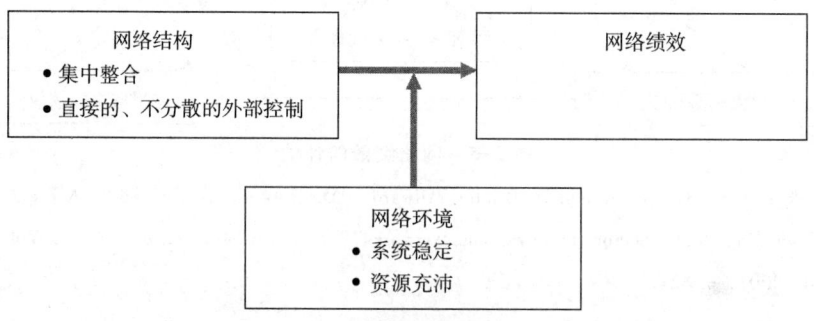

图 2-4 网络绩效的基本模型

来源:Keith G. Provan and H. Brinton Milward, "A Preliminary Theory of Interorganizational Network Effectiveness: A Comparative Study of Four Community Mental Health Systems," *Administrative Science Quarterly*, Vol. 40, No. 1, 1995, p. 24。

二、网络绩效的多层次性

网络由不同的组织基于一定的共同目标而形成。这些组织本身涉及不同的利益相关者。网络要达成既定的目标,必须在一定程度上满足这些不同的利益需求。因此,评估网络绩效需要考虑不同的利益相关者以及他们的需求。普罗文和米尔沃德基于多重利益相关者的视角,认为评估网络绩效应该在三个层次上进行:社区(community)、网络结构本身和网络中的个体组织。[①] 这三个层次与三类主要的利益相关者相对应,即委托方(参与网络的组织,提供资金等资源并监督网络的行动)、代理方(网络的实际管理机构,作为所有网络中组织的代理者管理网络的日常运行)和顾客(网络服务的对象,获得网络产出的产品和服务)(见图 2-5)。

---

① Keith G. Provan and H. Brinton Milward, "Do Networks Really Work? A Framework for Evaluating Public-Sector Organizational Networks," *Public Administration Review*, Vol. 61, No. 4, 2001, pp. 414-423.

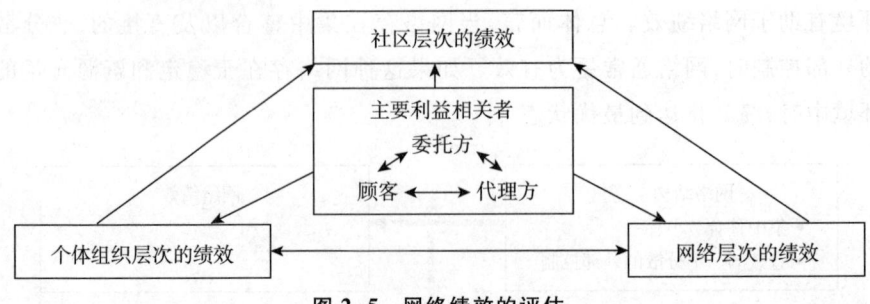

图 2-5　网络绩效的评估

来源：Keith G. Provan and H. Brinton Milward, "Do Networks Really Work? A Framework for Evaluating Public-Sector Organizational Networks," *Public Administration Review*, Vol. 61, No. 4, 2001, p. 421。

（一）社区层次

社区层次主要考察网络对于其服务的目标群体的功效。所谓目标群体，是指网络所要服务的特定区域内的相关群体。在这一层面上，网络绩效的评估可以考虑三个方面。首先是网络对目标群体的影响。网络通过组织协同，促进组织共同解决政策问题，为特定的目标群体提供产品和服务。因此，这一部分群体的需求是否得到满足，其利益是否得到维护、增进，是一个较为明显的指标。此外，由于公共组织的公共性，在满足特定目标群体的利益要求时，必须考虑与该目标群体间接相关的其他群体的利益是否受到损害。目标群体利益的维护和增进不应以其他群体利益受损为代价。其次是取得上述效果的成本。如果网络能以较低的成本为目标群体提供单个组织提供不了或者不能有效提供的产品和服务，那么至少从成本的角度看，网络是有效的。最后是社会资本的增进。通过网络，位于相近社区的组织能够加深相互的理解，建立起较为稳固的信任关系。这种社会资本的建立，可以促进组织在网络中良性互动，从而有助于网络效应的提升。此外，这种组织间的社会资本还有助于组织在今后就其他社区问题展开协作。

（二）网络层次

网络层次的分析主要评估网络整体在四个方面的绩效状况：（1）参与网络的组织的数量。网络结构中组织的数量是考察网络绩效的最直接的指标。虽然组织的数量与网络的效果不存在直接的线性关系，但是网络活动的开展需要在保持现有的成员的同时吸引新的成员。有效的网络需要保证与网络目标的实现最为相关的核心组织持续参与。当然,规模过大的网络将耗费较大的协调成本,从而降低网络运行的效率。(2)网络提供产品或服务的范围。当网络能够为目标群体提供多种产品和服务以满足他们的不同需求时,从产品和服务范围看,网络是有效的。需要注意的是,该指标测定的产品和服务是由组织间网络所提供的,而非由网络内单个组织提供。(3)网络中组织间的关系。该指标评价网络结构中组织间关系的强度。有效的网络结构能够将其中的单个组织有机地整合在一起,使组织具有较强的联系,从而发挥协同作用。在网络结构刚刚成形的初期,成员间的联系是不稳定的。随着网络的不断稳固和优化,组织间关系将不断正式化、规范化。随着组织间联系的加强,单个组织会提高对网络的承诺,其协同关系也将增强。这些都有助于网络目标的最终实现。(4)网络管理机构的建立和维护。随着网络规模的扩大,需要设立专门的管理机构来承担管理网络的任务。因此,在分析网络层次的绩效时,需要考虑网络管理机构的绩效,即网络管理机构获取和分配网络层面资源的能力。作为网络的实际管理者,网络管理机构首先需要从众多组织中获取实现协作治理目标所需的资源。此外,网络管理机构需要保证这些资源被合理使用,使网络的整体绩效最大化。

(三) 个体组织层次

网络中的个体组织是理性的行为者,拥有自身的利益诉求。在形成网络和参与网络活动的过程中,个体组织首先需要保证自身的生存和发展。虽然网络是基于共同的目标而形成和展开活动的,而且网络活动的成果理应惠及参与其中的个体组织,但是在评估网络的绩效时,要将网络中的个体组织的收益纳入分析框架中来,主要基于这几方面考虑。(1)合法性的增强。个体组织通过网络增强自身组织的合法性。通过网络,个体组织可以分享其他组织的信息、观点和顾客,并获得以往难以获得的社会地位。(2)资源的获取。网络有助于个体组织获取其他组织的资源,例如资金、高素质的员工、潜在的顾客等。(3)服务的成本。网络可以通过组织间、部门间的合作,弥补单个组织在提供产品和服务上的缺陷,从而以更低的成本提供更优质的产品和服务。(4)顾客的收益。个体组织可以通过网络更有效地向其顾客提供产品和服务,为顾客带来更多的利益。

通过上述分析可以看出,网络的绩效涉及三个分析层次,是这三个层次的综合(见表2-7)。虽然各类利益相关者都最关心与自身关系最密切的分析层次,但是只有所有利益相关者的需求得到基本的满足,网络整体绩效才能提升。此外,每一个分析层次上的绩效会对其他层次上的绩效产生直接的影响,但是,一个层面上的绩效不能保证其他层面上的绩效情况。因此,只有当主要利益相关者的需要得到一定程度的满足且三个层面的绩效状况都有改进时,网络活动才是成功的。

表2-7 网络绩效的分析层次

分析层次	层次描述	绩效维度	可能的成果(范例)
社区	评价网络对目标群体的贡献	网络对目标群体产生的影响; 取得效果的成本; 社会资本的增进	有效的服务整合; 以更低的成本提供服务; 更少的服务重合和不足
网络	评价网络结构本身的成熟度和组织间关系的强度	网络中组织的数量; 提供服务的范围; 网络中组织间的关系; 网络管理机构的作用	网络成员数量的增长; 组织间关系的强化; 网络成员对网络目标更有力的承诺
个体组织	评估网络对于网络中单个组织的效用	组织的生存与发展; 合法性的增强; 资源的获取; 服务的成本; 顾客的收益	组织的生存; 自身合法性的增强; 所需资源的获取

来源:Keith G. Provan and H. Brinton Milward, "Do Networks Really Work? A Framework for Evaluating Public-Sector Organizational Networks," *Public Administration Review*, Vol. 61, No. 4, 2001, p. 416。

三、评价网络绩效的综合模型

综合前文所述,考察网络的绩效比考察单个组织的绩效更为复杂,需要考虑两个方面的问题,即影响网络绩效的结构和过程与网络绩效的多层次性。将这两个方面综合在一起,我们可以较为全面地分析网络的绩效。图2-6展示了一个评估网络绩效的综合模型。

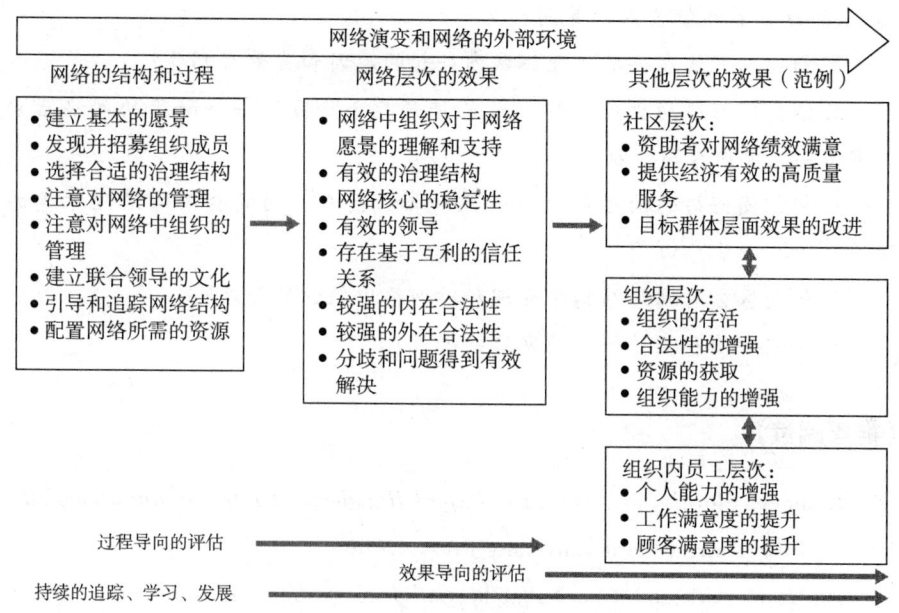

图 2-6 网络绩效评估的综合模型

来源：Janice K. Popp et al., *Inter-Organizational Networks: A Review of the Literature to Inform Practice*, Washington, DC: IBM Center for the Business of Government, 2014, p. 81。

第五节 本章小结

总的来说，随着公共管理环境日益复杂，组织间网络正成为公共管理者执行公共政策、实现政策目标的一项重要工具。与传统的市场和层级的方式相比，组织间网络具有自身特点和一系列优势。如何正确地认识组织间网络的特征，并且有效地使用组织间网络来提供公共服务、解决公共问题，是当代公共管理的一项核心挑战。本章基于现有的研究成果，从多个角度较为系统地介绍了如何在公共管理活动中使用和管理组织间网络。应该说，我们目前对公共组织间网络的理解尚不完整。对于公共组织间网络的认识和使用应该随着后续公共管理研究的推进而不断深入。

【思考题】

1. 组织间网络的基本特点和形成原因有哪些？如何理解组织间网络、市场、层级这三种组织方式的异同？

2. 组织间网络在公共管理领域内兴起的原因和背景有哪些？

3. 组织间网络的生命周期大致包括哪几个阶段？每个阶段的网络活动又有哪些主要内容与特征？

4. 组织间网络的治理结构有哪几种模式？哪些因素会影响治理结构的选择？

5. 如何区分对网络结构的管理和对网络中组织的管理？

6. 如何评价和测量组织间网络的绩效？

【推荐阅读】

Cropper, Steve et al., eds., *The Oxford Handbook of Inter-Organizational Relations*, New York: Oxford University Press, 2008.

Emerson, Kirk and Tina Nabatchi, *Collaborative Governance Regimes*, Washington, DC: Georgetown University Press, 2015.

Hu, Qian et al., "The Intellectual Structure of Empirical Network Research in Public Administration," *Journal of Public Administration Research and Theory*, Vol. 26, No. 4, 2016, pp. 593-612.

Huxham, Chris and Siv Vangen, *Managing to Collaborate: The Theory and Practice of Collaborative Advantage*, New York: Routledge, 2005.

Milward, H. Brinton and Keith G. Provan, *A Manager's Guide to Choosing and Using Collaborative Networks*, Washington, DC: IBM Center for the Business of Government, 2006.

O'Toole, Laurence J., "Networks and Networking: The Public Administrative Agendas," *Public Administration Review*, Vol. 75, No. 3, 2015, pp. 361-371.

Popp, Janice K. et al, *Inter-Organizational Networks: A Review of the Literature to Inform Practice*, Washington, DC: IBM Center for the Business of Government, 2014.

Powell, Walter W., "Neither Market nor Hierarchy: Network Forms of Organization," *Research in Organizational Behavior*, Vol. 12, 1990, pp. 295-336.

Provan, Keith G. et al. , "Interorganizational Networks at the Network Level: A Review of the Empirical Literature on Whole Networks," *Journal of Management*, Vol. 33, No. 3, 2007, pp. 479–516.

Provan, Keith G. and Robin H. Lemaire, "Core Concepts and Key Ideas for Understanding Public Sector Organizational Networks: Using Research to Inform Scholarship and Practice," *Public Administration Review*, Vol. 72, No. 5, 2012, pp. 638–648.

第三章 组织结构

【内容提要】

当前组织结构大致有简单结构、科层结构、职能结构、多分部结构、矩阵结构、无定型结构和网络结构等七种主流形式。不同理论学派对组织结构有不同的看法,这些理论学派主要包括古典组织理论学派、新古典组织理论学派、组织行为学派、"现代的"结构型组织理论、系统理论学派、权力与政治学派、组织文化学派、后现代学派。

第一节 组织结构概述

组织的历史与人类的历史一样久远。从原始社会开始,人们便以某种组织形式在一起过着群居生活。约公元前500年,中国的孙武在《孙子兵法》中提到了层级组织、组织间沟通及人员计划等方面的重要性。公元前400年,苏格拉底论述了一般管理的重要性。还有许多其他杰出的思想家分别于不同的时期在不同的领域贡献了他们关于组织的真知灼见。

然而,较为完整的组织理论最早出现在1776年。当时,亚当·斯密系统地讨论了工厂的最优化组织问题。斯密的劳动分工思想具有划时代的意义,不仅奠定了古典自由主义经济学的基础,也深刻地影响了组织理论的发展。诸如泰勒、法约尔、韦伯、古利克及厄威克等古典组织理论的奠基者都是在斯密的框架下推动组织理论发展的。在斯密关于劳动分工的重要思想的影响下,上述组织理论家分别从不同的视角探讨了组织的基本原则,建构了古典组织理论。组织理论之后日益繁荣,在不同时代出现了不同的流派并呈现出不同的特点。根据沙夫里茨等人的观点,组织理论可大概分为九个流派,即

第三章 组织结构

古典组织理论、新古典组织理论、人力资源理论或组织行为理论、"现代的"结构型组织理论、系统理论与组织经济学、权力与政治组织理论、组织文化与意义建构组织理论、组织文化与改革运动组织理论以及后现代主义与信息时代的组织理论。[①]

不同流派的组织理论具有互异的前提假设和理论逻辑,因而对于组织结构问题会有不同的看法。事实上,由于成长经历和所处的文化环境的不同,每个人都会发展出不同的见解和应对周边环境的能力。所以,即便是对诸如"组织"或"结构"等简单概念的定义,人们也很难达成一致意见。因此,不同的组织理论流派的内部并非铁板一块,而是一如组织流派的多样性,充满互异的认知与洞见。但是,这并不意味着各流派内部的作者间没有共识。事实上,流派的形成正是建基于一些共同的、重大且根本的认知之上的。因此,本章对组织结构的探讨将会以组织流派的发展为主线,考察不同的组织流派在组织结构问题上的不同看法,借此让读者从整体上把握随着组织理论的不断发展而出现的组织流派,在关于组织结构的议题上具有怎样的独特认知。在具体的流派划分上,我们认为沙夫里茨等人对组织理论流派的划分较为合理,因而本章将采用其划分标准。

在进一步介绍不同组织理论流派关于组织结构的不同洞见之前,有必要向读者简要介绍本章的基本写作思路。尽管本章的主题是公共组织结构,但本章并非仅仅考察公共组织这一种类型,而是把视野扩大到包括公共部门组织、私人部门组织及非营利组织等所有类型的组织。这主要基于几方面的考虑:第一,关于公共部门的组织研究成果相当少,研究者通常较难获得关于公共组织的一手资料。即便有一些研究,也是案例研究[②],尚未总结出关于公共组织的一些普遍化理论,更无须说关于公共组织的结构方面的普遍理论,因此可以适当地将关注范围扩大至一般性组织。第二,近代组织理论主要发源于对工业组织的研究,泰勒的科学管理原理及法约尔的一般管理原则都是在

[①] Jay M. Shafritz and J. Steven Ott, eds., *Classics of Organization Theory*, New York: Harcourt College Publishers, 2001, pp. 1-20.

[②] Peter M. Blau, *The Dynamics of Bureaucracy*, Chicago: The University of Chicago Press, 1963; Michael Crozier, *The Bureaucratic Phenomenon*, Chicago: The University of Chicago Press, 1964.

对工业组织的长期研究的基础上形成的,此后的许多理论流派的研究也是以工业组织为研究对象的。所以,可以合理地认为近代组织理论的发展更多地反映了工业组织领域的情况。因此,我们将视野从公共组织扩大至包括工业组织在内的一般组织是合适的。第三,公共组织与私人部门组织及非营利组织在本质上并没有太大的区别,从特定类型的组织中发展出的基本理论对其他类型的组织也具有一定的适用性。就本质而言,组织是一个协调与控制系统,无论公共部门还是私人部门,这一点都是一样的。因此,在缺少关于公共部门组织结构的特定研究成果的情况下,适当地借鉴其他领域组织关于结构的理论洞见是合理的。

有些学者把组织的结构分为统一模式和多重模式,统一模式主要包括简单结构、科层结构及职能或一体化结构,而多重模式则包括多分部结构、矩阵结构、无定型结构及网络结构。[①] 这种划分方法有利于读者快速了解组织结构的基本类型,不过我们认为,与简单地告诉读者当前组织结构的多重模式相比,讲述人们关于组织结构的观念的演化轨迹更为重要。事实上,每种组织结构形式的产生及发展都与特定时期人们关于组织应该是怎么样的这种观念密切相关,而在不同历史时期人们通常具有非常不同的关于组织应该如何的假设。如果仅仅告诉读者关于组织结构形式方面的知识,很容易忽略这些结构演变背后的逻辑,以致读者并不了解每种组织结构形式的适用范围及适用条件。如果我们不仅告诉读者组织结构的现存类型,也告诉读者组织结构类型的演化轨迹,读者就能够更深刻地理解组织结构的演变轨迹及与各种组织结构相关联的多重因素在组织结构变迁中的重要作用。

因此,本章的基本写作思路是,首先介绍基本的组织结构形式,让读者了解基本的组织结构形式类型;其次,结合组织理论的发展脉络,进一步介绍随着组织理论的发展,组织结构的形式是如何演变的。组织结构的演变与组织理论的演变密切相关,而组织理论的演变又与不同时期人们关于组织结构应该如何的基本假设的演变密切相关。因此,考察不同时期的组织理论及基本

---

① W. Richard Scott and Gerald F. Davis, *Organizations and Organizing: Rational, Natural and Open System Perspectives*, Upper Saddle River, NJ: Prentice Hall, 2007.

假设对厘清组织结构的类型及每种结构类型所隐含的理论预设具有非常重要的作用,也有益于形成关于组织结构的更为宏观的视野。

第二节 组织结构的基本类型

我们在日常生活中,可以看到形形色色的组织,这些组织小到仅有几名成员的小组或团队,大到拥有数百万成员的大型跨国公司。尽管组织的规模有大有小,组织所在的领域也各不相同,但组织的结构形式却有某种相同之处。总的来看,存在七种可辨识的主要组织结构形式[1],下面将分别介绍每种类型的组织结构。

一、简单结构

简单结构主要在小型组织中存在,在这种组织中,目标通常较为单一,人员数量较少且可替代性较高,技术专业化程度低,可用于实现目标的资源或手段也较为单一。这类组织只存在低程度的劳动分工,而在管理上则主要以直接指挥为主,并没有形成层级指挥体系的必要性。这种简单结构是小规模手工作坊时期的主要组织形式。当然,即便是现在,这种简单的结构依然广泛存在于许多组织中,比如现代组织中技术含量低的小组或小团队便是一例。任何更高层次的组织结构形式都是由这种简单的结构形式组成的,换句话说,这种简单的结构形式是一切复杂组织结构存在的前提和基础。

二、科层结构

科层结构是现代组织最主要的结构形式之一,广泛地存在于各个领域内,根据马克斯·韦伯的研究,科层结构的主要特点包括:(1)以规则为管理的根本依据。为实现组织的目标,科层结构里的常规活动以职责的形式分配给了不同的人,具体职责的分配是以规则的形式明确列出的,因此,科层结构里的人被要求以规则为根本的行事依据。(2)以等级制的形式组织人员。为

---

[1] W. Richard Scott and Gerald F. Davis, *Organizations and Organizing: Rational, Natural and Open System Perspectives*, Upper Saddle River, NJ: Prentice Hall, 2007.

完成组织的使命,科层结构的人员以等级制的形式组织在一起,形成严密的上下级命令体系。(3)完整的文书档案系统。以规则为根本管理依据的结果是催生了一套完整的文书档案系统,一切的组织活动都以文字的形式记录在案,以便未来查询。(4)注重专业化管理。重视专家的角色,提倡人员培训及专业知识的学习。(5)人员的职业化。为了把组织建设成为一个理性的系统,科层结构强调人员的稳定,提倡职业化发展,为员工提供固定的薪金及可预期的未来职业发展路径。①

三、职能结构

职能结构也被称为一体化结构,指的是按功能组织其员工,例如一个公司通常会根据不同的需求组建生产部门、会计部门、人事部门及销售部门等不同子单位。职能结构的出现源于组织本身的复杂化、组织目标的多元化及实现目标的手段的丰富化。当一个简单组织逐渐扩张时,协调与控制会变得日益困难。当一个组织不仅需要生产产品或提供服务,同时也需要销售其产品或服务时,组织的目标会变得多元。此时用于实现不同目标的手段也各不相同,而与各子目标及其实现手段相联系的技能要求也各不相同,在这种情况下,组织职能的分化就是必然结果。职能结构的出现与劳动分工密切相关,而劳动分工又与人们的知识与技能的有限性及注意力的稀缺性密切相关。在简单结构中,人们需要处理的事务并不复杂,面对的协调问题较少,因而能够应付自如。但是,随着组织的逐渐扩张,上述事务变得日益复杂,而个人所拥有的知识、技能及注意力是相对有限的,因此,当组织要求与个人能力之间的张力变大时,专业化分工就必然会出现。与科层机构一样,职能结构也是现代组织的重要类型之一。

四、多分部结构

多分部结构其实是职能结构的一种变体,这种结构形式在大型的私人部门中广泛存在。具有多分部结构的公司主要按地理市场或产品市场建立分

---

① N. S. Timasheff, H. H. Gerth, and C. Wright Mills, "From Max Weber: Essays in Sociology," *The American Catholic Sociological Review*, Vol. 19, No. 2, 1958, p. 157.

部,而每个分部通常都是以职能结构的形式组建的。总公司的主要职责通常包括监控各分部的运行、为各分部分配资源及做出战略决策等,而在具体的事务上,各分部具有高度的自主权,总公司一般不介入分部的具体事务。多分部结构在当今这个竞争日趋激烈的时代具有很大的优势。科技的迅猛发展及社会的快速变迁使得未来充满不确定性,即便是今天最成功的组织,也未必能在未来的竞争中立于不败之地。而多分部结构的优点之一便是能够分散风险,总公司把资源配置到不同的分部,即使其中的某些分部业绩不良,也还有其他分部能够为公司带来盈余,这样会产生"东方不亮西方亮"的效果,这不仅为组织的未来发展提供多种可能选项、降低外部环境的不确定性,还有利于提高组织对未来的适应能力。

五、矩阵结构

上文已论述过,随着组织的复杂化、组织目标的多元化及实现手段的丰富化,组织内部对劳动分工的需求将增大,而职能结构正是因应这种需求增长而出现的。值得注意的是,组织还有一些其他的应对分工需求增长的措施,项目团队便是其一。在项目团队中,团队成员通常来自不同的职能部门,他们被召集到一起共同解决某些重大问题,如生产特定的产品或实现特定的目标。在这个意义上,项目团队有点类似团队成员所在组织的微型版,这种"微型组织"的出现主要是为了克服原组织的部门间协调困难的问题。跨部门的协同与合作是项目团队的一大特点。这种项目结构与其母体的职能结构相结合后便产生了所谓的矩阵结构。在矩阵机构中,组织成员不仅受职能部门的领导,同时还受项目部门的领导,这就破坏了统一领导及统一命令的原则。如果职能经理和项目经理之间能够实现有效协调,情况还不至于太糟,但是如果这两者间难以有效协调,则容易让组织成员无所适从。当然,矩阵结构对于完成特定的任务来说,是一种非常有效率的结构,能够在短期内集中优势力量解决困难问题。

六、无定型结构

与上述诸结构类型相比,无定型结构有不同的假设前提。上述结构一般都假定组织有明确的目标,同时假定组织所处的环境是稳定的,在这种情况,组织所要做的便是寻找最佳的手段或实践形式以实现其目标。但事实上,组织嵌入其中的环境通常是复杂多变的,稳定环境只是一种理想状态。在动荡的环境中,组织很难形成明确的单一目标,而为单一明确目标服务的上述诸组织结构类型或许不再能与外部环境相适应。无定型结构便是组织用于应对动荡的环境以及由此产生的目标不清晰的问题的重要措施之一。在无定型结构中,管理者设计出可以实现重组功能的无定型组织的各个部件,这些部件的不同组合便构成了不同的无定型结构,而面对不同的环境,管理者可以灵活地重组这些部件以形成新的结构类型。无定型组织倡导根据外部环境的变迁而调整自身的结构,因而具有很大的灵活性,同时也就具有相对较小的组织惯性,即组织成员今日的决定不必拘泥于以往的惯例,这种组织结构在外界环境处于剧烈变动时期具有很强的适应性。

七、网络结构

与无定型组织结构一样,网络结构也是组织为应对外界环境的剧烈变化而发展出来的一种新型组织结构。网络首先是一种思维方式,我们可以从网络的视角来看身边的许多事物:个体间的复杂关系可视为人际网络,组织内部各部门间的关系可视为部门间网络。以此类推,组织间可形成组织网络,产业间可形成产业网络,国家间可形成国家网络。就组织的网络结构而言,其出现是科技发展及社会进步的必然结果。如果说无定型结构还具有物理部件的话,网络结构则主要以虚拟的形式存在。网络结构突破了时间与空间的限制,使得部门间或组织间的沟通与协调更为方便快捷,甚至使得物理性组织构件没有存在的必要,这种组织结构大大增强了组织(实体的或虚拟的)的适应能力,提高了组织的效率。然而,正是由于这种结构的松散性和虚拟性,许多风险也伴随而来,网络诈骗层出不穷便是一例。随着时代的发展与科技的进步,信息与通信技术日新月异,计算机虚拟网络的发展为组织的网络化发展提供了重要的技术支撑。尽管如此,虚拟网络化组织依然不能脱离实体组织而存在,网络结构与实体机构不是替代的关系,而是互补的关系,我们需要在实体结构与网络结构之间找到一个平衡点。至于如何找到这一平衡点,应该根据组织内外部环境及组织自身的具体情况而定。

上述几种组织结构类型并非互斥,而是通常以某种组合的形式并存于现代组织之中。例如,任何复杂的组织均由简单结构组成;科层结构也通常与职能结构并存,因为科层结构的要求之一是专业化,而专业化必然带来分工,因而按职能来组织人员也就成了必然。多分部结构事实上是一种扩大了的职能结构,其本质上是在诸多职能结构的基础上建立一个超级监管机构来协调各职能机构的运行。矩阵结构在各种类型的组织中都有一定程度的体现,这主要是由于产品和职能的分化及由此带来的冲突和处理这些冲突的需求是各类组织必须面对的问题,而矩阵结构一定程度上能够缓和产品与职能之间的紧张关系,因而在一定程度上有利于组织协调各类人员及应对各类矛盾。无定型结构与网络结构是随着社会发展及科技进步而出现的新型组织结构类型,这些结构有利于组织在不确定的环境下实现组织目标,也有利于组织应对来自组织内外的多重压力,无定型组织更多地以实体的形式存在,强调各部件的灵活性,部件的不同组合能够形成不同类型的结构,而网络组织更多地以虚拟的形式存在,强调组织及其部门本身的虚拟性质及组织间关系的网络性质。

这些结构类型的划分本身并非确定无疑,不同的学者对组织结构类型会有不同的划分方法,而上述结构之间的差异也并非泾渭分明,各种类型的结构或多或少都存在一定程度的交叉或重叠,人们很难确凿无疑地说某个组织属于某种结构类型。这主要是由于组织结构的设立本身是一项非常复杂的系统工程,不仅要考虑采用结构 A 或结构 B 这样简单的问题,还要通盘考虑组织目标、组织人员、组织资源、内外部关系及环境要素等多方因素。另外,组织结构的设计通常与设计者所持有的关于组织应该如何的假设及认知密切相关,具有不同组织认知或假设的人通常会设计出非常不同的组织结构。下面我们将以组织理论的演化发展为脉络,考察在不同时期的不同组织理论流派里组织结构是怎样的,以及随着组织理论的变迁,关于组织结构应当如何的认知又是如何变化的。

第三节 组织理论流派及其结构观

组织结构是组织理论的重要方面,人们关于组织结构的认识是随着组织理论的发展而不断深化的,组织理论的形成又与特定的时代背景密切相关,不同时代的人具有不同的文化背景及由此产生的关于组织应当如何的前提假设。沿着组织理论发展的脉络，我们可以清晰地看到这种前提假设的演变轨迹及由此而来的组织理论的繁荣与变迁，也可以看到作为组织理论的重要方面的组织结构的演变轨迹。对不同时期的组织理论中的组织结构认识进行深入考察无疑对于加深读者对组织结构的理解是有益的。本节通过考察组织理论的发展，探讨不同时期及不同流派的组织理论在组织结构应该是怎样的这个问题上的不同观点，加深读者对组织结构的理解。组织结构本身并非一种天然的存在，其形态也不是固定不变的，而是随着经济社会与科学技术的变迁及人们认知水平与思想观念等方面的变迁而逐步演变的。

沿袭沙夫里茨等人对组织理论流派的划分①，本节将组织理论分为古典组织理论、新古典组织理论、人力资源理论或组织行为理论、"现代的"结构型组织理论、系统理论与组织经济学、权力与政治组织理论、组织文化视角组织理论以及后现代主义与信息时代的组织理论等八个流派。尽管存在一些相似之处或一定程度的交叉和重叠，上述各流派间还是存在本质上的差异，这主要体现在各流派的基本假设上。不同的假设产生不同的组织理论，而不同的理论又发展出不同的关于组织结构的论述。下面将分别考察不同流派的组织理论关于组织结构的思想。

一、古典组织理论及其结构观

我们很难说出组织理论从具体的哪一年开始形成，正如上文所说，成体系的组织理论的出现至少可以追溯到亚当·斯密的经典著作时期。古典组织理论在20世纪40年代以前一直是关于组织的主导理论并一直影响着后来的其他理论流派，甚至可以夸张地说，古典组织理论约等于当时的组织理论。古典组织理论的经典代表人物包括但不限于斯密、法约尔、泰勒、韦伯及古利克等人，这些思想巨匠从不同方面探讨了工业组织，为组织理论的形成奠定了坚实的基础。

古典组织理论建立在四大假设的基础之上：(1)组织存在的目的是实现

---

① Jay M. Shafritz and J. Steven Ott, eds., *Classics of Organization Theory*, New York: Harcourt College Publishers, 2001, pp. 1-20.

与生产有关的或者说经济的目标;(2)存在进行生产的最好办法,而通过系统科学的探寻能够发现那些最好的办法;(3)通过专业化和劳动分工能够实现生产的最大化;(4)人员及组织以经济理性的逻辑行动。这些假设无疑反映了工业革命时期的时代背景。在那时,如何提高组织的生产率是无数生产者面临的最重要问题,斯密的劳动分工思想恰恰是能够提高劳动生产率的重要思想,因而被广为接受,可以说劳动分工思想是工业革命的最重要推动力之一。这种思想又与机械化大生产紧密地结合在一起,使人们沦为与机器类似的"物件"。如何找到最佳的方法来组织这些"物件",使其能够像机器零部件一样协调运转,便成了提高生产率的关键。对此,古典组织理论家开出的处方是经济激励,这种经济激励背后蕴含的是经济理性逻辑。经济理性逻辑假设所有人都是利益最大化的行为者,因此只要提供恰当的经济激励,便能够有效地激励人们工作。

在上述假设的基础上,许多思想家对组织的形式进行了有益探索。例如,法约尔在其长期的管理实践中总结出了一般管理原则。[1] 他的一般管理原则主要包括组织运作的十四个方面,从劳动分工到命令链及集体精神等各个方面都有详细的考察。他认为包括十四项基本原则的一般管理原则具有普遍适用性,因而能够应用于一切的组织。泰勒则极力倡导科学管理[2],其目的在于在最短的时间内用最科学的动作完成目标任务。他相信通过科学的研究能够发现完成目标任务的最科学的方法,用最科学的方法则能最大限度地提高组织的生产率。泰勒科学管理原理在美国的实务界引起了重大反响。韦伯则使用了一种"理想型"的进路,从现实世界中的官僚组织中抽象出一些核心的特点,形成了影响深刻的官僚制理论。[3] 这种"理想型"既不是对现实状况的描述,也不是规范性偏好的表达,而是对现实生活中各种官僚组织类型的共同特点的一种抽象概括。韦伯认为这种抽象出来的官僚制是组织的

---

[1] Henri Fayol, *General and Industrial Management*, trans., Constance Storrs, London: Pitman Publishing, Ltd., 1949, pp. 1-50.

[2] Frederick Winslow Taylor, *The Principles of Scientific Management*, Conecticut: Martino Fine Books, 2014, pp. 1-84.

[3] N. S. Timasheff, H. H. Gerth, and C. Wright Mills, "From Max Weber: Essays in Sociology," *The American Catholic Sociological Review*, Vol. 19, No. 2, 1958, p. 157.

最佳结构,因为这种组织结构类型具有高度的理性和稳定性,是用于实现组织目标的最佳工具。

古典组织理论家对组织结构基本上持有一种朴素的机械式的看法,即组织的结构如机器的结构一样,是由许许多多的小部件组成,工人便是构成组织这台机器的基本"部件"。这种"部件"具有高度的可替代性,当某些"部件"出问题后,完全可以用其他的"部件"来代替。在古典组织理论家的眼里,人们能够找到最佳的组织形式来实现组织目标,即存在能够提高组织生产率的最佳结构。他们认为这种组织结构一旦被发现,就应当固定下来作为组织持久稳定的框架。韦伯的官僚制是古典组织理论家关于组织结构之认识的突出代表,官僚制理论体现了古典组织理论家对组织结构之最优、稳定、效率及理性等要素的关注。

二、新古典组织理论及其结构观

与古典组织理论不同的是,新古典组织理论学派并没有形成较为统一的范式,主要是以古典组织理论的批判者的角色出现的。该理论学派在20世纪40年代至50年代具有重大的影响力,其主要代表人物有巴纳德、默顿、西蒙、西尔特和马奇等人。新古典组织理论学派严厉地批评了古典组织理论学派机械式的观点,认为古典组织理论学派关于组织的学说过于理论化,与现实生活的关联性小,因而很难反映现实中组织的真实情况,更不用说指导组织获取高绩效了。

巴纳德最早认识到组织的复杂性,认为除了正式组织外,还存在非正式组织。正式组织如果不能与非正式组织有效协调,组织的运作就会出现问题。因而在巴纳德看来,经理的主要职能在于:(1)创造并维持一种为组织目标奋斗的伦理及愿景;(2)建立促进正式组织与非正式组织合作的沟通系统;(3)提高人们进行合作的意愿。[①] 为了提高人们进行合作的意愿,巴纳德采用了"说服"的方法,包括采用正激励、减少负激励及改变员工的思想状态、态度和动机等方面。默顿则直言韦伯"理想型"官僚制并非如其声称的那样是实

---

① Chester I. Barnard, *Functions of the Executives*, Cambridge, Mass.: Harvard University Press, 1938, pp. 1–30.

现组织目标的最佳理性化手段,事实上,官僚制可能具有巨大的负功能(dysfunctions)。① 官僚制对于规则及稳定性的强调,容易导致人们形成照章办事、循规蹈矩而缺乏灵活性的行事风格,久而久之这些人便具有了凡勃伦所说的"被训练出的无能"(trained incapacity)的特点了,默顿呼吁人们不能仅仅看到官僚制的优点,更要看到其缺点及其导致的不良后果。

西蒙对古典组织理论家提出的各种组织管理原则进行了深入研究,他发现诸如法约尔及古利克等古典组织理论家所提出的"一般管理原则"通常就其自身而言便存在许多不连贯的或自相矛盾、彼此冲突的地方,因此那些原则很难用于指导实践。因为同样的原则可以循着相同的逻辑运用于完全相反的情境,而不同的原则也可以用于相同的情境中。因此,西蒙认为,组织的行政理论更重要的不是发展一般化的原则,而是在描述并诊断行政情境的基础上为不同的行政格言(proverbs)分配权值②,仅仅识别出那些格言是不够的,更重要的是确定在何种条件下某种格言应该被赋予多少权值及其他格言的权值又应当是多少。

如果说古典组织理论家的思想反映出一种封闭的理性系统之特点的话,那么塞尔兹尼克关于组织的认识则反映了一种更为成熟的开放式思想。他突破了古典组织理论家的理论预设,认为组织并不是以孤立的形式自我运作的,恰恰相反,组织的运作嵌入在整个社会的大环境中,因而组织也就必然受到社会环境的影响。塞尔兹尼克在考察田纳西河流域管理局的有关运作时发现,一个组织的运作受到当地社会环境的极大影响。为应对社会环境的压力,组织通常会采取塞尔兹尼克所称的"吸纳"(cooptation)的策略③,即不断地将外部压力吸收进组织使其成为组织的一部分。塞尔兹尼克把这种外部价值不断注入组织的过程称为组织的制度化,这种外部价值通常与组织要实现的目标关联较小甚至无关联,但如果不吸收就很容易成为阻碍组织目标实现的重要阻力。显然,在塞尔兹尼克看来,组织并非如古典组织理论家所设

---

① Robert K. Merton, *Social Theory and Social Structure*, New York: Free Press, 1957.
② Herbert Simon, "The Proverbs of Administration," *Public Administration Review*, Vol. 6, No. 1, 1946, pp. 53-67.
③ Philip Selznick, *TVA and the Grass Roots: A Study of Politics and Organization*, Berkeley: University of California Press, 1984, pp. 249-266.

想的那样与外界相隔绝。

如果说巴纳德关于正式组织与非正式组织的认识突破了古典组织理论家对组织的单一的机械式刻板认识的话,那么西尔特和马奇关于组织的行为理论则进一步丰富了对组织复杂性的认识。西尔特和马奇认为,组织绝非一个简单的机械式结构,组织内部不仅存在正式组织与非正式组织之间的动态互动,还存在各种联盟间的互动。在他们看来,组织本身便可以视为一个联盟,在其中具有不同偏好的个体通过讨价还价来制定组织目标,联盟内部力量此消彼长,组织目标也会随之变迁,组织结构同样会随着组织目标的变化而变化。[①]

新古典组织理论家在组织结构方面最大的贡献是突破了古典组织理论家的单一化机械式观念。在新古典组织理论家看来,组织并非一个高度集权的理性化稳定系统,恰恰相反,非正式组织等非理性因素使组织的运作更加复杂而且难以预期。官僚制结构在带来收益的同时也发挥了各种负功能,关于组织的一般性原则可能并非如预期中的那么"一般",组织与外界的边界也远非古典组织理论家所设想的那样泾渭分明、互不相干,组织内部结构也并不是仅仅用官僚制、等级、命令链及控制幅度等简单概念便可以描述清楚的。事实上,现实中的组织的复杂性远远超出古典组织理论家的预期。显然,新古典组织理论家关于组织结构的看法与古典组织理论家相比进步了许多,组织不再被视为静态、封闭的经济理性的层级结构,而是被看作嵌入整个社会大环境中的动态结构,影响环境的同时也被环境所影响,其结构随着组织内外部环境的变化而不断变化。

三、组织行为理论及其结构观

以组织行为理论这块"棱镜"来观察组织的学者通常关注人员、团体及其内外部关系和组织环境等问题,组织行为理论学派的主要代表人物有福莱特、罗特利斯伯格、马斯洛、麦格雷戈及贾尼斯等人。组织行为理论与新古典组织理论大致在同一时期产生,但在影响上组织行为学派要大于新古典组织

[①] R. M. Cyert and J. G. March, *A Behavioral Theory of the Firm*, Englewood Cliffs: Prentice Hall, 1963, pp. 1-49.

理论学派。如果说古典组织理论代表的是一种关于组织是封闭的理性稳定系统的认识,而新古典组织理论代表的是一种关于组织是开放的复杂系统的认识的话,那么组织行为理论则代表了一种关于组织是开放式、非理性的复杂系统的认识。在古典组织理论家看来,组织是一个高度集权的理性化稳定系统,在其中的人们各司其职,各自有自己的领导和下属,只要上级下达了命令便能够在底层得到完全的执行,人们就像机器的部件一样,有条不紊地运行,而在背后支配其行为的是经济理性逻辑。

与古典组织理论家的观点相反,组织行为学派理论家认为,处于组织之中的人员并非仅仅受到简单的经济理性的支配,人具有多个维度的属性,经济理性只是诸多属性之一,组织中的人员既是经济人也是社会人,其需求不仅包括经济利益方面,还包括社会心理方面。因此,可以说组织行为学派重新定义了组织与人员之间的关系,重新定义了组织中人员的需求与动机,这使其超越了古典组织理论学派关于组织、人员及其相互关系的机械式观点。组织行为学派所持有的基本假设有:(1)组织的存在是为了满足人们的需求,而不是相反;(2)组织与人员相互需要,组织需要人员贡献思想、能量及智慧,而人员需要组织为其提供薪水及工作机会等;(3)如果组织与人员不契合,双方都将受损,员工可能被剥削或寻求剥削组织;(4)如果组织和员工很好地契合在一起,双方都将因此受益,组织能够获得员工的才智,而员工则能够获得有意义的工作。①

古典组织理论家通常假定来自上级的命令能够在底层得到完全的执行,但事实上,命令在执行的过程中会遭遇重重阻碍:一方面是领导者或许并不了解底层的实际情况,因而其命令并不能很好地契合底层实际而遭到抵制;另一方面,即便命令能够契合底层实际且得到底层员工的认同,还存在员工对命令的多元化解读的问题。不同的员工具有迥异的人生经历,在不同的社会背景中自然会形成一套独特的认知模式,这些不同的认知模式使得不同员工即使在面对同一事物时也会产生不同的解读。因此,组织行为学派的福莱特认为,命令的下达并非一件简单的事情,传统的领导单向下达命令的模式

---

① Jay M. Shafritz and J. Steven Ott, eds., *Classics of Organization Theory*, New York: Harcourt College Publishers, 2001, pp. 1-20.

具有重大的缺陷,这种模式仅仅考虑了领导,而并未考虑接受命令的员工,它假定了员工能够百分之百接受并执行命令。福莱特进一步指出,发出命令应是多方互动的结果,要使命令得到有效的执行,就必须使下达命令这一行为去个人化,使其成为团体互动的结果。这主要是考虑到员工与领导一样具有参与事务并决定自己行为的需求,如果命令是领导与员工根据实际情况共同决定的,那么它被有效执行的概率将变大。[①]

与福莱特一样,罗特利斯伯特同样认识到了员工需求的多元性问题。他参与了著名的霍桑实验。该实验意外地发现了工人的行为不仅受到物质利益的影响,更重要的是受到领导的重视程度、工人间关系等社会心理因素的影响。如果说福莱特关于组织中员工行为的复杂动机的论述还是一种理论认识的话,霍桑实验则在实践中验证了这种认识。另一方面,心理学家马斯洛研究发现人具有多重需求[②],从基本的生理需求,到更高级的安全需求、爱的需求、自尊需求,再到自我实现的需求。这些需求从低层到高层形成了需求层次。马斯洛指出,只有低层的需求获得了满足,更高层次的需求才有可能驱动行为。这对组织中员工绩效的启示是,如果仅满足员工的基本需求而不满足其更高层次的需求,其绩效难以进一步提高。霍桑实验的观察部分地印证了马斯洛的需求层次理论的洞见。

麦格雷戈则在马斯洛需求层次理论的基础上提出了著名的 Y 理论。古典组织理论认为,员工懒散且缺少雄心,不愿承担责任且以自我为中心,宁愿被领导而非领导他人,抵御变化而追求稳定。麦格雷戈认为古典组织理论对组织中员工的动机及能力的假设可以称之为 X 理论,而这种 X 理论是有失偏颇的。事实上员工并非如古典组织理论所假设的那样消极,因此麦格雷戈提出了 Y 理论,这种理论对组织中员工的动机、能力及行为的假定恰恰与 X 理论相反。如果说麦格雷戈的 Y 理论关于组织中员工的动机、能力及行为的积极的假设代表的是对古典组织理论家消极假设的批评的话,那么贾尼斯关于"团体思考"(groupthink)的研究则可视为对古典组织理论家关于组织中员工

---

① Mary P. Follett, "The Giving of Orders," in Henry C. Metcalf and H. A. Overstreet, eds., *Scientific Foundations of Business Administration*, Baltimore: William & Wilkins Co., 1926, pp. 132-149.

② Abraham H. Maslow, "A Theory of Human Motivation," *Psychological Review*, Vol. 50, No. 1, 1943, pp. 370-396.

间关系的简单机械式假设的批评。古典组织理论家并不重视组织中的员工,仅把员工视为如机器的零件一样的可随时被替换的部件,部件之间并没有什么联系。而贾尼斯的研究表明,组织中通常会出现一种叫作"团体思考"的现象,在这种情况下,团队成员为了达成一致意见会不惜一切代价,包括忽视或打压不同意见者[1],贾尼斯的研究表明组织中的人员间存在着复杂的动力关系。

组织行为学派是一个庞大的理论学派,有非常多的学者在这个学派的框架下开展研究工作,限于篇幅我们仅介绍具有代表性的几位人物。从整体来看,组织行为学派与新古典组织理论学派都是以古典组织理论为批判对象而建立的,新古典组织理论突破了古典组织理论关于组织是封闭、理性的结构的假设,而组织行为学派则突破了古典组织理论关于组织与人员关系的机械式的假设。尽管组织行为学派并没有着重考察组织结构的问题,但是从其关于组织与人员的关系的假设中,我们依然可以看到组织行为学派理论家关于组织结构的隐含观点。总体来看,在组织形态上,组织行为学派并不将组织结构视为既定的,组织采用何种结构应根据人员的结构来确定;在功能上,组织行为学派不认为组织结构与人员之间的影响关系是单向的,组织结构既可以影响人员,也可以为人员所影响。

四、"现代的"结构型组织理论及其结构观

严格来讲,古典组织理论也是一种结构型组织理论,只不过它强调的是组织结构的静态性及封闭性的一面。而"现代的"结构型组织理论通常指的是 20 世纪后半叶的结构型组织理论,其明显区别于第一次世界大战前的古典结构型组织理论,主要的代表性人物有伯恩斯、斯托克、布劳、斯科特、沃克、洛尔施、明茨伯格及雅克等人。"现代的"结构理论主要关注与垂直分化及水平分化有关的议题,例如纵向上组织权威与协调的层级水平问题,以及横向上产品与服务的分化、地理区域的分化或技能的分化问题,等等。此外,"现代的"结构型组织理论还吸收了大量来自新古典组织理论及组织行为学派的

---

[1] Harry Howe Ransom, "Review: Victims of Groupthink: A Psychological Study of Foreign-Policy Decisions and Fiascoes," *The Journal of Politics*, Vol. 36, No. 1, 1974, pp. 218-220.

有关思想,使其与古典组织理论相比又有一些不同之处。"现代的"结构型组织理论的基本假设包括:(1)组织是为了实现预定目标的理性化制度,通过规则和正式权威能够获得理性的组织行为,而组织的控制和协调则是维持组织理性的核心要素;(2)对于特定的组织来说存在某种最佳的或最适合的结构形式;(3)专业化与劳动分工能够增加生产的数量与提高生产的质量,这点在高度技术化的运营及职业中尤为明显;(4)组织中的大部分问题都源于结构的缺陷,通过结构调整,这些问题都能够得到解决。①

古典组织理论持有的一个基本假设是,存在一个能够使组织效率最大化的最优结构或方法,并认为这种最优结构或最佳实践具有普适性,因而能够应用于各种不同的组织。"现代的"结构型组织理论则在此基础上前进了一步,认为每一个组织能够找到与其境况相适应的最佳结构,因而突破了古典组织理论关于存在某种具有普适性的单一的最佳结构观点的局限性。伯恩斯和斯托克关于机械组织与有机组织的研究表明,当一个传统的科层制结构主要依靠规则和规制以及垂直的沟通与结构化的决策的时候,机械式结构可能是较为合适的结构。如果组织的内外部环境快速变迁,更为动态的有机结构或许是更有效的结构。与机械式结构相比,有机结构具有更少的刻板性、更多的参与性,更依赖组织成员来定义或再定义其职位或相互间的关系。②

除了划分为机械结构与有机结构之外,关于结构的另一种划分思想是坚持正式结构与非正式结构的分野。正式结构与非正式结构的最早研究可以追溯到巴纳德,他认为非正式组织与正式组织可以被视为整个社会的两个不同的过程,非正式组织代表的是无意识的过程,而正式组织代表的则是有意识的过程。他进一步指出非正式组织的重要作用在于:一是创造出了某种关于组织的态度、理解、习俗或习惯以及制度;二是营造出了某种有利于正式组织兴起的环境。布劳与斯科特则认为,非正式组织本质上源于正式组织,是对正式组织具有支撑作用的一种结构,这种支撑作用主要体现在非正式组织能够建立关于组织运营的许多非正式规范,而这种非正式规范是无法通过正

---

① L. G. Bolman and T. E. Deal, *Reforming Organizations: Artistry, Choice, and Leadership*, 2nd edn., San Francisco: Jossey-Bass, 1997, pp. 1-51.

② Tom Burns and G. M. Stalker, *The Management of Innovation*, New York: Oxford University Press, 1994.

式的组织规章制度来建立的,因此要完全了解一个组织,必须同时了解其正式结构与非正式结构。①

关于组织结构的另一种争论基于产品与功能的分野。产品与功能之间的紧张关系是长期困扰组织领导者的一个问题。如果一个组织以职能为主线来构造其结构,则产品方面会面临不同的职能之间难以协调和整合的问题。而如果一个组织以产品为主线来构造其结构,则职能方面将会面临重大的挑战。因为,随着专业化进程的深入,职能分化将是一个不可避免的大趋势,以产品为主线构造组织结构将面临职能的专业化所带来的过度差异化问题,即职能间的协同与控制将变得困难。归根结底,产品与功能之间的紧张关系即差异化与整合之间的关系问题,沃克和洛尔施对该问题进行了深入的研究。他们认为一个组织具体该采用何种方式来组织其结构,应根据组织所处的具体领域及具体的内外部环境而定。② 明茨伯格则从一种更为系统的角度考察了组织的结构,他认为不管什么组织,都具有五个基本组成部分:战略高层结构、中间直线结构、操作核心结构、技术结构及支持人员结构。③ 受到汤普森关于组织间关系的汇聚型(pooling)、序贯型(sequential)及互惠型(reciprocal)三元划分思想的影响,明茨伯格认为,上述五个组成部分之间的关系是不同的,技术结构与支持人员结构的关系是典型的汇聚型关系,而其他三者的关系则同时具有汇聚型、序贯型及互惠型关系的特点。

古典组织理论对控制幅度及层级数量有过专门的讨论。控制幅度大则层级数量少,控制幅度小则会导致层级数量过多,在具体应把控制幅度及层级数量定为多少的问题上,古典组织理论学派始终没有取得共识。雅克的有关研究弥补了这方面的空白④,他指出组织的层级数量应根据不同的责任水平来确定,而不同的责任水平则可以用责任的不同时间跨度来衡量。这主要

---

① Edward E. Schwartz, "Formal Organization: A Comparative Approach by Peter M. Blau, W. Richard Scott," *Social Service Review*, Vol. 37, No. 2, 1963, pp. 237-240.

② Arthur H. Walker and Jay W. Lorsch, "Organizational Choice: Product versus Function," *Harvard Business Review*, Vol. 46, No. 6, 1968, pp. 129-138.

③ Henry Mintzberg, *The Structure of Organizations*, Englewood Cliffs, NJ: Prentice Hall, 1979, pp. 215-297.

④ Elliott Jaques, "In Praise of Hierarchy," *Harvard Business Review*, Vol. 68, No. 1/2, 1990, pp. 127-133.

是基于这一考虑:没有责任的权威将会导致组织负功能的出现,因而没有责任的组织权威是不能被下属接受的。雅克进一步指出,当个体之间的责任时间跨度(responsibility time span)为一年或两年时,并不会感受到多大的差异,但是如果一个人的责任时间跨度为一年,而另一人的责任时间跨度为五年时,两者间的差异就变得非常明显。显然,负有五年时间跨度责任的人必须比仅负有一年时间跨度责任的人具有更强的心智能力、更丰富的经验与知识及更好的精神面貌,否则难以胜任五年责任时间跨度的职位。因此,雅克认为,正如冰在零度以上变成水及水在一百度以上变成蒸气一样,组织中的职位对责任的要求也会有一个临界点,超过这个临界点后会需要非常不同的责任时间跨度,也就是说,需要非常不同的认知能力及经验知识。而这些责任的临界点正是组织中层级设置的恰当的地方,把具有更高层次认知能力及经验知识的人放在承担更长时间跨度的责任的位置上,才能够指导低层次的下属。如果上级与下属之间的责任时间跨度相似,则他们在认知能力及经验知识方面相差无几,那么在上级的指导方面及下级的接受方面都会产生一定的问题。

从上文的回顾中我们可以看到,"现代的"结构型组织理论与古典的结构型组织理论有许多相似的地方,同时它在许多方面推进了结构型理论的发展。古典组织理论主要以静态封闭的观点看待组织结构,认为存在适用于一切领域的一切组织的最理想结构,而"现代的"结构型组织理论则认为,对于不同的组织来说,根据其所处的宏观大环境及其内部具体情况,我们或许可以找到适合其特点的最佳结构。从这个角度来说,"现代的"结构型组织理论是对古典组织理论的一种拓展,使其走出单一最优结构论,有机结构与机械结构的研究及正式结构与非正式结构的研究便代表了这种拓展。另外,古典结构型组织理论是较为粗糙的理论,而"现代的"结构型组织理论则代表了对古典理论进一步细化的努力。例如,古典结构型组织理论也讨论产品与功能的分化问题,以及官僚制的控制幅度及层级数目的问题,但是讨论得并不深刻,"现代的"结构型组织理论则在这些方面进行了较为深刻的研究。正是上述诸方面的特点,使得"现代的"结构型组织理论有别于古典的结构型组织理论。

五、系统理论、组织经济学及其结构观

系统理论于第二次世界大战后兴起,最早可追溯到维纳1948年出版的著名的《控制论》一书,在该书中维纳把组织视为一个具有适应性的系统。当然,维纳的研究对象并非本书所讨论的组织,而是动物群体或机器构造。维纳的《控制论》一书背后的基本逻辑是自我规制,即通过社会的、生物性的或技术性的系统来识别问题并找到方法应对,进而获取外界对其应对方法的反馈结果,然后进一步自动调整自身以适应内外部环境的变化。后来,贝塔朗菲在其《一般系统论》一书中对系统理论做了进一步的发展,系统思维成为当时风靡各领域的思维方式,组织理论也受到了系统思维的冲击。

一般系统理论为理解组织提供了一个有益的视角。从系统的视角来看,组织可以被视为一个由交织在一起的要素所构成的复合结构,这些要素包括输入、过程、输出、反馈及环境等。这些要素之间的联系是复杂且动态的,任何要素的变化都将导致其他要素的变化。这意味着组织中任何结构的调整都将产生未预料到的后果,组织中的决策行为同样会产生各种各样的非预料后果,这些方面也就成为系统理论学派的组织理论家的主要关注焦点。

斯科特对组织理论中系统学派的产生与发展进行了详细的研究。斯科特是第一个在一般系统理论与组织理论之间建立联系的人。他从系统的角度阐述了组织的多个尚未被古典理论、新古典理论、组织行为理论及"现代的"结构型理论阐述的方面。例如,他重点阐述了组织系统的战略性构成部分,这些构成部分相互依赖的本质,使各组成部分联结在一起的主要过程,以及组织系统所寻求的目标等多个重要的方面。[1] 斯科特的研究使得系统思维开始进入组织理论领域,在组织理论的其他流派日渐式微的情况下,这显然为组织理论的研究注入了新鲜的血液。组织理论中的系统学派逐渐形成,并在20世纪60年代后期成为组织理论的主流学派。

如果说斯科特把系统思维引入组织理论中并掀起了组织理论的系统学派浪潮的话,那么卡茨和卡恩则致力于融合组织理论的诸流派而使其成为统

---

[1] William G. Scott, "Organization Theory: An Overview and an Appraisal," *Academy of Management Journal*, Vol. 4, No. 1, 1961, pp. 7-26.

一的组织理论。为此,卡茨和卡恩提出了"开放系统"的概念,他们认为组织应当被视为一个开放的系统,这个系统包括组织及其所处环境,组织要生存就必须与环境进行物质与能量的交流,组织的任何决策都将对环境产生影响,同时环境对组织决策的反馈也会影响组织,因为组织必须不断地适应处于变化中的环境。[①] 他们认为,传统的把组织视为封闭系统的观点由于没有认识到组织与环境之间的动态相互依赖关系而必然流于失败。为了适应内外部环境,我们必须把组织视为一个开放系统。汤普森比卡茨等人走得更远,汤普森认为一个组织不能被简单地认为是一个封闭系统或开放系统,事实上组织既是开放系统也是封闭系统。他指出组织其实可以分为三个层次:制度层次、管理层次及技术层次。其中,制度层次的开放性程度最高,因为组织的制度层次需要时刻与外界环境发生联系;而技术层次的封闭性程度最高,因为组织的技术需要得到严密的保护。[②] 因此,组织的不同层次体现出的开放性与封闭性是不同的,我们不能简单地把某组织视为开放的系统或封闭的系统。

在系统理论学派的组织理论家看来,组织的结构并不是机械式的简单的静态结构,相反,组织结构是动态的开放结构。系统理论的核心之一是把组织自身视为一个动态系统,组织内部的各部门间及各层次间都存在紧密的动态关系,任何一个方面的改变都将影响到组织的其他方面;更为重要的是,系统理论在组织与环境之间建立了联系,将组织与环境视为一个更大规模的宏观系统,组织与环境之间的互动主要体现在诸如输入、输出、过程及反馈等核心构成要素之间的交替影响。概言之,在系统理论学派的组织理论家看来,组织结构本身是一个动态系统,而组织与其所处的环境同样构成了更高层次的动态系统,系统中的各要素间是具有多重相互影响的关系。

组织经济学是经济学中的一个分支,主要源于科斯于 1937 年写的《企业的性质》一文。在该文中,科斯认为,价格理论并非全能,尽管其能够解释市场的许多资源配置行为,但依然有许多方面是价格理论无法解释的,科斯就此提出了配置资源的另一种形式——层级制。科斯把层级制与市场视为同

---

① Daniel Katz and Robert L. Kahn, *The Social Psychology of Organizations*, New York:John Wiley & Sons, Inc., 1978, pp. 1-38.
② James D. Thompson, *Organizations in Action*, New York: McGraw-Hill, Inc., 1967, pp. 1-33.

等重要的资源配置方式,在某组织具体选择哪种方式的问题上,科斯引入了"交易成本"的概念,认为如果通过市场进行交易来获取资源的成本比通过层级制的形式来获取资源的成本更高的话,那么层级制是组织应该采用的获取资源的手段。科斯开创的关于组织的经济学的后续发展非常丰富,组织经济学便是其后续发展形成的流派之一。组织经济学关注的核心问题是如何使作为代理人的经理人或员工按作为委托人的所有人的利益行事。

组织经济学主要由委托代理理论、产权理论及交易成本理论构成,委托代理理论把组织的雇主与雇员之间的关系定义为委托人—代理人的关系。由于时间、精力及理性的有限性,雇主必须授权给雇员使其分担部分工作。问题在于,雇员与雇主的利益并非完全一致,有时甚至相互冲突,如何使雇员以符合雇主利益的方式行动是委托代理理论致力于解决的核心问题。

詹森和梅克林对此进行了深入研究,他们考察了以激励为代表的市场机制以及以监督为代表的层级机制的联合使用在限制代理人的越轨行为方面的作用。[1] 产权理论的核心问题是奖励与成本的配置问题,产权理论把组织视为一种法律虚构,构成这种虚构的则是层层的契约,即组织中的上下级是契约关系,组织是各种契约关系的总和。交易成本理论是组织经济学的另外一个重要的组成部分。鲁宾认为人是理性自利的,但不可能在签订契约的时候把所有可能发生的事情都考虑清楚,契约双方在契约的执行过程中都不可避免地会有机会主义倾向,因此鲁宾认为在订立合同前后能够用以降低代理成本的机制都必须考虑进来。他分别考察了道德风险、逆向选择、市场机制及声誉机制等多种可以降低代理成本的机制。[2]

组织经济学更多的是考察组织中的人员关系,而非组织的实体结构,在组织经济学家眼中,组织是一种法律上的虚构物,就其本质而言,是由一系列契约构成的,因而我们很难找到组织的界线。从这个角度来看,组织经济学派似乎与视组织为一种虚拟网络的网络学派相似。在组织经济学派看来,组织的上下级关系是契约关系,组织管理中的核心问题则是如何使作为代理人

---

[1] Michael Jensen and William H. Meckling, "Theory of the Firm: Managerial Behavior, Agency Cost, and Ownership Structure," *Journal of Financial Economics*, Vol. 4, No. 3, 1976, pp. 305-360.

[2] Paul H. Rubin, *Management Business Transactions: Controlling the Cost of Coordinating, Communication, and Decision Making*, New York: Free Press, 1990, pp. 1-29.

的雇员能够以最符合作为委托人的雇主的利益的方式行事。此外,组织经济学家对组织的具体结构的关注则更多地体现在组织的纵向整合问题上,换言之,"购买"还是"制造"的问题通常会导致组织在纵向整合上的变化。一般来说,如果"购买"的成本小于"制造"的成本,则组织可能采取市场机制来解决资源配置问题,反之,则可能采取纵向整合其他组织的手段来以层级制的方式内部解决之。

六、权力与政治学派组织理论及其结构观

上述诸组织理论流派一般都假定组织是一个为了完成预定目标的理性系统,而不管这个理性系统是开放的还是封闭的。上述流派的大致假设是,享有组织正式权威的领导人为组织设定目标,而组织的成员则致力于实现这些目标,在这个过程中,尽管组织成员具有一些与领导者相异的偏好,组织成员的行为一般来说并不会偏离预定轨道太远,因为组织成员的行为受到系统规则、权威及理性行为规范的约束。权力与政治学派的组织理论则拒绝上述假设。在他们看来,上述假设是幼稚且不现实的,他们认为,组织是一个由个体与联盟组成的复杂系统,这些个体及联盟都具有迥异的利益、观念、价值、偏好及感知,因为组织所拥有的资源是有限的,这些个体或联盟持续不断地进行竞争以获得对组织资源的控制权,不可避免会出现冲突。权力、政治及影响力则是在冲突中广为使用的手段。因此,在权力与政治学派的组织理论家眼中,组织被视为不同的个体及联盟通过权力及政治运作来获取影响力并控制组织资源的一个复杂结构。

组织中有关联盟的研究可追溯到西尔特和马奇关于企业行为的理论研究。在该研究中,他们重点考察了组织中联盟的形成及其行动逻辑以及联盟为了实现对组织的控制而进行的谈判过程。[1] 普费弗和萨兰西克对组织的外部控制的研究有力地揭示了由资源依赖导致的权力对组织运作的巨大影响[2],普费弗等人认为,要理解组织中的行为,权力与政治是必不可少的概念。

---

[1] R. M. Cyert and J. G. March, *A Behavioral Theory of the Firm*, Englewood Cliffs: Prentice Hall, 1963, pp. 1-49.

[2] J. Pfeffer and G. R. Salancik, *The External Control of Organizations: A Resource Dependence Perspective*, Stanford, CA: Stanford Business Books, 2003, pp. 1-336.

他们研究了组织中的权力、权威及政治等方面,致力于在组织理论的文献中找到"权力的位置"①。弗兰奇和拉文则进一步探讨了组织中的权力的来源,他们认为权力的主要来源有五个方面,分别是奖赏、强制、合法性、指涉性及专家的专业知识,这五种权力通常具有不同的后果。从对权力接受者的吸引力及抑制力的方面来讲,有些权力对权力的接受者产生很大的吸引力,但却具有很小的抑制力,另一些权力则具有相反的特点。一般来说,权力的合法性越高,它所产生的吸引力越大,人们对它的抑制力就越弱。②

在具体的组织管理实践中,权力的运用通常遭遇失败,这是为什么呢?坎特的有关研究为我们揭示了组织管理中的权力失灵问题。她指出,权力对于领导者实现组织目标毫无疑问是必不可少的,但是许多领导者对权力的运用往往失当,这就导致了拥有权力却普遍感到无力的现象在组织的管理实践中广泛存在。坎特指出,在具体的实践中,最容易产生无力感的三类人是一线监管者、辅助专家及高层执行者。坎特认为,感到无力的领导通常认为下属在执行其命令时大打折扣,倾向于更多地使用惩戒性的权力来强化其权威,而正是这种惩戒性的权力促使下属产生更多的偏离行为,也就加剧了上级的无力感。坎特认为,要走出权力失灵的管理怪圈,就应当更多地赋权给下属,这样领导者自身也能够借此获得更多的"生产性权力"。③ 与坎特一样,明茨伯格也把组织中的权力交互作用视为组织运行中必不可少的重要组成部分,在他看来,组织行为在本质上是一个权力博弈的过程,博弈参与者分为内部联盟和外部联盟两大部分,组织的行为正是由内外部联盟中各方行为者的交互作用决定的。④

权力与政治学派组织理论致力于从行为者的角度阐释组织行为,认为组织运作是作为个人或联盟的行为者之间的持续互动过程,而权力及政治的影

---

① J. Pfeffer, *Power in Organizatons*, Marshfield, MA: Pitman Publishing Co., 1981.

② John R. P. French, Jr. and Bertram Raven, "The Bases of Social Power," in Dorwin P. Cartwright, ed., *Studies in Social Power*, Ann Arbor: Research Center for Group Dynamics, Institute for Social Research, University of Michigan, 1959, pp. 150-167.

③ R. M. Kanter, "Power Failure in Management Circuits," *The Healthcare Forum Journal*, Vol. 41, No. 2, 1998, pp. 44-46.

④ Henry Mintzberg, *Power in and Around Organizations*, Englewood Cliffs: Prentice Hall, 1983, pp. 1-23.

响贯穿全过程。不管是作为个体的行为者还是作为联盟的行为者,其所持有的利益、价值、观念、偏好及感知都是不同的,这些具有不同偏好的个体通过各种权力及政治的方式相互施加影响,讨价还价以建立联盟,而联盟之间同样存在持续的权力及政治运作,以建立新的联盟来打败对手而获取对组织资源的控制。在权力及政治学派的组织理论家眼里,组织的结构并非固定不变的古典组织理论式的机械结构,而是处于持续的变化之中的无定型结构。今日的主导联盟可能被瓦解且被新的联盟所替代,而新的联盟完全可能带来新的组织结构方式。无数的个体为建立联盟而进行权力及政治的运作,而各联盟同样为了获取对组织的控制权而通过权力及政治运作的方式相互施加影响。组织的结构可能在这个过程中保持不变,但更大的可能是随着主导联盟的更替而变迁。

以往的组织理论主要流派基本都假定组织具有特定的目标,且假定组织的领导者为组织设定这类目标。但权力及政治学派的理论家基本拒绝这种假定,在他们看来,组织的目标很少是由占据组织中的正式职位的领导者来设定的。相反,组织目标通常是由在组织内部竞争中获胜的主导联盟来设定的。以往的组织理论家通常还假定,只要作为领导者的上级给出了命令,下级就一定会执行该命令。该假设暗含了绝对权威导致绝对服从的逻辑,因而一般只重视研究领导如何下达命令而较少研究员工在接受及执行命令方面的情况。权力及政治学派的组织理论家并没有简单地看待这个过程,他们认为权威及权力并非一个总体性的概念,我们不能说某人在总体上拥有权威或权力。恰恰相反,权威及权力是一个相对的观念,只在具体的情形下相对于具体的人而言才能说得通。因此,当我们说某人拥有权力时通常指他相对于其他人而言拥有权力,即他可以用违背他人意愿的方式行事。而权力之所以能够被接受,是因为接受者在某些方面对权力的施加者存在依赖。所以,权力与政治学派的组织理论家认为,命令被下属接受并非一件自然而然的事,只有被下属接受的权力才是有效的权力,而权力要被接受,就必须具有某些接受者渴求的资源。

组织理论的权力与政治学派关于组织中权力、权威影响方式的研究反映了其关于组织结构应当如何的观点。在权力及政治学派的学者看来,即便在正式的组织结构中,持有正式权威的领导者也并非总能够制定组织目标,即便能够制定目标,其为推进目标之实现而施加的权力及权威也未必能够百分之百地影响下属,这意味着,正式结构远非其他组织理论学派所认为的那么重要。组织被视为由许多联盟构成,这意味着除了正式结构外,组织中还存在许多为了组织的控制权而相互斗争的非正式组织,即支配性联盟代表着组织的正式结构,其他竞争性替代联盟则代表着各种非正式组织。这样看来,组织是由正式结构与非正式结构松散偶联地构成的。此外,由于权力和权威运行的有效性与下属对上级的依赖性及由此导致的对权力的接受密切相关,对于那些对上级依赖性低的下属来说,不管是正式结构还是非正式结构中的权力及权威,均对其影响较小甚至没有影响。因此,总的来看,权力及政治学派的组织理论对组织的结构并不重视,而且组织的结构(不管是正式的还是非正式的)都将随着内部联盟的竞争形式的变化而不断演变。

七、组织文化视角的组织理论及其结构观

组织文化学派是20世纪80年代开始兴起的一个新兴组织理论流派,与权力及政治组织理论学派一样,组织文化学派代表的是对当时处于主流地位的"现代的"结构型组织理论及系统组织理论的背离及超越。当时在组织理论领域处于主导地位的是"现代的"结构型组织理论及系统组织理论,这些传统的组织理论流派具有的共同特点是,都把组织视为理性地实现效用最大化的工具,它们的基本假定是组织的存在是为了完成预定的目标,这些目标是由占据组织中正式职位的权威人物来设定的,组织理论的核心问题是如何设计并管理组织以实现组织的预定目标。在"现代的"结构型组织理论及系统组织理论看来,组织中的个体成员的偏好即便与组织的总体目标有所偏离,也会受到组织中的规则、权威及行为规范的约束而与组织目标保持基本一致。

与上述假设不同的是,组织文化学派认为,组织与其成员的关系并非组织结构单向地约束组织成员那么简单,这两者间的关系是双向互动的,这点在组织文化与组织成员行为间的复杂关系中得到了很好的体现。我们把组织文化视为先验存在物的话,显然,任何新进入组织的人都会受到组织文化的熏陶及约束。然而,当我们从更具历史性的视角看待组织文化的时候,我们便会发现组织文化并非"一直就在那里的",它也有一个从无到有的过程,同时会随着时间的推移而不断演变。因此,过去的成员所持有的基本认知影

响了现在的组织文化,而现在的组织文化将影响将来的组织成员且不断被未来成员所逐步影响。如是观之,当前组织的行为及决策肯定受到过去的人们关于组织应当如何正确决策等基本假设的影响,这种假设反映了当时人们应对组织问题的基本思维,且在长期的实践中已经以一种潜移默化的方式深深地印在组织成员的脑中。那些基本假设具有基础性及普遍性影响,所以身处其中的组织成员即便深受其影响也浑然不觉。

组织文化具有强大的功能,它能够控制组织的行为。比如,保守的组织文化可能使组织拒绝变革自我以适应外界环境;积极的组织文化则更可能推动组织不断寻求变革以适应新的市场、技术及地理位置等外部环境。与权力和政治视角的组织理论类似,组织文化视角的组织理论同样把焦点放在组织中的人员身上,认为组织的正式规则、权威及理性行为规范并不会约束组织成员的个人偏好。恰恰相反,能够影响甚至控制组织成员行为的是一个组织所持有的规范、信念、价值及假设等组织文化方面的要素。因此,在组织文化学派的学者看来,要理解一个组织,仅仅理解其正式的结构、规则及权威的分配等方面是远远不够的,更为重要的是理解一个组织的文化。不同领域中不同组织的文化可能迥异,这主要是由于不同的组织处于不同的文化大背景之中,不同的技术偏好、市场及竞争环境发展出不同的组织文化,或者不同的早期组织领导者具有非常不同的经验背景,因而建立了具有不同文化的组织。

组织文化学派的兴起与伯格及卢克曼关于现实的社会建构的研究有一定关联。作为建构主义者的伯格和卢克曼认为,事物本身并非是真实的,恰恰相反,对事物的感知才是真正的实在。不仅如此,他们认为意义与现实一样,都是人为建构的,人们不断地建构关于事物的现实,同时不断地为那些现实赋予意义。[①] 伯格和卢克曼关于意义建构的思想在20世纪70年代末期被引入组织理论中,该思想在组织理论领域引起了巨大反响,并在20世纪80年代形成了一波"符号管理"(symbolic management)的浪潮。所谓的"符号管理"的基本要点有:(1)关于组织中发生了什么的阐释或其意义比事实上发生了什么更为重要;(2)组织中广为存在的模糊性及不确定性使得理性的问题

[①] Peter Berger and Thomas Luckmann, *The Social Construction of Reality*, New York: Doubleday Anchor, 1967, pp. 1–19.

解决方式及决策过程成为不可能;(3)人们面对不确定性时倾向于使用符号来降低模糊性并借此获得一种方向感。① "符号管理"运动为组织文化学派的兴起铺平了道路,该运动使得有关组织的符号、意义及文化的议题颇受关注,相关的研究在20世纪80年代快速增多,最终形成了一个庞大的组织文化理论学派。

组织文化这个概念并非没有争议,不同的学者有不同的理解,施因便是致力于给组织文化下定义的学者之一。他提出的组织文化定义是最广为接受的关于组织文化的定义之一,他认为组织文化是一种组织成员共享的基本假设的模式,这种模式是组织在长期应对内外部问题的过程中总结出来的并被认为是有效的,因此被不断地教给新进员工的关于如何正确感知、思考及感受问题的共享行为模式。② 员工在刚进入一个新组织时会接受该组织文化的重塑,在被组织文化影响的同时,新进员工也会发展出一些策略来应对新组织中的压力。刘易斯从组织成员个人体验的角度,研究了组织文化的影响及组织成员的应对方法。他指出新进入组织者在进入组织之前便持有一定的预期或假设,在进入组织后可能发现组织的实际情况与预期不同,预期与现实的对比让新进入组织者感到吃惊,在吃惊之后则会有一个意义建构的过程。在意义建构的过程中,新进入者不断地对组织现实及自身和他人的行为进行重新阐释,据此选择回应性的行为并不断更新自身对周遭环境的预期。③ 组织新进成员在进入组织后所经历的惊奇及意义建构过程反映了个体在新环境下的学习过程,个体需要不断去阐释组织现实与自我预期间的差异并选择合适的应对行为,在这个过程中个体自身关于组织的许多假设和预期也得到了渐进调整。从组织的角度来看,组织同样存在一个学习的过程,组织学习并非把个体学习的形式简单地予以组织化,也不是个体学习的总和,而是组织作为一个整体来学习。正如个体学习并不意味着变化一样,组织学习也

---

① L.G. Bolman and T. D. Deal, *Reframing Organizations: Artistry, Choice, and Leadership*, 2nd edn., San Francisco: Jossey-Bass, 1997, pp. 1–43.

② Edgar H. Schein, *Organizational Culture and Leadership*, 2nd edn., San Francisco: Jossey-Bass, 1993, pp. 1–55.

③ Meryl Reis Louis, "Surprise and Sense Making: What Newcomers Experience When Entering Unfamiliar Organizational Settings," *Administrative Science Quarterly*, Vol. 25, No. 2, 1980, pp. 226–251.

并不意味着组织的变迁。组织学习完全可能仅仅是为了维持自身的组织文化。库克和亚诺对文化与组织学习的有关研究为我们理解作为整体的组织如何通过学习来实现其维持组织文化之目的提供了精彩的分析[1],特赖斯等则对组织文化的变迁进行了深入研究[2]。

组织文化学派对组织结构的研究并非体现在组织的实体结构上,而是更多地聚焦于隐形的组织文化结构。如果说"现代的"结构型组织理论及系统组织理论更为重视作为硬件的组织实体结构的话,组织文化学派的组织理论则更为重视作为软件的组织文化结构。在组织文化学派的学者的认知观念中,组织的文化结构决定了组织的实体结构,而组织的文化结构主要来源于组织在长期的实践过程中积累的关于如何正确地感知、判断及决策的经验,组织的实体结构将随着组织的文化结构的变迁而变迁。组织文化学派对隐性的组织文化结构的重视及对组织实体结构的相对忽视体现在其基本假设中,组织文化学派并不否定结构对个体行为的约束性,其否定的是作为实体结构的规则、权威及理性行为规范等对个体行为之约束力的唯一性。相对于实体结构而言,文化规范、信念、价值及假设等文化结构要素对个体行为的约束力更为强大。因此,大部分组织文化学派的学者都认为,仅仅知道一个组织的规则、权威及理性行为规范并不足以了解一个组织,要深入透彻地了解一个组织,更为重要的是了解其文化结构。

八、后现代主义与信息时代组织理论及其结构观

到目前为止,我们所讨论的各大组织理论流派均是在工业革命后形成的现代社会的认知框架中提出的。在现代社会中,技术系统是突出特点,而技术系统又以机械系统为核心。人们把组织视为机械系统的类似物,正是通过这种类比,人们不断地用机械系统的框架特征来认识组织,界定什么是组织及组织的目标为何,并据此寻找实现组织目标的最佳手段。然而,随着科学技术的进步及社会的发展,人们发现传统的以技术系统为特征的现代社会逐

---

[1] Scott D. N. Cook and Dvora Yanow, "Culture and Organizational Learning," *Journal of Management Inquiry*, Vol. 2, No. 4, 1993, pp. 373-390.

[2] Marion McCollom, Harrison M. Trice, and Janice M. Beyer, "The Cultures of Organizations," *The Academy of Management Review*, Vol. 19, No. 4, 1994, p. 836.

渐被以信息系统为核心的后现代社会所代替。在现代社会中,技术系统能够应对可预期的事务,当面临不可预期的事务时其局限性便暴露无遗。在后现代社会中,未来充满不确定性,这使得人们难以用以往的源自现代社会的技术系统来应对内外部问题。在这个问题上,信息及信息系统能够起到很好的作用,能够大大拓展人们的心智能力,使以往看来不可能的事情变得可能。

信息的极大丰富和通信技术的快速发展的确为人们的生活带来了许多便利。但是,正如一枚硬币有两面一样,它同样带来了困扰人们的问题。在信息变得唾手可得且日益丰富的时候,哪些信息是值得信任的?哪些筛选信息的技术是值得信任的?哪些关于确定何种筛选方式被采用的价值是值得信任的?为什么某种价值是正确的而其他的价值是不正确的?人们的世界观、价值观及人生观都将面临巨大的冲击,这迫使人们重新反思周遭的事物。后现代主义正是在这种大背景下产生的。后现代主义是一种与现代主义相对的思潮。现代主义是现代社会的一种主导价值观,现代主义者一般都是客观主义者,认为存在一个能够被人们发现的客观实在。而后现代主义者则认为并不存在一个客观的实在。在后现代主义者看来,社会实在是人们建构出来的,并不存在普遍的真理或规律,人们获取知识的方式也随着时间的推移而不断变化。

在伯奎斯特看来,后现代主义还认为语言本身就是一种人为建构的实在,声音符号及标记并不仅仅是一种用于交流实在的信息工具,其本身便是一种实在。这种实在是人为建构的,并非客观的,即便是一个最简单的词语,不同的人也会有不同的解读。[1] 后现代主义者认为,在后现代社会中同时存在两股相对的潮流,一边是在信息技术影响下的全球化浪潮,另一边是人们分离化的浪潮。信息技术的发展使得人们能够不受时间和空间的限制而了解本地之外的信息,而信息技术的广泛使用又使传统的社会趋于支离破碎。传统的以地理区域为主的聚集区让位于以兴趣爱好为主的"飞地性"聚集区,通过便捷的互联网,人们通常认同与自身在现实中互动很少的位于远方某处的某些人,而传统意义上的邻里关系趋于冷淡,这导致人们在实际生活中日

---

[1] William Bergquist, *The Postmodern Organization: Mastering the Art of Irreversible Change*, San Francisco: Jossey-Bass, Inc., 1993, pp. 1–27.

益分离。不仅如此,后现代社会还呈现出不连续性及碎片化的特点。这对后现代的理论分析的启示是,人们将难以建立统一的连续的理论来解释世界或应对现实中的社会状况之变迁。

在后现代主义思潮的影响下,信息技术时代的组织理论学派具有与此前诸理论流派不同的基本假设。如果说以往的组织理论的共同点是认为能够建立连续的理论来解释组织现象并寻找实现组织目标的最佳方法的话,信息技术时代的组织理论则认为很难找到所谓的统一的理论来解释或预测组织的行为。总之,信息技术时代的组织理论是一个非常多元的理论流派,其共同特点是坚持理论发展的多元化而非单一化路径。信息技术时代的组织理论家能够较容易跳出传统的条条框框而提出一些非常新颖的理论观点,例如,哈姆纳和钱皮就提出,在信息技术时代里组织要成功就必须具有"归纳性思考"的能力。他们认为,19世纪早期的法国经济学家萨伊关于供给产生需求的理论对组织极具启发意义。在信息时代,技术的力量不在于为现存的问题提供解决方案,而在于为那些尚不存在的问题提供解决方案,即技术的力量不在于使老方法更加有效,而是突破常规、创造新方法以重塑组织应对问题的方法。[1]

信息技术对组织形式的影响巨大,德桑蒂斯和富尔克深入研究了通信技术的发展是如何影响组织形式的。他们主要从四个方面探讨了通信技术与组织形式间的关系:(1)组织的规模、范围及产品领域;(2)垂直控制;(3)水平协调;(4)关联类型。[2] 他们指出,通信技术与组织形式间的关系不是单向而是双向互惠的,不同类型的通信技术及不同发展水平的技术将在上述四个主要方面影响组织的形式,进而形成不同类型的组织结构。伯顿和奥贝尔则着重考察了技术对组织的正式化程度、集中化程度、复杂性、组织设置及组织协调与控制机制之间的复杂关系,并提出了一系列的命题[3],这对于增强我们

---

[1] Michael Hammer and James Champy, *Reengineering the Corporation*, New York: Harper Collins Publishers, Inc., 1993, pp. 1-23.

[2] Gerardine Desantis and Janet Fulk, *Shaping Organization Form: Communication, Connection, and Community*, London: Sage Publications, Inc., 1999, pp. 1-29.

[3] Richard M. Burton and Borge Obel, *Strategic Organizational Diagnosis and Design: Developing Theory For Application*, 2nd edn., Norwell, MA: Kluwer Academic Puclisher, 1998, pp. 1-11.

对组织结构与技术水平间的关系的认识具有重要的作用。

信息技术时代的组织理论并未形成统一而具有凝聚力的流派,但这并不意味着在该框架下工作及研究的学者没有共同点,事实上,他们最大的共同点便是坚持认知的多元化,即获取知识的方法可以是多种多样的,因而理论的发展也可以是多元化的。在后现代主义者看来,世界是不连续且碎片化的,因此,人们所获得的知识其实也是片面的,对同样的事物完全可以有不同的看法。这个基本假设在组织结构问题上的表现便是,在信息时代的组织理论框架下工作的学者一般都认为并不存在统一且最佳的组织结构,而且结构本身在他们看来是一个多元的概念。从实体结构的角度来看,信息时代的组织理论通常认为组织的结构是无定型的,不同的技术类型和水平以及不同的组织生态环境适合不同的组织实体结构;从虚拟结构的角度来看,网络结构是信息技术时代的组织理论学者关于组织结构的最典型的认知,网络结构模糊了组织的实体结构与虚拟结构的边界,把与组织相关的各方通过虚拟网络连接到一起,重新定义了组织的结构。

第四节 本章小结

自从人类出现,组织便随之产生了,组织的结构通常以社会历史为转移,即在不同的社会和不同的历史时期,占据社会主流位置的组织结构往往是不同的。事实上,即便是同一个社会,在不同的历史时期被人们广为接受的主流组织结构也并不相同。一般来讲,在现代社会存在着以下一些较为常见的组织结构形式,即简单结构、科层结构、职能结构、多分部结构、矩阵结构、无定型结构和网络结构。简单结构一般存在于人数相对较少、组织目标相对单一及技术相对明确的小型组织中。在这种组织中每位成员的职责较为明确且分工较为清楚,因此,即使没有大量的人员从事协调工作,组织也能够良好地运作。而在较为复杂的结构中,由于职能分化日益明显,专业化越来越往纵深方向发展,组织不仅在人数上不断膨胀,其自身结构更是日益复杂。与之相关联的变化是其内部的子部门数量逐渐增多且各部门间,甚至同一部门里的不同小组之间通常会在各自的目标方面存在一定的冲突。因此在较为复杂的组织中,组织对协调和控制的需求会变得越来越大,在这种情况下,科层制便是一种用于协调和控制组织的良好结构形式。

简单结构一方面由于有协调与控制的需求会在纵向上发展出科层结构，同时由于职能的不断分化和劳动分工导致的专业化加剧，也会在横向上发展出具有不同职能的组织结构，因而形成了所谓的职能结构形式。职能结构和科层结构并不是相互独立的结构，事实上本章所介绍这几种组织结构形式有可能同时存在于一个组织中，对于科层结构和职能结构来说更是如此。科层结构可能包含职能结构，科层结构主要描述的是组织在纵向上的组织形式，主要强调的是组织的层次及把各层次关联起来的命令链。职能结构更多地反映了组织在横向上不同职能间的相互独立及不断分化的趋势。职能结构组织中通常也存在科层结构，但科层结构中不一定存在职能结构，因为即便是在一个简单结构中也存在层级和命令链，但并不一定在水平层面上存在明显的职能分化。

随着职能的不断分化和劳动分工的不断加剧，组织在其职能和产品这两者之间会存在一定的矛盾，即职能过度分化会导致组织很难在某一特定的产品上协调彼此分立的职能，而以产品为主线进行职能整合则会面临不同的产品部门之间难以有效地协同行动的问题。在这种情况下，组织通常会发展出一种被人们称为多分部的组织结构形式来应对职能分化趋势和产品整合趋势这两者之间的对立关系。所谓的多分部结构形式指的是组织在总部按照传统的职能结构形式组织，而同时又根据不同的产品设立不同的分部的组织结构形式。事实上，每一个分部组织的结构都类似总部，即一般都是采用职能结构的形式。多分部组织结构的主要特点是组织总部一般会给予分部相对于组织总部的职能部门而言更多的权力和独立性，以让其能够按照其特定产品的需求来实现组织的良性运作。

如果说多分部结构是通过设立额外组织的形式来应对组织的职能和产品这两者之间矛盾的一种方式的话，另外一种应对方式则是在一个组织里进行的，矩阵结构便是这种力图在一个组织内部解决前述矛盾的组织形式。所谓的矩阵结构，指的是一种具有双重领导体制的组织结构形式，一般来说这种组织形式在横向上还是按照职能分化的形式根据不同的职能设立不同的职能部门，而在纵向上则按不同的产品设立不同的产品部门。即组织的某一小组或具体的某一人员，一方面归特定的职能部门管理，另一方面又归特定的产品部门管理,在这种组织结构形式下的组织成员,既满足了职能部门对相似职能的组织成员进行统一管理的需求,也满足了特定的产品部门对不同职能人员进行合理利用的诉求。

随着组织理论的发展,学者们关注的焦点不再仅仅局限于特定组织本身,而是会更多地从更加宏观和更为现实的层面出发考察组织的结构,组织不再被看作具有单一目标的静态结构,而是被视为一个不断适应外部环境变化的自适应动态系统。在这种视角下的组织结构也不再是固定的或静止的,有学者提出了无定型结构的概念来描述新形势下的组织结构形式。所谓的无定型组织结构,指的是组织的设计者通常会把组织设计成由许多相互独立的部件构成的灵活结构,当组织面临不同的任务环境时,这些组织部件可以灵活地重组以适应新的环境需求。无定型组织结构的核心在于其构成要件的独立性与可变性,以及组织结构本身的可变性,这种高度灵活的组织结构对于当今这个日新月异的复杂社会来说具有更强大的适应性。

信息技术的急速发展为人与人之间的互动方式提供了新的可能,帮助人们极大地克服了由时间和地域带来的限制。由于组织在其本质上是一种协调和控制组织成员的工具,而在信息时代的人与人之间的关系又被重新定义,组织的结构因此也有了新的发展。一种基于互联网的网络型组织结构逐渐出现并获得人们的逐步认可。网络型组织结构既可以指某组织结构的虚拟化,也可以指各实体组织之间形成的一种松散偶联的组织系统,网络型组织的核心特点在于其内部要素间的松散偶联性以及由此带来的弹性。网络型结构在应对不确定的环境方面比无定型组织更具优势,因为无定型组织主要通过组成部件的重组来实现对任务环境的适应,而网络型结构的组织本身或许并没有组织实体存在,因而能够更迅速灵活地因应外部任务环境的变化。

通过对组织理论的发展脉络的详细梳理,我们会发现人们在不同的历史时期对组织的结构具有不同的认识,之所以如此,是因为人们关于组织结构应该是怎样的假设通常并不相同。关于组织结构应当如何的假设又往往与关于组织是什么的认识密切相关。事实上,在不同的时期人们对于组织是什么或者应当是怎样的具有非常不同的看法,因而人们对组织结构的认知也各不相同。正因为如此,在不同的时期会产生不同的组织理论,而不同的组织理论也就具有不同的关于组织结构应当如何的看法,本章根据组织理论的基本发展脉络详细考察了不同时期的组织理论的基本观点、主要代表人物及其关于组织结构的有关思想。通过对不同时期的不同流派的组织理论的详细回顾，我们可以看到，人们对组织的结构的认识并不是一成不变的，也不存在所谓的具有普适性的最佳结构，我们在设计组织结构的时候，不应简单地套用其他组织的结构形式，更重要的是结合特定社会情境，充分考察组织的任务环境及社会文化背景，选择最能够促使组织实现其目标的组织结构形式。

【思考题】

1. 组织有哪些基本的结构形式？
2. 组织理论诸流派怎么看待组织结构？
3. 哪种视角对我们理解组织结构更有帮助？
4. 公共组织与非公共组织有什么区别？
5. 设计组织结构应考虑哪些方面？

【推荐阅读】

Shafritz, Jay M. and J. Steven Ott, eds., *Classics of Organization Theory*, New York: Harcourt College Publishers, 2001.

Blau, Peter M., *The Dynamics of Bureaucracy*, Chicago: The University of Chicago Press, 1963.

Crozier, Michael, *The Bureaucratic Phenomenon*, Chicago: The University of Chicago Press, 1964.

Scott, W. Richard, and Gerald F. Davis, *Organizations and Organizing: Rational, Natural and Open System Perspectives*, Upper Saddle River, NJ: Prentice Hall, 2007.

Fayol, Henri, *General and Industrial Management*, trans., Constance Storrs, London: Pitman Publishing, Ltd., 1949.

Taylor, Frederick Winslow, *The Principles of Scientific Management*, New York: Harper & Brothers, 1911.

Weber, Max, Hans Heinrich Gerth, and C. Wright Mills, *From Max Weber:*

Essays in Sociology, New York: Oxford University Press, 1946.

Barnard, Chester I., *Functions of the Executives*, Cambridge, Mass.: Harvard University Press, 1938.

Merton, Robert K., *Social Theory and Social Structure*, New York: Free Press, 1957.

Simon, Herbert, "The Proverbs of Administration," *Public Administration Review*, Vol. 6, No. 1, 1946, pp. 53–67.

Selznick, Philip, *TVA and the Grassroots: A Study of Politics and Organization*, Berkeley: University of California Press, 1984.

第四章　组织中的集体行动

【内容提要】

集体行动是组织中的重要现象,奥尔森的集体行动理论是分析集体行动的经典理论模型,也是本章理论对话的对象。该理论以搭便车、选择性激励等分析概念为核心点,认为个体理性往往易导致集体非理性,并最终使集体行动失败。但是,实践中存在大量成功的集体行动,如何解释奥尔森的理论与实践存在的差异,是本章的核心任务。研究发现,影响组织中集体行动的因素是多元的,包括组织的边界、组织内的共同体意识、组织成员的数量与结构、组织中的社会资本等。在此分析基础上,本章认为奥尔森的集体行动理论存在适用条件苛刻、忽略了重复博弈与单次博弈的差异、低估规范因素的影响等局限,从而影响了其对现实的解释力。因此,应把选择性激励、第三方强制、重复博弈等变量,纳入对行动者的成本—收益分析之中,以更全面科学地分析集体行动的内在逻辑。

第一节　作为集体行动者的组织

组织是一个正式化程度较高的集体行动者,它由许多个体组成,有着具体的组织目标,同时,组织中的规则对于个体与个体之间、个体与组织之间的权利和义务关系进行了界定。斯科特等认为,"组织不仅提供制约个人活动的情境,它们还以自己的名义行动。作为集体行动者,组织采取行动、使用资源、签署协议并拥有自己的财产"[①]。基于此,本章将从集体行动的视角来理

[①] 〔美〕W. 理查德·斯科特、杰拉尔德·F. 戴维斯:《组织理论:理性、自然与开放系统的视角》,高俊山译,中国人民大学出版社 2011 年版,第 7 页。

解组织现象。

本章所探讨的核心问题包括：组织中的集体行动是否可能？如果可能的话，哪些因素会对组织中的集体行动产生影响？费埃德伯格指出，"组织为集体行动实践提供了持久的条件与力量"①。那么，这些因素是如何发挥作用的？本章将以合作关系为分析的重点，主要考察组织中个体与个体之间、个体与组织之间的合作或非合作行为。

本章理论对话的对象主要是奥尔森的集体行动理论。奥尔森是集体行动理论的集大成者，其主要著作包括《集体行动的逻辑》《国家兴衰探源》《权力与繁荣》等，其中《集体行动的逻辑》一书是公共选择理论的奠基之作。公共选择理论于20世纪50年代末60年代初兴起，是政治学与经济学的交叉，其沿袭经济学的个人主义方法论，把个人作为最基本的分析单元。奥尔森的重要贡献在于，把关注点转向了传统经济学不关心的非市场决策行为，并用经济学的方法来研究这种非市场行为，其中，个体理性与集体理性的关系是其探讨的核心问题。奥尔森在《集体行动的逻辑》一书中阐述了一种集体行动的困境，如果按其理论观点与逻辑推演，当经济人搭便车等行为存在时，集体行动是难以达成的。然而，事实似乎并非完全如此，现实社会中的合作水平远超奥尔森的理论预期。这说明，奥尔森的理论与经验现象存在着不一致的地方，而这种不一致，成为本章对其集体行动理论进行阐释与反思的切入点。

第二节　关于集体行动的主要理论模型

集体行动对于组织的重要性是毋庸置疑的，那么，集体行动是否易于达成呢？对于该问题，学界给出了许多回答。从既有理论来看，我们可以将学界的观点分为乐观派与悲观派。在乐观派看来，个体理性可以产生集体理性。最为典型的是斯密"看不见的手"理论。在他看来，社会中的每一个体在自利的驱动下行动，个体的行动会带来社会的繁荣，这样，个体理性实现了集

---

① 〔法〕埃哈尔·费埃德伯格：《权力与规则——组织行动的动力》，张月等译，格致出版社、上海人民出版社2017年版，第3页。

体理性。奥斯特罗姆在开展案例实证研究后发现,在没有外力的干预下,个体之间有可能开展合作,进而实现公共事务的自主治理,这种自主治理就是个体理性有效结合后产生集体理性的过程。

悲观派则表达了与乐观派截然不同的观点。在悲观派看来,个体理性与集体理性之间存在着矛盾,个体理性难以产生集体理性,或者进一步说,个体理性往往会导致集体非理性。亚里士多德就明确断言,"凡是属于最多数人的公共事务常常是最少受人照顾的事务,人们关怀着自己的所有,而忽视公共的事务;对于公共的一切,他至多只留心到其中与他个人多少有些相关的事务"[1]。与此观点类似,公地悲剧、囚徒困境与奥尔森集体行动的逻辑这三大理论模型,更是悲观派的典型代表。

1968年,美国学者哈丁在《科学》杂志上发表《公地的悲剧》一文,描述了这样一种情形:英国的封建主在自己的领地中,划出一片尚未耕种的土地,无偿向牧民开放。在这一对所有人无偿开放的牧场里,每个利己主义的理性放牧人都会倾向于自身利益的最大化,从而选择过多地放牧,这块牧地最终由于过度放牧而变成了不毛之地,这就是公地的悲剧。[2]

囚徒困境是著名的博弈论模型,它同样阐释了一种个体理性导致集体非理性的状态。囚徒困境模型中,两个共谋犯罪的人被关进了不同的监狱,不能互相沟通。这时,他们分别面临着两种选择,即保持沉默,或坦白认罪并作证指控对方。针对他们的选择,有四种不同的处理结果:如果两人都坦白,两人都将获五年刑期;如果两人都不坦白,两人都将获一年刑期;如果一人坦白,一人不坦白,那么,坦白的人将被无罪释放,不坦白的人将获刑十年。每个囚徒都面对着坦白与不坦白两种选择。最后每个囚徒的结果都是坦白,因为:在同伙不坦白的情况下,如果自己坦白会被放出去,如果自己不坦白会被判一年,这时坦白比不坦白好;在同伙坦白的情况下,如果自己坦白会被判五年,如果自己不坦白会被判十年,这时,坦白也比不坦白好。最终的结果是,两个囚徒选择了坦白。这表明,个人理性有时能导致集体的非理性。

奥尔森在《集体行动的逻辑》一书中阐述了与公地悲剧、囚徒困境类似的

---

[1] 〔古希腊〕亚里士多德:《政治学》,吴寿彭译,商务印书馆1965年版,第48页。
[2] Garrett Hardin, "The Tragedy of the Commons," *Science*, Vol. 162, No. 3589, 1968, pp. 1243-1248.

主张,集体行动的逻辑在本质上是集体行动的困境,其基本理论假设与核心观点是:除非一个集团中人数很少,或者存在强制或其他特殊手段以使个人按照他们的共同利益行事,有理性的、寻求自我利益的个人不会采取行动以实现他们共同的或集团的利益。①事实上,这一理论对于我们的传统理论与既有认知具有一定的颠覆性。因为传统的集团理论默认具有共同利益的集团成员会为了实现共同利益而采取一致的行动,奥尔森的结论却与此截然相反。他认为,由于集体成员存在搭便车行为,集体行动往往容易失败。

搭便车是奥尔森在集体行动的逻辑中提出的一个非常有解释力与分析性的理论工具。在奥尔森看来,之所以会出现搭便车现象,是因为集团利益具有非排他的公共物品性质。换言之,在成本与收益的分配问题上,并非集团中的所有人都承担了成本,但所有人都享受了利益。在这样的集团中,存在着信息不对称,集团中每一个体的成本与收益难以准确地计算,而搭便车的个体,正是享受了集体行动所带来的正外部性。何为正外部性呢?简单地讲,就是某个人或某群人的决策与行动,给另外的人或群体带来了福利,但是受益者无须为此付出代价。比如,张三在花园里种了树,春天后这些树开花了,住在隔壁的李四也闻到了花香,这便是一种正外部性。

其实搭便车的行为古已有之,中国搭便车的祖师爷便是南郭先生。战国时期的齐国国君齐宣王请人来吹竽,他喜欢三百个人合奏,于是无吹竽技能的南郭先生便混在其中装模作样,拿着和其他乐师一样的奖赏。但是齐宣王死后,齐湣王上台,他喜欢听吹竽技师独奏,结果,没有真本事的南郭先生只得落荒而逃。搭便车行为易导致集体行动的失败,这一结论在中国历史上也得到过很多验证。人民公社时期的"大锅饭"政策之所以失败,也正是因为平均主义的存在,导致了搭便车行为的泛滥。费孝通先生曾指出,"一说是公家的,差不多就是说大家可以占一点便宜的意思,有权利而没有义务了"②。当然搭便车最著名的例子,当数"一个和尚挑水喝,两个和尚抬水喝,三个和尚没水喝"。

抽象地讲,搭便车问题本质上是个体理性与集体理性关系的问题,个体

---

① 〔美〕曼瑟尔·奥尔森:《集体行动的逻辑》,陈郁、郭宇峰、李崇新译,格致出版社、上海三联书店、上海人民出版社 2011 年版,第 2 页。

② 费孝通:《乡土中国》,人民出版社 2008 年版,第 26 页。

理性不一定能够导致集体理性,更进一步,个体理性容易导致集体的非理性。奥尔森在"一破一立"中,完成了自己模型的建构,打破了"个体理性会导致集体理性"这一传统观念。传统的集团理论认为,"如果某一集团中的成员有共同的利益或目标,那么就可以合乎逻辑地推出,只要那一集团中的个人是理性的和寻求自我利益的,他们就会采取行动以实现那一目标"[①]。对此,奥尔森明确指出,"认为从理性的和寻求自我利益的行为这一前提可以逻辑地推出集团会从自身利益出发采取行动,这种观念事实上是不正确的"[②]。在这样的逻辑前提下,奥尔森认为,"个体理性不会导致集体理性",或者说"个体理性会导致集体的无理性",集体行动的逻辑事实上是一种集体行动的困境。

奥尔森作为集体行动研究的集大成者,其著作《集体行动的逻辑》已成为西方学术界研究集体行动的里程碑。从奥尔森的理论来看,理性经济人搭便车行为的存在,使得个体理性产生了集体非理性,因而,除非存在选择性激励或者第三方强制,否则集体行动是难以形成的。但是,从现实来看,大量集体行动都是在缺乏这两个条件的情况下发生的。这说明奥尔森的理论推演与经验事实存在着矛盾之处,要想对该矛盾产生的原因进行解释,我们需要思考:组织中的集体行动何以可能?换言之,影响组织中集体行动的因素有哪些?这些因素是如何发挥作用的?它们是否被奥尔森等集体行动悲观学派所认识与重视?

第三节 组织中集体行动的影响因素

影响组织中集体行动达成与否的因素有哪些呢?首先,要想促成一个集体里的成员产生集体行动的意愿,需要塑造集体认同。这种认同内涵丰富,有对于集体目标的认同,也有对于集体领导者的认同,更有对于自身是集体一分子的认同。当然,集体认同是集体能够实现集体行动的前提,但并不意味着有了认同,集体成员便会自愿、积极地开展合作。信任、规范、网络等社会资本要素,以及选择性激励等手段,对于提高集体成员的合作意愿均相当

[①] 〔美〕曼瑟尔·奥尔森:《集体行动的逻辑》,陈郁、郭宇峰、李崇新译,格致出版社、上海三联书店、上海人民出版社2011年版,第2页。

[②] 同上。

必要。选择性激励与社会资本的关系在于：一方面，选择性激励与社会资本都是提升个体合作意愿、促成集体行动的重要因素。选择性激励注重外在力量或集体领导者对于集体成员的激励，而社会资本则侧重集体成员之间的自主合作。另一方面，社会资本这一因素的存在，使选择性激励更为有效。

一、组织边界与成员的共同体意识

组织边界的确定是分析组织中集体行动的前提。尤他克通过案例研究发现，大规模集体行动的影响因素中，相当重要的一点便是确定集体的边界。一个集体有着合适的边界，集体内的个体可享有共同的资源，有着共同的社会学习。其中，社会学习是指集体在社会互动中所形成的认知。[①] 一般而言，组织是一个开放的系统，组织与外部环境进行成员等资源的交换，所以，组织的边界是动态的。但是在一定的时期内，组织的成员又是相对确定的，或者说，组织边界是相对稳定的。当组织的边界确定后，组织成员与非组织成员的区别便体现出来了，组织成员会享有某些权利，同时需要承担某些义务。本章从个体与集体之间的关系来分析集体行动，主要从组织成员的角度对组织边界进行分析，包括组织成员的进入与退出、组织成员的权利与义务等。

边界的确定对于集体行动至关重要。奥斯特罗姆曾提出自主治理的八项设计原则，分别是清晰界定边界、占用和供给规则与当地条件相一致、集体选择的安排、监督、分级制裁、冲突解决机制、对组织权的最低限度的认可以及嵌套式企业。她把对边界的确定视为组织集体行动的第一步，可见边界确定的重要性。这种边界的确定包括两个重要方面：其一是对资源的界定，其二是对使用资源的人的界定。只有这两方面有了明确的规定，对于集体行动的讨论才有价值。如果不对使用资源的人进行界定，则可能会有相当多的潜在使用者，而那些投资于公共池塘资源的人就得不到预期回报。更严重的一点在于，这些人的大量进入会使公共池塘资源逐步衰竭。所以，通常情况下，人们会选择关闭边界，但"仅仅关闭边界是不够的，有限数量的占用者仍有可

---

① Tetsuya Uetake, "Agri-environmental Resource Management by Large-scale Collective Action: Determining Key Success Factors," *The Journal of Agricultural Education and Extension*, Vol. 21, No. 4, 2015, pp. 309-324.

能增加他们对资源单位的索取"①。针对这种情况，人们需要制定出某些规则，以规范成员占有资源的行为。

当组织边界确定后，一个重要的问题便是个体对于组织的认同问题。从经验观察来看，群体情感与身份认同对于集体行动至关重要。凯利通过研究发现，群体认同有助于促成集体行动。②贝克尔等在思考为何人们会参与到集体行动中时，也发现认同、同情等心理与情感方面的因素起着重要作用。③"社会认同理论的核心假设是人们会为正向自我评价而努力"，"个体对某一社会类别、群体的认同感越强，就越有可能代表那一社会类别、群体参与集体行动"④。通常而言，这一自我评价可以分为个人认同与社会认同两类。前者是指个人通过自身的属性来定义自我，包括性别、年龄、身高等，后者是指个人根据自身的社会地位、群体内角色来定义自我。从个人认同到社会认同的发展，是自我认知从"我"到"我们"的进一步深化。人是社会性的，处于一定的社会关系网络中，所以，社会认同就是在社会中寻找自我定位的过程。

认同建构的过程，是共同体意识得以形成的过程。有些组织在建构共同体意识方面，具有天然的优势，地缘、血缘与亲缘的多重叠加，更容易唤起组织成员的身份认同。身份认同对于集体行动至关重要，"身份认同是行动者获取意义的源泉，行动者在某个社会结构下所采取的行动，往往不是对于该结构的直接反应，而是经历了认同的中介作用"⑤。身份认同所关注的核心问题是：我是谁？我们是谁？我们的目标是什么？通过怎样的行动来达成这些目标？这些亦是集体行动最重要的问题。

---

① 〔美〕埃莉诺·奥斯特罗姆：《公共事物的治理之道：集体行动制度的演进》，余逊达、陈旭东译，上海译文出版社 2012 年版，第 110 页。
② Caroline Kelly, "Group Identification, Intergroup Perceptions and Collective Action," *European Review of Social Psychology*, Vol. 4, No. 1, 2011, pp. 59-83.
③ Julia C. Becker and Nicole Tausch, "A Dynamic Model of Engagement in Normative and Non-normative Collective Action: Psychological Antecedents, Consequences, and Barriers," *European Review of Social Psychology*, Vol. 26, No. 1, 2015, pp. 43-92.
④ 陈浩、薛婷、乐国安：《工具理性、社会认同与群体愤怒——集体行动的社会心理学研究》，《心理科学进展》2012 年第 1 期。
⑤ 卢晖临、潘毅：《当代中国第二代农民工的身份认同、情感与集体行动》，《社会》2014 年第 4 期。

二、组织成员的数量与结构

组织中个体的数量与结构,是考察组织中集体行动的重要维度。在奥尔森看来,集体行动的成果为集团成员所共享,易导致搭便车行为。不过,与此同时,奥尔森将人数这一变量引入集体行动的分析中,并认为人数少的集团更容易形成集体行动。的确,小集团有着自身的行动优势。首先,小集团使成员之间面对面的交流成为可能,而这种交流可以有效地提高集团的信任水平。奥斯特罗姆就特别强调面对面交流对于合作的重要性,她指出,"面对面交流会使参与人在公共品博弈中的合作水平有大幅提高,这种提高发生在博弈的所有轮次"①。信息的获取、传播与共享对于集体行动的开展与维持至关重要,面对面的交流可以使双方的信息得到充分的沟通,从而使行动者对于别人有基本的判断与认识。在此过程中,某个人通过努力,说服了另外一个人同意开展合作。如果这种沟通达到较高的水平,使集体中产生了集体认同,那么合作将更为稳定。集体成员对于集体的归属感与忠诚感,将为合作提供有力的保障。"正是互相协商彼此的任务、不断增长的互信、规范价值的强化、集体认同的增进使得沟通交流产生了实际效果。"②

在小集团内,成员之间的信息相对更对称,某个成员的利益偏好、所作贡献更容易被他人知晓。所以,在这种情况下,理性的成员为了不被别人扣上搭便车的帽子,一般会选择配合集体的行动。正如在大学课堂上讨论问题时经常会采用分组完成任务的形式,如果一百个人分成两个组,那么很可能有大量搭便车的行为存在。每组五十个人,真正对讨论有贡献的,可能只有五六个人,但老师评分时,每组组员的分数是一样的。所以,这种容易产生搭便车行为的分组,不容易调动同学们的参与积极性,会降低讨论的质量。如果将这一百位学生分成十个组,每组十个人,那么,这十位同学之间可以形成一定程度的监督,搭便车的行为就会大大减少。

实际上,小集团的优势在于更好地实现了成员的相互监督以及对违规成

---

① 〔美〕埃莉诺·奥斯特罗姆:《集体行动与社会规范的演进》,王宇锋译,《经济社会体制比较》2012 年第 5 期。

② 〔美〕埃利诺·奥斯特罗姆:《集体行动如何可能?》,石美静、熊万胜译,《华东理工大学学报(社会科学版)》2010 年第 2 期。

员的惩罚,而这两点,正是奥斯特罗姆在论述自主治理时十分重视的两个原则,即监督与分级制裁。自主治理的实现,需要监督与分级制裁作为保障。首先需要说明的是,既然是自主治理,则意味着这种监督与分级制裁不是由外部权威来实施的,而是由行动者自己协商实现的。集体内部的规范只有被成员所遵守,才能发挥作用。一旦集体内部某个人被发现违反了规范,他便会失去信誉,可能还会受到经济惩罚。这种制裁会给该集体的其他成员传达一种信息,即"处于类似情况中的其他人也可能被抓住,这就增强了准自愿遵守规则者的信心"①。显然,在监督与制裁的保障下,人们的遵守意愿不断增强。

监督对于可信承诺至关重要,"没有监督,不可能有可信承诺"②。不过,监督虽然重要,但是相互监督的实行又没那么容易,监督也会产生一个"二阶的搭便车问题",因为"惩罚实际上是公共物品"③,如果监督的过程中发现了违背承诺的现象,那么惩罚就会产生。虽然惩罚对于被惩罚者来说算是很高的成本,但是惩罚带来的利益为集体所享有,此时,一个理性的个体,为何要去监督其他个体呢?他可以从中得到什么呢?我们需要通过制度设计,使得监督信息的获取更为便利,监督行为成本接近于零,同时,对于监督行为进行一些针对性的激励,才能更好地鼓励组织中成员相互监督的行为。

除了组织成员的数量外,组织成员的结构也会影响集体行动。这种结构包括性别、学历、兴趣、利益偏好等,其中利益偏好是最为关键的因素。组织成员的异质性,就是选择性激励的前提与基础。选择性激励是奥尔森理论的核心内容,在他看来,要想促使理性的个体产生合作意愿并参与到集体行动中来,选择性激励是一个相当有效的措施。"选择性激励被定义为对个人偏好的价值要大于个人承担集体物品成本的份额。"④在奥尔森看来,选择性激励是集团,尤其是小集团走出集体行动困境的有效手段。在奥尔森的理论

---

① 〔美〕埃莉诺·奥斯特罗姆:《公共事物的治理之道:集体行动制度的演进》,余逊达、陈旭东译,上海译文出版社 2012 年版,第 117 页。

② 同上书,第 54 页。

③ 同上。

④ 〔美〕曼瑟尔·奥尔森:《集体行动的逻辑》,陈郁、郭宇峰、李崇新译,格致出版社、上海三联书店、上海人民出版社 2011 年版,第 62 页。

中,之所以会存在集体行动的困境,是因为搭便车行为广泛存在,而搭便车行为赖以存在的重要条件之一便是集体行动成果的公共物品性质。对此,选择性激励的关键在于激励的"选择性",这种选择性代表着激励不具有普遍性,而是区别对待不同的个体的。奥尔森反复强调激励的选择性,"只有一种独立的和'选择性'的激励会驱使潜在集团中的理性个体采取有利于集团的行动"①。

激励的内容是多样的,"除了货币和社会激励,还有性爱激励、心理激励、道德激励等。其中任何一种激励都可以引导一个潜在集团去获取一件集体物品"②。可以看出,激励方式的选择,正是从人性的多面性出发的。也就是异质性的集体有着怎样的需求,便给予相应的激励。"这些'选择性的激励'既可以是积极的,也可以是消极的。"③积极的激励是各种物质、精神奖励,而消极激励则是各种惩罚等。一般而言,选择性激励可以分为正向激励与反向激励,前者是一种奖励,后者是一种惩罚。综合来看,胡萝卜加大棒的政策有利于更好地促进集体行动的形成。在集体行动中,选择性激励被不同的主体运用,"具有'选择性激励'的组织是:(1)具有行使强制性措施的权威和能力;(2)具有能向潜在集团中的个人提供积极诱导能力源泉的那些组织"④。

三、组织中的社会资本

(一)社会资本的重要性

社会资本作为促成人与人之间合作的非正式规范,对于人们走出集体行动的困境相当必要。奥斯特罗姆给了社会资本相当多的关注,并认为社会资本是实现自主治理的关键因素。她认为,人类所拥有的资本,包括物质资本、人力资本、社会资本与自然资本,每一种资本对于人类来说都是必不可少的。在她看来,"社会资本是关于互动模式的共享知识、理解、规范、规则和期望,

---

① 〔美〕曼瑟尔·奥尔森:《集体行动的逻辑》,陈郁、郭宇峰、李崇新译,格致出版社、上海三联书店、上海人民出版社 2011 年版,第 41 页。
② 同上书,第 77 页。
③ 同上书,第 42 页。
④ 同上书,第 166 页。

个人组成的群体利用这种模式来完成经常性活动"①。在集体行动中,参与者会面临着各种短期诱惑,而这些诱惑很可能使得参与者采取短期利益最大化的策略,此时,社会资本所包括的互信、互惠等规范,以及对于违规行为的惩罚等规定,会使参与者主动抵制这种短期诱惑。学界对于社会资本理论进行了很多探讨,也给出了许多定义,本章对社会资本的理解,主要是在结合奥斯特罗姆与帕特南对社会资本所进行分析的基础上,采用帕特南在《使民主运转起来》一书中的定义,即"社会资本是指社会组织的特征,诸如信任、规范以及网络,它们能够通过促进合作行为来提高社会的效率"②。

社会资本理论在对信任、规范与网络进行分析的基础上,很好地把微观层次的个人选择与宏观层次的集体行动结合起来。社会资本理论认为奥尔森的理论存在着一定的局限性,因为奥尔森的分析方法是把个人从社会关系网络中人为地抽离出来,然后赋予其经济人的属性,并以此为基础来论述集体行动的困境是如何产生的。社会资本关注人的内心,但其对于人性的假设,不再局限于公共选择理论的理性经济人假设,而是把关注点扩展到人性中互惠、利他的一面,认为个体是否参与集体行动,不仅涉及一种经济上的成本—收益考量,而且受到诸多经济与非经济因素的影响。社会资本通过网络的拓展以及信任与规范等因素对个体行为的影响,使得处于某网络中的个体形成一种共同体意识,将"我"发展成"我们"。

社会资本不是一成不变的静态物,而是会随着人类合作行为的推进而不断增加,具有自我强化与自我积累的特性。在这一点上,奥斯特罗姆与帕特南有着相当的共识。奥斯特罗姆明确指出,"社会资本与物质资本区别在于它不会因为使用但会由于不使用而枯竭"③。帕特南也提出,社会资本"这种资源的使用,增加而不是减少自身的供给;如果不使用它就会消失殆尽"④。

---

① 〔美〕埃莉诺·奥斯特罗姆:《社会资本:流行的狂热抑或基本的概念》,龙虎译,《经济社会体制比较》2003年第2期。
② 〔美〕罗伯特·D.帕特南:《使民主运转起来》,王列、赖海榕译,江西人民出版社2001年版,第195页。
③ 〔美〕埃莉诺·奥斯特罗姆:《社会资本:流行的狂热抑或基本的概念》,龙虎译,《经济社会体制比较》2003年第2期。
④ 〔美〕罗伯特·D.帕特南:《使民主运转起来》,王列、赖海榕译,江西人民出版社2001年版,第199页。

也就是说，像石油等许多物质资源会越使用越少，而社会资本则与此相反，不仅不会越使用越少，反而会越使用越多。例如，人与人之间互动的加强有利于增强相互的信任水平。同时，社会资本还具有很强的传递性，例如，在某个共同体内，后人会沿袭前人对于某些问题的固有解决方法，这种代际的有效传递，使得社会资本积累下来。

（二）作为社会资本的信任

信任是重要的社会资本，帕特南指出，"普遍互惠的规范和公民参与网络，鼓励了社会信任与合作，因为它们减少了背叛的动力，减少了不确定性，为未来的合作提供了模式"①。这句话简要但十分深刻地阐述了信任、规范、网络、合作等几大要素之间的关系。在自主治理中，合作行为的内在驱动便是信任，"行为解释的核心是对他人的信任、参与人为获得值得信任这一信誉而做出的投资，以及参与人使用互惠策略的可能性三者之间的关系"②。

信任具有自我积累性，"当信任因积极互惠的结果而得到证明时，就成为另外一种简单经济学意义上的交换"③。也就是说，当个体因为信任组织中的其他个体而选择与其合作后，得到了积极的反馈，取得了很好的结果，这一事实更加验证了别人是值得信任的。所以在以后的行动中，他会更加固化这一判断，并根据此判断来行动。当然，信任也有一个度，奥斯特罗姆提醒我们，"过分信任也是有危险的"④，如果我们缺乏有关他人的信息而信任了本不该信任的人，那么，一方面会导致合作行为受到破坏，从而损害集体行动；另一方面，当我们的信任没有换来对方的合作而是欺骗时，我们以后的信任程度便会降低，这不利于信任这一社会资本的积累。

在组织中，尤其是存在时间较长、成员相对稳定的组织，每个成员对其他成员的品行、过去的行为、利益偏好等都比较了解，人们便少了很多有关信任

---

① 〔美〕罗伯特·D.帕特南：《使民主运转起来》，王列、赖海榕译，江西人民出版社2001年版，第208页。

② 〔美〕埃利诺·奥斯特罗姆：《集体行动如何可能？》，石美静、熊万胜译，《华东理工大学学报（社会科学版）》2010年第2期。

③ 〔美〕詹姆斯·马奇、〔挪威〕约翰·奥尔森：《重新发现制度：政治的组织基础》，张伟译，生活·读书·新知三联书店2011年版，第26页。

④ 〔美〕埃利诺·奥斯特罗姆：《集体行动如何可能？》，石美静、熊万胜译，《华东理工大学学报（社会科学版）》2010年第2期。

信息的搜寻成本。当个体在与组织中的其他个体进行互动时，便会对这些进行综合考虑。显然，在其他因素既定的情况下，信任程度越高，人们的合作意愿越强。如果一个人在过去时常失信，做出不少违反承诺的事情，他的声誉就会很差，并且这种差的声誉在组织中不断传播与积累。这时，别人与其合作的意愿便会降低。其中，声誉机制起了重要作用。声誉机制既是一个奖励机制，也是一个惩罚机制。如果按规范办事，声誉就会越来越好，如果屡次失信，个体的声誉就会越来越差。所以，某个人在选择遵守承诺还是违背承诺时，会把声誉这一因素考虑进来。

对于一个组织内的个体而言，通常会采取做出承诺这一行为，来获得组织内其他成员的信任，我们就有必要考察承诺的可信性问题。一个组织经过协商后建立的规则是该组织内个体的行动准则。该规则明确个体的权利—义务关系，对个体能够占有哪些资源、何时何地以何种方式占有，也有着明确的规定。如果所有的个体都能够按照规则行事，那么每一个体的行为可预测性将大大提高，合作问题将变得很简单，从而集体行动容易达成。但是问题在于：每一个体如实按照规则行动的可能性有多大呢？即使这些个体在开始时能够按照规则行事，但是这能够保证他们在以后的行动中也一如既往地遵循规则吗？个体对于规则的接受，实际上是一个承诺问题，但关键是，个体能否真正按照承诺来行动？虽然人们可以发誓，"如果你遵守承诺，我也遵循承诺"[①]，但是，这种缺乏约束的承诺，不一定真正可信。所以，这就涉及承诺的可信性问题。

承诺的可信性处于不断变化之中。在经验事实中，我们往往会发现，人们对于承诺的遵守，随着时间的推移会不断变化。组织中的某一个体在其他大多数人都同意某规则的前提下，一般也会选择同意该规则。因为如果不同意，可能意味着自己不好相处，会受到其他人的排斥。但是，随着时间的推移，所面临的情形可能会有一些变化，有可能会出现新的利益诱惑，这种诱惑使得他有违反之前承诺的可能。所以，"在就规则达成最初协议之后的许多

---

① 〔美〕埃莉诺·奥斯特罗姆：《公共事物的治理之道：集体行动制度的演进》，余逊达、陈旭东译，上海译文出版社2012年版，第52页。

场合,每一个占用者都必须做出进一步的选择"①。

个体一般会采取权变策略。在不同的情形下,每一个体都会面临遵守承诺或者违反承诺的选择,而驱动这种选择的是该个体对于遵守或者违反承诺的预期成本与预期收益的评估。如果违反承诺可以获得额外的收益,而且这种违反承诺的行为不容易被发现,那么他有可能会违反承诺。在一定的条件下,即"大多数处境相同的个人做出同样的承诺","采用这一策略的预期的长期净收益大于采取占支配地位的短期策略的预期的长期净收益"②,人们会选择遵守所做出的承诺。现在面临的问题是,如何才能更好地长期约束行动者,以使其更好地遵守承诺而非违反承诺。奥斯特罗姆提出,"可信承诺只有在解决了监督问题之后才可能做出"③。"如果你这么做,我也这么做"的誓言,只有在存在监督的时候才有意义。如果没有监督,人们有可能会采取投机行为来获取额外的收益。

(三) 作为社会资本的规范

规范是组织的基本约束机制。奥斯特罗姆把共同规范当成一种社会资本,这种规范是经由先例—习俗的过程而进化产生的。规范最开始的形态是先例,当人们面临某些问题的时候,需要有一些解决办法。如果某一办法比较有效,那么人们再次面临该问题的时候,往往会沿袭前面的做法,这就是先例的作用。如果先例多次帮助该集体达到某种预期的效果,那么就会有越来越多的人遵守该先例,这时,先例便进一步发展成为习俗。可见,"惯例是独立于个体行为者而存在的,个体行为者遵照执行惯例,并能够通过个体间的循环往复使得惯例大量地保存下来"④。此时,对于某个共同体内的个体而言,遵守这种惯例是一种不言自明的契约性协议,无论他能否理解惯例的真正含义,或者是否能够接受惯例。当然,个体在遵守惯例时,一般都会怀有这样的期待,即我遵守惯例,别人也会遵守惯例。在这样的期待下,惯例成了个

---

① 〔美〕埃莉诺·奥斯特罗姆:《公共事物的治理之道:集体行动制度的演进》,余逊达、陈旭东译,上海译文出版社2012年版,第52页。
② 同上书,第217页。
③ 同上书,第53页。
④ 〔美〕詹姆斯·马奇、〔挪威〕约翰·奥尔森:《重新发现制度:政治的组织基础》,张伟译,生活·读书·新知三联书店2011年版,第21页。

体的自觉意识,所以共同体的惯例具有更好的自我执行性。因此,"在没有外部规则或监督的世界里,社会规范的演进可以支持合作行为"①。社会规范对于集体行动的研究至关重要,费尔等人就明确指出,社会规范对于人类合作行为的产生十分关键,如果我们不能把社会规范弄清楚,那么就不能真正解释合作行为。②

"规范就是一种公共品。"③规范是一个共同体的兴趣与偏好的集中体现,它旨在约束成员的机会主义行为,从而促进各成员合作。规范是靠集体内的个体来维护的,而个体遵守规范所带来的集体利益,为集体内的各个成员所共享,所以集体利益是成员之间合作带来的。对于某一个体而言,也许对规范的遵守会带来个体短期收益的减少,但是这种行为有利于实现集体利益,集体利益的实现则为个体长期利益的实现提供了保障。在社会规范的形成过程中,语言发挥了重要作用。斯密认为,每一个独立的个体需要通过与他人的合作来实现某些目标,但所有的物种都会面临"集体行动问题"或者称"社会困境"。和其他物种相比,人类之所以相对擅长应对这些挑战,是因为人类的语言这一特殊的交流符号发挥了重要作用,它有利于每个人与他人开展信息的交流,并促成共识。④

规范本身有着丰富的内涵。在所有规范中,互惠引起了很多学者的关注。奥斯特罗姆多次提出把互惠共识当成一种有效的社会资本,在她看来,互惠是人们在社会困境中所使用的所有策略的总称。某一个体实施这些策略的步骤主要有:第一,对集体的参与人进行考察,了解集体的组成成分;第二,在对集体成员进行考察的基础上评估合作的可能性;第三,如果集体内其他成员在某些条件下愿意合作的话,那么,他便做出倡导合作的决策;第四,他会拒绝与那些不提供互惠的个体进行合作;第五,在合作的过程中,如果某一个体违背了承诺,他便会惩罚该个体。所有的互惠规范有一个共同点,那

---

① 〔美〕埃莉诺·奥斯特罗姆:《集体行动与社会规范的演进》,王宇锋译,《经济社会体制比较》2012 年第 5 期。

② Ernst Fehr and Urs Fischbacher, "Social Norms and Human Cooperation," *Trends in Cognitive Sciences*, Vol. 8, No. 4, 2004, pp. 185-190.

③ 薛晓源、陈家刚主编:《全球化与新制度主义》,社会科学文献出版社 2004 年版,第 99 页。

④ Eric Alden Smith, "Communication and Collective Action: Language and the Evolution of Human Cooperation," *Evolution and Human Behavior*, Vol. 31, No. 4, 2010, pp. 231-245.

就是个体倾向于使用"一报还一报"的策略:如果你遵守承诺,我也会遵守承诺;如果你违背承诺,那么很可能我也会违背承诺,并对你进行惩罚。① 奥斯特罗姆明确指出,"越来越多的事实表明,在社会困境中,互惠是许多个体所使用的核心规范"②。她说,"当人们在这样的环境中居住了相当长的时间,有了共同的行为准则和互惠的处事模式,他们就拥有了为解决公共池塘资源使用中的困境而建立制度安排的社会资本"③,"大多数占有者有互惠的共识,并相信这种共识能作为初始的社会资本"④。帕特南也明确提出,"普遍的互惠是一种具有高度生产性的社会资本。遵循了这一规范的共同体,可以更有效地约束投机,解决集体行动问题"⑤。

　　人与人之间的关系,是互惠规范的基础。"人类的相互依赖性及合作关系产生了大量的互惠制度,而互惠制度是制度分析的微观基础。"⑥自人类产生以来,其生存就受到了疾病、野兽等多种因素的威胁,但在各种恶劣的环境下,人类还是生存下来了,其中很关键的因素在于人类学会了互惠。正是有了互惠,人类才能在丛林社会里获取食物、防御敌人。当我们思考人类的互惠行为,尤其是寻找互惠背后的动机时,也许会运用各种人性假设,但是,我们也不能忽略利他主义的存在。奥斯特罗姆就主张对互惠行为的分析,不要局限于理性经济人的分析框架,在她看来,"当人们超越理性、互惠、尊重、互信时,人们就能够超越短视狭隘的自私自利,达到'优于理性'的选择结果"⑦。

　　事实上,有关规范对于集体行动的作用,不只是奥斯特罗姆进行了深入的研究,诺思、马克思等也提出了许多富有解释力的观点,只不过在用词上有

---

① 〔美〕埃利诺·奥斯特罗姆:《集体行动如何可能?》,石美静、熊万胜译,《华东理工大学学报(社会科学版)》2010年第2期。
② 同上。
③ 〔美〕埃莉诺·奥斯特罗姆:《公共事物的治理之道:集体行动制度的演进》,余逊达、陈旭东译,上海译文出版社2012年版,第215页。
④ 同上书,第245页。
⑤ 〔美〕罗伯特·D.帕特南:《使民主运转起来》,王列、赖海榕译,江西人民出版社2001年版,第195页。
⑥ 卢现祥:《新制度经济学》,武汉大学出版社2013年版,第249页。
⑦ 〔美〕埃利诺·奥斯特罗姆:《集体行动如何可能?》,石美静、熊万胜译,《华东理工大学学报(社会科学版)》2010年第2期。

所区别:奥斯特罗姆使用的是"规范",而诺思与马克思使用的是"意识形态"(ideology)。当我们辨别意识形态与规范两个词含义的异同时,就需要回到诺思所指意识形态与马克思所指意识形态的具体内涵。在考察奥斯特罗姆所用"规范"一词、诺思所用"意识形态"一词与马克思所用"意识形态"一词之后发现,这三者其实是相通的,都是指一个集体的认知、信念、共识。

以诺思为代表的新制度主义学者认为,认知结构、信念体系等意识形态会影响到个体的行为选择,所以越来越多的制度分析者把意识形态引入对制度的分析中。这种分析对于集体行动的达成有很强的解释力。"意识形态共识是对正式规则的一种有效补充和替代。"①当一个共同体就意识形态达成共识的时候,个体便会对集体有很高的认同,同时对自身的行动进行约束,机会主义会受到限制。此时,通过意识形态的动员作用,集体行动相对容易达成。但是,如果意识形态较弱,那么集体内的个体之间达成契约的难度就会较大,个体需要花更多精力讨价还价,这样,合作成本就会变高。

马克思所指意识形态与诺思所指意识形态的很大不同,在于两者的重点关注领域存在差异,诺思主要关注经济领域的意识形态,而马克思则主要关注政治领域的意识形态,注重阶级分析。所以,诺思所指意识形态的主要价值取向是"市场意识",马克思意识形态的主要价值取向是"阶级意识"。②

在不同的价值取向下,诺思与马克思的意识形态理论在意识形态的根源与变迁、本质与功能、未来归宿等方面存在一些分歧,但两者重要的理论内核是一致的。诺思明确指出,"马克思主义的框架之所以是目前对长期变革最有力的论述,恰好是因为它将新古典框架舍弃的全部要素都包括在内:制度、所有权、国家和意识形态"③。显然,制度、所有权、国家和意识形态这四大要素正是诺思制度分析的核心内容。所以,"诺斯的制度分析和马克思主义的制度分析在学术渊源上存在着可通融之处"④。

---

① 〔美〕沃尔特·W.鲍威尔、保罗·J.迪马吉奥主编:《组织分析的新制度主义》,姚伟译,上海人民出版社2008年版,第6页。
② 〔美〕道格拉斯·诺思:《经济史上的结构和变革》,厉以平译,商务印书馆1992年版,第53页。
③ 同上书,第61页。
④ 邹东涛:《邹东涛讲诺斯》,北京大学出版社2011年版,第103页。

诺思与马克思的意识形态理论,有一个相当关键的相同之处——对搭便车问题的解决。"任何成功的意识形态都必须克服白搭车问题。"①因为在诺思看来,一种成功的意识形态需要让人们将对未来的一些美好设想与现存制度关联起来,并从道义上无条件服从这种制度安排。同时,人们为了实现这些美好设想,如共产主义,需要在现有的制度框架下努力,而不是坐享其成。显然,这种成功的意识形态,无论是对克服搭便车,还是维持现有的社会秩序,都是相当关键的。所以,"马克思主义革命者意识到白搭车问题已成为马克思主义理论和革命实践的非常现实的问题"②。

在讨论意识形态对于克服搭便车的作用时,我们需要关注的一个重点问题是规范认同与合法性。意识形态作为一种认知结构,会影响我们对于外部事物的价值判断。一般情况下,当个体的行为与社会的意识形态不一致时,个体会主动修正自身的行为,从而使得个体更符合社会的价值判断。比如,偷盗行为能给个体带来额外的收益,但是这种行为是违法的,个体往往会主动约束自身的偷盗行为。

第四节 对奥尔森集体行动理论的反思

奥尔森是集体行动理论的集大成者,如果按照他的集体行动逻辑,除非有选择性激励、第三方强制的存在,或者行动集团是一个小集团,否则集体行动是难以产生的。但是在现实中,组织中的集体行动是相当常见的。那么,我们应该如何理解这种理论与现实的不一致呢?有学者指出,奥尔森的推演分析遵循一种悲观的逻辑,他"往往选择支持他的理论事例,而不是通过对某一时间某一地点的特定类型组织的大量样本进行抽样"③。换言之,这种批评认为奥尔森的论证方法存在问题,他是有了结论后,有目的地选取能够支持其理论框架的案例,而不是从大量的一般性案例中抽象出结论。这或许给出

---

① 〔美〕道格拉斯·诺斯:《经济史上的结构和变革》,厉以平译,商务印书馆1992年版,第54页。
② 同上书,第55页。
③ 〔美〕格林、沙皮罗:《理性选择理论的病变:政治学应用批判》,徐湘林、袁瑞军译,广西师范大学出版社2004年版,第110页。

了某种解释,不过奥尔森的理论之所以会与现实存在不一致,还有其他很重要的原因。

一、理性经济人的理论假设需要调整

奥尔森作为公共选择理论的代表人物,其重要的贡献在于用经济学的方法来研究非市场决策行为,这是经济学对政治学等学科领域的介入与渗透。经济学的确具有强大的渗透力,经济学也很有自信,这种自信不仅来自该学科理论体系、研究方法等方面的成熟,也与其经济人假设密不可分。经济学把经济人假设作为其理论分析的前提假设与逻辑起点,认为只有把握了人性中最本质的一面,才能更好地讨论其他问题。经济人假设把人看作理性的、自利的、习惯于成本—收益分析的人,自身利益最大化是其思维与行动的第一原则。奥尔森建构自己的集体行动模型时,也是以经济人为逻辑起点来思考问题的。这样,在经济学中具有统摄地位的经济人假设,便从经济学领域被直接移植到政治学、社会学领域。

如果经济人假设能够解释一切,那么我们分析各种问题时的确会简单得多。但是,事实似乎并非如此。当我们对奥尔森的模型进行反思时,第一个切入点便是经济人假设这一逻辑起点。其实,奥尔森早已注意到了人性的多面,他明确指出,"除了货币和社会激励,还有性爱激励、心理激励、道德激励等。其中任何一种激励都可以引导一个潜在集团去获取一件集体物品"。但遗憾的是,他同时也明确提出,"本书没有用道德力量或激励来解释集团行动的任何事例"[①]。

针对经济学的人性假设的局限性,诺思指出,"正是这些传统的行为假设,使经济学家未能把握住那些较为基础性的问题,社会科学要想继续发展,就必须对这些假设进行修正"[②]。在这种思想指导下,诺思进一步建议,"在个人期望效用模型的框架内,加入某些特定的利他主义成分,来建立一个关于

[①] 〔美〕曼瑟尔·奥尔森:《集体行动的逻辑》,陈郁、郭宇峰、李崇新译,格致出版社、上海三联书店、上海人民出版社2011年版,第77页。

[②] 〔美〕道格拉斯·C.诺思:《制度、制度变迁与经济绩效》,杭行译,格致出版社、上海三联书店、上海人民出版社2008年版,第20页。

复杂人类行为的更为精致的模型"①。

事实上,人性是复杂的,如果只关注人性中自利的一面,理论的解释力必定会受限制。奥尔森虽然注意到并认可对于参与集体行动的个体存在着货币、道德等多种激励,但是对于道德等因素的重要性的忽略,是其理论的偏颇所在。我们要想更好地理解人类的合作行为,就必须对人性的假设做出调整。奥斯特罗姆强调互惠等因素的重要,在一定程度上可以看作对奥尔森的回应与修正。

我们不能否认利他动机与行为的存在。"经过自然选择和进化产生的人类心智与人类行为,不仅与自利心相容,而且也与利他心相容。"②就算是经济学鼻祖斯密在《国富论》中推崇看不见的手,但是他也在《道德情操论》中论述了道德的重要性。很明显的一点是,对于人这一独立的个体而言,情与理是相互交织的。显然,经济人假设从单一维度来解释人的所有行为是不够全面的。

二、重复博弈与单次博弈存在差异

奥尔森在《集体行动的逻辑》中,给我们搭建了一个"多个人单次的囚徒博弈模型",搭便车理论为我们理解集体行动的困境提供了重要的视角。但是,该理论以一种静态的观点来看待集体行动,当其适用于一次性博弈时是有效的,而对于现实中普遍存在的重复博弈的解释力有限,这是奥尔森理论的缺陷所在。正如诺思所说,"奥尔森的分析与囚徒困境所反映出来的其分析方法上的静态本质,以及其事实上的单次博弈基础……众所周知,当相同的情境一次又一次地重复时,背叛就不一定是占优策略了"③。

集体行动达成或者未达成,可以看作一场博弈的结果。在该博弈中,包括的元素有博弈环境、博弈主体、博弈策略、偏好均衡等。博弈主体是指行动所涉及的各行动者,而博弈主体所置身的环境,则是博弈环境。博弈环境会

---

① 〔美〕道格拉斯·C.诺思:《制度、制度变迁与经济绩效》,杭行译,格致出版社、上海三联书店、上海人民出版社 2008 年版,第 25 页。

② 汪丁丁、罗卫东、叶航:《人类合作秩序的起源与演化》,《社会科学战线》2005 年第 4 期。

③ 〔美〕道格拉斯·C.诺思:《制度、制度变迁与经济绩效》,杭行译,格致出版社、上海三联书店、上海人民出版社 2008 年版,第 15 页。

影响到各主体之间的博弈链条长短,进而影响到行动主体的博弈策略选择。一般而言,在单次博弈中,个体可能会选择不合作,但是当该博弈链条拉长时,各行动主体往往会修正个人的行为策略而更倾向于选择合作。一个显而易见的例子是餐饮业。在火车站附近的餐馆,其服务对象具有很大流动性,与顾客通常是单次博弈,所以餐馆对于顾客的体验关注甚少,其饭菜可能会又贵又难吃。但是,在大学附近的餐馆就明显不同,其服务对象以大学生为主,流动性相对要低得多,餐馆与顾客之间实际上是长期的重复博弈,所以,餐馆就必须关注顾客体验,以便吸引更多回头客。

  当把时间变量考虑进来,博弈链条被拉长时,我们会发现,个体的优先选择可能并非奥尔森所言的搭便车,而是合作。尤其是当个体知道自己处于重复博弈之中时,往往会选择合作。通常,个体有着自身的行动偏好,这种偏好并不是一成不变的,理性的个体会通过学习、模仿等方式来不断修正自身的行动,"如果个体反复从合作中获得了收益,那么,在以后的这种情况下他可能会主动倡导合作;或者是,有了多次的'傻瓜'经历后,他再也不会主动倡导合作了"①。在重复博弈中,上一次的博弈为下一次的博弈提供了比较充分的信息,包括某人的人品、诚信程度、资源动员能力、感召力等。换言之,由于个体行为的可复制性与可预期性强,上一次博弈可以作为下一次博弈的重要参考。理性的行动者为了有资格参与到下一次乃至以后的多次博弈中,往往会在重复博弈中选择合作。显然,在重复博弈中,声誉是很重要的奖励与惩罚机制。当一个人的声誉很好时,别人更倾向于与其合作,而当一个人在某领域经常不和别人合作,或者选择搭便车时,别人便再也不会与他合作,慢慢地,此人便被边缘化了。被边缘化是一种惩罚与代价,所以通常而言,对于大多数人参与的集体行动,个人一般也会选择参与。在这种情况下,奥尔森一次性的静态分析存在着较大的局限性,我们需要运用一种动态的角度来分析博弈中个体的行动选择。

三、缺乏对于大小集团的界定

  奥尔森把人数这一变量引入集体行动的分析中,是其理论的创新性所

---

① 〔美〕埃利诺·奥斯特罗姆:《集体行动如何可能?》,石美静、熊万胜译,《华东理工大学学报(社会科学版)》2010年第2期。

第四章　组织中的集体行动

在。传统的理论模型未能很好地考虑集团的规模,奥尔森则把集团分为大集团与小集团,并认为小集团比大集团更容易形成集体行动。他指出,"实际观察和经验以及理论都清楚地表明,相对较小的集团具有更大的有效性"①。的确,人数会从多个方面影响集体行动。人数越多,每个人所获得的好处可能会相应减少,人均收益的减少会降低个人的参与意愿;人数越多,个体在达成某目标的过程中做出的贡献会减少,进而个体的参与感减少;人数越多,成员的监督成本会相应地上升,这种监督甚至成为不可能,因为人数太多,成员可能互不相识,个体的真实利益偏好更难以知晓;人数越多,个体对集体可能更为缺乏认同感与归属感;人数越多,达成某项协议的协商成本会越高。"伙伴数量少时,合伙是一个可行的制度形式,而当伙伴数量很大时却往往不能成功,这一事实为小集团的优势提供了又一佐证。"②由于以上这些因素的存在,奥尔森认为,小集团往往比大集团更容易形成集体行动。

奥尔森对于大集团与小集团的区分,使其理论更为精细化。受其启发,奥尔森之后有一些研究集体行动的学者,把研究的关注点投向人数。③ 但同时,这一区分亦受到了诸多挑战,因为他对于何为大集团、何为小集团,缺乏一个明确的划分标准。奥尔森指出,一个集团的集体行动"在很大程度上取决于集团中个人的数量",但同时他又指出,"说它完全取决于集团中个人的数量也是不准确的"④。多少人的集团算大集团,多少人的集团算小集团,这些都是奥尔森理论中悬而未决的问题,也是其理论的模糊性所在。或许我们可以认为,奥尔森的大集团与小集团中的大与小,是相对的概念,例如,一个集团有 100 人,它相对于另外一个有 200 人的集团是小集团,而相对于一个有 50 人的集团是大集团。但是,奥尔森又想努力证明,"大集团和小集团是按照截然不同的原则运作的"⑤,这似乎表明大集团与小集团中大与小的绝对性。

---

① 〔美〕曼瑟尔·奥尔森:《集体行动的逻辑》,陈郁、郭宇峰、李崇新译,格致出版社、上海三联书店、上海人民出版社 2011 年版,第 64 页。
② 同上书,第 65 页。
③ Pamel E. Oliver and G. Marwell, "The Paradox of Group Size in Collective Action: A Theory of the Critical Mass," *American Sociological Review*, Vol. 53, No. 1, 1988, pp. 1—8.
④ Ibid., p. 37.
⑤ 〔美〕曼瑟尔·奥尔森:《集体行动的逻辑》,陈郁、郭宇峰、李崇新译,格致出版社、上海三联书店、上海人民出版社 2011 年版,第 18 页。

所以,大与小的相对性与绝对性存在着某些矛盾。针对这一点,奥斯特罗姆在建构自身的理论假设与应用环境时,提出了理论的大致适用环境,即"受其影响的人数在 50 人到 15000 人之间"①。换言之,如果人数不在此范围内,研究结论可能不太适用,或者说,其理论的适用性可能会大打折扣。

当然,在小集团中,也许同样会存在不成功的议价,从而出现无法达成集体行动的状况。在囚徒困境模型中,虽然行动者只有两个人,是个小集团,但是仍然没有达成合作,主要原因是两人被隔离在不同的牢房,无法进行面对面的沟通。如果警察把两个囚徒关在一起,那么他们就有机会进行充分的沟通与协商,这时,他们合作的可能性就会大大增加。同样,在三个和尚没水喝的故事中,一共三个人,很显然是个很小的集团,但也陷入了集体行动的困境。不过,如果我们从长远来看,一个可以预见的结果是,这三个和尚通过讨价还价,是很有可能就喝水问题达成协议的。

集体行动不仅受集团成员数量的影响,还与成员的异质性有关。成员之间的异质性会影响集体行动的达成,因为成员的异质性意味着成员利益的非对称性。收益越大的成员,其参与集体行动的积极性就越大。比如三个和尚中,有一个和尚特别不耐渴,对水的需求远大于另外两个和尚,如果他提出自己愿意多承担挑水的任务,集体行动便更容易达成。当我们把视野扩展到全球时,全球变暖问题引起了各国的重视,于是各国便就该议题进行多国磋商,意在达成某个集体行动来应对全球变暖。在此问题上,蒙古国与马尔代夫共和国的态度显然会存在很大差异,因为全球变暖及应对给这两国带来的成本与收益有很大不同。换言之,由于蒙古国与马尔代夫共和国存在异质性,它们对于集体行动的意愿也截然不同。

四、低估规范的重要性

奥尔森注意到了规范或意识形态等因素,但是他以国家为例来否定意识形态的重要性。在他看来,国家"尽管掌握着所有的感情资源,还不得不靠强

---

① 〔美〕埃莉诺·奥斯特罗姆:《公共事物的治理之道:集体行动制度的演进》,余逊达、陈旭东译,上海译文出版社 2012 年版,第 32 页。

制手段来资助其最基本和最重要的活动"①,而不能靠受意识形态感召的公众自愿捐款来养活自己。他以此来否定意识形态的重要性。首先,奥尔森靠国家这个单一的例子来说明意识形态重要与否,缺乏说服力。更为重要的是,国家需要以强制力来保障其基本活动,并不能说明意识形态没有用,或者发挥的作用很小。恰恰相反,很多国家在治理实践中对强制力的使用需要意识形态来为其辩护,以增加强制力使用的合法性。

对于规范或意识形态重要性的低估,是奥尔森理论的不足之处,这与其理论的经济人假设这一前提有关。人性是复杂的、多面的,而经济人假设把人性中的自利性放大,并把自身利益最大化,尤其是经济利益最大化作为个体行动的最根本驱动。但是,精神对于人的影响其实是不可低估的。无论是从理论分析,还是从经验观察来看,规范对于集体行动必不可少。规范对个体身份认同的形成至关重要,如果没有对规范的重视,缺少对身份认同的分析,那么我们不能解释同一集团中"成本—收益"函数相近的人,对于集体行动却有着不同的态度。

五、奥斯特罗姆对奥尔森理论的反思

对于奥尔森集体行动理论的观点与解释力,奥斯特罗姆进行过探讨。奥斯特罗姆潜心开展大量的实证研究,尤其是对公共池塘资源的研究,更是其理论的重要闪光点。2009年,她因在公共经济治理分析方面的成就而获得诺贝尔经济学奖,是历史上第一个获得该奖项的女性,《公共事物的治理之道:集体行动制度的演进》一书集中反映了她的公共治理思想。在该书中,奥斯特罗姆在建构自主治理的理论模型时,首先分析了奥尔森的集体行动理论。在她看来,奥尔森的集体行动困境是"使用极端假设的特殊模型,而非一般理论"②。这种特殊模型的适用环境是苛刻的,当环境接近理论原有的假设时,理论是具有解释力的,但当环境与理论假设的吻合程度不够高时,理论便失去了解释力。

---

① 〔美〕曼瑟尔·奥尔森:《集体行动的逻辑》,陈郁、郭宇峰、李崇新译,格致出版社、上海三联书店、上海人民出版社2011年版,第12页。

② 〔美〕埃莉诺·奥斯特罗姆:《公共事物的治理之道:集体行动制度的演进》,余逊达、陈旭东译,上海译文出版社2012年版,第275页。

奥斯特罗姆的自主治理被学界誉为政府与市场之外的第三条道路。其理论所要讨论的核心问题是，"一群相互依赖的委托人如何才能把自己组织起来，进行自主治理，从而能够在所有人都面对'搭便车'、规避责任或其他机会主义行为形态的情况下，取得持久的共同收益"①。自主治理的核心内容包括三个问题、四个变量与八大原则。三个问题，即如何确保制度供给、如何保证可信承诺、如何实现相互监督；四大变量，即影响个人策略选择的四个内部变量，包括预期成本、预期收益、内部规范与贴现率；八大原则，即清晰界定边界、占用和供给规则与当地条件相一致、集体选择的安排、监督、分级制裁、冲突解决机制、对组织权的最低限度的认可、嵌套式企业。

奥斯特罗姆通过对大量案例的分析，旨在探讨如何实现自主治理，从而走出公地悲剧、囚徒困境以及奥尔森的集体行动困境。在奥斯特罗姆看来，"许多结构性变量都能够对社会困境中的人类行为产生影响"②，这些变量包括参与人可以获得的相关信息、参与人的规模、参与人的异质性程度、对利益的期望度、他人行为的可预测性、集体成员相互监督的水平等。通过对这些变量的分析，奥斯特罗姆建立了一个自主治理的分析框架。该框架的适用环境是小集体，集体成员所考量的是行为的成本与收益，关键的要素包括信任、信誉、互惠、共同规范等，在长期共处与面对面交流的过程中，信任等要素不断积累，合作水平不断提高，自主治理得以实现。

第五节　组织中集体行动的成本—收益分析

库马尔指出，集体行动相当复杂，因为其涉及的利益相关者众多。一方面，这些利益相关者有着相同的利益诉求与目标，这是集体行动可能实现的关键原因；另一方面，他们的成分多样化，有公共机构也有私人机构，有个体也有集体，有正式的参与者也有非正式的参与者，有政府层面的参与者也有

---

① 〔美〕埃莉诺·奥斯特罗姆：《公共事物的治理之道：集体行动制度的演进》，余逊达、陈旭东译，上海译文出版社2012年版，第51页。
② 〔美〕埃利诺·奥斯特罗姆：《集体行动如何可能？》，石美静、熊万胜译，《华东理工大学学报（社会科学版）》2010年第2期。

社区层面的参与者,等等。成分的多样化使得利益整合与行动动员难度增大。① 为了简化我们关于集体行动的分析,使其较为清晰,本章主要以理性为分析的着眼点。个体理性与集体理性是集体行动中的两种重要理性。正如诺思所言,"个人有两种类型的效用函数,一类强调团体偏好,另一类强调自利性偏好,个人在这两种效用函数之间进行权衡"②。集体行动的困境是个体理性与集体理性之间的不一致造成的,所以,要达成集体行动,需要实现个体理性与集体理性的统一。理性的本质,是个体的成本—收益分析。本章以成本—收益分析为解释框架,总结如何通过对个体的成本—收益的调整,来促成个体理性与集体理性的统一,从而达成集体行动。

一、选择性激励

选择性激励是奥尔森破解集体行动困境的重要方法。在他看来,集体行动成果所具有的公共物品性质,使得每一个体的付出与回报之间的关系是不清晰的,或者是缺乏必然联系的,而选择性激励的目的就是使这种付出与回报之间的关系更加显著。合作的核心问题是激励,选择性激励实际上是改变个体的成本—收益函数,从而提高个体的合作水平。选择性激励的实施有一个重要的前提,即成员的异质性。我们从字面就可以看出,既然是选择性,那就意味着不是一种普遍性的激励。如果这种激励是普遍性的,那么这种激励又成了一种公共物品。所以,集团要针对不同的个体,采取不同的激励方式、设置不同的激励内容。

从性质来看,选择性激励可分为正向激励与负向激励。正向激励是给予行动者的合作行为更多的收益,负向激励是给予行动者的不合作行为更多的惩罚。这样,不管是正向激励还是负向激励,都意在使个体认识到,如果参加集体行动,会获得更多的收益;如果不参加集体行动,就会受到更多的惩罚。这样,选择性激励就对个体的成本—收益函数进行了调整。奥尔森对于选择性激励的效果很有信心,他认为,"潜在的力量只有通过'选择性激励'才能实

---

① Mukul Kumar, "A View of Public Action as Collective Action: Evidence From an Indian Village," *India Review*, Vol. 12, No. 2, 2013, pp. 70-91.

② 〔美〕道格拉斯·C. 诺思:《制度、制度变迁与经济绩效》,杭行译,格致出版社、上海三联书店、上海人民出版社 2014 年版,第 16 页。

现或'被动员起来'"①。

二、利维坦式的第三方强制

奥尔森提出了两种走出集体行动困境的办法,第一种是选择性激励,第二种是第三方强制。这种强制的实施主体是政府,所以这一种路径被其他学者总结为利维坦方案。利维坦方案的核心是用权力的强制作用,在各行动者之间强行实施合作。利维坦方案使得个体的成本—收益分析失去了效果,因为权力介入后,合作与否不再是个体所能决定的,而成了个体的一种义务。或者换一种说法,第三方强制作用的存在,是一种潜在的威慑,如果个体不服从第三方的强制,那么他将付出巨大的成本。"策略行为人,面临着分配收益与外部制裁造成的损失之间的权衡"②,而为了避免付出这种成本,该个体选择服从第三方的强制。

为何利维坦方案有如此强大的作用呢?我们回到政府及其权力产生的来源去分析。在政治学对政府来源的分析里,有两种不同的理论假设,其一是卢梭的社会契约论,其二是霍布斯的利维坦。这两种假设是将原始社会置于两个极端。在卢梭的社会契约论看来,原始社会是一个相当和谐的社会,但即使如此,人与人之间还是存在着一些小的冲突。长期发展下来,很多人慢慢感觉到,有必要成立一个有力量的机构来处理这些冲突。于是,每个人牺牲一部分权利,把这些权利交给这个机构,并服从该机构。这就是公民权利的让渡产生了政府的权力。而霍布斯对原始社会的假设则完全相反。在他看来,原始社会是一个丛林社会,弱肉强食是该社会的法则,每一个人整天都想着如何抢占他人的财产、剥夺他人的生命。慢慢地,许多人也感觉到再这样下去不行,因为就算一个人再强,总会有比他更强的人。如果随时有可能被比自己更强的人夺去财产与生命,那生活就变得太没安全感了。于是,他们觉得很有必要成立一个对社会中的每个人都有制约作用的机构,这一机构便是利维坦。从这两种理论假设来看,尽管卢梭与霍布斯对原始社会的假

---

① 〔美〕曼瑟尔·奥尔森:《集体行动的逻辑》,陈郁、郭宇峰、李崇新译,格致出版社、上海三联书店、上海人民出版社2011年版,第42页。

② 〔美〕杰克·奈特:《制度与社会冲突》,周林伟译,上海人民出版社、上海三联书店、上海人民出版社2009年版,第214页。

第四章 组织中的集体行动

设完全不同,但殊途同归,最后均认为政府的建立非常必要。所以,当第三方介入的时候,理性个体的成本—收益分析似乎不太起作用,服从成了该个体的最好选择。

当然,对于政府而言,并非必须用权力强制公众服从,因为它掌握着丰富的资源。埃坦·阿德尔斯等人认为,在集体行动中,政府所面临的一个困境就是如何减少公众的搭便车行为,从而更好地提供公共产品。政府除了使用强制力来让公众配合以外,还有其他的选择,通过倡导慈善、志愿等公共价值,来引导公众对于集体行动的参与,就是一种重要的方法。[①]

三、重复博弈

奥尔森建构自身的理论模型时,主要是基于一次性博弈。然而,现实中存在着相当多的重复博弈。所以,我们有必要把集体行动理论的解释对象从单次博弈拓展为重复博弈,让理论更有解释力。重复博弈的引入,事实上是将个体一次性的成本—收益分析拓展为多次甚至永久性的成本—收益分析,行动者需要在眼前利益与长远利益之间权衡。如果一个人关于未来的主观贴现率越大,那么代表他对于未来的成本与收益越重视,在这种情况下,个体越会参与集体行动。现实是,人们越是关注眼前的利益,社会就越不容易产生合作的秩序。而如果人们重视未来的长远利益,那么合作便更容易达成。

重复博弈的产生,使得个体的理性成了一种受情境约束的理性。所以,时间变量引入后,个体的一次性成本—收益分析变成了多次的成本—收益分析。在这种情况下,个体不会轻易地选择不合作,因为那样的话,自己的声誉就会受损,而且在以后的集体行动中,自己可能会受到排挤。所以,"当相同的情境一次又一次重复时,背叛就不一定是占优策略了"[②]。

[①] Eitan Adres, Dana R. Vashdi, and Yair Zalmanovitch, "Globalization and the Retreat of Citizen Participation in Collective Action: A Challenge for Public Administration," *Public Administration Review*, Vol. 76, No. 1, 2015, pp. 142-152.

[②] 〔美〕道格拉斯·C. 诺思:《制度、制度变迁与经济绩效》,杭行译,格致出版社、上海三联书店、上海人民出版社 2008 年版,第 15 页。

四、组织规则

"制度理论的一个核心假设是人类对于组织生活中的确定性和可预测性有着偏好。"①正是这种对于确定性与可预测性的偏好,使得理性个体具有风险厌恶心理。当面对生活中的不确定性时,个体希望寻找某种确定性,此时,组织规则便发挥了提高这种确定性的作用。规则为人与人之间的互动提供了一个相对稳定框架,这一框架是以往行动者长期互动所形成的,其中包含许多价值观和信念。"合作的根本性理论问题是:个人通过何种方式来获知他人的偏好和可能的行动。"②规则限定个体的行动选择集,并提供其他行动者的相关行动信息,从而使制度约束下的个体的行动变得更加稳定、可预期。所以,当个体所面临的成本—收益关系具有高度不确定性时,个体一般会倾向于选择遵守规则,这是一种减少风险的重要方法。

规则使个体的成本—收益函数与组织的成本—收益函数尽量保持一致。"制度框架能增加逃避义务的风险,增强互利合作的习惯,达到抑制这种本能性机会主义的目的。"③好的规则能够有效地改变投机主义者的预期成本与预期收益,因为规则本身是有着惩罚机制的,个体一旦违背规则,便会受到相应的惩罚。这时,个体在对行动进行成本—收益的计算时,会对违规成本考虑更多。这样,他们在规则的限制下会自动选择纠正自身的短期目标偏好,以与集体的偏好保持一致。

五、组织规范

如果说选择性激励是一种理性选择模型,那么组织规范似乎更像是一种非理性选择模型。因为在意识形态影响下,个体的成本—收益函数不是很清晰。奥尔森在《集体行动的逻辑》一书中提到了规范的作用,但遗憾的是,他低估了规范的影响,在论述中基本上忽略了。而诺思与奥斯特罗姆对于规范

---

① 张永宏主编:《组织社会学的新制度主义学派》,上海人民出版社2007年版,第464页。
② 〔美〕道格拉斯·C.诺思:《制度、制度变迁与经济绩效》,杭行译,格致出版社、上海三联书店、上海人民出版社2008年版,第16页。
③ 〔德〕柯武刚、史漫飞:《制度经济学——社会秩序与公共政策》,韩朝华译,商务印书馆2000年版,第111页。

第四章 组织中的集体行动

或意识形态的态度则与奥尔森完全不同,他们把规范置于自身理论体系中相当关键的位置。诺思提倡对人性假设进行一定的修正,并且要重视对认知性因素的分析,"意识形态是使个人和集团行为范式合乎理性的智力成果"①。诺思认为,意识形态对个体的约束力是不可见的,但是力量是相当强大的。他指出了一个现象,"我们一方面看到人民在收益超过成本时不服从社会的章程,另一方面也看到,他们在个人算计理应使他们采取其它行动时却循章而为"②。如果个体违反某些规范将获得大量的收益,而且这种收益远大于可能受到的惩罚,这时个体有着十足的理由与动机去违反规范。可是,为何有相当多的个体仍然选择遵守规范呢?这便是规范的作用。它通过价值观念的反复灌输,来对个体的行为进行引导与约束。

规范因素的介入,并不意味着个体成本—收益函数的失效,而意味着这种成本—收益分析是以另外一种方式呈现的,这种方式便是奥斯特罗姆所指的规范的内化。其主要含义是,当个体受到某些规范的影响而慢慢接受并认同该规范之后,会逐渐把这种规范作为自身的行动准则。一旦有违反该规范的行为,个体便会受到制裁。当然,这种制裁不是来自外部,而是来自其内心,如内疚、羞愧、不安等。这实际上是个体行动的成本,虽然看不见,但是会对个体的行动产生重大影响。

规范对个体成本—收益函数的影响,还体现在其对成本、收益内容的调整。一般而言,我们习惯把个体在参与集体行动的过程中所付出的时间、精力等作为成本,把最后获得的物质等成果当成收益。但是,规范发挥的教化作用,使得很多个体把参与本身看成了一种收益。也就是说,他们参与到集体行动中来,所在乎的并不是,或者说并不仅仅是最后的行动成果,而是把参与的满足感当成一种收益。赫希曼在《转变参与:私人利益与公共行动》一书中便提到了朝圣这一现象。在他看来,对于信徒而言,朝圣这一行动的收益,并不是到达圣地那一刻才算,其实在长途跋涉中,所受到的各种历练与洗涤都是收获而非成本。此时,规范的作用体现在参与感等精神上的愉悦,这就是个体人为地修正了成本—收益函数,把别人看来是成本的因素变成了收

---

① 〔美〕道格拉斯·诺斯:《经济史上的结构和变革》,厉以平译,商务印书馆1992年版,第49页。
② 同上书,第47页。

益。参与本身就是收益而非成本。这种参与者心理上的认知虽然不是那么容易觉察,却能对个体行动产生持续的影响。

第六节 本章小结

为了理解组织中的集体行动,本章围绕集体行动是否可能与集体行动何以可能等问题进行了分析。在具体的分析过程中,本章以奥尔森的集体行动理论为对话对象。搭便车、选择性激励等分析概念的引入使得集体行动理论取得了重要的突破。但是,这一理论存在着适用条件苛刻、忽略了重复博弈与单次博弈存在的差异、低估规范因素的影响等不足,导致理论与实践存在不一致。集体行动在本质上是一种合作,这种合作既包括组织中个体与个体之间的合作,也包括个体与集体之间的合作,而影响这种合作的关键变量,包括组织边界与成员的共同体意识、组织成员的数量与结构、组织中的社会资本等。本章选取理性为着眼点来分析集体行动。当个体理性与集体理性统一时,集体行动达成;当个体理性与集体理性不统一时,集体行动失败。而这种理性的本质,是一种成本—收益分析。所以,本章把选择性激励、第三方强制、重复博弈等影响集体行动的关键变量,纳入成本—收益的分析框架中。当然,以上论述只是分析了集体行动的某些侧面,要想更好地理解组织中的集体行动,我们需要结合大量经验研究,进一步探寻影响个体与个体之间、个体与集体之间关系的变量,在对现有集体行动理论进行批判性继承的基础上,建构一个更具解释力与适用性的集体行动分析框架。

【思考题】

1. 集体行动中,个体的理性为何容易导致集体的非理性?
2. 如何降低搭便车的可能性,以走出集体行动的困境?
3. 互联网这一关键变量对集体行动产生了怎样的影响?
4. 如何更好地构建本土化集体行动解释框架?

【推荐阅读】

Adres, Eitan, Dana R. Vashdi, and Yair Zalmanovitch, "Globalization and the Retreat of Citizen Participation in Collective Action: A Challenge for Public Administration," *Public Administration Review*, Vol. 76, No. 1, 2015, pp. 142-152.

Fehr, Ernst, and Urs Fischbacher, "Social Norms and Human Cooperation," *Trends in Cognitive Sciences*, Vol. 8, No. 4, 2004, pp. 185-190.

Gavrilets, Sergey, and Peter J. Richerson, "Collective Action and the Evolution of Social Norm Internalization," *PNAS*, Vol. 114, No. 23, 2017, pp. 6068-6073.

Hardin, Garrett, "The Tragedy of the Commons," *Science*, Vol. 162, No. 3589, 1968, pp. 1243-1248.

Kelly, Caroline, "Group Identification, Intergroup Perceptions and Collective Action," *European Review of Social Psychology*, Vol. 4, No. 1, 2011, pp. 59-83.

Schumacher, Heiner, Iris Kesternich, Michael Kosfeld, and Winter Joachim, "One, Two, Many-Insensitivity to Group Size in Games with Concentrated Benefits and Dispersed Costs," *The Review of Economic Studies*, Vol. 84, No. 3, 2017, pp. 1346-1377.

Wilson, David Sloan, Elinor Ostrom, and Michael E. Cox, "Generalizing the Core Design Principles for the Efficacy of Groups," *Journal of Economic Behavior and Organization*, Vol. 905, No. 4, 2013, pp. S21-S32.

〔美〕埃莉诺·奥斯特罗姆:《公共事物的治理之道:集体行动制度的演进》,余逊达、陈旭东译,上海译文出版社2012年版。

〔美〕道格拉斯·C.诺思:《制度、制度变迁与经济绩效》,杭行译,格致出版社、上海三联书店、上海人民出版社2008年版。

〔美〕曼瑟尔·奥尔森:《集体行动的逻辑》,陈郁、郭宇峰、李崇新译,格致出版社、上海三联书店、上海人民出版社2011年版。

第五章　组织决策

【内容提要】

组织决策内容丰富,包括决策本身、决策者和决策过程等重要维度。从过程视角来看,组织决策是管理者识别并解决问题的过程,或者是管理者利用机会的过程。组织决策中有不同的行动者为组织做出贡献。无论是作为个体还是群体的决策主体,都会受到社会、政治、经济、文化和心理等因素的影响,而且群体会影响到个体的决策。在决策过程中,存在遵循后果和遵循适当性这两种不同逻辑的决策方式。此外,直觉决策也是经常用到的决策方式,与逻辑决策互为补充,共同致力于做出更好的管理决策。组织决策的类型与如何做出决策息息相关。根据不同的标准有众多的组织决策类型,要求不同的决策程序和方法。程序化决策和非程序化决策在理论界广泛讨论。在实践中,决策者会从组织绩效角度判断决策的好坏。组织决策可以分为多个步骤,西蒙提出了组织决策四阶段论。基于组织决策的丰富性,发展出了管理科学学派、卡内基模型、作为意义建构的组织决策、渐进决策过程模型、垃圾桶模型等理论。组织决策的复杂性意味着我们还需要继续探索组织决策背后的社会机制。

第一节　组织决策的内涵

思考、解决问题和决策是人类行为的根本。[1] 人类每一次行为都是决策的结果,无论该行为是基于自觉的决策还是不自觉的决策。决策是人们在日常生活和管理实践中最普遍的活动。在日常生活中,决策一般是指"从两个

---

[1] 〔美〕弗里蒙特·E. 卡斯特、詹姆斯·E. 罗森茨韦克:《组织与管理——系统方法与权变方法》,李柱流、刘有锦、苏沃涛译,中国社会科学出版社1985年版,第393页。

或以上的可取之道(alternatives)中选择出一较为合理的行动步骤"①。在这个意义上,决策就意味着做判断、下决心和确定方案。

决策是管理的实质,在组织的管理实践中显得尤为重要,在商界备受企业家重视,因为企业家必须依据既定资源做出可能产生各种后果的决策。决策是管理者最重要的任务之一,它遍布一切管理职能。② 正如决策理论的代表之一赫伯特·西蒙所言,从广义上来理解决策,决策和管理一词几近同义。③ 他将决策提到了这样的高度,可以说决策是组织的生命线。在组织发展过程中,决策必不可少。由此,我们对管理的理解可以从决策的角度来加深,管理的决策是一个连贯的过程,而不是一次性行动,在这个过程中问题很难一劳永逸地解决。后续决策会受到以前决策的影响,随时间的推移也可能出现新的问题,产生新的决策情境。决策是这样一种过程,包括找出问题,认识问题,以及分析问题(拟订、建立和评价可择方案)并选择用于实际的行动路线。④

决策的含义非常宽泛。在不同研究中,决策的具体定义众说纷纭、千差万别,甚至存在诸多争论。与此相对的是,关于决策的研究文献浩如烟海、丰富多样,不同研究者对决策内涵的强调重点不同。在西蒙看来,一切管理活动都可被当作决策。如果所有的行为都是从决策中产生的,而管理是一种特殊类型的行为,那么,管理就是决策。⑤ 西蒙强调决策贯穿了所有的管理活动。而且在西蒙看来,"选择"和"决策"可以替换使用。西蒙认为,任何时刻都存在大量可能的备选行动方案,特定个人会采取其中某一种行动方案;通过某种过程逐渐缩小备选方案的范围,最终剩下一个实际采纳的方案。⑥ 决策就是在不断做选择。霍尔认为,决策是组织建构和重构的过程。组织决策

---

① 刘创楚:《工业社会学:工业社会的组织分析》,台北巨流图书公司1988年版,第215页。
② 〔美〕弗里蒙特·E.卡斯特、詹姆斯·E.罗森茨韦克:《组织与管理——系统方法与权变方法》,李柱流、刘有锦、苏沃涛译,中国社会科学出版社1985年版,第400—401页。
③ 〔美〕赫伯特·A.西蒙:《管理决策新科学》,李柱流、汤俊澄译,中国社会科学出版社1982年版,第33页。
④ 〔美〕弗里蒙特·E.卡斯特、詹姆斯·E.罗森茨韦克:《组织与管理——系统方法与权变方法》,李柱流、刘有锦、苏沃涛译,中国社会科学出版社1985年版,第399页。
⑤ 同上书,第400页。
⑥ 〔美〕赫伯特·A.西蒙:《管理行为》,詹正茂译,机械工业出版社2004年版,第3页。

是一个复杂而有趣的过程,决策有大有小,形式多种多样;它对组织有不同程度的影响,有些无关大局,有些则举足轻重。而且,决策也贯穿于组织的全部。① 霍尔强调决策具有结果。达夫特则认为,组织决策通常可定义为识别和解决问题的过程。这一过程包括两个主要阶段。一是问题识别阶段,即对外部环境和组织状态进行监测,获得有关信息,以判明组织的绩效是否令人满意,并诊断出不足的原因所在。二是问题解决阶段,即考察备选的行动方案,从中选择一个方案并加以实施。② 达夫特更多的是从管理绩效的角度来强调组织决策是对问题的识别和解决的过程。周雪光认为,与个人决策相比,组织决策有两个鲜明特征:第一,它是一个多人之间相互作用的过程;第二,它是在一个稳定的组织结构、组织制度中运行的。③ 周雪光强调决策的制度性。

从以上学者的定义可以看出,组织决策的定义具有多样性,人们对于决策的理解没有达成共识,而且组织决策不会有完全统一的行动。尽管这样,学者对于决策的认识还是有一些共性,都同意决策是一种普遍存在的活动,为研究管理系统提供了一个有用的切入点。④

为了更明确地认识组织决策,本书和众多的管理学著作一样,采用刘易斯、古德曼和范特等人对决策的定义,即管理者识别并解决问题的过程,或者管理者利用机会的过程。⑤ 他们对组织决策的理解涵盖了以下几方面。

首先,明确了决策的主体是组织中的管理者。对于管理者,正如德鲁克所秉持的观点,在一个组织中人人都是管理者,要有效管理好自己,也必须是一个决策者。

其次,强调决策是一个过程。决策不仅包括在某一瞬间做出明确、果断

---

① 〔美〕理查德·H. 霍尔:《组织:结构、过程及结果》,张友星、刘五一、沈勇译,上海财经大学出版社 2003 年版,第 171—172 页。
② 〔美〕理查德·L. 达夫特:《组织理论与设计(第 11 版)》,王凤彬、张秀萍、石云鸣、刘松博等译,清华大学出版社 2014 年版,第 501 页。
③ 周雪光:《组织社会学十讲》,社会科学文献出版社 2003 年版,第 291 页。
④ 〔美〕弗里蒙特·E. 卡斯特、詹姆斯·E. 罗森茨韦克:《组织与管理——系统方法与权变方法》,李柱流、刘有锦、苏沃涛译,中国社会科学出版社 1985 年版,第 401 页。
⑤ Pamela S. Lewis, Stephen H. Goodman, Patricia M. Fandt, and Joseph F. Michlitsch, *Management: Challenges for Tomorrow's Leaders*, 5th edn., Cincinnati: South-Western College, 2006, p.146.

的决定,还指在做决定之前进行的一系列准备活动,在决定之后采取具体措施落实决策方案,在决策方案实施之后进行的评估活动。决策是一个包含若干步骤的完整过程,而不仅仅是最终选定某个方案的那一环节。在这个过程中,决策会受到各种组织情境和社会环境的影响。

最后,决策的目的可以是解决问题或者利用机会,决策会带来一定的结果。从这些方面来看,这一组织决策的广义定义涵盖的范围更广。

总之,决策是有机体和组织行为的根本。它提供控制的手段并使系统具有一致性。关于组织决策的研究,既有基础研究,又有应用研究,既有学术贡献,又有社会价值。研究决策理论不仅可以为政治经济学、管理学、社会学等学科构筑根基,或对重要的现象进行解释,还可以直接向企业和政府的决策者提出建议、提供各种可能的方案。[1] 实践领域的决策者能够从学术研究中获益。决策者至少可以通过观察学术研究如何解释事件获得启迪,也可以从学术研究如何抽象日常的观察中获益。学术研究者通过考虑他们研究的实际价值而受益。[2]

大量关于决策的文献可分为两大类,即描述性的与规定性的,或实然的与应然的,并可分为三个研究层次。[3] 表 5-1 简要概括了决策本身、决策者和决策过程模型。

表 5-1　决策研究的层次

	行为的说明 (什么正在发生或已经发生)	规定性或规范性模型的建立 (应该如何发生)
决策	在某组织中做了哪些决策?这些决策是如何"产出的"?	什么是最优决策?怎样加以改进?

---

[1] 〔美〕赫伯特·西蒙:《现代决策理论的基石》,杨砾、徐立译,北京经济学院出版社 1989 年版,第 73 页。

[2] Gerard P. Hodgkinson and William H. Starbuck, eds., *The Oxford Handbook of Organizational Decision Making*, New York: Oxford University Press, 2008, pp. 4-5.

[3] 〔美〕弗里蒙特·E. 卡斯特、詹姆斯·E. 罗森茨韦克:《组织与管理——系统方法与权变方法》,李柱流、刘有锦、苏沃涛译,中国社会科学出版社 1985 年版,第 404 页。

(续表)

	行为的说明 (什么正在发生或已经发生)	规定性或规范性模型的建立 (应该如何发生)
决策者	组织中决策者的特征是什么?什么因素影响决策者的行为?	一个有理性的决策者的行为应如何?
决策过程	组织中的决策实际上是如何做出的?	一个组织应如何做出决策?

来源:〔美〕弗里蒙特·E.卡斯特、詹姆斯·E.罗森茨韦克:《组织与管理——系统方法与权变方法》,李柱流、刘有锦、苏沃涛译,中国社会科学出版社1985年版,第405页。

从事决策研究的学者的关注点有所不同,所采取的研究方法亦有所差异。对于决策本身,管理科学学派特别强调在各种可能方案中挑选出最优决策,采用的是理性方法,追求理想状态;有限理性理论则强调在约束条件下的迅速决策,追求的是满意状态,甚至越来越多的学者证明了直觉决策的价值。在决策者方面,一些心理学家非常关注决策者个人,而一些社会学家和管理学家会关心群体决策者受到哪些因素的影响。关于决策过程,这方面的研究逐步发展出了一些知识体系,如图5-1所示,管理决策通常包含几个重要维度。

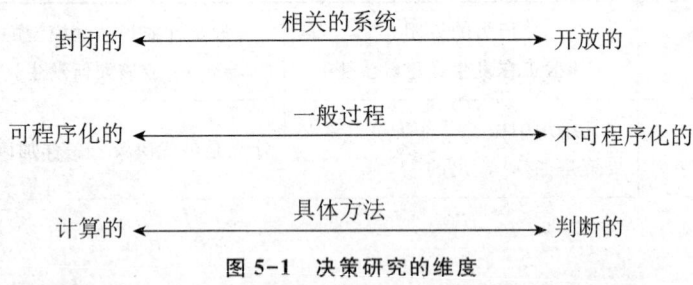

图5-1 决策研究的维度

来源:〔美〕弗里蒙特·E.卡斯特、詹姆斯·E.罗森茨韦克:《组织与管理——系统方法与权变方法》,李柱流、刘有锦、苏沃涛译,中国社会科学出版社1985年版,第406页。

图5-1左侧和右侧显示了这些维度的两分法类型。但是,人们认识到,在实际的决策中,在开放与封闭、可程序化与不可程序化、计算性与判断性之

间并无明显的界限,都有一个渐变的过程。① 基于以上概述,本章将组织决策的内容分为决策主体、决策类型和决策过程三个方面。

第二节 组织决策主体

无论从哪个角度去定义组织,都离不开组织的基本要素之———组织的参与者。组织的参与者具体指那些出于各种原因为组织做出贡献的个体或群体。同样的,组织决策的主体也是组织的参与者。我们在这里采用广义的定义,即凡是在决策活动中参与的行动者都界定为决策的主体。依据参与的数量不同来区分,组织决策的主体分为个体和群体。组织中的决策如果是由一个人做出的,即为个体决策;织中决策如果是由群体共同做出的,即为群体决策。无论是作为个体还是群体的决策主体,都会受到社会、政治、经济、文化和心理等因素的影响。

一、个体决策

对于个体决策主体而言,不同类型的决策者有不同的心理或性格特征,有不同的决策风格。在浩瀚的决策研究文献中,对于理性决策者、行为决策者、简单心智模式的决策者、适应性决策者、有政治意识的决策者已经进行了较深入的研究,而对于在自然环境中的专家决策者、直觉决策者、情感决策者的研究,尚在发展中。②

尽管个体决策者的类型较多,马奇在《决策是如何产生的》一书中总结,个人或组织在进行决策的时候,存在两种不同的决策方式:一是遵循后果的逻辑,即依靠理性或者有限理性进行决策;二是遵循适当性的逻辑,即按照与其身份相对应的规则进行决策。这两种决策都是建立在理性基础上的。还有直觉决策也是个体决策者经常用到的决策方式。

---

① 〔美〕弗里蒙特·E.卡斯特、詹姆斯·E.罗森茨韦克:《组织与管理——系统方法与权变方法》,李柱流、刘有锦、苏沃涛译,中国社会科学出版社1985年版,第407页。

② Gerard P. Hodgkinson and William H. Starbuck, eds., *The Oxford Handbook of Organizational Decision Making*, New York: Oxford University Press, 2008, pp. 5-15.

（一）遵循后果逻辑的决策

概括而言，个体决策者的决策方式，可分为理性方式和有限理性方式。理性方式是一种规范结构，提出理想模型，告诉管理者应该如何做出决策；而有限理性则是一种行动结构，描述决策实际上是怎样在严格的时间和资源条件限制下做出来的。

用理性方式来看待个体决策者的前提假设为，个体决策者是一个经济人，遵循的是后果的逻辑。遵循后果逻辑的决策具有如下特点。

（1）有关"备选方案"的问题：哪些行为是可能的？理性的决策者知道其所面对的选择。

（2）有关"期望"的问题：每个备选方案可能产生的结果是什么？假设已选定方案，那么每个结果出现的概率是多少？理性的决策者知道这些选择的后果。

（3）有关"偏好"的问题：对决策者来说，每个备选方案可能产生的结果有多大价值？理性的决策者知道自己的目标或者说效用函数。

（4）有关"决策规则"的问题：就各备选方案结果的价值而言，如何在备选方案中进行选择？理性的决策者知道并遵守最大化原则，利用决策的规则进行选择。①

遵循这样的框架，个体决策中的理性方法强调首先要对问题进行系统的分析，然后按照合乎逻辑的步骤进行方案选择及实施（见图5-2）。

在问题识别阶段，第一步是监测决策环境。管理者要监控内外环境，获得能显示实际与计划或可接受的行为之间的偏差的信息。第二步是界定决策问题。对于出现的偏差，管理者要界定偏差问题实质性的具体环境，判断是在什么地方、什么时间出现了偏差，谁是责任者，谁是受牵连者，当前的组织活动受到何种影响等。第三步是明确决策目标。管理者要确定各项决策应该达到什么样的绩效目标。第四步是诊断问题。管理者要透过表面分析问题发生的根源。

---

① 〔美〕詹姆斯·G. 马奇：《决策是如何产生的》，王元歌、章爱民译，机械工业出版社2007年版，第2页。

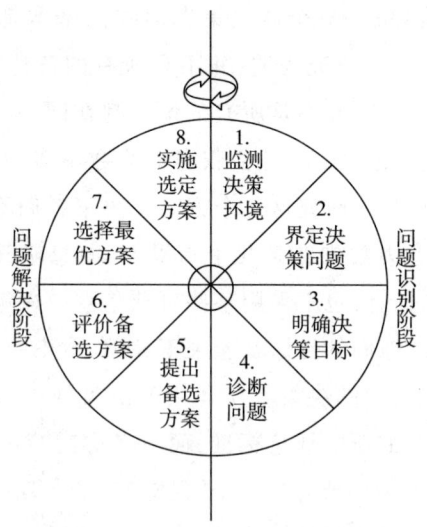

图 5-2　理性方法下的决策步骤

来源:Boris Blai,"Eight Steps to Successful Problem Solving," *Supervisory Management*, Vol. 31, No. 1, 1986, pp. 7-9。

在问题解决阶段,首先是提出备选方案。管理者在确定行动计划前,必须对能够实现预期目标的各种备选方案有全面、清晰的认识。其次是评价备选方案。管理者对每一备选方案的优缺点和实现预期目标的可能性都要进行评价。再次是选择最优方案。管理者要根据自己对问题、目标和备选方案的分析,选择一个最有可能成功的方案。最后是实施选定方案。实施意味着决策执行。[①] 一旦决策开始执行,监测活动又重新开始。这意味着实际的决策是一个不断循环的过程,组织需要在监测环境中不断地发现新的问题和机会并做出决策。每一个步骤并不是完全独立的,管理者凭借自己的经验能准确地知道在特定的情形下该做什么,所以,有可能会有一个或几个步骤被省略。

这个总体框架是对决策行为进行规范解释的基础,而且是基于决策者拥有充分信息和足够理性的假设。理性决策是管理者努力想要达到但是很少能做到的理想状态。

---

① Earnest R. Archer,"How to Make a Business Decision:An Analysis of Theory and Practice," *Management Review*, Vol. 69, No. 2, 1980, p. 54.

在描述性的决策理论中,个体决策者面临的基本都是非充分信息的环境。对现实世界中决策的研究表明,并不是所有的备选方案都是已知的,并不是所有的结果都要考虑,并不是所有的偏好都在同一时间出现。决策者们不会考虑所有的备选方案,相反,他们仅考虑为数不多的几个备选方案,而且不是同时研究,而是按顺序研究这几个方案。决策者们不会考虑备选方案的所有结果,他们把注意力集中在某几个结果上,而忽略其他。他们通常不会去寻求与结果相关的信息,也不采用某些可获信息。决策者们没有一组完整的、一致的偏好,相反,他们的目标看起来不完整,也不一致,而且并不是同时考虑所有的目标。现实中的决策者所运用的决策规则与决策论中设想的规则也不相同,他们创造了新的评价标准,而不考虑决策论中诸如"预期价值"或"风险"之类的术语,他们要寻找一个"足够好"的行动,而不去寻求"最佳可能"的行动。上述观察的结果是,"决策过程学习者多年来一直对纯理性选择理论的有效性和有用性持怀疑态度。理性选择理论也通过引入'理性是有限的'这一观点,逐步适应现实情况"①。

　　可以看到,在实际的情形中,个体决策往往采用的是有限理性观。这主要是西蒙发展出来的决策理论。在与决策理论学派另一代表马奇合著的《组织》一书中,西蒙提出了"决策人"的假设。西蒙假定决策者是行政人员,其行为准则包括:经济因素只是决策要考虑的许多标准之一;决策者寻求满意的方案;决策者只考虑所有可能途径中抽选的一部分;决策是在有限理性的环境中做出的。

　　西蒙认为,人的行动是由驱动力驱使的。如果驱动力满足,行动便终止。当环境变动,决策者可提高或降低期望,令驱动力得到满足。如果期望无法修改,驱动力得不到满足,情感(如冷漠)便代替了理性的行为。②

　　马奇在西蒙的基础上发展了有限理性决策的理论,认为理性的决策者总是会根据对结果的偏好来评估各个备选方案,并在此基础上进行决策。但是人的理性有限性以及人对注意力的配置,决定了并不是所有的备选方案都是

---

① 〔美〕詹姆斯·G.马奇:《决策是如何产生的》,王元歌、章爱民译,机械工业出版社 2007 年版,第 6—7 页。

② 刘创楚:《工业社会学:工业社会的组织分析》,台北巨流图书公司 1988 年版,第 222 页。

已知的,需要进行搜寻;所有备选方案的后果也不都是已知的,需要进行分析总结;个人或组织的偏好也不是完整的、一致的、一成不变的;决策者不会考虑所有的备选方案及其后果。所以,理性的决策者要在分析其偏好的基础上搜寻备选方案并对备选方案的结果进行分析,再通过对结果进行预测和风险评估,从而做出满意的决策。

（二）遵循适当性逻辑的决策

无论是理性决策还是有限理性决策,它们的共同点是,都认为决策是在根据对结果的偏好评估各个备选方案的基础上产生的。而在现实中还有另外的决策情形,即决策是基于遵循规则和明确决策者或组织的身份而产生的。

以适当性逻辑进行决策时,决策者要考虑以下几个问题:(1)识别问题:处于什么样的决策情境？(2)身份问题:决策者是什么样的人或这个组织是什么样的组织？(3)规则问题:像决策者一样的人或组织,在这样的情境下会如何行动？以遵循规则为基础的决策,实际上是一个确定身份,并使规则与已识别的情境相符合的推理过程。

遵循适当性逻辑的决策在社会生活中非常普遍,因为个体在一定的社会制度中接受教育并社会化。在社会中生存,人们就要遵循与其年龄、性别、社会身份和地位等相联系的规则。不同的身份和不同的规则对应,身份和规则是生活中的个人进行决策的基础。

遵循适当性逻辑的决策在正式组织中同样无处不在。组织中的每个人都要按照一套明确的规则来工作,并把这些规则看作他们身份的一部分。例如,不同的职业规则规定了适当的决策者应该遵循的原则。同样,组织在决策时应该考虑哪些因素也有一定的规则,如谁能够进入决策过程,如何计划、报告决策,以及如何证明决策的合理性等。组织中对信息的传递和控制、业绩的评估和监测等,都有相应的规则。组织根据这些规则和自己的身份选择它的成员。组织也有自己的身份,如工商企业、军事单位、非营利组织等,不同身份的组织要遵循不同的规则,以实现不同的目的。

马奇认为,以规则为基础的行为,仍然具有不确定性。因为决策者的身份及所遵循的规则,还有所处的情境,都有可能是模糊的。所以,遵循规则的决策有三点相当重要:一是决策者要运用自我认识来分辨身份类型;二是以识别过程来分辨情境的类型；三是用搜寻使恰当的规则与情境和身份相符合。所以，马奇特别强调注意力在这种决策中的重要作用。马奇还强调，动机、认知和组织因素在明确身份和规则中具有非常重要的作用。

遵循规则进行决策并不意味着决策与理性无关，正如理性决策者对偏好、备选方案及其后果的分析一样，遵循规则的决策者也要思考情境、身份与规则之间的匹配关系。两者的区别在于它们对个体和组织能力的要求不同。因果逻辑更强调个体和组织预期未来与形成有效偏好的能力，而适当性逻辑则更强调个体和组织的学习与形成有效身份的能力。所以马奇认为两者都是理性的决策过程。但是马奇从经验观察的角度认为，这两种决策过程都不具有解释真相的绝对权力。他认为，有必要对现实中两种逻辑的不平衡进行调节，如果文化和社会背景中支持因果分析和追求偏好的人居多，就需要注意适当性逻辑、身份和规则；如果文化和社会背景中拥护角色、规则和制度的人居多，就需要注意因果逻辑、偏好和计算。①

（三）直觉决策

巴纳德将决策过程分为"逻辑性和非逻辑性"两种。"逻辑性"是一种有意识的想法，能够用文字或其他象征性的东西来表达，即它是理性的。"非逻辑性"是一种潜意识，不能用文字来表达或者说是非理性的，它由大量的事实、模式、概念、技术组成，只能通过判断、决策和行为来理解。巴纳德指出科学家不喜欢依靠规范的理性分析来做决策，而是更喜欢依靠直觉和判断来决策。虽然巴纳德没有提供逻辑和非逻辑的区分标准，但他指出了这两种决策类型的特点。在逻辑决策中，目标和选项是清晰的，可以通过计算不同的选项得出结果。在非逻辑（直觉）决策中，决策条件和环境是经常变化的，而且变化太快，以至于决策者不能用常规的习惯分析条件，也不能有根据地判断决策是否正确。因此，决策者要对直觉决策的正确性有极大的信心。决策者的经验将有益于增强他适应这种变化的能力。巴纳德并没有将非理性决策神秘化和夸张化，而是认为决策中的非逻辑性过程是以知识和经验作为依据

---

① 〔美〕詹姆斯·G. 马奇：《决策是如何产生的》，王元歌、章爱民译，机械工业出版社2007年版，第41—74页。

的。非逻辑过程通过有意识的学习和无意识的尝试来影响思维。非逻辑过程的源泉是对直接经验的加工处理、学习和教育。此外,这些非逻辑过程的源泉也受心理条件的约束,同时社会环境对这种无意识的尝试也有很大的影响。[①]

可以说,巴纳德是最早高度重视直觉决策的研究者。组织发展到21世纪,组织的管理者面对的是更加复杂和快速变化的决策环境。决策环境的不确定性、动态性导致许多决策问题也是模糊而不确定的,而管理者们没有时间也不可能收集到完整、正确的信息去做理性决策。管理者们只能凭借自己敏锐的洞察力发现问题,创造性地设计解决方案,在直觉思维下做出快速的回应。因此,在某些情况下,对于组织管理者来说,直觉决策是必需的决策方式,特别是在遇到非程序化的决策和风险决策时,管理者可以用自己的经验和知识储备,迅速准确地捕捉决策问题的关键点,从整体上把握决策的主客观条件,由此形成既与决策的客观条件相符又较好体现主体的内在要求,既可行、合理又富于创新的决策目标。可以说,现在越来越多的学者承认,直觉对于有效决策是能发挥重要作用的,特别是管理层次越高,直觉决策作用就越明显。[②]

因此,后来的诸多学者都对直觉决策进行了研究,并从不同角度给出了直觉的定义。在这些研究中,西蒙的研究具有代表性。西蒙在1987年发表的《直觉与情感在管理决策中的作用》认为,直觉决策是固化成习惯的分析,是基于既往经验和知识而做出的合理判断,它是一种与逻辑分析的、有意识的认知加工相对的认知加工活动。[③]

西蒙通过针对国际象棋大师的直觉决策研究发现,他们能够迅速地对局势做出判断并同时将之与以往的经验进行"匹配"。像国际象棋大师这些专家,可以将经验总结为模式。当人们使用直觉的时候,其实是在使用人们无

---

① Herbert A. Simon, "Making Management Decisions: The Role of Intuition and Emotion," *Academy of Management Executive*, Vol. 1, No. 1, 1987, pp. 57-64.

② Isaack S. Thomas, "Intuition: An Ignored Dimension of Management," *Academy of Management Review*, Vol. 3, No. 4, 1978, pp. 917-922.

③ Herbert A. Simon, "Making Management Decisions: The Role of Intuition and Emotion," *Academy of Management Executive*, Vol. 1, No. 1, 1987, pp. 57-64.

法准确表达的模式和规则。这个情境还能推广到如消防队员、军队指挥、企业家决策等其他领域。特别在当今竞争异常激烈的动态复杂情境下,借助专家式直觉可以帮助没有先验路径的企业家对信息进行编码、总结、归类,将信息存储为复杂性图示,快速、准确识别机会。他解析了经验丰富的企业家不是因为扫描环境和信息处理的速度比新手快,而是因为拥有很多有意义的图示,这是他们有效决策的基础。

由此,西蒙认为直觉决策是分析固化成习惯,是不经意识推理而了解事物的能力。他确立了直觉出现的两个标志:(1)问题呈现后很快获得解答方案;(2)问题解决者不能为自己的解题步骤提供明确解释,即问题解决者常常表示自己是突然获得了解答方案。西蒙认为,这种直觉判断必须假定一个识别和检索的过程,才能被很好地理解——决策者从数以千百万计的知识库中找出那些曾经贮存的经验。

西蒙认为,既然直觉决策是一种分析固化成习惯,是基于既往经验和知识而做出的合理判断,那么我们是可以"获得直觉"的,也就是说,直觉是可以通过一定的方式培养出来的。西蒙同时指出,直觉决策和理性决策并非不兼容,而是相辅相成的。

管理学教授亨利·明茨伯格认为,同逻辑决策相比,直觉决策失误出错的范围更小,分析常常更精确。[①] 同时,由于现代企业环境正由原来的封闭模式向开放模式转变,环境复杂性和动态性日益增强,这为企业带来诸多不确定因素。环境变化向决策过程和模式提出了新的要求和挑战,由于直觉往往更适合应对动态、不确定环境,以及弱结构和判断式任务,直觉型决策日渐受到学者和管理者的关注。[②]

可以看到,直觉决策的应用范围越来越广。决策者在什么时候最有可能使用直觉决策的方法?研究者确定了八种情况:(1)不确定性水平很高时;(2)几乎没有先例存在时;(3)难以科学地预测变量时;(4)"事实"有限时;(5)事实难以指明前进方向时;(6)分析性资料用途不大时;(7)当需要从几个可行方案中选择一个,而每个方案的评价都不错时;(8)时间有限,但又有

---

① 任博:《直觉决策:科学决策的重要方式》,《领导科学》2009年第1期。
② 张静、刘远、陈传明:《直觉型决策研究现状和展望》,《外国经济与管理》2015年第11期。

压力要做出正确决策时。①

可是,直觉决策是否会被采用以及是否有效,还取决于多方面的因素:第一,组织文化。在一个对不确定性规避较低的组织文化中,直觉决策更易于被组织接受。另外,在鼓励甚至奖励冒险与变革的组织文化中,员工的思维方式更不受限,直觉决策也是可接受的。第二,环境特征。环境特征是一个重要的外源性启动因素,直觉通常应用在人事决策、追求速度的决策、不确定性很高的情况下,以及缺乏明显因果关系的环境中。另外,从组织环境来讲,直觉容易在动态结构和松散结构的组织环境中产生。第三,决策任务。越是重要的或者复杂的任务,管理者越倾向于运用分析型决策;而决策问题不确定性越高,进行理性分析的难度越大,管理者就会更倾向于用直觉来决策。同时,个体对任务类型的感知框架也可能影响直觉应用,当管理者将任务视作机会而非风险时更倾向于使用直觉型决策。第四,决策者。决策者的客观知识系统越复杂和专业,越能提高直觉决策的有效性。而这种复杂的认知系统,一方面来自实践积累的经验,另一方面则来自决策主体的有效学习。此外,在积极的情绪下,决策者更愿意信任直觉,而此时的直觉决策也更加有效。换句话说,良好的情绪和心境,将有利于直觉产生和正确决策。②

但总的说来,在信息化的今天,全球信息流纵横交错,形势瞬息万变,使得决策处于一个更加不确定也更加复杂的环境中,一些问题往往是松散而无结构的,在这些条件下直觉相比理性思考的优势就体现出来了。而且,直觉决策是从经验中提取精华的无意识过程,不一定要脱离理性分析而独立运作,完全可以与理性决策结合使用。因此,直觉决策与逻辑决策可以互为补充,共同致力于更好的管理决策。

二、群体决策

组织虽然是由个体的决策者组成的,组织决策有时候由某一个体代表组

---

① 〔美〕斯蒂芬·P. 罗宾斯:《组织行为学(第7版)》,孙建敏、李原等译,中国人民大学出版社2002年版,第124页。

② Isaack S. Thomas, "Intuition: An Ignored Dimension of Management," *Academy of Management Review*, Vol. 3, No. 4, 1978, pp. 917-922.

织来进行,但是,这些决策者组成的组织具有一定的结构,组织层面的决策通常涉及多个决策者,是一种群体决策。

组织中的群体决策受到关注,有两个原因:第一,存在着群体本身就是选择者的组织决策。第二,在组织环境中,存在着群体影响个人选择行为的情况。这就涉及两个基本问题:群体如何决策?群体如何影响个人的决策?

(一)群体如何决策?

群体做决策时可能采用一些不同于个体决策的特殊方法,常用的有:(1)无反应决策法:群体在决策过程中提出多种建议,却不做任何讨论。在最终采纳其中一项方案后,不加评价就自然放弃了其他建议。(2)权威决策法:通常由群体领导"宣布"决定,为群体迅速地做出选择和决策,决策效果取决于决策者所拥有的信息和群体其他成员对决策的接受程度。(3)少数人决策法:少数有专业知识的人,有更多发言权,可以"强行通过"决策。(4)多数人决策法:投票表决法,多数(超过半数)赞成即通过。(5)共同意见决策法:全体成员最可能接受的(不必是最优的)解决办法;在群体决策中,力图取得多数人的一致意见,希望其他人给予支持。(6)全体通过法,也称一票否决法,指所有群体成员完全同意所要选择的备选方案和行动计划。这是复杂环境中一个可能的,但不一定有的情况。① 这些群体决策的方法,每一种的运用都有其前提条件,需要在一定约束条件下使用。

(二)群体如何影响个人的决策?

群体如何影响个人的决策,这涉及群体的类型。根据马奇的论述,群体就是团队。马奇划分了三种团队。②

一是近似型团队。在一些多重决策者的情境中,各决策者的偏好和身份非常接近,几乎一致。从合理性角度而言,这种团队的冲突最少。

二是简化型团队。在一些多重决策者的情境中,个体被组织分成多个团体(如一些大型组织)。当人们观察这种团体之间的不一致时,会采取简化方式,忽略大团体之下小团体的不一致。尽管这些小团体内部也存在不一致,

---

① 〔美〕弗里蒙特·E.卡斯特、詹姆斯·E.罗森茨韦克:《组织与管理——系统方法与权变方法》,李柱流、刘有锦、苏沃涛译,中国社会科学出版社1985年版,第470页。

② 〔美〕詹姆斯·G.马奇:《决策是如何产生的》,王元歌、章爱民译,机械工业出版社2007年版,第76—79页。

但仍然被人们视为具有一致性的团队。

三是合约型团队。多重决策者可以通过合约方式化解冲突,形成一致性团队。这一团队形成过程可分为两个阶段:第一阶段,通过讨价还价、补偿性支付以及达成协议等多种形式消除不一致性;第二阶段,在合约基础上组成团队开始行动。

具有一致身份和偏好的团队实际上等同于单个决策者,所以这种团队决策可以用个人的决策过程来解释,所不同的仅仅是团队需要沟通和协调,这样虽然增加了信息成本和不确定性,但决策的性质不变,无需考虑身份和偏好差异。但现实生活中这种团队很少,多重行动者决策大多是偏好和身份不一致情况下的决策。

多重行动者决策比单个行动者决策更加复杂。通常人们在研究多重行动者决策时,会把一些假设作为前提。这些假设的核心是:(1)有单独的参与者,包括从微观到宏观的参与者——个体、团体、组织。不管是微观还是宏观,其中每个参与者均被视为具有内部一致的偏好和身份。(2)参与者的偏好和身份各不相同,并非每个参与者都有同样的期望或对某一行为的看法一致。(3)参与者偏好和身份的不一致具有共时性,即不可能在现有的环境约束下同时实现他们各自的身份和偏好。这些假设是对现实世界的简化,本身就已经排除了参与者自身的内部不一致,也排除了参与者偏好与身份的变化。经过这样的化约,就可以用理性博弈分析来解释团队的决策过程。马奇着重分析了这种决策的产生过程,看到了群体与个体决策之间的交互影响,构成了卡内基学派关于组织决策的主要观点。

第三节 组织决策的类型

一、组织决策的不同类型

在管理科学领域发展起来的规范性决策理论,如同描述性决策理论一样,都是主要研究决策制定方式和方法,而不是仅仅关心决策结果。这些理论是关于如何做出决策的理论,而不是关于做什么决策的理论。[①] 但实际上,

---

① 〔美〕赫伯特·A. 西蒙:《现代决策理论的基石》,杨砾、徐立译,北京经济学院出版社 1989 年版,第 75 页。

什么样的决策即组织决策的类型,与如何做出决策息息相关。组织决策有多种类型,要求不同的决策程序和方法。在众多的教科书中,对组织决策的分类主要有以下几种。

(1) 按决策问题的复杂性分为程序化决策和非程序化决策。程序化决策是指面对重复出现、结构明确的问题,可开发出程序来解决问题的决策。非程序化决策是指面对新出现的、结构不明确的问题,不存在解决问题的既定程序的决策。特别复杂的非程序化决策被称为"魔鬼决策"。

(2) 按环境因素的可控程度分为确定型决策、风险型决策、不确定型决策。确定型决策,又叫肯定型决策,是指决策的各可行方案所需的条件都是已知的,每一方案只有一种确定的结果,并能准确计算出各方案的结果,从而根据某种标准做出肯定选择的决策。风险型决策是指已知决策方案所需的条件,但每种方案的执行都有可能出现不同的结果,多种结果的出现有一定的概率,即存在着"风险"的决策。不确定型决策所处的条件和状态与风险型决策相似,不同的是各种方案在未来将出现哪一种结果的概率不能预测,因而结果不确定。

(3) 按重要程度分为战略决策、战术决策、业务决策。战略决策即总体决策,是确定组织今后的发展方向和远景规划的决策,属于全局性、长远性和方针性的决策,主要解决组织与外部环境的关系问题。战术决策又称策略决策、管理决策,是局部决策,它是从近期和局部来研究和解决问题,是为了实现战略决策的目标而有效地筹措和运用资源做出的带有局部性的具体决策。业务决策又称执行性决策,主要是按照既定的决策目标,合理地使用组织的资源,进行日常生产经营活动的决策,是从当前和具体事情来解决问题。

(4) 按决策的起点分为初始决策和追踪决策。初始决策是指组织对从事某种活动或从事该活动的方案进行的初次选择。追踪决策是在初始决策的基础上对组织活动方向、内容或方式的调整。

(5) 按决策方案的时间长短分为长期决策和短期决策。长期决策是指有关组织今后发展方向的长远性、全局性的重大决策。短期决策是为实现长期战略目标而采取的短期策略手段。

(6) 按拟定决策的领导层次分为高层决策、中层决策、基层决策。

（7）按决策的内容分为生产技术决策、财务决策、销售决策、利益分配决策、组织和人事决策等。

（8）按决策目标的多少分为单目标决策和多目标决策。

具体的决策类型,只有在分类的标准下才有意义。无论是决策研究还是决策实践,重要的是明白组织决策分类的标准。不同的学者强调或者论述的决策类型的重点不同,在其他教科书中已有较多论述,这里只简要论述两种标准下的决策类型。

二、程序化决策和非程序化决策

西蒙把决策分为两种不同类型:程序化决策和非程序化决策。西蒙认为,个人或组织在决策时采用不同的技术。传统的决策制定技术包括习惯、经验、直觉等,后来,随着运筹学、计算机模拟、信息技术的发展,越来越多的现代技术被运用到决策中。因此,他把决策制定技术区分为传统和现代两种形式,并分析了不同的决策类型和这两种决策制定技术之间的关系。具体见表5-2。

表5-2 传统式和现代式决策制定技术

		决策制定技术	
		传统式	现代式
决策类型	程序化决策 常规性、反复性决策,组织为处理上述决策而研制的特定过程	1.习惯 2.事务性常规工作:标准操作规程 3.组织结构: 普通可能性;次目标系统;明确规定的信息通道	1.运筹学: 数学分析; 模型; 计算机模拟 2.电子数据处理
	非程序化决策 单射式,结构不良,新的政策性决策; 用解决通用问题的能力来处理	1.判断、直觉和创造 2.概测法 3.经理的遴选和培训	探索式问题解决技术适用于: 培训人类决策制定者、编制探索式计算机程序

来源:参见〔美〕赫伯特·A.西蒙:《管理决策新科学》,李柱流、汤俊澄译,中国社会科学出版社1982年版,第41页。表格有改动。

但是西蒙提醒读者,这种分类只是理想的情况,而实际上,两者并不是绝对对立的,"世界大部分是灰色的,只有少数几块地方是纯黑或者纯白的"①。组织通过程序化和非程序化的决策分工可以实现效率的提升,尤其是专业化生产的企业组织。程序化决策通过给定决策前提使决策固定化和简单化。作为决策主体的组织成员个人,其决策活动受其所获得的信息和认知能力的限制,各自的决策水平是有差异的。决策程序化使决策过程专业化、简单化和具有一致性,从而提高了整个组织的决策水平。程序化决策也是组织积累专业知识和技能的重要手段,它是组织核心知识和能力形成和发挥作用的重要基础。非程序化决策针对组织的非经常性活动,一方面对高度不确定的活动进行集中决策,另一方面根据环境变化和组织内分工的需要对程序化的决策进行创新。这两种决策形式对组织成员进行了不同的分工,有利于提高整个组织的决策水平和资源配置效率。②

程序化决策和非程序化决策适用于不同的情形。在稳定的环境中,程序化决策较为常见。由于程序化决策的对象具有常规性、反复出现的特征,决策者在解决这类问题时,通常可按其规律明确决策原则,并制定出一套科学的处理程序,如上文所说的传统式和现代式的决策制定技术,然后依据系统化的规则或政策做出决策。而在动荡环境或者时期,组织面临各种变量、要素的不确定性和复杂性,管理者只有相对有限的时间和能力,因而不可能对每个决策问题、目标和备选方案都进行评估。许多问题的高度复杂性限制了对理性的追求。在这种情况下,组织决策者唯有依靠有限的理性、直觉、他人的经验做出决策。

通常而言,基层管理者所做的多为程序化决策,而高层管理者所做的决策多为非程序化决策。高层管理者会经常碰到从未遇到的,或问题的确切性质和结构还不很清楚的复杂决策,此时需要大量的人工判断、洞察和直觉观察。迈克尔基于对七个战略领导人在面对模糊性和复杂性所做出的重要决策的研究,指出非程序化决策应用的七种策略,分别是类比推理、模仿、经验

---

① 〔美〕赫伯特·A. 西蒙:《管理决策新科学》,李柱流、汤俊澄译,中国社会科学出版社1982年版,第40页。

② Earnest Archer, "How to Make a Business Decision: An Analysis of Theory and Practice," *Management Review*, Vol. 69, No. 2, 1980, pp. 54–61.

法则、重制、专家决策、严格的辩论以及实验。组织决策是一个渐进的过程，对于非程序性决策更是需要强调其过程性，因为管理者的决策目标和备选方案存在冲突，环境变化迅速，决策要素间的关联很不清晰。在决策时，管理者可能会找到一个解决方法，但在事后会被证明是错误的。因此决策者需要在决策过程中使这些要素清晰，并不断调整策略。①

三、好决策和坏决策

决策的好坏是从组织绩效角度做出的价值判断。在日常生活中经常听到的与"咳，当时听起来是个好主意"类似的话，在组织决策之中也常常出现。② 好决策的结果是组织解决了问题或者更有绩效，生存更长久，而坏的决策可能产生不良后果。一些让人丢脸的失败决策还影响公共组织和商业组织的形象，如安然公司倒闭，"9·11"危机中美国政府部门运转失灵，新奥尔良飓风灾难中政府的表现等。组织还在重复这些错误，并没有从相同的案例中吸取教训。判断和沟通失误一再发生，会导致决策程序错误。其中广为流传的案例就是1986年美国"挑战者"号航天飞机爆炸事故，证明了组织决策实践中技术与组织背景不匹配的代价高昂。这个案例同样证明了组织的复杂性、环境对组织决策的影响。③

糟糕的决策常常可以追溯到做决策的方式——没有清楚界定可行方案，没有收集恰当的信息，没有准确地衡量成本和收益。但是，有时候错误不在于决策过程，而在于决策者的想法。大脑思考的方式能够阻碍人们做出正确的选择。哈蒙德、基尼和莱福研究了八种最有可能影响商业决策的心理陷阱：锚定陷阱（anchoring trap）使人们给最先接收到的信息以不相称的权重；维持现状陷阱（status-quo trap）使人们即使有更好的选择也倾向于维持现状；沉没成本陷阱（sunk-cost trap）使人们容易重复过去的错误；证实性陷阱（confor-

---

① Roberto Michael, "Making Difficult Decisions in Turbulent Times," *Ivey Business Journal*, Vol. 66, No. 3, 2002, p. 14.
② 〔美〕理查德·H. 霍尔：《组织：结构、过程及结果》，张友星、刘五一、沈勇译，上海财经大学出版社2003年版，第182页。
③ Gerard P. Hodgkinson and William H. Starbuck, eds., *The Oxford Handbook of Organizational Decision Making*, New York: Oxford University Press, 2008, pp. 2-3.

ming-evidence trap)导致人们去寻找可以支持现有偏好的信息,而忽视反面的信息;如果人们不恰当地阐述了某个问题,影响了整个决策过程,则为框定陷阱(framing trap);过分自信陷阱(overconfidence trap)让人们高估预测的准确性;谨慎陷阱(prudence trap)使人们在估计不确定性事件时过分小心;可回忆陷阱(recallability trap)使人们给最近发生的、鲜活的事件以过多的权重。在商业决策中,创业者和企业家被认为是在其责任范围内最自由的人,因为他们有权力对任何一件事做出选择和决策,无论好与坏、真与假、善与恶。但是,这对他们个人会产生有不同的后果,可能成为了不起的人,也可能是险恶的人,还免不了会变成最悲壮的人。为了避免不良后果,就要避开不同的陷阱。避开这些陷阱的最好办法就是警觉,预先提防就可以预先准备。但是管理者也可以采取其他简单的办法来让自己和组织避免各种各样的心理失误。[1]

稳定环境中,组织决策的好坏通常需要一段时间才能评估,决策者不要轻易肯定或否定某个决策。组织在高度不确定的情境中做出决策时会出现许多失误,管理者基本无法确定或预测哪个备选方案能解决问题,但组织在某些时点必须做出决策,并承担风险,决策通常表现为试错的过程。在当时看来,这是一个坏决策。但是,只有通过犯错误,管理者和组织才能经历决策学习的过程,从中获得足够的经验知识使将来的决策更有效。坏决策中孕育着好决策。在某一时间符合上述两种理性标准的决策,在另一时刻可能会不符合某一种理性标准,甚至两种理性标准都不符合。对于组织整体而言是好决策,对于单个部门或者个体而言却不一定,相反亦是如此。问题和政治都是变幻不定的。[2] 因此,有必要根据具体的情境协调各个部门和个体,建立决策的容错机制,以达到有利于全局的好决策。

随着信息通信技术的发展,信息传播速度对各类决策的影响越来越大。决策者的决策速度往往成为决定决策成效的关键因素。由于移动通信的普及,人工智能的进步,信息的即时反馈越来越精确,快速决策的实际绩效可以

---

[1] John S. Hammond, Ralph L. Keeney, and Howard Raiffa,"The Hidden Traps in Decision Making," *Harvard Business Review*, Vol. 76, No. 5, 1998, p. 47.

[2] 〔美〕理查德·H. 霍尔:《组织:结构、过程及结果》,张友星、刘五一、沈勇译,上海财经大学出版社 2003 年版,第 182 页。

迅速显现,以帮助决策者判断决策的好坏。

第四节　组织决策的过程

通常而言,组织决策过程是指组织对决策问题的识别、求解和方案实施过程。西蒙指出了决策过程的四个基本成分或者阶段。①

第一阶段是情报活动阶段。调查环境,并定义要决策的事件和条件,获取决策所需要的有关信息。

第二阶段是设计活动阶段。在一般情况下,实现目标的方案不应只有一个,应有两个或更多的可供选择的方案。为了探索可供选择的方案,有时需要研究与实现目标有关的限制性因素。在制定方案的过程中,寻求和辨认限制性因素是没有终结的。对于复杂的决策问题,有时需要依靠有关业务部门或参谋决策机构,汇集各方面的专家,一起制订方案。

第三阶段是选择活动阶段。这个阶段包括方案论证和决策形成两个步骤。方案论证是对备选方案进行定量和定性的分析、比较和择优研究,为决策者最后做出选择进行初选,并把经过优化的可行方案提供给决策者。决策形成是决策者对经过论证的方案进行最后的抉择。

第四阶段是审查活动阶段。这一阶段是评价过去的选择,看方案实施的情况。在实施过程中还要收集实施过程中的情报。根据这些情报来进一步做继续执行、停止实施或修改后继续实施的决定。

但是,决策过程中的各个步骤并不是彼此分离、不相连贯的,很多决策活动是同时进行的。西蒙对决策过程的划分进行了简化,这样做是为了明确鉴别过程,以便理解得更好。实际的组织决策过程受到许多因素的影响,其中尤其重要的是组织自身的内部结构以及外部环境稳定或变化的程度。组织决策过程具有高度复杂性。

与复杂的组织决策过程相关的理论十分丰富。汤普森区分了三种决策

---

① 〔美〕赫伯特·A.西蒙:《管理决策新科学》,李柱流、汤俊澄译,中国社会科学出版社1982年版,第33—34页。

行为的理论模型:经济模型、心理模型和社会模型。① 达夫特总结了现有的组织决策研究,识别了四种组织决策的过程,即管理科学学派、卡内基模型、渐进决策过程模型以及垃圾桶模型。② 而马奇对1963年以来人们研究组织决策的文献进行总结后,发展了在《决策是如何产生的》一书中的观点,总结了四种组织决策的理论视角:作为理性选择的组织决策、基于规则的行动的组织决策、基于意义建构的组织决策、具有生态结构的组织决策。③ 周雪光则基于马奇等人的研究提出了四种组织决策模式:规章制度基础上的决策、组织决策的政治过程、组织决策的解释过程、决策过程启动的两个机制(问题导向的决策过程和答案导向的组织决策)。其中,汤普森总结的经济模型、达夫特总结的管理科学学派、马奇总结的作为理性选择的组织决策具有共性,本章用管理科学学派来做介绍。而汤普森总结的心理模型和西蒙的有限理性决策理论、达夫特总结的卡内基模型、周雪光总结的组织决策的政治过程具有共性,本章用卡内基模型来做介绍。达夫特总结的渐进决策过程模型以及垃圾桶模型与马奇的具有生态结构的组织决策、周雪光总结的决策过程启动的两个机制具有部分相似性,本章分别用渐进决策过程模型以及垃圾桶模型来做介绍。马奇总结的基于意义建构的组织决策与周雪光总结的组织决策的解释过程具有一致性,本章用作为意义建构的组织决策来做介绍。前文已经介绍过基于规则的行动的组织决策,以下只简要介绍其他几种决策理论,并用决策的权变框架进行简要整合。

一、管理科学学派

管理科学学派的决策理论在各种研究文献中最为多见。决策者认可的,正规的、系统的、精确的解决问题的方法是具有客观性和推理性的。管理科学学派强调的决策,一般是在一个封闭的、稳定的机械式环境中,是可以用数

---

① 参见刘创楚:《工业社会学:工业社会的组织分析》,台北巨流图书公司1988年版,第223—226页。
② 〔美〕理查德·L.达夫特:《组织理论与设计(第11版)》,王凤彬、张秀萍、石云鸣、刘松博等译,清华大学出版社2014年版,第512页。
③ 〔美〕詹姆斯·G.马奇:《马奇论管理》,丁丹译,东方出版社2010年版,第23—44页;〔美〕理查德·M.西尔特、詹姆斯·G.马奇:《企业行为理论(第2版)》,李强译,中国人民大学出版社2008年版,第197—208页。

量化的模型来解决问题的。

　　管理科学的决策方法在现代社会具有广泛的用途。它最开始是在第二次世界大战期间得到广泛运用。当时,数学和统计方法被用于解决紧急的、大规模的军事问题,这些问题超出了个体决策者的能力范围。

　　当问题是可分解的而且变量可以确认和度量时,管理科学是组织决策的一个有效工具。可用于管理科学中决策问题解决的具体办法包括比率分析、盈亏界点分析、库存模型、数学规划、排队论、博弈论、预算控制、设备更新分析、收效矩阵、决策树、网络分析和模拟。① 管理科学学派的决策,越来越强调计算机技术、当代人工智能技术以及相关软件的作用,期望寻求最佳计划方案,以快速精确地解决问题。

　　可以看到,管理科学学派的决策理论,对于决策的问题有要求:除了要求问题能够量化外,还要求决策者对复杂、精密的数学方法有所理解。但是实际情形中,管理者们不总是采用逻辑分析来做决策。在一项战略决策的研究中,83项选择中只有18项是根据明确的战略做出的。而大量的决策则是直观地做出的。② 这些在一定程度上限制了管理科学学派理论的具体应用。但是,正如西蒙所言,管理科学学派及其新的分析工具,至少标志着一种有限的进步,同时,它至少为我们对于世界上日益复杂的问题进行处理的能力,提供了一个乐观主义的依据。③

二、卡内基模型

　　组织决策的卡内基模型是建立在西尔特、马奇和西蒙的研究成果基础上的。由于他们都出自卡内基-梅隆大学,该模型因此而得名。

　　卡内基小组的研究表明,组织层次的决策涉及多重行动者。多重行动者最麻烦的问题是,能否形成团队,是否存在冲突,以及这种冲突对决策有何影响。如果从身份与偏好的一致性角度看,多重行动者决策可以视为一个一致

---

　　① 〔美〕弗里蒙特·E.卡斯特、詹姆斯·E.罗森茨韦克:《组织与管理——系统方法与权变方法》,李柱流、刘有锦、苏沃涛译,中国社会科学出版社1985年版,第439页。
　　② 同上书,第398页。
　　③ 〔美〕赫伯特·A.西蒙:《现代决策理论的基石》,杨砾、徐立译,北京经济学院出版社1989年版,第173页。

性由高到低的连续体。在连续体的一端是身份一致、偏好趋同的个体,在另一端是身份不同、偏好趋异的个体。在现实生活中,几乎很难找到完全具有内在一致性的团队。多重行动者决策大多是偏好和身份不一致情况下的决策。只要存在组织,肯定就存在矛盾和冲突。

马奇认为,多重行动者决策可以分为两种,一种是以权力争夺为基础的决策,另一种是通过结成联盟而进行的决策。前者被马奇称为"政治性的"决策,后者被他称为"冲突性的"决策。在以权力争夺为基础的决策中,我们要关注的是:谁得到了什么?什么时候得到的?如何得到的?在通过结成联盟而进行的决策中,我们要关注的是:如何建立伙伴关系?怎样达成协议?如何使协议得以实施?① 这两种决策要实现,都需要沟通和谈判。

在卡内基学派看来,具有不一致性的个体组成的多重行动者决策的过程,实际上就是"求同存异"的过程,即努力谋求共同的目标或一致的身份。首先,通过讨价还价、谈判、政策制定、政治手段等方式,将充满冲突的环境转化成可达成协议的环境,这样就能形成一个团队;然后,采取与协议相一致的行动如行政、实施、履行、强制执行等,这种行动要符合因果逻辑和相宜逻辑。

马奇认为,偏好和身份的不一致是多重行动者难以决策的主要原因,因此,应该从分析导致不一致的社会基础入手,研究多重行动者决策的具体过程。他认为,决策者偏好和身份的不一致性表现在以下四个方面。② (1)策略性行动,即在行动中预测他人的反应,并根据对他人反应的预测采取对应的策略,如显露或隐藏有关备选方案、预期后果、身份及规则等重要信息,类似于阿吉里斯所说的"习惯性防卫"。(2)信念的影响。尤其是那些关于谁想得到什么、谁拥有权力以及谁采取行动等方面的信念。(3)信任和忠诚的缺乏,策略性行动和信念的不同,及二者的相互作用,使人们难以建立起严密且具有约束力的协议。(4)注意力的影响。注意力在理性选择的决策和规则遵循的决策中都有重要的意义。在多重行动者决策中,决策取决于谁参与决策以及参与的程度,而这同注意力直接关联。

要使多重行动者达成一致,共同采取行动,就要调整他们的动机、身份和

---

① 〔美〕詹姆斯·G.马奇:《决策是如何产生的》,王元歌、章爱民译,机械工业出版社2007年版,第75—126页。
② 同上书,第80页。

规则。多重行动者决策的具体过程如图 5-3 示。

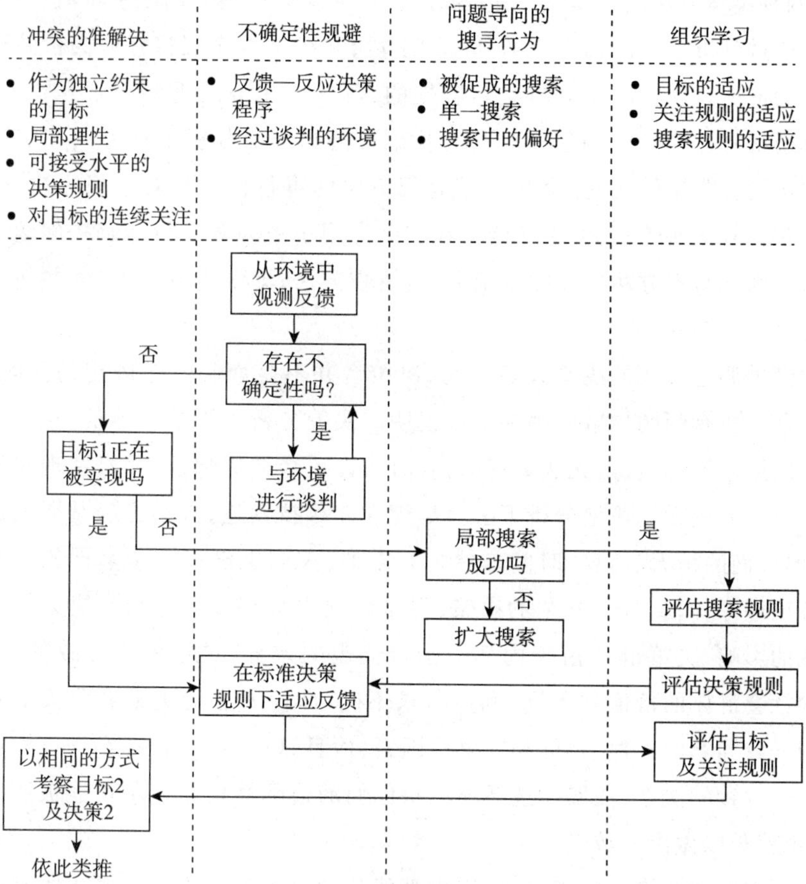
冲突的准解决
不确定性规避
问题导向的搜寻行为
组织学习
• 作为独立约束的目标
• 局部理性
• 可接受水平的决策规则
• 对目标的连续关注
• 反馈—反应决策程序
• 经过谈判的环境
• 被促成的搜索
• 单一搜索
• 搜索中的偏好
• 目标的适应
• 关注规则的适应
• 搜索规则的适应
从环境中观测反馈
存在不确定性吗?
否
是
与环境进行谈判
目标1正在被实现吗
是
否
局部搜索成功吗
是
否
扩大搜索
评估搜索规则
评估决策规则
在标准决策规则下适应反馈
评估目标及关注规则
以相同的方式考察目标2及决策2
依此类推

图 5-3　组织决策过程

来源:〔美〕理查德·M. 西尔特、詹姆斯·G. 马奇:《企业行为理论(第 2 版)》,李强译,中国人民大学出版社 2008 年版,第 152 页。

三、渐进决策模型

渐进决策模型有两个代表人物,一位是美国著名政治经济学家林德布洛姆,另一位是全球管理界享有盛誉的管理学大师,经理角色学派的主要代表人物明茨伯格。

林德布洛姆在《渐进调适的科学》一文中使用令人印象深刻且简单明了

的"根方法"和"枝方法"来分别指代"理性—包容方法"和"连续有限比较方法"两种决策方法。① "理性—包容方法"的先决条件是明确区别价值和目标，然后通过分析目标以找出达到目标的手段，并将是否实现目标作为检验决策好坏的依据。这种决策分析是包容性的，每一个相关的重要因素都要考虑，所以通常对理论的依赖程度较高。林德布洛姆详细分析了根方法在实际决策中运用会产生的问题，突出连续有限方法的可行性。相对于根方法，枝方法尽管具有某些弊端，但它却能够在实际运用中更高效可行地解决问题。林德布洛姆在与根方法比较的基础上，澄清枝方法，即渐进调适方法，并使其公式化。

渐进调适方法的决策理论认为，决策者并不是面临一个既定的问题，他们必须对所有问题加以明确并予以说明。决策分析并不是万能的，对一项复杂的决策来说，分析是无法穷尽的，有时或许还会造成错误，而且在现实的决策中不可能漫无止境地分析下去。尽管现在科技发达，人类已经掌握大量数据，但人们的精力、信息、时间依然是有限的，人们也没有完全掌握各个领域的各项理论，因此对于复杂的决策，很难做到完全理性的分析。决策受到价值观的影响，决策群体由于内部人士价值观的差异，难以做出一致的决策。不同社会群体的价值观不同、利益需求不同，即使所有的决策者手头上有一系列一致同意的价值、目标和约束性因素，而且这些价值、目标和约束性因素有一个一致的次序，在实际选择环境中他们的边际性价值也不可能被明确表达，也就难以做出一致性决策。

根据林德布洛姆的观点，渐进决策就是指决策者在决策时基于既有的合法政策，采用渐进方式对现行政策加以修改，通过一连串小的改变，在社会稳定的前提下，逐渐实现决策目标。决策所选择的方案与现实状况相差不大，当知道现行的手段不能解决问题时，决策者可以对手段做出较小的调整而不是全面的改变。在此过程中，决策者立足于当前的状况进行渐进的调整，而不是一次性地达到某种目标。决策者明确知道，几乎不可能一劳永逸地解决问题。决策是一个连续不断的过程，因为原有的问题解决了，新的问题又会

---

① Charles E. Lindblom, "The Science of 'Muddling Through'," *Public Administration Review*, Vol. 19, No. 2, 1959, pp. 79-88.

出现。在一时无法搞清人们的各种需求时，渐进方案会以不断尝试的方式，找出一种当时可接受的结果。在林德布洛姆看来，渐进决策需要遵循三个基本原则：按部就班原则、积小变为大变原则、稳中求变原则。在他看来，政策分析之所以不能采取理性化的周密分析，而要采用渐进分析，是因为决策与政策的制定必然要受到政治、技术和现行计划的制约，它们决定着决策必然成为渐进过程。① 渐进方式可以帮助人们检验所做的抉择是否正确，特别是在复杂条件下，可以孤立某些因素，比较其利弊。

明茨伯格与合作者选择了25个组织决策的实例，对组织决策相关的事项进行了追踪研究。他们在研究中考察了决策过程的每一个步骤，并在此基础上提出了称为"渐进决策模型"的决策方法。② 渐进决策模型较多用来考察决策过程中从发现问题到解决问题这一连串活动的结构性顺序。

这项研究的一个发现是，大部分组织决策通常是由一系列较小的决策组合在一起而形成的。也就是说，许多组织决策并非一蹴而就，而是一个渐进的过程。在这个过程中，组织要通过若干决策点来达成最后的决策，其中也要克服一系列障碍。明茨伯格将这些障碍称为决策扰断。出现了决策扰断，就意味着组织不得不返回到前一决策步骤，重新开始新的试探。这种决策循环是组织通过探索而判断哪一备选方案可行的一种途径。最终的解决方案可能与最初的预期大不相同。

依据明茨伯格与他的合作者所发现的渐进决策过程模型，可以将决策过程中可能发生的每一个步骤分为三个主要的决策阶段：识别阶段、开发阶段和抉择阶段。识别阶段是对问题进行认知和诊断；开发阶段的任务是提出一个解决方案；抉择阶段就是选定解决问题的方案（见图5-4）。

但是，组织决策并不完全是一个以认知开始、以认可结束的顺序进行的过程，而是时常会出现一些小问题使决策需要返回到前面的阶段。在渐进决策模型中，并不是所有的决策都能从头到尾顺畅完成，当出现决策扰断时，可能需要回到上一个阶段进行反复的决策讨论或重新决策以解决新出现的问题。

---

① 〔美〕查尔斯·E. 林德布洛姆：《决策过程》，竺乾威、胡君芳译，上海译文出版社1988年版。
② Henry Mintzberg, Duru Raisinghani, and André Théorêt, "The Structure of 'Unstructured' Decision Processes," *Administrative Science Quarterly*, Vol. 21, No. 2, 1976, pp. 246-275.

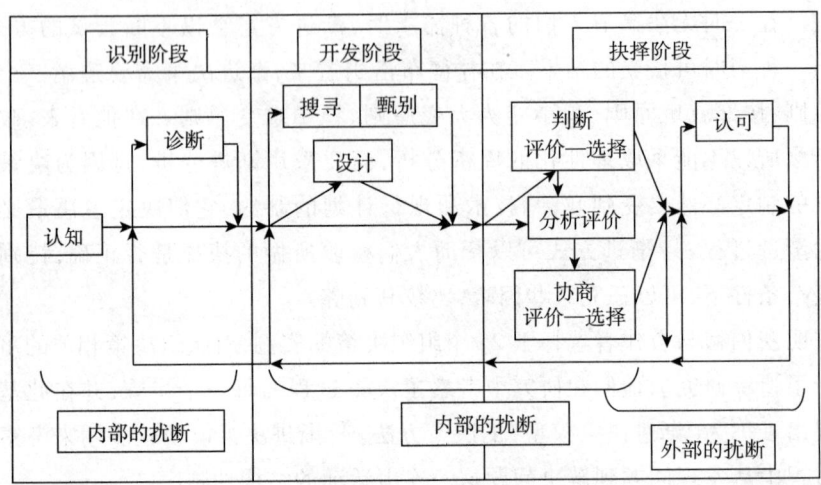

图 5-4　渐进决策过程

来源：Henry Mintzberg, Duru Raisinghani, and André Théorêt, "The Structure of 'Unstructured' Decision Processes," *Administrative Science Quarterly*, Vol. 21, No. 2, 1976, pp. 246-275。

四、垃圾桶决策模型

马奇和他的合作者于 1972 年提出了垃圾桶决策模型,成为决策研究的一个著名比喻。[①] 在他们眼里,环境、决策者、要解决的问题、解决方法、选择机会等有着复杂的相互作用的情况下的决策,就好像一个垃圾桶。

垃圾桶组织决策过程具有这样的特点:首先,决策的投入常常是由许多人员、过程来实现的,正如一个垃圾桶的"内容"是由许多的行人和街道动态过程决定的;其次,这些人员、过程常常是相互独立的,为不同的机制所推动、制约;最后,决策的结果与决策的时间性有很大关系,正如一个垃圾桶的内容与人们在什么时间取走这只垃圾桶有密切关系。可见,垃圾桶是对"有组织的混乱"的形象表述。

形成这种垃圾桶决策的原因,主要是三种不确定性:一是偏好的不确定性(包括个人偏好的不断转移);二是技术与方法的不明确性(包括组织的生

[①] Michael D. Cohen, James G. March, and Johan P. Olsen, "A Garbage Can Model of Organization Choice," *Administrative Science Quarterly*, Vol. 17, No. 1, 1972, pp. 1-25.

产过程不一定被其成员所理解）；三是参与者的流动性（不断有人加入或者退出）。马奇认为，在这种复杂的情况下，最简单的秩序来源就是时间。在垃圾桶决策过程中，假定存在一些外生的、依赖于时间的需要解决的问题、不同的解决方案、不同的决策参与者、不同的选择机会，那么，只有在问题、解决方案、决策参与者、选择机会四个因素耦合时，决策才可能出现。这四种要素都在组织中流动着，如图5-5。

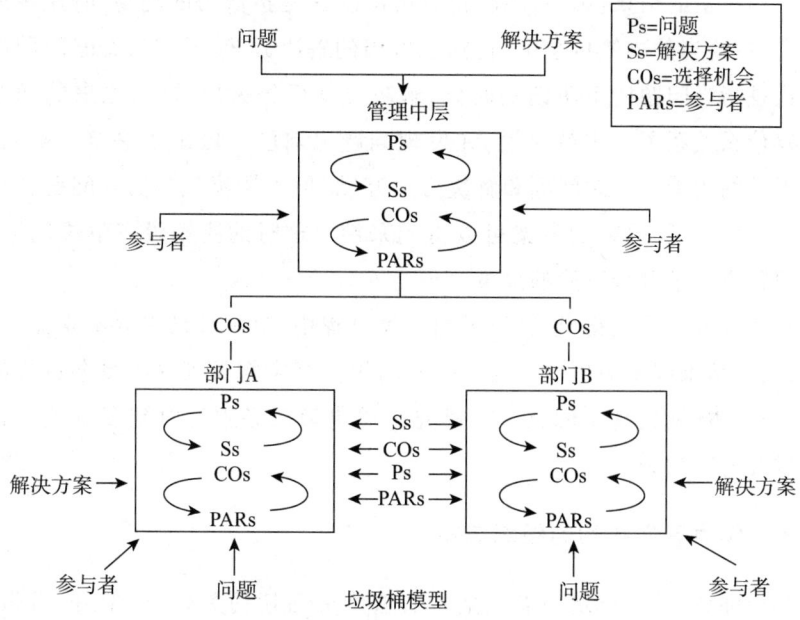

图 5-5　垃圾桶决策模型中独立的活动流示意图

来源：Michael D. Cohen, James G. March, and Johan P. Olsen,"A Garbage Can Model of Organization Choice," *Administrative Science Quarterly*, Vol. 17, No. 1, 1972, pp. 1-25。

这四种要素排列组合的组织决策总体模式就表现出某种随机性，在这个意义上，决策是组织中独立发生的活动契合的结果。

问题与方案相关，方案与选择相关。选择机会能够把决策者、问题和解决方案联系在一起。在整个垃圾桶决策过程中，问题、解决方案、决策者和选择机会都是由它们出现的时间以及在哪些时间中出现的可能性联系起来的，随着选择的做出，它们之间的关系也发生变化。所以，决策的结果取决于问题、解决方案和决策者之间各种流动的时机，也取决于组织的结构限制。如果问题数量、解决方案数量、决策者参与数量以及机会数量不变,影响决策过程的因素包括机会出现的顺序和次数、问题出现的顺序和次数、组织的决策负担、组织的参与结构、组织的选择结构以及决策者在组织中的能量分配。这些因素,尤其是组织结构因素,对决策的结果有着重要影响。

垃圾桶决策模型描述的是混沌组织中的情境,组织决策过程十分复杂,难以预料。通过计算机模拟,马奇与他的合作者发现,垃圾桶决策过程中,会出现三种决策的结果:第一,问题得到解决。这是指恰当的问题、时逢合适的参与者、在恰当的决策机会中,找到了恰当的解决方案。第二,忽略问题的决策。这是指当问题还不明朗的时候,解决方案已经做出,这与原来的问题已经没有什么关系了。也就是说,在发现问题之前已经做出了决定。第三,与问题无关的决策。有时问题和解决方案互动,但无法决策。后来问题转移到其他的方案上了,原来的方案可以得到采纳。这时的决策没有解决问题,而是在问题离开了舞台以后的决策。

马奇等人的研究指出,在垃圾桶决策过程中,第一种结果并不常见,第二种、第三种结果则屡屡出现。这意味着组织决策常常受到这些复杂过程的影响而偏离理性模式规定的轨迹。研究组织决策就必须注意到多重独立且平行的过程的影响。[①]

五、作为意义建构的组织决策

马奇强调,决策制定与意义建构有着十分密切的关系。[②] 偏好、身份、规则、情境和期望的形成都涉及从混乱的世界当中建构意义。因此,研究决策制定很大程度上就是研究个体和组织怎样理解自己的过去、本质和未来。同时,决策制定也会影响所涉及的意义建构。个体和组织一边制定决策,一边改变他们的偏好、身份并且塑造他们所解释的世界。因此,意义建构既可以看作决策制定的输入,又可以看作决策制定的输出。

(一) 意义建构作为决策制定的输入

大部分主流的决策理论都把行动描述成经过缜密思考的,也就是指决策

---

① 周雪光:《组织社会学十讲》,社会科学文献出版社 2003 年版,第 305—308 页。
② 〔美〕詹姆斯·G. 马奇:《马奇论管理》,丁丹译,东方出版社 2010 年版,第 36—39 页。

者要经历某些过程把情境编码成对自己有意义的条款。但实际上,决策对于行动者的意义在行动之前就已经建构出来,可以用来预测决策结果。个体和组织怎么塑造决策前提,需要得到澄清。

研究个体在决策过程中怎样加工信息、建构意义的行为决策理论发现,个体经常编辑、简化情境,忽略某些信息,锁定另外一些信息。决策者经常试图把问题分解成子问题,而忽略子问题之间的交互作用,从想要的结果倒推必要的前提。他们从情境中辨认出模式,应用在他们看来适合某一情境的经验中。他们采用框架和范式,这些框架和范式往往强调决策问题在他们自己所处时空范围的表现。他们为复杂现象创造"神奇数字",诸如利润、生活成本等,并且把这些数字等同于所代表的更为复杂的现实。他们往往以维护他们先验信念以及自身重要性的方式去解释经验。

研究同样试图了解决策者怎样给自己的目标赋予意义。哪些偏好和身份被唤起?表现为什么形式?从偏好研究中可以看出,偏好信息经常和其他信息一样被简化。不是所有的偏好都会被考虑到,为什么有些偏好被唤起而另外一些未被唤起,这一点对于决策来说很重要。类似的,特定偏好维度上的绩效评价也被简化,仅仅设定一个达标值,而忽略绩效渐渐向达标值靠拢的情况。身份研究表明,有些社会线索和经验线索可以定义哪些身份是有关的、哪些身份是无关的,这些线索会影响身份的唤起和解释。

(二)意义建构作为决策制定的输出

标准决策理念都强调结果。理性决策理论和基于规则的决策理论都把决策结果当作决策过程的主要产品。这两种理论假定,决策者之所以进入决策过程是为了影响决策结果。他们在决策制定之前建构意义,以降低不确定性和模糊性。意义建构之所以重要,是因为它会对决策结果造成影响。

马奇注意到,在决策领域的研究中,有研究者观测到这样一些决策过程:人们通常忽略了公开收集的用于决策的信息,或经常会对一个组织实施的政策产生异议,但并不关心这些政策随后的实施情况。[①] 为了获得参与决策过

---

① 〔美〕理查德·M. 西尔特、詹姆斯·G. 马奇:《企业行为理论(第二版)》,李强译,中国人民大学出版社 2008 年版,第 236 页。

程的权力,个体会进行斗争,但是获得这种权力后,他们却不运用这种权力。对管理人员行为的研究一致表明,他们在制定决策过程中花费的时间较少。相反,管理人员似乎将更多的时间花费在人员接待和执行管理职责上。这些现象表明,决策过程对决策结果没有什么影响。

这些观测和研究结果已经将决策行为理论引向了意义建构和解释的角度。人们在决策过程中的关注重点,可以解释人们是如何形成并满意于其对生活的看法以及个人在生活中的位置的。越来越多的研究强调了解释在决策制定过程中的重要角色。人们研究的焦点已经从决策的"实体"元素转向了决策的"符号"元素。意义不仅是决策制定的前提,在某种程度上还是决策制定的结果。

周雪光强调,在有限理性的模式里,信息不是中立的:它不仅是策略性的,受政治利益的支配,而且决策过程中的各种信息常常是不一致的,其意义常常是模糊不清的,需要加以解释。[①] 人们可以赋予信息不同的解释,主要的机制有:第一,人们根据自己过去的经历、经验来解释信息。不同的经历导致不同的解释。第二,人们根据自己的角色、身份来解释信息。不同的人在不同的文化背景中有不同的解释。不同的角色对同一信息可能有着不同的解释,一方面是因为他们的认知受到其地位、看世界的角度的影响,另一方面,人们关心的问题、利益也因决策而异。第三,不同的利益也会导致对同一信息的不同解释。

组织决策受信息的影响,而信息常常需要通过解释才有意义。作为意义建构的组织决策认为,结果不如过程重要,不仅在行动上而且在道德上,过程赋予生命意义,意义是生命的核心。这种视角以更为宏观的形式颂扬象征物、神话和仪式,认为它们对于理解决策是如何产生的,特别是对决策过程与决策结果的脱节来说非常关键。

六、决策的权变框架

组织中的决策者有时候是一个人,有时候是一群人。汤普森和图登把决

---

① 周雪光:《组织社会学十讲》,社会科学文献出版社2003年版,第298—300页。

策行为界定为所有对最后决策有贡献的活动。① 这表明,决策行为在组织中是分工的现象。一些人或部门专职界定问题,另一些收集资料,还有一些负责设计模型,最后还有人专做评估。

汤普森和图登的理论焦点在于澄清集体决策行为的性质。决策程序中的每一个步骤,在个人决策时是不成问题的,但到了集体决策,则有可能成为问题。汤普森和图登尤其重视手段和目标两个变量,利用这两个维度对决策情境进行分类:组织参与者之间对于系统的目标和所期望的结果的认识的一致程度;他们对于达成目标的手段和过程中的因果关系的认识的一致程度。② 基于这样的考虑,汤普森和图登运用这种手段与目标的简单分割,两个维度交叉得出四种不同的组织决策情境,各自对应一种决策模式,如表5-3。

表5-3 组织决策的模式

		对于结果的偏好	
		一致	不一致
对因果关系的认识	一致	计算	妥协
	不一致	判断	鼓动

参见:〔美〕W. 理查德·斯科特、杰拉尔德·F. 戴维斯:《组织理论:理性、自然与开放系统的视角》,高俊山译,中国人民大学出版社2011年版,第223-224页,经作者整理。

(一)计算的决策(decision by computation)

汤普森和图登将最接近于典型的科层决策情境的称为计算模式。如果对问题的认识一致,其中的因果关系明确,那么比较适合采取理性决策方法,这属于技术决策,因为大家对结果有共同的偏好,又相信知识的存在。这种

---

① James Thompson and Arthur Tuden, "Strategies, Structures, and Processes of Organizational Decision," *Comparative Studies in Administration*, Thompson James, ed., Pittsburgh, PA: University of Pittsburgh Press, 1959, pp. 195-216.

② James Thompson and Arthur Tuden, "Strategies, Structures, and Processes of Organizational Decision," *Comparative Studies in Administration*, Thompson James, ed., Pittsburgh, PA: University of Pittsburgh Press, 1959, pp. 195-216.

决策可以确定多个备选方案,通过分析和计算选定最佳的解决方案。如果一个组织的决策是计算(技术)性的,那么这个组织可称为专家的组织,也等于纯粹的科层组织。如果组织规定如下的限制:(1)专家不能做出专业知识外的决定;(2)专家应该以组织的喜爱尺度为准;(3)为专家提供所有信息;(4)每一问题由合适的专家做决策。这样,组织的权力就可以下放到专家手中,即专家是实际的决策者。

(二)判断的决策(decision by majority judgment)

判断的决策是在对目标存在一致的认识,但关于达成目标的手段却有争议的情形下的策略。手段既然不确定或者有纷争,那么决策自然会遭遇困难。由于成员对于途径的优劣所持意见不同,组织只好依靠判断。如何判断?通常用投票,依靠充分的讨论和多数人的判断。这种决策模式下的组织可以称为"长老会"或"贤人组织",例如法庭、审判委员会、独立的专业组织等。其运作的规则为:(1)大家忠于组织的喜爱尺度,即对目标已有共识;(2)所有成员均须参与决策,可明确法定人数;(3)为每一成员提供关于因果的信息;(4)让每位成员对最后的决定有相等的影响力;(5)多数的决定即为最后的决定。这种方式的决策具有广泛参与的特点,过程中的讨价还价和协商谈判是达成决策所必需的。

(三)妥协的决策(decision by compromise)

现实中有时会出现这样的情形,参与者对如何达成某些目标的途径认识一致,或者对不同手段的结果看法相同,但是对于选择哪种方案存在分歧,此时的决策模式称为"妥协"。强调某一途径优先会导致内部矛盾甚至"内战"加剧。在这种情况下做决定,必须找出共同点然后相互妥协。代议制组织就属于这类组织机构。它由每一派系派出代表组成,在决策过程中,各为本派系的利益而争议、谈判和妥协。一些代议制组织中如联合国安全理事会,每一个代表都有否决权。妥协的决策模式下的规范包括:(1)每派系必须有诚意达成妥协方案,即以组织的存续为优先考虑;(2)所有派系均有代表参与决策;(3)每位代表都有否决权;(4)为每一派系提供因果的信息。这种决策模式也称为共识的决策。

（四）鼓动的决策(decision by inspiration)

还有一种决策模式的特点是既没有对目标的一致认识,也没有对手段的一致看法。目标及手段均缺乏共识是极其危险的,它显示出组织的内部团结出现问题。这种组织对外部事件反应迟钝,甚至不敢做出反应,包括面对危机和机会。这样的组织害怕一旦做出反应,组织会分崩离析。这种不可解决的问题,有时需要靠超凡领袖或魅力型领袖来决策,诉诸鼓动的力量。正如韦伯所言,魅力型领袖的本领在提供新的理想,以统一原先众说纷纭的目标。这为彷徨的人群指出一条可行的道路。面临这样处境的组织,自然是混乱和无规可循的,但组织的依然维持生存。在这种情形下的决策包括以下规范：(1)众人互相依存,仍有集体决策的动机；(2)派系的实力相当；(3)为决策者提供大量信息；(4)决策者均能运用沟通网络。在此混乱中决策,要使大家同意一种目标和方法,非常困难。解决的方案即依靠超凡领袖的鼓动,有时候真如灵光一现,可使境界顿开,博得众人的赞美,领袖甚至被视为神明,所以叫鼓动的决策或者灵感的决策。

以上四种集体决策模式中,计算的决策模式和鼓动的决策模式这两类决策模式的决策者可能只有一个人。在判断的决策中,团体每一个成员都参与决策。妥协的决策则由代表做决定。不论决策人数多寡,决策行为是在社会系统层次上分析的。①

在汤普森和图登的基础上,达夫特结合组织决策过程的四种理论模型,提出了组织决策的权变决策框架。② 这种框架认为,有两个组织特征决定了决策方法的选用：一是对问题的共识程度；二是有关解决方案的技术知识。对问题的共识度反映管理者之间在组织所面临的问题或机会以及所追求的目标和结果方面认识的一致程度。有关解决方案的技术知识是指管理者对如何解决问题和实现组织目标的理解及意见的一致程度。这两个维度结合在一起,形成了四个象限,每个象限代表一种特定的组织情境及其适用的决策方法,如5—6图。

---

① 刘创楚：《工业社会学：工业社会的组织分析》,台北巨流图书公司1988年版,第223—226页。
② 〔美〕理查德·L.达夫特：《组织理论与设计(第11版)》,王凤彬、张秀萍、石云鸣、刘松博等译,清华大学出版社2014年版,第526—530页。

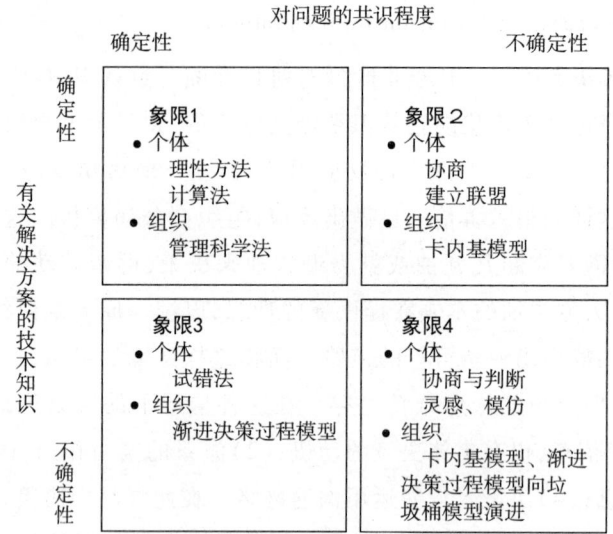

图 5-6 决策模型选用的一种权变框架

来源:〔美〕理查德·L. 达夫特:《组织理论与设计(第 11 版)》,王凤彬、张秀萍、石云鸣、刘松博等译,清华大学出版社 2014 年版,第 528 页。

这种权变框架综合了不同的决策方法,适用于不同组织情境。管理者可以使用这样的权变框架来提高组织决策成功的可能性。

第五节 本章小结

组织决策内容丰富,包括决策本身、决策者和决策过程等重要维度。组织决策的实践变化多端,组织决策的研究方兴未艾。正如马奇所言,组织决策制定研究影响了当代整个社会科学的行动观。然而,研究最大的传统就是在增加知识的同时增加无知。只要考察组织决策判定研究领域,就会发现,这样的传统是很明显的。[1] 组织决策领域的文献浩如烟海,一方面,这说明我们对于组织决策的研究在拓展,另一方面我们可以将诸多研究纳入已有的经典理论框架中,以经典理论启发现有的决策研究。

组织决策的复杂性,意味着我们还需要继续探索组织决策背后的社会机

---

[1] 〔美〕詹姆斯·G. 马奇:《马奇论管理》,丁丹译,东方出版社 2010 年版,第 44 页。

制,响应马奇的研究倡导,了解偏好的不稳定性、不一致性和内源性,了解按照结果逻辑或者适当性逻辑行动的过程中意义建构的复杂性,了解决策过程对意义建构的重要性,了解决策制定的交互性、生态学本质。要处理所有这些问题,我们任重而道远。

【思考题】

1. 在不确定性环境下,决策者如何快速决策?
2. 垃圾桶决策模型对于决策者有什么意义?
3. 随着信息通信技术的发展,人工智能在组织决策中发挥着越来越重要的作用。你如何看待人工智能决策?你认为这一趋势对组织决策理论演化有什么影响?
4. 决策失误不可避免,你如何理解这句话?

【推荐阅读】

Archer, Earnest, "How to Make a Business Decision: An Analysis of Theory and Practice," *Management Review*, Vol. 69, No. 2, 1980, pp. 54-61.

Ruth, Ben-Yashar and Shmuel Nitzan, "Quality and Structure of Organizational Decision-making," *Journal of Economic Behavior & Organization*, Vol. 36, No. 4, 1998, pp. 521-534.

Cohen, Michael, James March, and Johan Olsen, "A Garbage Can Model of Organizational Choice," *Administrative Science Quarterly*, Vol. 17, No. 1, 1972, pp. 1-25.

Csaszar, Felipe and Eggers P., "Organizational Decision Making: An Information Aggregation View," *Management Science*, Vol. 59, No.10, 2013, pp. 2257-2277.

Eisenhardt, Kathleen and Mark Zbaracki, "Strategic Decision Making," *Strategic Management Journal*, Vol. 13, No. 2, 1992, pp. 17-37.

Hodgkinson, Gerard and William Starbuck, eds., *The Oxford Handbook of Organizational Decision Making*, New York: Oxford University Press, 2008.

Thompson, James, *Organizations in Action*, New York: McGraw-Hill, 1967.

Hammond, John, Ralph Keeney, and Howard Raiffa, "The Hidden Traps in Decision Making," *Harvard Business Review*, Vol. 76, No. 5, 1998, p. 47

Matthews, Deanna, Gwen Christini, and Chris Hendrickson, "Five Elements for Organizational Decision-Making with an Environmental Management System," *Environmental Science & Technology*, Vol. 38, No. 7, 2004, pp. 1927-1932.

Mintzberg, Henry, DuruRaisinghani, and André Théorêt, "The Structure of 'Unstructured' Decision Processes," *Administrative Science Quarterly*, Vol. 21, No. 2, 1976, pp. 246-275.

Pettigrew, Andrew, "The Politics of Organizational Decision Making," *Contemporary Sociology*, Vol. 5, No. 4, 2001, p. 478.

Singh, Jitendra, "Performance, Slack, and Risk Taking in Organizational Decision Making," *The Academy of Management Journal*, Vol.29, No.3, 1986, pp. 562-585.

〔美〕赫伯特·A.西蒙:《现代决策理论的基石》,杨砾、徐立译,北京经济学院出版社1989年版。

〔美〕理查德·M.西尔特、詹姆斯·G.马奇:《企业行为理论(第二版)》,李强译,中国人民大学出版社2008年版。

〔美〕詹姆斯·G.马奇:《马奇论管理》,丁丹译,东方出版社2010年版。

〔美〕詹姆斯·G.马奇:《决策是如何产生的》,王元歌、章爱民译,机械工业出版社2007年版。

第六章　组织学习理论

【内容提要】

组织学习是指组织从自身和他人经历中获取新知识并以此完成内在的变革与更新。本章将具体辨析公共组织学习的特征,促发组织学习的模仿、竞争、强制和学习等动力机制。组织学习包括组织内学习与组织间学习两个层面,组织内学习是以知识为载体,在组织内部的流动、转换过程,从细化学习阶段、划分学习类型及学习障碍等解开组织内部学习的运作过程。而组织间学习则侧重于从扩散—接受的视角来分析,以不同组织之间的沟通与交流为前提,主要观察接受者在何种学习机制的影响下采纳创新知识,从而形成出在央地间、地方政府间不同的学习模型。本章最后将讨论何种组织结构、领导人特征和学习机制因素更利于组织学习。

第一节　组织学习的定义

个体具有认知和记忆的系统并通过这些系统学习生存的技能以及社会普遍认同的行为模式、道德准则。组织并非个体的简单累加,它具有自身的认知和记忆系统。这些认知和记忆可以被创造、传承和应用,也需要通过学习获取新知识,修正组织的结构和行动,以适应外在环境的变化。但组织学习与个体学习有着明显的不同。首先,组织学习是通过分享见解、知识和思维模式实现的,组织的学习速度受制于学习各环节完成的情况;其次,组织的记忆依靠制度化机制(例如政策、战略或显性模型)去保存。公共组织的科层制结构与公共属性(包括公共利益的目的、公共事务的特征和公共资源的配置等)使其学习在上述两方面表现更为突出,具体来说就是科层制的稳态和保守会减缓组织学习的速度,而制度化载体的权威性将会使权力竞争变得更加激烈。

现有文献对组织学习有两种研究定位,一是将其视为一个历时性的过程,围绕着知识积累与组织变革的演化;二是将其视为一种能力,即为动态适应环境而持续不断学习的能力。本章所关注的是作为过程的组织学习。

目前,组织学习的研究成果大多基于对公司制企业等私营部门的观察,当研究向公共部门延伸时,首先需要明确私营部门与公共部门间的共性和区别。这两者最根本的共性就在于都有维系自身生存的内在需求。私营组织采取的所有行动都是为了实现利润的最大化,这是在市场中维持组织生存和发展的唯一路径。公共组织通常都是以一定的公共意愿组织起来,但米歇尔斯在对政党和工会等公共组织进行研究后发现,社会分工会自发生成团体组织,一旦这些团体自身得到巩固,便产生了属于自身的特殊利益,这种特殊利益将可能与集体利益发生冲突。① 这种特殊利益的本质其实就是公共组织自身存续的需要——避免任何可能阻碍其正常运行的东西。②

除非是在典型的稳定环境中,否则组织就不只是个简单的"机械模型",而是在开放系统中的"有机"结构。③ 这就意味着组织需要有能力与由环境强加的诸多要求和限制进行周旋,甚至对其进行操控,而且在现代社会,这种环境是快速变化的,充斥着流动性、多样性和不确定性。因此,无论何种性质的组织都需要适应生存环境的变化,并为此主动或被动地对自身进行调整或修正。

至于公私部门间的组织差异,以及这些区别对组织学习领域的影响,拉巴隆巴拉从以下两个方面进行了详细的阐释。④

第一,规范性。对于私营组织而言,可用性和有效性是普遍价值,无论结

---

① 〔德〕罗伯特·米歇尔斯:《寡头统治铁律——现代民主制度中的政党社会学》,任军锋等译,天津人民出版社 2003 年版,第 229—276 页。
② 〔希〕尼克斯·波朗查斯:《政治权力与社会阶级》,叶林、王宏周、马清文译,中国社会科学出版社 1982 年版,第 337—351 页;〔美〕彼得·埃文斯、迪特里希·鲁施迈耶、西达·斯考克波编:《找回国家》,方立维、莫宜端、黄琪轩等译,生活·读书·新知三联书店 2009 年版,第 2—52 页。
③ 〔法〕米歇尔·克罗齐埃、埃哈尔·费埃德伯格:《行动者与系统》,张月译,上海人民出版社 2007 年版,第 132 页。
④ 〔美〕约瑟夫·拉巴隆巴拉:《组织中的权力与政治:公私组织比较》,〔德〕迈诺尔夫·迪尔克斯、〔德〕阿里安娜·贝图安·安托尔、〔英〕约翰·蔡尔德、〔日〕野中郁次郎、〔中〕张新华编:《组织学习与知识创新》,上海社会科学院知识与信息课题组译,上海人民出版社 2001 年版,第 434—451 页。

构、技术还是行为都完全理性地指向市场,但公共组织涉及公共资源的权威分配①,其本质是规范性。当组织受到规范考虑的限制和包围时,就可能降低对理性和逻辑的要求。

第二,制度化。公共组织及其成员的使命、供使用的资源、对目标实现好坏的奖励与惩罚,以及组织本身的生存问题,都是由组织之外的因素决定的,并且涉及内外部多重力量之间复杂、微妙的平衡。因而公共组织的行动多是反应性的而非主动性的,防御性的而非创新性的。这种看似保守的作风被称为"强烈的制度化"②。

组织学习对于采纳者而言就是制度创新的一种形式。目前主流观点与沃克对制度创新的界定相符合——只要该政策对于采纳它的政府而言是未曾使用过的新政策,无论其是否为原创。③ 相对于从无到有和构建原创性政策理念的制度发明,基于先进经验的模仿与学习的实践风险低得多。公共部门的特征之一就是对公共资源的权威配置,这意味着一旦创新出现偏差或失败,对公众切身利益或社会福祉的伤害将是无限责任的。相比之下,组织学习对于公共部门是较为稳妥的创新形式。除去低风险的特点,低成本也是学习者的重要考量因素。经济学将这种学习溢出效应称为"后发优势":一个欠发达国家要实现比发达国家更快速的经济增长,就需要以更低廉的成本实现技术创新,但它们所拥有的却是资本相对稀缺、劳动力相对丰富的要素禀赋结构。在这种情况下,欠发达国家可以通过引进、模仿发达国家的技术,甚至通过在实践中积累知识(learning by doing),以此分享国际技术溢出的好处,这就是"后发优势"④。而这也是中国在改革开放后经济快速崛起的重要原因之一,换言之,中国在国际社会中的组织学习为其换来低成本的快速发展路径。

---

① 〔美〕戴维·伊斯顿:《政治生活的系统分析》,王浦劬译,华夏出版社1998年版,第28页。
② Panebianco Angelo, *Political Parties: Organization and Power*, New York: Cambridge University Press, 1988, pp. 262-274.
③ Jack L. Walker, "The Diffusion of Innovations Among the American States," *American Political Science Review*, Vol. 63, No. 3, 1969, pp. 881-893.
④ 林毅夫、张鹏飞:《后发优势、技术引进和落后国家的经济增长》,《经济学(季刊)》2005年第1期,第53—74页。

第二节　组织学习的动因

在制度与组织的理论研究中一直存在着规制性与能动性之间的张力。规制导向认为制度规则与社会结构是先在且外在于行动者而构成了"理性化的世界"。在此，行动者从角色、目标到行动原则都已经被事先设定，或通过工具理性的组织结构（例如韦伯提出的理性官僚制结构），或通过已经被普遍认可的文化—认知模式（例如迈耶的"理性神话"）；而能动导向则强调行动者并非简单地受到所在场域的控制，他们具备独立的思考和理解能力，并且能够运用一定的社会力量来对结构化的环境产生影响，甚至重组或再生产权力系统（吉登斯的"社会结构的二重性"就试图整合这种张力）。当我们讨论公共部门启动组织学习的动机时，就已经潜在倾向于能动导向，将公共部门，特别是各层级的地方政府或部门机构都视为"理性"的能动者，只是这里的理性也不同于理性选择制度主义中"追求已有、确定偏好"的行动者的理性，而是存在于动态的具体情境中，"行动者通过与变化的环境持续对话，设想各种选择，并对这些选择进行评估以及相机性重构"[①]。

一、组织学习的动力机制

目前对公共组织的学习动机的解释，大多集中于对"政策扩散"的研究。政策扩散在微观上表现为公共组织对政策原型所在的组织的学习过程。目前对此比较经典的解释，一个是贝里夫妇提出的内部决定模型和传播模型，另一个是希彭和沃登提出的学习、模仿、竞争和强制机制，这两种分类间存在着一定的耦合性与相容性，下文将进一步阐释。需要说明的是，尽管多数学者承认在现实案例中组织的学习动机很少被单一地解释为由内部决定或传播导致，也不会纯粹受某种机制影响，但是这样的区分还是有价值的，因为它可能对组织学习的结果产生影响。

---

① Mustafa Emirbayer and Ann Mische, "What is Agency?" *American Journal of Sociology*, Vol. 103, No. 4, 1998, pp. 962–1023.

(一) 学习机制

贝里夫妇提出的内部决定模型(internal determinants models)假定,导致公共组织采用一个新项目或一条新政策的因素是本地的政治、经济和社会特征。但他们也意识到纯粹地排除外在的传播效果是不可能的,退一步说,"一旦一个州注意到一项政策,当它决定是否与何时采纳这项政策的因素便是其内部特征使然"。①

希彭等提出的学习机制与之类似,即当公共组织遭遇到治理问题时,决策者最便捷的解决方式就是选择在其他地方被证明是成功的方案作为替代。在这种情况下,公共部门启动组织学习的可能性便与它对自己所面临问题的感知呈正相关,若组织领导者意识到该问题已经严重威胁到治理秩序或组织有效运行,他们会倾向于推动学习进程。②

由此可见,上述组织学习的需求是内生的,有着明确的问题导向,同时对学习方案的有效性或可预期性有很高的要求,这本质上是为内在特征变化或治理困境寻找一种低成本、低风险的解决办法。

(二) 竞争机制

与内部决定模型相对的是传播模型,其本质上是政府间的,受到由国内各地方所构成的社会系统的影响。换言之,在此模型下的组织学习考虑的不只是内部运行的需要,而是组织之间或组织场域内以及复杂的外部影响的因素。贝里夫妇重点强调了组织间的竞争机制。当采用该政策能够构建组织的竞争性优势(希彭称其为"积极的经济外溢"),就会提高学习的可能性;若采用该政策会导致组织的竞争劣势或利益受损(负面的经济外溢),则组织学习的可能性会降低。

围绕着竞争机制的实证研究有两个经典案例。一个是彩票扩散的模型。如在美国,在邻近的州设立彩票销售点后,该州也倾向于设立,以防止本地居

---

① 〔美〕弗朗西丝·斯图克斯·贝瑞、威廉·D. 贝瑞:《政策研究中的创新和传播模型》,〔美〕保罗·A. 萨巴蒂尔编:《政策过程理论》,彭宗超、钟开斌等译,生活·读书·新知三联书店2004年版,第225—267页。

② Charles R. Shipan and Craig Volden, "The Mechanisms of Policy Diffusion," *American Journal of Political Science*, Vol. 52, No. 4, 2008, pp. 840-857.

民跨州购买彩票导致的税收损失。① 另一个是福利竞争触底模型。在竞争性的联邦主义体制下,一州的官员争先将本地区的福利水平保持在邻近的其他州以下,以避免成为穷人移民的"福利磁石"(Welfare Magnet)。②

在中国的政治体制下,这种竞争更多表现为政治层面的竞争。周黎安提出逐级淘汰的"政治锦标赛"模型,认为地方官员间的竞争是由于上级政府所设计的晋升竞赛,竞赛获胜者将获得晋升,而晋升的标准就是上级官员引导和控制下级的方式。③ 地方政府更倾向于将省内的兄弟政府而非其他省份的同级政府视为竞争对手,因为它们面对同一省级政府的考核。④

(三) 模仿机制

除竞争机制外,希彭等还概括了模仿与强制两种组织学习的动力机制。在他们看来,模仿机制聚焦的不是学习的内容而是学习的对象;学习的目标不是解决问题而是变得像学习对象一样,进而获得与其类似的社会评价或组织环境;因此,它也不在乎"创新是怎么被采用的,是否有效,会产生什么样的政治后果",它关心的根本问题是"它在做什么,怎么才能让我变得看起来跟它一样"。这种模仿机制其实是"基于特征"的模仿,组织设法模仿地位更高或被评断为"成功"的组织的特征,以此获得原本给予被模仿者的积极评价。朱旭峰比较了四川和天津两地的行政审批制度创新的扩散过程,区分了命令模式(mandatory policy diffusion)和争先模式(championship policy diffusion)两种创新扩散机制。在权力高度集中和自上而下的干部管理体制下,四川案例通过强制机制迫使下级政府进行动员式的组织学习。若没有上级的强制压力,晋升激励会促使下级政府在学习的基础上进行再创新。换言之,不同情

---

① Frances Stokes Berry and William D. Berry, "State Lottery Adoptions as Policy Innovations: An Event History Analysis," *American Political Science Review*, Vol. 84, No. 2, 1990, pp. 395–415; William D. Berry and Brady Baybeck, "Using Geographic Information Systems to Study Interstate Competition," *American Political Science Review*, Vol. 99, No. 4, 2005, pp. 505–519.

② Michael A. Bailey and Mark Carl Rom, "A Wider Race? Interstate Competition Across Health and Welfare Programs," *Journal of Politics*, Vol. 66, No. 2, 2004, pp. 326–347.

③ 周黎安:《转型中的地方政府:官员激励与治理》,格致出版社、上海人民出版社 2008 年版,第 89—91 页。

④ Yanlong Zhang, "From State to Market: Private Participation in China's Urban Infrastructure Sectors, 1992–2008," *World Development*, Vol. 64, No. 1, 2014, pp. 473–486.

境下的制度激励会激发领导者差异化的行为偏好,从而导致不同样态的组织学习。①

但是希彭忽略了另一种常见的模仿类型,即"基于频率"的模仿,这是指组织倾向于去模仿那些已经被许多其他组织广泛采用的实践。这些实践在扩散过程中已经为社会所接受,变得"理所当然"。② 此时公共部门之所以发动组织学习,更多的是出于对合法性的追求:既然这种实践已经变得高度制度化,采纳它等于为组织添加被社会普遍承认的理性特征,这能够增加组织的资源和提高组织的生存能力。③

(四)强制机制

无论是在国际社会还是在国内社会,都存在强制性的学习机制。强势一方或拥有更高统治权限的组织通过财政、立法等手段诱导(更多是迫使)弱势一方接纳并学习某种制度或原则。这种强制性的压力可能来自法律规则或国家强制力的规范作用,也可能源自开展学习的组织与掌握关键资源的其他行动者间的资源依赖关系。④ 换言之,当某个组织被强制要求学习和采纳某种新做法时,它对施加压力一方的资源依赖程度是影响组织反应的重要因素。

模仿与强制这两种学习机制的提出显然受到了社会学制度主义对组织趋同研究的影响。学者们注意到,组织经常被迫去学习和接受一些流行的做法和程序,尽管它可能与组织运行的效率产生尖锐冲突。他们给出的解释是,这些结构或行为已经高度制度化,为公众所广泛接受,或为法律所支持。从这个角度看,这些结构已经"脱嵌"于单个组织的主导和需求,成为独立的、

---

① Xufeng Zhu, "Mandate Versus Championship: Vertical Government Intervention and Diffusion of Innovation in Public Services in Authoritarian China," *Public Management Review*, Vol. 16, No. 1, 2014, pp. 117-139.

② Martha S. Feldman and James G. March, "Information in Organizations as Signal and Symbol," *Administrative Science Quarterly*, Vol. 26, No. 2, 1981, pp. 171-186.

③ 〔美〕保罗·迪马吉奥、沃尔特·鲍威尔:《关于"铁笼"的再思考:组织场域中的制度性同形与集体理性》,〔美〕沃尔特·鲍威尔、保罗·迪马吉奥编:《组织分析的新制度主义》,姚伟译,上海人民出版社2008年版,第68—87页。

④ Peter Blau, *Exchange and Power in Social Life*, New York: Wiley, 1986, pp. 72-105; Mark S. Mizruchi and Lisa C. Fein, "The Social Construction of Organizational Knowledge: A Study of the Use of Coercive, Mimetic, and Normative Isomorphism," *Administrative Science Quarterly*, Vol. 44, No. 4, 1999, pp. 653-683.

携带着社会期待或强制权力的类别系统,反而将组织嵌入它的社会建构情境中。① 迪马吉奥和鲍威尔从社会理性的角度具体阐释了导致"制度趋同"的三种变迁机制:强制趋同来源于政治影响力和合法性;模仿趋同是由于对结果不确定便做出合乎公认做法的反应;社会规范趋同则与专业化相关。②

二、动力机制对组织学习的影响

正如前文所提到的,组织学习很少根源于单纯的动力机制。在复杂的学习过程中,学者试图去探寻一些规律性的结论。首先,组织学习的积极性和采纳速度与学习内容的制度化程度相关。这一研究最早开始于托尔伯特和朱克对美国公务员制度扩散的研究。其研究表明,早期进行组织学习的城市基本与组织内部需求相关,也就是遵循内部决定模型。后期,当公务员制度成为各州政府的要求从而获得了类似于合法性形式的社会认可时,组织学习则更多是各种制度力量和竞争压力所导致。③ 豪斯达尔和迈纳通过对并购企业为何选择雇用投资银行家作为顾问进行研究,检验技术指标和社会化考量在跨组织模仿的共时性关系,他们发现这两者并不互斥,各自作用大小主要取决于情境不确定性和结果显著性两个关键因素的影响。④

其次,内外两种学习机制可能导致生成制度的差异。基于内在特征的学习机制更强调制度原型的效果,它将制度发源地视为"民主的试验室"(laboratories of democracy),只有当制度在政治上(制度可持续)或政策环境内(取得普遍性的绩效)都被充分确认是成功的,才可能被采用。这种基于结果的学习,无论是制度形式还是运行过程都将与制度原型高度重合。而基于追求

---

① 〔美〕约翰·迈耶、布莱恩·罗恩:《制度化的组织:作为神话与仪式的正式结构》,〔美〕沃尔特·鲍威尔、保罗·迪马吉奥:《组织分析的新制度主义》,姚伟译,上海人民出版社2008年版,第45—67页。

② 〔美〕保罗·迪马吉奥、沃尔特·鲍威尔:《关于"铁笼"的再思考:组织场域中的制度性同形与集体理性》,〔美〕沃尔特·鲍威尔、保罗·迪马吉奥:《组织分析的新制度主义》,姚伟译,上海人民出版社2008年版,第68—87页。

③ Pamela Tolbert and Lynn Zuker, "Institutional Sources of Change in the Formal Structure of Organizations: The Diffusion of Civil Service Reform," *Administrative Science Quarterly*, Vol. 28, No. 1, 1983, pp. 22-39.

④ Pamela R. Haunschild and Anne S. Miner, "Modes of International Imitation: The Effects of Outcome Salience and Uncertainty," *Administative Science Quarterly*, Vol. 42, No. 3, 1997, pp. 472-500.

合法性的模仿、强制机制则不一定如此,因为在这两种机制下的组织学习可能面临仪式性规则与技术效率要求的冲突,或者出自不同环境的仪式性规则间的冲突。组织为维持持续有效的运行,会将学习的结果与实际运行相分离(decouple),并且进行仪式性的检查和评估。①

第三节 组织内学习

组织内部的连续变化是组织学习得以实现的微观过程。在很长一段时间内,组织学习研究受到系统理论的影响,着重于刺激与反应,也就是组织系统的输入与输出环节,而将内部的学习机制视为黑箱,并未开展细致研究。另一方面是,由于学者们长期将学习视为简单的信息处理机器,从外界获取并处理信息,信息所提供的便是实现既定目标的合理决策。在从行为主义向权变理论的转型过程中,学者们开始意识到组织学习不仅是在处理信息,也在与环境的互动中重新界定问题、创造新的信息,因而组织内部学习的流动中介应该是植入了决策者的信念和承诺的"知识"而非客观存在的"信息",信息是知识生产的原始材料或基本素材。

一、组织学习过程

波兰尼将知识分为显性和隐性两种类型(explicit knowledge & tacit knowledge)。显性知识是通过文字、符号等正式表达出来的,尽量做到不因环境条件而改变,容易被传递、储存;隐性知识则储存在个人脑海里,是高度个性化的技术或认知因素,它们既与行为、信念、价值和理想等抽象理念紧密联系,也深深嵌入具体的实际时空情境中。② 组织学习从本质上说就是两种知识多次相互作用、相互转换的过程,以实现组织内的更替与创新。学者们努力地尝试将这个复杂的知识交互过程阶段化和具象化,构建出诸多组织学习的过程模型。

---

① 〔美〕约翰·迈耶、布莱恩·罗恩:《制度化的组织:作为神话与仪式的正式结构》,〔美〕沃尔特·鲍威尔、保罗·迪马吉奥:《组织分析的新制度主义》,姚伟译,上海人民出版社2008年版,第45—67页。

② Michael Polanyi, *The Tacit Dimension*, Gloucester, Mass.: Peter Smith, 1996, p. 16.

阿吉里斯和舍恩提出组织学习的四阶段模型：发现、发明、执行和推广。① 休伯将组织学习的流程分为四个阶段：获取知识、分配信息、理解信息和组织记忆。② 野中郁次郎和竹内弘高将组织学习概括为 SECI 的知识转换模型（见图 6-1），分为社会化、外显化、综合化以及内在化四种过程。③ 戴拉等提出了三阶段组织学习模式，包括知识获取、知识共享和知识利用。④ 克罗森等构建了 4I 模型，为观察（intuiting）、解读（interpreting）、整合（integrating）和制度化（institutionalizing）。⑤ 蒂皮斯和索希则将组织学习划分为五个要素：信息获得、信息扩散、理解共享、陈述性组织记忆和程序性组织记忆。⑥ 陈国权提出了组织学习的"6P-1B"过程模型，将组织学习过程阐释为发现、发明、选择、执行、推广、反馈六个阶段（6 processes，6P）以及一个知识库（1 knowledge base，1B）组成，同时组织与其外界环境还进行着知识的相互交流。⑦

仔细分析这些组织学习过程的模型，会发现它们中的大多数都遵循知识管理的流程，包括知识获取、整合与利用，其中贯穿着从个体学习、团队学习到组织学习之间的层次转换。例如陈国权等指出三者可以通过人际交流、编码化和流程化实现两两之间的相互转化⑧，而团队学习在这些相互关系中居

---

① Chris Argyris and Donald Schon, *Organizational Learning: A Theory of Action Perspective*, Reading: Addison-Wesley, Inc., 1978, pp. 18-97.

② George P. Huber, "Organizational Learning: The Contributing Processes and the Literatures," *Organization Science*, Vol. 2, No. 1, 1991, pp. 88-115.

③ Ikujiro Nonaka and Hirotaka Takeuchi, *The Knowledge-Creating Company: How Japanese Companies Create the Dynamics of Innovation*, New York: Oxford Press, 1995, pp. 28-32.

④ Anthony J. Dibella, Edwin C. Nevise, and Janet M. Could, "Understanding Organizational Learning Capability," *Journal of Management Studies*, Vol. 33, No. 3, 1996, pp. 361-379.

⑤ Mary M. Crossan, Henry W. Lane, and Roderick E. White, "An Organizational Learning Framework: From Intuition to Institution," *Academy of Management Review*, Vol. 24, No. 3, 1999, pp. 522-537.

⑥ Michael J. Tippins and Ravipreet S. Sohi, "It Competency and Firm Performance: Is Organizational Learning a Missing Link?" *Strategic Management Journal*, Vol. 24, No. 8, 2003, pp. 745-761.

⑦ 陈国权、郑红平：《组织学习影响因素、学习能力与绩效关系的实证研究》，《管理科学学报》2005 年第 1 期；陈国权：《组织学习和学习型组织：概念、能力模型、测量及对绩效的影响》，《管理评论》2009 年第 1 期。

⑧ 陈国权、孙锐、赵慧群：《个人、团队与组织的跨层级学习转化机制模型与案例研究》，《管理工程学报》2013 年第 2 期。

于中心位置①。有的研究走得更远,将顺利完成组织学习,接受或创造新理念、新流程视为组织的一种能力——"动态能力"②。其中最令人熟悉的应该是 SECI 模型和 4I 模型,下面以这两个模型为范例,详细展现组织内的知识流动与转换过程。

SECI 模型建立在显性知识和隐性知识区分的基础上,认为组织学习就是在这两种知识连续、能动的相互作用和交替转换中完成的(见图 6-1)。知识的转换就是通过 SECI 过程实现的。首先是社会化(隐性知识),通过各种形式的共同活动和经验分享将隐性知识汇聚在一起。要促进社会化不仅要求成员具备丰富的生活经验,也要求成员间培养关怀、信任等情感。其次是外在化,就是将隐性知识清晰地表达为具体的、可分享的显性知识,这种转换有赖于一系列的隐喻、类比和范例。再次是组合化(显性知识),将孤立、部分的显性知识组合成更复杂、更具体的知识体系,这里包括对知识的"整合"和"拆分",后者例如将远景或概念分解为可操作的计划或任务。最后是内在化,个人通过吸收显性知识并将其个人化为隐性知识,以此拓展、延伸或重构组织成员的隐性知识。

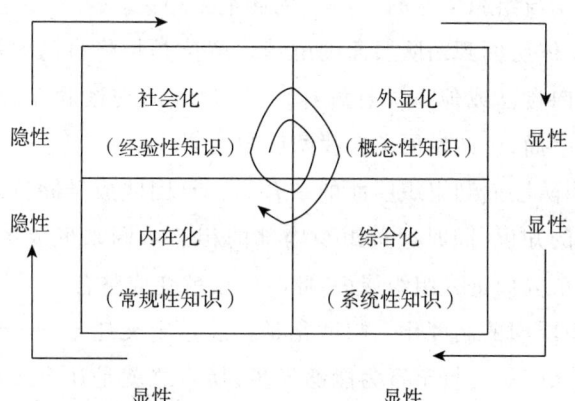

图 6-1 野中郁次郎和竹内弘高的 SECI 知识转换图

来源:Ikujiro Nonaka and Hirotaka Takeuchi, *The Knowledge Creating*, New York: Oxford University Press, 1995.

---

① Jeffrey H. Dyer, Harbir Singh, and Prashant Kale, "Splitting the Pie: Rent Distribution in Alliances and Networks," *Managerial and Decision Economics*, Vol. 29, No. 2/3, 2008, pp. 137-148.

② Gabriel Cepeda and Dusya Vera, "Dynamic Capabilities and Operational Capabilities: A Knowledge Management Perspective," *Journal of Business Research*, Vol. 60, No. 5, 2007, pp. 426-437.

由此可见，SECI模型是以个体的隐性知识作为基础，学习获得的隐性知识通过组织系统内的四个环节，促使新知识的传播和增强打破团队、部门乃至组织的界限，并将组织推到更高的知识层次，这被称为"知识的螺旋上升"。这种组织学习是一个永不停息的过程，当内在化的隐性知识再通过社会化与他人分享，将会引发新一轮螺旋上升。

组织学习的4I模型是另一个被广泛讨论和应用的模型，介绍这一模型的论文《一个组织学习框架：从直觉到制度》("An Organizational Learning Framework: From Intuition to Institution")获得了AMR期刊的"十年奖"，即认可其在过去十年中获得最多的引用次数。作者认为组织学习的本质是战略性革新，而先前的研究（包括SECI模型）都缺乏对此的关注，特别是对创新在探索(exploration)与运用(exploitation)间张力的关注。① 这个模型包括四个相关的子过程。

第一，个体层面的直觉。直觉是对个人经验中固有的模式和可能性的无意识感知（"潜意识"），其中侧重于洞察和运用的专家直觉和侧重于创新和探索的创业家直觉与组织学习的"直觉"内涵最为相关。

第二，从个体层面到团队层面的解读。解读是指将自己的观察或观念通过语言和行为向自己或他人进行解释，在与他人的交谈和互动的过程中，从非字面发展到字面，由此发展了自我的认知地图。

第三，从团队层面到组织层面的整合。一旦团队成员间持续的观察和讨论发展出共享的知识，同时通过组织内部的相互协调来形成集体行动，解读过程就超越了个人而进入组织层面，此时解读就变成整合。

第四，组织层面的制度化。制度化是指通过定义任务、制定行为规范、设立组织机制去保障一些特定行为能够发生，换言之就是让个人和团队学习嵌入组织之中，包括制度、架构、程序和战略。

图6-2中的模型不仅展示了组织学习在不同层面上的转换，同时展示出前馈（开始新学习）和后馈（利用已学到的知识）之间的矛盾。前馈通过解读到整合的过程将学习从个人和团队层面推向组织层面，而后馈则经由制度化

---

① Mary M. Crossman, Henry W. Lane, and Roderick E. White, "An Organizational Learning Framework: From Intuition to Institution," *Academy of Management Review*, Vol. 24, No. 3, 1999, pp. 522-537.

到直觉的过程影响个人和团队学习。

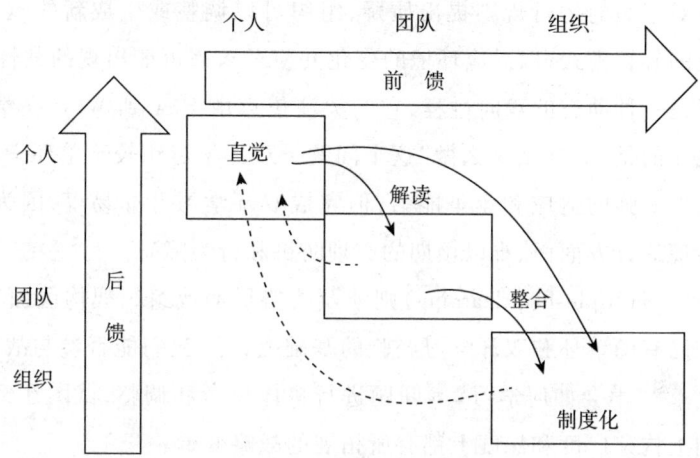

图 6-2 组织学习 4I 模型

来源：Mary M. Crossan, Henry W. Lane, and Roderick E. White,"An Organizational Learning Framework: From Intuition to Institution," *Academy of Management Review*, Vol. 24, No. 3, 1999, pp. 522-537。

二、组织学习的类型

组织学习的根本目标是自我调整（或变革）以适应环境或推动发展，因而根据调整的幅度，也就是对组织原有运行模式的调整（或"变革"）程度可以区分出若干类型。在文献中对组织学习的分类同样有诸多表述，但是最为常见的是阿吉里斯和舍恩提出的"单环学习""双环学习"和"三环学习"三种类型[1]。

单环学习（single-loop learning）建立在组织已有的运行规则基础上，当面对环境的新刺激或暴露出的问题时，组织依然遵循其既定规则或心智模式去进行行为调整。在固守自身特质的同时，检查内外各种因素引发的行为漏洞，将其调整至与固有的运作规程趋于一致。单环学习是单向的学习过程，在学习过程中始终关注的是"我们是否做对了"这个问题。

---

[1] Chris Argyris and Donal A. Schon, *Organization Learning Ⅱ: Theory, Method and Practice*, Reading, MA: Addison-Wesley Publishing, Co., 1996, pp. 18-97.

双环学习(double-loop learning)不再固守组织既定的规则标准,认为一旦环境反馈对组织的运行规则提出质疑,组织可以调整或生成新的政策、目标以及相应的心智模式,以适应环境的变化并应对未来可能出现的共性问题。[①] 双环学习是一种动态的双向过程,它的关注焦点由 How 到 Why,在学习过程中始终关注的是"为什么这么做"这个问题。双环学习相较于单环学习,能够使组织获得更强的适应和竞争能力,但完成双环学习并非易事,因为在这一过程中会遭遇方方面面、难以预期的心理防御和行为障碍。

三环学习(triple-loop learning)则涉及战略层面或组织架构层面。[②] 三环学习要在已有的单环和双环学习经验的基础上,对"我们能否参与战略、目标的规划变革""学会如何学习"等问题进行集体思考和调整,试图在经验和自省的基础上构建广度和深度上都有所拓展的战略变革。

在具体的场景或案例中,这三种(特别是前两种)类型经常同时出现在同一组织学习过程中,只是区分不同层次。越基层、职位越低的职工越趋向于单环学习。[③] 倘若要在组织低层进行学习,特别是双环学习,必须得到权力的上级的支持才能有效完成。三环学习只有由接近高层的领导者发起,才可能产生希望的变革效果。[④]

三、公共组织内部学习的障碍因素

对组织内部学习的研究中最主要的议题就是如何防止在知识传播、共享和应用中发生"过程损失",彼得·圣吉在《第五项修炼——学习型组织的艺术与实务》开篇就追问,为何许多团队都面临这般困境,每个团员的智商都在

---

① Michael J. Tippins and Ravipreet S. Sohi, "It Competency and Firm Performance: Is Organizational Learning a Missing Link?" *Strategic Management Journal*, Vol. 24, No. 8, 2003, pp. 745-761.

② Rovert L. Flood and Norma R. A. Romm, "Contours of Diversity Management and Triple Loop Learning," *Kybernetes*, Vol. 25, No. 7, 1996, pp. 154-163.

③ Mark Easterby-Smith, Robin Snell, and Silvia Gherardi, "Organizational Learning: Diverging Communities of Practice?" *Management Learning*, Vol. 29, No. 3, 1998, pp. 259-272.

④ Richard R. Nelson and Sidney G. Winter, *An Evolutionary Theory of Economic Change*, Mass.: The Belknap Press, 1982, p. 131.

120以上,但整体团队的智商却减半。① 下面将详细阐释若干组织学习过程中,特别是公共组织学习过程中经常面临的阻碍。

（一）利用与探索之间的张力

马奇在借鉴理性选择理论的基础上提出在组织创新和学习过程中的利用与探索问题。利用性学习是以稳定和效率为导向的,要求员工通过采用更为熟练的业务实践和标准流程对组织内部已有的知识进行深化运用。它基本上是对现存能力、技术和范式的凝练和拓展,所以回报是正向的、接近的和可预期的。探索性学习则是以探索创新为导向的,是指获取新的替代性知识以增加未来收益,可以视为对新方案的试验,因而它的收益是不确定的、巨大的,也经常是负面的。② 以上两者间的张力不仅在于预期收益上的差异,更重要的是已习得的知识基于其制度化程度会产生强大的路径依赖效应,进而阻碍由个人向团队、组织的反馈过程和对新知识的吸收。两者间张力的第三种表现在于议程设置层面。倘若已有知识已经深刻地烙印在组织集体思维中,也就是说组织成员可能在思考问题、交谈互动中已经自觉地将某些新的、有价值的知识排除在议程范围之外。因而克罗森明确地阐释了两者间的矛盾:在组织层面,制度化的学习通常很难被改变,因此制度化学习有失去作用甚至妨碍前馈学习流程的风险。这引发了解放组织和摧毁官僚主义的呼声,然而官僚主义(或制度化)不一定是消极的。如果想要利用好已经学习到的东西,进而产生效益,那么对学习进行制度化是非常必要的。③

利用与探索之间的选择和张力充斥在分析、模仿、重建和技术变革等组织学习的过程要素之中。阿吉里斯指出某些个体特别是专业人士,容易倾向于固守自己的经验而失去学习能力。④ 同样的故事也经常发生在那些发展较

---

① 〔美〕彼得·圣吉:《第五项修炼——学习型组织的艺术与实务》,郭进隆译,上海三联书店1994年版,第2页。
② James G. March, "Exploration and Exploitation in Organization Learning," *Organization Science*, Vol. 2, No. 1, 1991, pp. 77-87.
③ Mary M. Crossan, Henry W. Lane, and Roderick E. White, "An Organizational Learning Framework: From Intuition to Institution," *Academy of Management Review*, Vol. 24, No. 3, 1999, pp. 522-537.
④ Chris Argyris, "The Use of Knowledge as a Test for Theory: The Case of Public Administration," *Journal of Public Administration Research and Theory*, Vol. 1, No. 3, 1991, pp. 337-354.

早、体量较大的公共组织,汉迪称之为"成功的悖论"价值曲线。也就是说,组织的价值一般呈 S 形发展,原本对组织发展具有增速作用的思维模式会逐渐转变为强势逻辑而对组织的发展和变革产生桎梏作用。为了摆脱这种悖论,汉迪认为应该在组织价值仍处于平稳上升的阶段就继续进行变革和创新,以一条新的价值曲线取代旧的价值曲线(如图 6-3)。①

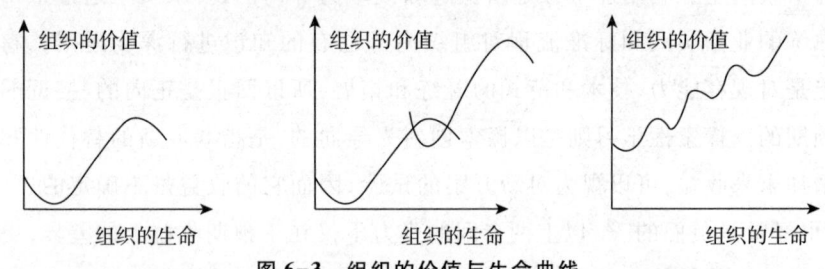

图 6-3　组织的价值与生命曲线

来源:〔美〕查尔斯·汉迪:《空雨衣:变革时代的商务哲学》,江慧琴、赵晓译,华夏出版社 2000 年版,第 48—65 页。

(二)多层次学习过程中的转换困境

组织学习与个人学习最显著的区别就是从个人、团队到组织三个层次间的交互学习。它不是一个简单的量变过程,而是质的提升,在这个过程中很有可能遭遇诸多学习困境,特别是集体行动的困境。在此以组织心智模式引发的防御惯性和群体思考为例进行说明。

首先是公共组织的心智模式。很多情况下,新的想法之所以无法付诸实施,是因为它与组织成员深植于心、对于所在组织和周遭世界如何运作的看法及行为相抵触。而以科层形式组织起来的公共部门,其结构的科学性、运作的技术化和非人格化凸显,换言之,组织自身存在着支配组织成员的极强的"心智模式"。组织的心智模式越强,对与之有分歧或相抵触的创新知识的接受能力就越差,这也是捍卫组织本质的防御性惯性。

其次是群体思考。由于集体决策可能会营造出一种高度团结的氛围,没人希望打破这种和睦的气氛,更没有人愿意被视为"不合群"而被群体排斥,因此在集体决策时很容易形成一致意见。特别是在公共组织决策中,除了成

---

① 〔美〕查尔斯·汉迪:《空雨衣:变革时代的商务哲学》,江慧琴、赵晓译,华夏出版社 2000 年版,第 48—65 页。

员对群体性压力的妥协,自上而下的权力结构和"命令—服从"的行为惯性并未为成员间的自由交流提供平等身份,而是让成员更倾向于服从领导的决策。但是这种决策的一致性无法带来行动的一致性,因为强制达成的共识并未解决未来可能发生的种种问题。所以在执行过程中更可能出现成员当众都表示同意,但私下消极怠工或策划破坏活动,类似于斯科特提出的"弱者的武器"①。

(三) 知识的黏性与模糊性

以知识为载体的组织学习对知识的特征有着很高的要求。若要在个体学习与组织学习之间有效转换,除了要应对上述集体行动的困境外,根本保障还在于对知识有效解读和编码,而这受制于知识的特征。其中包括知识本身的"隐含性",也就是可被编码的程度。若知识创新主要源自隐性知识,那么它被编码的难度就会增加。此外还有知识的情境依赖性。若创新知识对所在环境的依赖程度很高,那么它被转移和复制的可能性就较低,因为学习者的组织环境中不一定拥有与原创者相类似的资源。这些都增加了知识转移的成本,提高了知识的黏性,即知识被转移的顺畅程度,一般知识的黏度越大,转移的成本就越高。② 苏兰斯基扩展了知识黏性的外延,认为知识在组织内部流动的黏性不仅仅因为转移成本,还涉及知识转移的知识源和知识接收者等多种因素。但是这种扩展在一定程度上让这一概念变得泛化,理论解释力反而下降。③

此外,公共组织学习在知识方面另一个(同时也是独有的)特征就是模糊性。这种模糊性源于组织的权威性,用拉斯韦尔的话说,就是它决定了"谁,在何时,以何种方式得到什么"④。这使得公共组织的学习与变革,从决策的制定到实施,每一步都经历政府内外的权力较量。

---

① 〔美〕詹姆斯·斯科特:《弱者的武器》,郑广怀、张敏、何江穗译,译林出版社 2011 年版,第 33—56 页。

② Eric Von Hippel, "Sticky Information and the Locus of Problem Solving: Implications for Innovation," *Management Science*, Vol. 40, No. 4, 1994, pp. 429-439.

③ Gabriel Szulanski, "Exploring Internal Stickiness: Impediments to the Transfer of Best Practice Within the Firm," *Strategic Management Journal*, Vol. 17, Winter Special Issue, 1996, pp. 27-43.

④ 〔美〕哈罗德·拉斯韦尔:《政治学:谁得到什么?何时和如何得到?》,杨昌裕译,商务印书馆 1992 年版,第 1 页。

因而，这些公共政策的复杂、模糊不仅源自知识内在的特征，也可能源于政策全过程中的谈判和妥协，此时的决策发挥更多的是象征性的功能。此外，决策者可能有意让公共政策的显性知识变得模糊，从而将其留到执行环节。黑尧提出决策者这么做的若干原因：冲突在政策制定阶段无法得到解决；让执行者拥有审时度势、因地制宜的自由裁量权；相信执行者握有做出关键决策更有利的条件；对决策可能造成的社会后果不明确；为执行过程中与利益集团的谈判与妥协留出空间；等等。① 因此，拉巴隆巴拉感慨地说："在政治领域，组织效率的考虑往往与决策和选择无关。在这里，成功的'企业家'是那些懂得如何生存，以及如何在充满意外之险的环境里使他们的政策生存并适应频繁和剧烈变化的人。"②

但我们也必须看到在组织学习分类的背后，其实潜藏着关于渐进改革和激进改革的争论。阿吉里斯和舍恩所倡导的是激进学习。在他们看来，单环学习是一种浅层次的学习，组织通常都能实现，开发双环学习的能力、触及激进改革的核心部分，这才是最关键的。③ 利文索尔和马奇则持渐进改革的观点，认为渐进改革是组织学习中最普遍，也是较为有效的。因为它不需要调动组织中尚未被利用的知识，也不直接冲击原有的组织结构，无论是成本花费还是所面对的阻力都会比较小。④

第四节 组织间学习

组织学习具有两个维度，一是以知识为载体在组织内部的流动、转换过程，也就是组织内学习。对于这部分内容，管理学和组织学进行了深入而全面的研究，通过细化学习阶段、划分学习类型以及构建评价体系等，将组织内

---

① 〔美〕米切尔·黑尧：《现代国家的政策过程》，赵成根译，中国青年出版社2004年版，第118页。

② 〔美〕约瑟夫·拉巴隆巴拉：《组织中的权力与政治：公私组织比较》，〔德〕迈诺尔夫·迪尔克斯、〔德〕阿里安娜·贝图安·安托尔、〔英〕约翰·蔡尔德、〔日〕野中郁次郎、〔中〕张新华：《组织学习与知识创新》，上海社会科学院知识与信息课题组译，上海人民出版社2001年版，第434—451页。

③ Chris Argyris and Donald Schon, *Organizational Learning: A Theory of Action Perspective*, Reading: Addison-Wesley, Inc., 1978, p. 25.

④ Daniel A. Levinthal and James G. March, "The Myopia of Learning," *Strategic Management Journal*, Vol. 14, Sepcial Issue, 1993, pp. 95-112.

部的学习黑箱一点点打开了。第二个维度是组织间学习,讨论创新知识如何从一个组织扩散到其他组织,侧重于从扩散—接受的视角分析,以不同组织之间的沟通与交流为前提,主要观察接受者在何种学习机制的影响下采纳创新知识。① 在公共政策领域,学者以"政策扩散"的概念研究同一政策是如何通过不同的组织学习机制、不同的传播途径在空间上扩展的。在这方面,国内外的政治学、行政学领域积累了一系列较有价值的研究。

"政策扩散"与"组织学习"间的密切联系从概念界定中就可见一斑。罗杰斯认为,扩散是一项创新随着时间流逝被一个社会系统的成员理解和接受的过程②;卢卡斯也强调扩散过程的本质是人(组织)与人(组织)之间的互动与沟通,当某种创新从原创地传输到创新的最终使用者或采纳者,其实也就是欲采纳政策的组织向原创组织学习的过程③。

一、组织学习的信息交流渠道

倘若将组织间学习的本质定位于交流与沟通,交流的动力在组织学习机制部分(本章第二节)已经有较为详细的阐述,这里讨论一下交流的渠道问题。交流渠道的多样性和畅通性直接关系到组织学习的核心——"知识"获取的可能性与质量。相较而言,信息畅通、思维开放的政府官员更愿意尝试创新知识,开展组织学习。政府开展组织间学习的交流渠道或机制是多样的,如有形的会议、组织和无形的人事交流或新闻媒介。

首先是政治领导人的更换和交流。在美国,城市的市政经理人(municipal manager)是由竞选上任的政治家聘任的,特奥多罗发现这些市政经理人能够促进节水政策在不同城市扩散,因为这个群体的职业流动遵循市场化规律,对他们来说专业技能和声望是最重要的标准。④ 在"多规合一"的案例研究

---

① 朱亚鹏:《政策过程中的政策企业家:发展与述评》,《中山大学学报(社会科学版)》2012 年第 2 期。
② Everett M. Rogers, *Diffusion of Innovations*, New York, Toronto: The Free Press, 1995, p. 58.
③ Anelissa Lucas, "Public Policy Diffusion Research: Integrating Analytic Paradigms," *Science Communication*, Vol. 4, No. 3, 1983, pp. 379-408.
④ Manuel P. Teodoro, "Contingent Professionalism: Bureaucratic Mobility and the Adoption of Water Conservation Rates," *Journal of Public Administration Research and Theory*, Vol. 20, No. 2, 2010, pp. 437-459.

中,张克阐释了中国干部管理体制中特有的干部交流制度对于创新知识的传播的影响,当然他也明确提出,政策企业家的支配性权威与问题界定、政策的绩效合法性和技术可行性是异地官员考虑是否推行组织学习的关键因素。①

其次,融入政策网络也是重要手段。因为特定的网络平台能够提供与其他组织人员交流的机会,这不仅能够帮助组织获取隐性知识(相比显性知识,这更难以传播和获取),还能吸取原创者的教训、少走弯路,以降低知识转化的成本。② 政策网络的内在联结程度与开放度对于知识获取的质量是有影响的。

最后是社会专业群体,包括专家、民间智库或新闻媒介,这也在客观上构成了官员之间的信息沟通网络,但为弱关系。根据格兰诺维特的分析,弱关系甚至要比强关系更有效率,因为网络成员能够以极低的成本获得大量信息资源。③ 在中国当前的情况下,专家和新闻媒体的功能在不断扩展,新闻媒体在信息传播方面发挥了重要作用。它在揭露问题和传播创新信息的同时,还会形成一定的社会舆论压力,吸引决策者的关注和促使他们积极行动。④

与此同时,在许多成功的地方政府创新或组织学习案例当中,都有政策专家、学者活跃其中。⑤ 专家主要从两个方面促进创新知识的传播:第一是向决策者或政策制定群体介绍新的政策思路,并说明实施所需的具体制度条件;第二是通过比较和总结国家或地区的政策实践,详细辨识这些政策的优劣。何包钢等将美国菲什金教授的"协商民意调查"(deliberative polling)应用于浙江温岭市泽国镇的重大公共项目协商⑥,此后他又在广东某村指导关于

---

① 张克:《地方主官异地交流与政策扩散:以"多规合一"改革为例》,《公共行政评论》2015 年第 3 期,第 79—102 页。

② Simon C. Parker, "The Economics of Formal Business Networks," *Journal of Business Venturing*, Vol. 23, No. 6, 2008, pp. 627-640.

③ Mark Granovetter, "The Strength of Weak Ties," *The American Journal of Sociology*, Vol. 78, No. 6, 1973, pp. 1360-1380.

④ Yanlong Zhang, "From State to Market: Private Participation in China's Urban Infrastructure Sectors, 1992-2008," *World Development*, Vol. 64, No. 1, 2014, pp. 473-486.

⑤ Yapeng Zhu, "Policy Entrepreneurship, Institutional Constraints, and Local Policy Innovation in China," *Australian Journal of Public Administration*, Vol. 71, No. 2, 2012, pp. 191-200.

⑥ 蒋招华、何包钢:《协商民主恳谈:参与式重大公共事项的决策机制——温岭市泽国镇公众参与 2005 年城镇建设资金使用安排决策过程的个案报告》,《学习时报》2005 年总第 308 期,第 5 版。

第六章 组织学习理论

外嫁女身份的问题的基层协商实践①。此外,有些社会运动团体或专家团队也开始扮演政策企业家的角色,他们通过一系列"跨界"活动,推动辖区政府采纳他们所倡导的政策。②

二、组织间学习模型

在早期的相关研究中,学者试图在个案研究或案例比较的基础上,提炼出类似物理学定理的组织间学习(政策扩散)的时空分布规律。例如布朗和考克斯就提出创新扩散的三条经验性规律:在时间上呈 S 形曲线、在空间上呈现近邻效应、在区域内出现"领导—跟进"的层级效应。③ 其中,近邻效应和层级效应在下文的区域扩散模型和领导—跟进模型中将详细论述。时间上的 S 形分布是由罗杰斯提出的,他认为几乎所有创新知识的传播都呈现动态的 S 形曲线,初期学习的人较少,速度缓慢,当采纳的数量到达一定比例后突然加速,呈迅速上升态势,在接近饱和点后又趋于缓慢。④ 这一规律引发了学者们的兴趣,纷纷借由具体政策的扩散案例对此进行验证和解释,例如托尔伯特和朱克对美国公务员制度扩散的研究、杨静文对中国地级市"政务中心"制度扩散的研究⑤以及张玮对暂住证制度扩散的研究⑥,都印证了这条 S 形的扩散曲线。

在不断增加的案例研究中,学者发现政策扩散并非简单的、客观的时空演化过程,而是在复杂的权力结构和多样的信息流通机制下的能动性学习过程。组织间的权力结构不仅会影响到组织学习的动力机制,也会影响到政策的扩散情况。这种权力结构是由本国内部纵向的权力配置,也就是通常说的"中央—地方关系"所决定的。于是学者从规律研究转向能够包容权力关系

---

① 何包钢:《协商民主和协商治理:建构一个理性且成熟的公民社会》,《开放时代》2012 年第 4 期。

② Steven J. Balla, "Interstate Professional Associations and the Diffusion of Policy Innovations," *American Politics Research*, Vol. 29, No. 3, 2001, pp. 221-245.

③ Lawrence A. Brown and Kevin R. Cox, "Empirical Regularities in the Diffusion of Innovation," *Annals of the Association of American Geographers*, Vol. 61, No. 3, 1971, pp. 551-559.

④ Everett M. Rogers, *Diffusion of Innovations*, New York, Toronto: The Free Press, 1995, pp. 120-145.

⑤ 杨静文:《我国政务中心制度创新扩散实证分析》,《中国行政管理》2006 年第 6 期。

⑥ 张玮:《中国户籍制度改革地方实践的时空演进模式及其启示》,《人口研究》2011 年第 5 期。

和动力机制的模型研究。贝里夫妇基于美国联邦制结构总结出经典的政策扩散(组织学习)四模型,分别为全国互动模型、区域扩散模型、领导—跟进模型与垂直影响模型①,下面以此为基础兼而讨论一些相关研究。

全国互动模型假定存在一个公共项目的全国性交流网络,各州的官员透过该网络都可以自由互动、完全融合,了解其他同行的项目信息。在这种信息完全畅通、低成本获取的情况下,该模型认为未实施该项目的州采纳项目的概率是与它的官员和采纳项目的州的官员的互动次数成比例的。

区域传播模型不认同各州在全国范围内完全互动的假设,它认为各州主要受地理上邻近的州的影响,既包括相邻的州,也包括固定发展区域内的各州。该模型是沃克提出的,他发现美国许多州的政策制定并不完全是渐进的,经常出现跳跃性的"创新",而且这些创新常常被邻近的州所效仿。②

这种影响主要通过三种学习机制扩散——学习、竞争和公众压力。首先,邻近的地理位置使采纳者与传播者之间有着相类似的经济、社会背景,在这种情况下的"学习",能够较为有效地保障政策执行的结果。倘若两州相邻,由于公众更为熟悉和关注邻州的情况,此时采纳政策的公共压力尤其巨大。其次是竞争,由于人口、资金流动的限制,各州更可能与邻近的州形成竞争关系。这既包括对吸引资本、增加税收(例如彩票案例)的需求,也包括对成为"福利磁石"的担心。与此同时,也有研究从信息传播的视角解释,地理邻近会影响到组织间的交流频率和互动质量,这促进了模仿行为。③

在此基础上,后来的研究者提出了一种修正模型,即竞争性模仿模型,它基本延续了区域传播模型的解释机制,但是它也指出开展组织学习的主体不一定来自地理层面上的周边地区,而是源于角色或结构相似的群体。在这个更大的学习网络中,组织将可能采纳任何使他者显得更成功的创新方法。有学者指出,在政策效果具有不确定性的情况下,基于特征的模仿比基于地理

---

① 〔美〕弗朗西丝·司图克斯·贝瑞、威廉·D. 贝瑞:《政策研究中的创新和传播模型》,〔美〕保罗·A. 萨巴蒂尔:《政策过程理论》,彭宗超、钟开斌等译,生活·读书·新知三联书店2000年版,第225—267页。

② Jack L. Walker, "The Diffusion of Innovations Among the American States," *American Political Science Review*, Vol. 63, No. 3, 1969, pp. 881–893.

③ Everett M. Rogers, *Diffusion of Innovations*, New York, Toronto: The Free Press, 1995, p. 71.

邻近性的模仿更显著。①

领导—跟进模型假定某些州在某项政策施行上是先行者,其他州都会争相效仿这些领导者。贝里夫妇没有对内在的动机进行区分。这些动机可能是基于常见的学习、竞争机制,但也存在其他因素,例如朱旭峰对不同行政审批创新的扩散模式进行考察后指出,政策采纳者对政策的复制其实是对领导政府的复制,换言之,其模仿的目标是领导者而非具体政策②。

垂直影响模型将效法、学习的对象从其他州的政策转向全国性政策。这种垂直影响关系除了基于权力结构的强制—服从机制外,还包括激励—响应机制。联邦政府会提供例如资助金项目等财政激励,而且由联邦提供了激励的政策比各州制定的政策传播得更快。财政激励越多,州政府推行的积极性就越强。③

正如前文所言,不同国家的垂直权力配置影响了组织间学习的模式。随着近年来对中国模式和体制韧性的研究,学界对中国的政府间组织学习的关注日趋增加,学者开始基于中国的央地关系和改革路径,提出中国的政策扩散(组织学习)模型。王浦劬等提出的政策扩散模型基本延续了贝里夫妇的研究思路,结合中国情境,根据扩散的层级方向,提出自上而下的层级扩散、自下而上的吸纳辐射、同一层级的区域或部门间扩散,以及不同发展水平的区域间政策跟进四种扩散模式(见表6-1)。

表6-1　中国公共政策扩散模型

扩散模式	组织关系	扩散动力	扩散方向	扩散路径
层级扩散	从中央到地方垂直的五级政府	行政命令	自上而下	政策全面铺开 局部试点—全面推行

---

① Pamela R. Haunschild and Anne S. Miner, "Modes of Interorganizational Imitation: The Effects of Outcome Salience and Uncertainty," *Administrative Science Quarterly*, Vol. 42, No. 3, 1997, pp. 472-500.

② Xufeng Zhu, "Mandate Versus Championship: Vertical Government Intervention and Diffusion of Innovation in Public Services in Authoritarian China," *Public Management Review*, Vol. 16, No. 1, 2014, pp. 117-139.

③ Welch Susan and Thompson Kay, "The Impact of Federal Incentives on State Policy Innovation," *American Journal of Political Science*, Vol. 24, No. 4, 1980, pp. 715-729; Andrew Karch, "National Intervention and the Diffusion of Policy Innovations," *Public Administration Abstracts*, Vol. 33, No. 4, 2007, pp. 403-406.

(续表)

扩散模式	组织关系	扩散动力	扩散方向	扩散路径
吸纳辐射扩散	从中央到地方垂直的五级政府	地方政府的自主创新	自下而上再自上而下	地方政策创新—上级采纳—推广实行
区域(部门)间扩散	邻近区域、城市间、不同部门间、区域间	学习机制、模仿机制或竞争机制	同一政府层级间	类似于贝里夫妇的区域传播模式和领导—跟进模式
不同发展水平的区域间跟进扩散	不同发展势能的地区之间	学习机制、模仿机制	同一层级间	从发达地区向欠发达地区扩散

来源:王浦劬、赖先进:《中国公共政策扩散的模式与机制分析》,《北京大学学报(哲学社会科学版)》2013年第6期,第14—23页。

赵慧借由研究养老保险政策对其中的吸纳辐射模型进行了补充。她通过对农民工养老保险和新农合两项政策的比较分析得出,在自下而上的政策扩散中,中央政府可能产生"经验借鉴"和"统筹协调"两种作用,后者是指对地方政策创新产生的负面影响进行修正和跨地区的"统筹安排"。[①] 于晓虹认为,自下而上的地方创新有四种命运:湮灭、原地续存、局部性扩散、全国性扩散。其中能够实现全国性扩散的少之又少。她提出风险—效果机制以解释地方政府创新的不同命运:地方创新的政治风险越低,创新存续或扩散的可能越大;地方创新的效果(创新收益与创新成本间的差距)越好,存续或扩散的可能性越大。[②]

王绍光以中国政治体制的适应能力为出发点,对中国政府的组织学习模式进行了分类,依据学习的推动者和学习源两个向度将其划分为四类(见表6-2)。[③]

---

① 赵慧:《中国社会政策创新及扩散:以养老保险政策为例》,《国家行政学院学报》2013年第6期。
② 于晓虹:《地方创新的局域性扩散——基于山东新泰"平安协会"实践的考察》,《国家行政学院学报》2013年第6期。
③ 王绍光:《学习机制与适应能力:中国农村合作医疗体制变迁的启示》,《中国社会科学》2008年第6期。

表 6-2　中国政府的四种组织学习模式

		学习源	
		实践	实验
学习的推动者	决策者	1	2
	政策倡导者	3	4

来源：王绍光：《学习机制与适应能力：中国农村合作医疗体制变迁的启示》，《中国社会科学》2008 年第 6 期，第 113—135,209 页。

其中,决策者是寻求学习以应对治理问题的主要行动者。除此之外,有些决策圈以外的群体,例如政策主管部门、地方政府、政策专家、公务员、媒体工作者以及社会利益相关群体等,都可能因为相似的政策主张形成"倡导者联盟"。学习源分为实践与实验两种：实践是指已有的经验或做法,既包括本国的政策与制度遗产,也包括国外过往与现实的经验教训；实验是指在小范围进行的,针对具体问题寻找有效解决工具的干预性做法。因而可以划分为决策者—实践、决策者—实验、倡导者联盟—实践、倡导者联盟—实验四种学习模式。他认为一个体制适应能力的强弱取决于它是否能充分利用所有模式进行学习,在他所考察的中国农村合作医疗体制变迁的案例中,四种学习模式都存在。

第五节　公共组织学习的影响因素

在当前复杂多变、激烈竞争的环境下,人们日益认识到学习,特别是持续学习,对于组织(无论是对公共组织还是私人组织)的生存与发展都相当重要。持续、有效的学习依赖于组织内部特定的结构特征和环境条件,学者试图从规范层面归纳出能够促进组织学习的共性特征,描绘出"学习型组织"——擅长灵活迅速地学习,能够持续不断地改造自身以适应环境、实现战略目标的组织——的理想类型。[①]

"学习型组织"的概念是圣吉提出的,在《第五项修炼——学习型组织的

---

① Mike Pedler, John Burgoyne, and Tom Boydell, *The Learning Company: A Strategy for Sustainable Development*, New York: McGraw Hill, 1991, pp. 53-62.

艺术与实务》中,他具体阐释了锻造学习型组织需要修炼的五项内容。

第一,"自我超越"的修炼是学习不断厘清自己真实的愿景,同时集中精力、培养耐心以客观地观察现实。它作为学习型组织的精神基础,塑造不断创造和超越的意愿。

第二,改善"心智模式"是通过自审、自省和兼顾质疑与表达的交谈,修炼自己的心智模式,即那些根深蒂固的,影响我们如何了解这个世界,以及如何采取行动的假设、成见甚至图像、印象。

第三,建立"共同愿景"是去发掘能够将全体成员组织起来的共享的目标、价值观和使命。这种共同的愿景能够凝聚组织,同时使成员主动而真诚地分享和投入组织发展而非被动遵从命令。

第四,"团队学习"是发展团队成员整体协同观念、实现共同目标的过程,在团队学习的修炼中必须精于运用深度汇谈与讨论两种团队交谈方式。前者是暂停个人的主观思维,彼此聆听;后者是提出不同的看法并加以辩护。

第五,"系统思考"。强调从对单独某个部分加以深入思考转向观察时空相互关联的整体;找到一再重复发生的结构形态;抓住能引起结构重要而持续改善的最佳"杠杆点";将复杂、烦乱的片段结合成前后一贯的叙事,进而找到问题整合的方法和持续有效的对策。[①]

至今对"学习型组织"的研究仍然延续圣吉的导向,以行动取向而非分析取向为主,主要服务于咨询或人力资源的管理实践,为评价和改进组织学习能力提供测量方法。[②] 但是它所利用的大多是组织学习文献中的概念和方法,而且它实际上也是组织学习理论的一个领域。[③] 后面将利用学习型组织的相关研究成果对"什么条件更有利于组织学习"的问题进行讨论,主要包括四个因素:领导者、组织结构、学习机制和组织文化。

[①] 〔美〕彼得·圣吉:《第五项修炼——学习型组织的艺术与实务》,郭进隆译,上海三联书店1994年版,第168—316页。

[②] Swee Goh and Gregory Richards, "Benchmarking the Learning Capability of Organizations," *European Management Journal*, Vol. 15, No. 5, 1997, pp. 575-583.

[③] Satu Lahteenmarki, Jouko Toivonen, and Merja Mattila, "Critical Aspects of Organizational Learning Research and Proposal for its Measurement," *British Journal of Management*, Vol. 12, No. 2, 2001, pp. 113-129.

一、领导者因素

在组织学习过程中,组织学习与个体学习的交互发挥了关键性作用,这种作用首先体现在个体,特别是核心能动者对组织问题的洞察力。圣吉对"有效的领导者"尤为强调,认为其主要作为设计师、教师和仆人的混合体,负责建立共同愿景、挑战流行的思维模式并负责建构组织。① 公共组织最典型的特征就是严格的等级结构,在这种权力关系中,领导者通常扮演组织学习的发起者或推动者。

在这种情况下,研究领导者因素与组织学习的关系显得极为关键。有关该议题的研究呈现出规范和实证两种路径。无论是通过案例比较还是理论推演,规范路径的研究试图归纳出能够有效推动组织学习的领导者特征或素质。组织学习一般都是以改革和创新为目标的,都可以被视为对现状的含蓄批评,因此对领导者的素质有着较高的要求。倘若领导或上级较为保守、更关注维持当前的利益格局,其对学习和变革的容忍是有限的。沿着这种思路,弗里德曼就归纳出推动组织学习的领导者四种特征:能主动适应并能反思,志高但又现实地对待局限性,具有批判精神但又很投入,以及既独立又与他人密切合作。② 该路径衍生出"变革型领导""政策企业家"等重要概念。

伯恩斯区分了契约型领导和变革型领导。在他看来,契约型领导是在原有的体制框架内,以领导者的资源奖励交换被领导者的服从;变革型领导则是让追随者意识到所承担任务的价值和重要性,激发或扩展他们更高层次的需求,进而使之以团队或组织的目标取代个人利益。③ 这对概念源于政治学并被管理学者不断具象化和标准化,巴斯和阿沃里奥就提出变革型领导的四个组成部分:理想化的感召力、个人体恤、智力激励和鼓舞人心。④

---

① Peter M. Senge, "The Leader's New Work: Building Learning Organizations," *Sloan Management Review*, Vol. 32, No. 1, 1990, pp. 7-23.
② 〔美〕维克托·J. 弗里德曼:《个体作为组织学习的推动者》,〔德〕迈诺尔夫·迪尔克斯、〔德〕阿里安娜·贝图安、安托尔、〔英〕约翰·蔡尔德、〔日〕野中郁次郎、〔中〕张新华编:《组织学习与知识创新》,上海社会科学院知识与信息课题组译,上海人民出版社2001年版,第308—320页。
③ James Macgregor Burns, *Leadership*, New York: Harper Torchbooks, 1978, pp. 32-67.
④ Bruce J. Avolio and Bernard M. Bass, *Multifactor Leadership Questionnaire*, Redwood City: Mind Garden, Inc., 2000, pp. 48-92.

在公共组织研究中经常使用的概念是"政策企业家"(policy entrepreneur),指称"那些通过组织、运用集体力量来改变现有公共资源分配方式的人"①。相对其他的政策参与者,其特征包括:愿意并能够承担风险责任;具有改变政治风向的能力;拥有良好的管理和领导潜力;最重要的是他们坚持不懈地打破政治平衡,推广新的政策方案。② 由此可见,倘若组织拥有具有"政策企业家"精神的领导,对推动组织学习会产生极大的助力。首先,他通过聚集组织力量、构建政策网络以伺机影响组织的议程设置;其次,他通过系列策略行动宣传政策方案、组建政治联盟并集合、统一意见,以此推动政策创新与组织变迁。③ 伯尼尔和哈法西基于加拿大公共行政机构年度创新奖的案例分析得出类似的结论:在公共政策的运行过程中,政策企业家大多以团体形式出现,行为模式也更加系统,由此逐步影响政策的改变。④

实证研究路径则是通过案例或量化分析,在个人经历或组织体制中寻找塑造"政策企业家"或"变革型领导"的影响因素,特别是解答"为什么公共组织要开展组织学习,进行政策创新"。吴建南等在对各地效能建设进行事件史分析时考察了领导者特征与组织学习的相关性,他认为省委书记的学历和以往任职经历与效能建设的采纳是正相关的。⑤ 张克以广东省"多规合一"规划体制改革的案例,详细论述了任职经历的影响机制。作为政策企业家的地方主官,会在干部流动的制度安排下在交流地开展学习,复制已有的试点经验。⑥ 至于背后的激励因素则可以追溯至中国的干部晋升机制。在党管干部

---

① Eugene Lewis, *Public Entrepreneurship: Toward a Theory of Bureaucratic Political Power*, Bloomington: Indiana University Press, 1980, p. 9.
② Nancy C. Roberts, "Public Entrepreneurship and Innovation," *Policy Studies Review*, Vol. 11, No. 1, 1992, pp. 55-74.
③ 朱亚鹏:《政策过程中的政策企业家:发展与述评》,《中山大学学报(社会科学版)》2012 年第 2 期。
④ Luc Bernier and Taïeb Hafasi, "The Changing Nature of Public Entrepreneurship," *Public Administration Review*, Vol. 67, No. 3, 2007, pp. 488-503.
⑤ 吴建南、张攀、刘张立:《"效能建设"十年扩散:面向中国省份的事件史分析》,《中国行政管理》2014 年第 1 期。
⑥ 张克:《地方主官异地交流与政策扩散:以"多规合一"改革为例》,《公共行政评论》2015 年第 3 期。

体制下,异地交流任职通常是对干部的培养和考察,是提拔重用的前兆。目前,地方对官员政绩的评价标准日益多样化,此时推动一项有代表性的政策创新可能大幅提升官员的政治影响力。在这种情况下,异地交流的官员都有动力和热情将自认为"好"的经验传播到履新地。①

二、组织结构因素

组织的结构决定了组织内部的权力布局、信息传输和激励导向,其中每个要素都直接或间接地影响到组织决策、沟通和协作等行为,同时也会影响到该组织与其他行动者的互动模式。若将国家视为一个复杂组织,"找回国家"学派明确地意识到制度与结构对于创新性、政策相关性思想的形成、学习与成功应用的影响(见图6-4)。

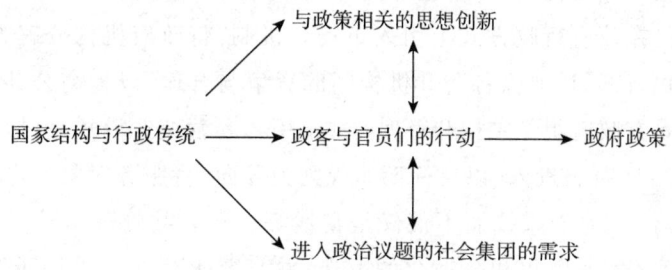

图 6-4　国家结构对于国家政策的影响示意图

来源:〔美〕玛格丽特·韦尔、西达·斯考克波:《国家结构与国家以凯恩斯主义应对大萧条的可能性》,〔美〕彼得·埃文斯、迪特里希·鲁施迈耶、西达·斯考克波编著:《找回国家》,方力维、莫宜端、黄琪轩等译,生活·读书·新知三联书店2009年版,第142—222页。

公共组织基本上是以科层制形态组织起来的,以严格的等级制、系统的专业分工和非人格化管理为主要特征。系统的劳动分工、金字塔状的层级结构和严格的命令与服从关系,有助于将复杂的行政管理问题(或组织决策)细分为可处理、可重复而且权责明晰的任务,同时由一个向塔尖集中、由少数精

---

① 姚洋、张牧扬:《官员绩效与晋升锦标赛——来自城市数据的证据》,《经济研究》2014年第1期。

英组成的控制中心进行协调,重新将其整合为稳定运行、闭环的有机过程。这样的组织结构追求的是行政决策的客观理性。① 韦伯宣称科层制是政府治理的最佳组织形式,"从纯技术的观点来说,行政组织的纯粹官僚制形态能够达到最佳程度的效率。相比于任何其他形式的组织,它具有精确性、稳定性、可靠性和纪律严明的优势"②。

然而,在现实运行中却发现其运行存在诸多的"官僚制反功能":规则本末倒置成为官员的目标;专业化和等级制局限官员的视野和行动空间;权力向上集中会弱化对外界变化的回应;具有保守性与对革新的抵制等。因而克罗泽断言科层制应该被解读为天生的低效率的管理手段,特别是应对各类社会需求时显得僵化、迟钝,与组织学习的内在要求完全背离。至20世纪80年代,西方各国纷纷尝试以市场导向"重塑政府""再造官僚机构",从而掀起迄今在公共组织领域构建"学习型组织"的最大规模尝试。

首先是在政府行政方式上引入市场化机制,将政府机构分解为小型、单一职能的执行部门;加强各公共机构间的竞争与合作,以提高公共服务的质量。其次是在政府组织结构和管理方式上引入私营企业模式,包括在绩效评价时关注结果而非投入、以目标而非规则为导向、将服务对象界定为具有选择权的顾客、致力于赚钱而不仅仅是花钱等。新公共管理运动对政府机构进行了扁平化、小型化和分散化的改造,并且要求公职人员倾听"顾客"群体的要求,等等。这些结构调整都旨在提高组织对外界感知的灵活性和回应性。

轰轰烈烈的运动最终都将归于理性的反思。休斯就质疑:"韦伯模式的改变到底是一种革命性的变革还只是改进,也就是说这种改变是否已到了不能再将该组织形态称为韦伯模式的程度?"③答案显然是否定的,新公共管理运动只是以私营企业为模板对科层组织进行修正。但是这种修正又引发了一系列市场机制带来的"失灵"现象:小型化和分散化导致协调成本增加;纯

---

① 〔美〕罗伯特·登哈特:《公共组织理论(第3版)》,扶松茂、丁力译,中国人民大学2003年版,第35—76页。

② 〔德〕马克斯·韦伯:《经济与历史:支配的类型》,康乐等译,广西师范大学出版社2004年版,第105页。

③ 〔美〕欧文·休斯:《公共管理导论》,张成福译,中国人民大学出版社2015年版,第1页。

公共物品的价值很难以货币衡量导致经济手段失效;在强调顾客导向和回应性的同时忽略了公正、平等的价值;等等。随着新公共管理运动的结束,又兴起了矫正市场导向的新公共服务。

信息技术(IT)的普及与繁荣使得人们将修正"官僚制反功能"的希望寄托于此,并提出影响组织学习的 IT 能力——"控制与 IT 相关的成本以及通过应用 IT 来影响组织目标方面的能力"①。电子化的信息传播模式在组织学习中确实扮演着重要角色,例如它对实现政府电子化办公具有正向的强化作用,推动政府向以网络技术为支撑的电子政府转变,等等。这些确实打破物化科层结构的诸多限制,包括地域的、层级的和部门的,更重要的是民众能够通过网络媒介将诉求、意见等信息准确、及时地传递到决策层,从而提高了组织学习从知识获取、传递到共享各个环节的效率。正如芳汀所言,"信息技术的进步对官僚机构产生的一个主要的潜在影响是构造信息处理和信息流动的能力,这种建构是通过互联网而实现的"②。

然而,信息技术的引入并未从根本上改变公共组织决策权的向上集中流向,换言之,也就是没有实现与信息化相适应的信息处理的分散化与决策的分权化。而且,正如巴拉德瓦指出的,IT 能力强调的不仅是 IT 本身,而是组织对 IT 载体的驾驭能力。③ 在目前的政府治理过程中普遍出现的情况是,信息传播成本的骤降导致信息量激增和信息多样化的趋势,这反而成了集权决策结构需要学习和应对的新问题。

三、学习机制因素

公共组织在学习过程中会面临显性知识与隐性知识的区分、制度化知识对创新学习的阻碍和复杂的权力结构。在这种情况下,如何收集信息、将隐性知识外在化以及对创新知识进行编码? 要有效地完成这些学习过程不仅

---

① Jeanne W. Ross, Cynthia Mathis Beath, and Dale L. Goodhue, "Developing Long-Term Competitiveness through Information Technology Assets," *Management of Technology and Innovation*, Vol. 38, No. 1, 1996, pp. 31-42.

② 〔美〕简·芳汀:《构建虚拟政府:信息技术与制度创新》,邵国松译,中国人民大学出版社 2004 年版,第 39 页。

③ Anandhi S. Bharadwaj, "A Resource-Based Perspective on Information Technology Capability and Firm Performance: An Empirical Investigation," *MIS Quarterly*, Vol. 24, No. 1, 2000, pp. 169-196.

需要强大的力量去推动,还需要一些缓解内在张力的学习机制。艾森哈特和马丁列举了若干学习机制,例如重复的实践、知识编码、试错(小失败)等,认为这些将会促进组织形成适应变化环境的动态能力。① 以知识编码为例,它将隐性经验嵌套到正式的程序或操作技术中,方便了人们对经验的应用,并加快了惯例积累的速度。

由此可见,"试错"作为一种学习机制已经开始被认可和关注。② 传统观点认为联邦体制或分散化的权力有助于政策创新与组织学习,因为中央政府的放权允许各州政府同时进行政策试验,而集权则意味着自上而下的带有权威性和强制性的决策,即只是一次全局性的政策试验。这被称为"民主的试验室",因为从整体上看,联邦体制更具有创新的可能。然而,韩博天发现,在中国政策过程中存在着由中央主导的"分层级试验"。他同时认为这种政策试验是中国经济腾飞的关键性政策制定机制。它一方面将政治阻力和政治风险降到最低,并最大限度地扩大政策支持和政治联盟,增加改革的"可控性";另一方面将政策失败的风险和成本转嫁给地方,相比于全局性失败,它降低了失败的成本。③

中国本土的政治实践也为公共部门的组织学习提供了"领导小组"这一学习机制。前文提到公共组织学习需要来自核心领导群体的支持,同时更需要调解其中复杂的权力关系。领导小组的设置和运作在一定程度上同时具备了这两种功能。综合性的政策或改革具有系统性和复杂性的特征,一般都会涉及政府内部的多个部门。领导小组是由该层级政府的党政一把手任组长,相关部门领导作为组员参与的常设性或临时性机构。④ 该组织由该层级最高权力所有者牵头,形成"高位推动"的态势,避免台上唱戏、台下看戏的尴尬局面,同时由于相关部门都参与其中,可以在这个平台上进行部门协调和整合。⑤

① Kathleen M. Eisenhardt and Jeffrey A. Martin, "Dynamic Capabilities: What are They?" *Strategic Management Journal*, Vol. 21, No. 10, 2000, pp. 1105-1121.
② Michael Mintrom and Phillipa Norman, "Policy Entrepreneurship and Policy Change," *The Policy Studies Journal*, Vol. 37, No. 4, 2009, pp. 649-667.
③ 韩博天:《中国经济腾飞中的分级制政策试验》,《开放时代》2008 年第 5 期。
④ 赖静萍:《当代中国领导小组类型的扩展与现代国家成长》,《中共党史研究》2014 年第 10 期。
⑤ 贺东航、孔繁斌:《公共政策执行的中国经验》,《中国社会科学》2011 年第 5 期。

四、组织文化因素

组织文化可以视为组织结构与制度的抽象化存在,也可以视为一个组织特有的、稳定的性格或气质。但无论如何,可以肯定的是,它必然对组织中的成员以及成员间的互动产生直接或间接的重要影响。

组织文化对于学习型组织的构建而言,具有因果互置的相关性。首先,它是促使组织学习得以顺利实现的重要因素。阻碍组织学习的一个重要因素就是成员的心智结构和行为方式烙下组织传统的印记。尤索夫认为解决办法就是将学习型组织理解为一种哲学而非程序,换言之就是通过学习型文化转变成员的观念。其次,它又是这种组织构建的预期目标。[1] 韦斯托弗对于学习型组织的界定便是该组织创造出了一种文化——鼓励成员去学习和冒险的文化,鼓励单环学习和双环学习,既解决眼前的困境又考虑未来潜在的风险。[2]

对于学习型组织的研究者而言,他们有着"理想"的组织文化样态。例如,迪克森认为应该构建这样一种组织文化:组织成员在其中能够积极参与不断探索组织目的和价值的组织对话;把可获得的最好的知识给予组织;在创造、维护和改造组织的现实方面,起到共同参与者的作用;愿意与其他成员分享自己的知识,创造知识分享的平台;为组织的管理分担责任等。[3]

然而,组织文化并不只是主观意志构建的,它的转型是一个多层次的且充满权力斗争的复杂过程。要在公共组织构建学习型文化,从现实层面看,首先需要得到政治领袖和其他关键的利益相关者的充分支持。公共部门的领导必须以积极的态度、清晰的愿景来领导变革。其次需要在组织内部进行制度变革,以改变命令—服从、决策执行的工作模式。例如,引入将学习的行动、回顾和应用紧密结合在一起的工作机制,使组织成员能够自由结成网络

---

[1] Malek Shah Bin Mohd. Yusoff, "The Public Service as a Learning Organization: The Malaysian Experience," *International Review of Administrative Sciences*, Vol. 71, No. 3, 2005, pp. 463-474.

[2] Rebecca Westover, *Learning Organizations: A Preliminary Investigation between the Presence of a Learning Organization and Profit*, ProQuest Dissertations Publishing, 2006, p. 8.

[3] Nancy M. Dixon, "The Responsibilities of Members in an Organization That Is Learning," *Learing Organization*, Vol. 5, No. 3/4, 1998, pp. 161-167.

的工作机制;支持和鼓励尽可能多的学习,使成员学会质疑既有工作机制并形成学习习惯。在此基础上经过长期的磨合和互动才有可能完成学习型文化的构建。

第六节 本章小结

组织学习是组织获取创新知识、实现自我变革的重要途径,所以也可以视为一种制度创新方式。围绕组织学习有众多微观和宏观因素值得讨论,例如,组织为什么有动力开展学习,组织面对创新知识是如何开启内部的学习过程的,组织内哪些因素有助于促进组织学习,外部环境又有哪些因素影响组织间学习,组织间学习呈现出哪些技术或制度扩散类型。这些都是组织学习领域的主要研究议题。目前,公共政策领域的学者基于中央—地方关系和地方政府间学习,在组织间学习研究中提出了一些重要的理论模型,在中国情境下,借鉴这些模型观察政策扩散机制则需要更多的本土化工作。而研究组织内部的学习机制和阶段过程主要是以企业为对象,如何将这方面的研究扩展和延伸到公共组织,结合公共组织制度化、规范性、科层化以及官员激励等特征展开讨论,还需要进一步探索。

【思考题】

1. 公共部门的组织学习呈现出何种不同于私人部门的特征?
2. 组织学习的动力机制有哪些?
3. 以信息传递和知识内化为目标的组织内学习面临着什么样的障碍?
4. 政府间的组织学习(或政策扩散)具有哪些主要模型,在中国的央地情境下会呈现出哪些特色?

【推荐阅读】

Tolbert, Pamela S., and Lynne G. Zucker, "Institutional Sources of Change in the Formal Structure of Organizations: The Diffusion of Civil Service Reform," *Administrative Science Quarterly*, Vol. 28, No. 1, 1983, pp. 22-39.

Levitt, Barbara, and James G. March, "Organizational Learning," *Annual Review of Sociology*, Vol. 14, 1988, pp. 319-340.

March, James G., "Exploration and Exploitation in Organization Learning," *Organization Science*, Vol. 2, No. 1, 1991, pp. 77-87.

Crossan, Mary M., Henry W. Lane, and Roderick E. White, "An Organizational Learning Framework: From Intuition to Institution," *Academy of Management Review*, Vol. 24, No. 3, 1999, pp. 522-537.

Tippins, Michael J., and Ravipreet S. Sohi, "It Competency and Firm Performance: Is Organizational Learning a Missing Link?" *Strategic Management Journal*, Vol. 24, No. 8, 2003, pp. 745-761.

Michael, Mintrom, and Phillipa Norman, "Policy Entrepreneurship and Policy Change," *The Policy Studies Journal*, Vol. 37, No. 4, 2009, pp. 649-667.

〔美〕沃尔特·鲍威尔、保罗·迪马吉奥编:《组织分析的新制度主义》,姚伟译,上海人民出版社2008年版。

〔德〕迈诺尔夫·迪尔克斯、〔德〕阿里安娜·贝图安·安托尔、〔英〕约翰·蔡尔德、〔日〕野中郁次郎、〔中〕张新华编:《组织学习与知识创新》,上海社会科学院知识与信息课题组译,上海人民出版社2001年版。

韩博天:《中国经济腾飞中的分级制政策试验》,《开放时代》2008年第5期。

〔美〕保罗·A.萨巴蒂尔编:《政策过程理论》,彭宗超、钟开斌等译,生活·读书·新知三联书店2004年版。

第七章 激励理论

【内容提要】

本章系统阐述了当前西方管理学的激励理论及其在公共组织中的应用,主要包括激励内容理论、激励过程理论、激励强化理论、综合激励理论;系统介绍了经济学的激励理论的主要内容,包括完全契约视角下的委托—代理理论和不完全契约视角下的交易成本理论,并概述了公共组织中的四种激励机制。

第一节 管理学角度的激励理论

在西方管理学的相关理论中,激励理论是行为科学理论的核心。管理学激励理论的研究主题是人类内在心理活动和外在行为表现之间的规律性,从而调动人们在工作中的积极性。诸多学者从不同角度对组织成员的行为激励问题进行研究并获得了丰富的理论成果。

一、基本概念与理论

管理学中的激励理论大致可以划分为以下几类:激励内容理论,主要研究激励的内容和因素等,包括马斯洛的需要层次理论、赫茨伯格的双因素理论、奥尔德弗的 ERG 理论以及麦克利兰的成就需要理论;激励过程理论,主要研究从动机的产生到采取行动的心理过程,包括弗鲁姆的期望理论、亚当斯的公平理论以及洛克的目标设定理论;激励强化理论,也称行为改造理论,强调行为的结果对以后行为的影响,主要是斯金纳的操作性条件反射理论;综合激励理论为上述三类理论的综合,包括 X 理论—Y 理论、超 Y 理论和 Z 理论。

（一）激励内容理论

1. 马斯洛的需要层次理论

1943年,美国行为科学家马斯洛在论文《人类激励理论》中提出了需要层次理论,把人类的各种需要按照层次从低到高归纳为五类,分别为生理需要、安全需要、社交需要、尊重需要和自我实现需要。① 这五类需要相互联系,依照其重要性和发生的先后次序,可排列成一个需要层次。其中,生理需要为最低层次的需要,而自我实现需要为最高层次的需要。

一般情况下,人类的这五种需要并非同时都能得到满足,层次越低的需要越容易得到满足,层次越高的需要得到满足的概率则越小。这五种需要像阶梯一样从低到高按层次逐级递升。马斯洛的需要层次理论有以下两个基本出发点:一是人人都有需要,某一层次的需要获得满足后,另一层次的需要才会出现;二是在多种需要未能获得满足前,首先满足最为迫切的需要,该需要满足后,其他的需要才显示出其激励作用。② 当人类某一层次的需要相对得到了满足,就会向高一层次的需要发展,追求更高层次的需要就成为驱使其行为的动力。相应地,已经获得基本满足的需要就不再是一股激励力量。总的来说,人类的这五种需要可以分为两级。其中,生理需要、安全需要和社交需要都属于较低级的需要,这些需要通过外部条件就可以得到满足;尊重需要和自我实现需要则属于较高级的需要,只有通过内部因素才能得到满足,而且一个人对尊重和自我实现的需要是无止境的。在同一时期,一个人可能同时存在几种需要,但每一时期总有一种需要占据着支配地位,对人的行为起着决定性的作用。任何一种需要都不会因为更高层次的需要的发展而消失,各层次的需要相互依赖和重叠。高层次的需要发展后,低层次的需要仍然存在,只是对行为的影响程度大大减少。马斯洛认为,一个国家多数人的需要层次结构,同这个国家的经济发展水平、科技发展水平、文化水平和人民受教育的程度直接相关。③ 在发展中国家,生理需要和安全需要占主导的人数比例较大,而高级需要占主导的人数比例较小;在发达国家则刚

---

① Abraham H. Maslow, "A Theory of Human Motivation," *Psychological Review*, Vol. 50, 1943, pp. 370-396.

② Abraham H. Maslow, *Motivation and Personality*, 3rd edn., Pearson, 1997.

③ Ibid.

好相反。

马斯洛的需要层次理论从人的需要出发，以人为中心来研究人的动机和行为，重视人的因素，反映了人类行为和心理活动的共同规律。该理论指出，人的需要是多层次的、动态的，是一个从低级向高级发展的过程，这在一定程度上符合人类需要发展的一般规律，对公共组织中的管理人员如何有效地调动公职人员的工作积极性也有较大的启发意义。然而，需要层次理论也存在着一些不足与局限，如马斯洛对需要层次的划分和排序还有待完善，设定的不同需要的满足标准和程度仍较为模糊，以及认定某些特定需要存在的证据并不充分等。[①]

公共组织中的公职人员同样有作为人的基本需要，在一般情况下，同样会依照上述五个需要层次逐级满足自身需要，其工作的积极性和主动性就蕴藏在不断满足需要的过程之中。公职人员需要的多层次性和动态性，决定了公共组织中的管理人员在实施激励政策时，必须了解公职人员需要的不同层次的特点，坚持激励管理的原则，建立健全激励机制，选择适当的激励方式，以满足公职人员的内在需求。具体来看，公共组织中的公职人员的工作和生活都相对稳定，生理需要、安全需要和社交需要基本能够得到满足，剩下的主要是尊重需要和自我实现需要。这两个层次的需要属于较高层次的需要，与公职人员自身人格、信念、价值观的形成和发展息息相关，是必不可少的内在激励因素。因此，要完善公共组织中公职人员的激励机制，应当做到内在激励措施与外在激励措施并重，以内在激励为主。通过科学设计激励性的组织薪酬体系以满足公职人员的生理需要，建立完善的社会保障制度以满足公职人员的安全需要，培育和谐的组织文化以满足公职人员的社交需要，健全合理的职务晋升制度、适当运用参与激励方式、坚持物质激励与精神激励相结合以满足公职人员的尊重需要和自我实现需要。

2. 赫茨伯格的双因素理论

1959年，赫茨伯格在进行了大量的实证研究之后，在《工作的激励因素》一书中提出了著名的双因素激励理论，即激励因素—保健因素理论。研究发

---

① M. A. Wahba and L. G. Bridwell, "Maslow Reconsidered: A Review of Research on the Need Hierarchy Theory: Organizational Behavior and Human Performance," *Academy of Management Annual Meeting Proceedings*, Vol. 15, 1976, pp. 212-240.

现,引起员工工作动机的因素主要有两个:一是激励因素,二是保健因素。赫茨伯格认为,使员工满意,进而产生积极情绪的因素大多来自工作本身或工作内容方面,如工作本身、工作成就、认可、工作责任、工作的挑战性、个人发展等,可称之为激励因素;而使员工感到不满,进而产生消极情绪的因素则大多属于工作环境或工作关系方面,如公司政策和管理方式、技术监督、工资水平、工作条件、人际关系等,即保健因素或维持因素。[①] 不是所有的需要得到满足就能激发员工的工作积极性,只有那些被称为激励因素的需要得到满足,才会给员工带来满意感,从而调动员工的工作积极性,提高劳动生产效率。而那些被称为保健因素的需要,即使全部得到满足也只能消除员工的不满情绪,却不会带来满意感,也不一定能够调动员工的工作积极性。但不具备保健因素却会引起员工强烈的不满,容易导致员工消极怠工,甚至诱发罢工等对抗性行为。所以,就激励因素来说,"满意"的对立面并不是"不满意"而应该是"没有满意";就保健因素来说,"不满意"的对立面并不是"满意"而应该是"没有不满意"。[②]

在某种意义上,赫茨伯格的双因素理论与马斯洛的需要层次理论存在相通之处,其中的保健因素类似于马斯洛提出的生理需要、安全需要、社交需要等较低层次的需要,激励因素则类似于尊重需要、自我实现需要等较高层次的需要。双因素激励理论在国内外的影响十分广泛,对于促使管理人员关注工作内容方面因素的重要性有着积极意义,但也存在一些不足之处。赫茨伯格进行实证研究的调查样本仅局限于美国匹兹堡地区 11 家工商企业机构中的 203 名员工,在数量上明显不够;访谈对象集中于工程师、会计师群体,其工资水平、福利待遇、工作环境等条件都比较优越,因而这些保健因素对他们的激励作用较弱,难以代表普通职工的具体情况。同时,双因素理论认定员工满意度和生产效率提高这两者之间存在着必然的联系。然而,在生产实践中,员工满意度的提高并不一定会带来劳动生产率的相应提高,生产率还受到员工自身能力水平的限制,两者之间并不存在必然联系。此外,赫茨伯格将激励因素与保健因素严格地区分开来的做法欠妥,因为激励因素与保健因

---

① F. Herzberg et al., *The Motivation to Work*, 2nd edn., New York: John Wiley & Sons, 1959.
② F. Herzberg, "One More Time: How Do You Motivate Employees," *Harvard Business Review*, Vol. 46, No. 1, 1968, pp. 53–62.

素、内部因素和外部条件之间是相互联系且可以相互转化的,而不是绝对不变的。

双因素激励理论指出,满足人的不同需要所得到的激励效果也是不一样的。尽管人的基本物质需求的满足必不可少,没有得到满足会招致不满,但即使得到满足,此类保健因素的作用也往往十分有限、难以持久。要想激发和维持公共组织中公职人员的工作积极性,不仅要重视物质利益和工作条件等外部保健性因素,更要注重工作的丰富性和工作成就感等内部激励性因素,重视对公职人员进行精神激励,给予表扬和认可,给予其成长、发展和晋升的机会。完善公职人员的激励机制应当注重其全面性、动态性、综合性:一方面,要充分发挥薪酬福利制度的激励作用,规范监督管理流程,构建和谐融洽的人际关系;另一方面,也要建立健全、科学、有效的绩效管理体系,实行灵活、弹性的人才流动机制,完善有针对性的公职人员培训机制,加强各种激励方式之间的协调配合,以最大限度地实现激励效果。

3. 奥尔德弗的 ERG 理论

1969 年,美国心理学家奥尔德弗在《人类需要新理论的经验测试》一文中修正了马斯洛的需要层次理论。他通过大量调查研究指出,人类的基本需要并不像马斯洛的观点那样分为五类,而是三类,即存在的需要、关系的需要以及成长的需要。① 其中,存在是人类最基本的需要,指人类在衣、食、住、行等方面的需要,包括马斯洛提出的生理需要和安全需要,一般只有使用金钱才能得到满足,只有在存在的需要得到满足以后,才有闲暇顾及其他需要。关系的需要,指的是与其他人(同级、上级或下级)和睦相处、建立友谊和获得归属感的需要,与马斯洛提出的社交需要和尊重需要中的外在部分相对应。成长的需要指个人在事业、能力等方面有所成就和谋求发展的内在愿望,包括个人成长、发挥个人潜能、实现个人理想的需要,与马斯洛提出的尊重需要中的内在部分和自我实现需要相一致。这三种需要并不都是与生俱来的,有的需要只有通过后天的学习才能形成,如关系的需要和成长的需要。

ERG 理论认为,在同一时间可能有不止一种需要在发挥作用。存在的需

---

① C. P. Alderfer, "An Empirical Test of a New Theory of Human Needs," *Organizational Behavior & Human Performance*, Vol. 4, No. 2, 1969, pp. 142–175.

要、关系的需要、成长的需要这三个需要层次中任何一个需要层次的缺少,不仅会促使人们去追求该层次的需要,也会促使人们进而追求更高层次的需要,还可能促使人们转而更多地追求低一层次的需要。① 人的某种需要在得到基本满足后,其追求该层次需要的强烈程度不仅不会减弱,还有可能增强,这与马斯洛的观点并不一致。奥尔德弗还指出,某一层次的需要被满足的程度越低,个体对该层次需要的追求就越强烈;当较低层次的需要得到满足后,个体对较高层次的需要会随之增强(符合满足—上进模式);当较高层次的需要受到挫折时,个体对较低层次的需要也将随之增强(符合受挫—衰退模式)。② 在需要的分类方式上,奥尔德弗的 ERG 理论并不比马斯洛的需要层次理论更加完善,对需要的解释也没有超出需要层次理论的范围。两者相较而言,ERG 理论对不同需要之间联系的限制较少,更偏重于带有特殊性的个体差异。

ERG 理论指出,无论何时,人们追求不同层次的需要并不一定严格地按照由低到高的顺序,还可以越级;优势需要也不一定十分突出,因而可以采取多样化的激励措施。在公共组织中,要想取得良好的激励效果,应当具体了解公职人员最为迫切的需要,有针对性地采取激励措施。对于那些岗位级别较低、薪酬福利待遇也较低的基层公职人员而言,其存在的需要较为迫切,应当以物质激励方式为主,合理提高基层公职人员的工资待遇水平。公共组织作为强调分工、纪律性和等级制度的科层制结构的典型,处于其中的公职人员的关系需要也同样迫切。公共组织中的管理人员应当在组织内营造一种鼓励工作分享的民主氛围,加强组织内部公职人员之间的沟通与交流。而对于具有较强事业心的公职人员而言,其成长的需要十分迫切,应当为其提供畅通的晋升通道,实现职位与能力的统一,并及时对其做出的工作成绩予以认可。

4. 麦克利兰的成就需要理论

20 世纪 50 年代,美国哈佛大学教授麦克利兰在对社会动因进行长时期研究的过程中发现,在生存需要基本得到满足的前提下,人的基本需要包括

---

① C. P. Alderfer, "An Empirical Test of a New Theory of Human Needs," *Organizational Behavior & Human Performance*, Vol. 4, No. 2, 1969, pp. 142-175.

② Ibid.

成就需要、权力需要和情谊需要。这三种需要是平行的,且在人们的需要结构中有主次之分。成就需要,指的是一种争取成功、追求优越感的驱动力,或者参照某种标准去寻求成就感、希望做到最好的需要。不同个体、不同团体的成就需要往往会存在一定的差异,这种差异的形成与个体的年龄、性别、能力、性格、经验、受教育程度、工作性质,以及社会环境与社会期望等因素密切相关。成就需要对一个人、一个企业、一个国家的成长和发展,起着尤为重要的作用。[1] 人的成就需要属于高层次需要,而高成就需要并非先天形成的,可以通过后天的培养和激励促成。企业的成长和国家的发展与人们的高成就需要存在着密切的关系,所以,必须通过大力发展教育事业来培养和提高人们的成就需要。

一般来看,高成就需要者具备以下几个特点:有较强的责任感,不仅把工作看成是对组织的贡献,而且希望在工作中实现个人价值,对工作有较大的投入;自我设定具有挑战性的目标,偏好于选择难度水平适中的任务,尽力达到自己能力的上限水平,注重自我努力的结果;要求及时得到反馈信息,明确工作绩效评价的结果,从而产生成就感;倾向于选择适度的风险,既不甘于从事那些过于轻松、简单而无价值的工作,也不愿意冒太大的风险。在创造性活动中,高成就需要者更容易获得成功。

权力需要,指影响或控制他人、促使他人顺从自己意志且不受他人控制的需要。高权力需要者倾向于影响、支配他人,享受对他人"发号施令"的过程,十分重视争取地位与影响力。研究表明,个体在组织中的地位越高,其权力需要也越强,越希望得到更高的职位。

情谊需要,指的是建立友善亲近的人际关系,寻求被他人喜欢和接纳的需要。高情谊需要者往往重视与他人进行交往,追求友谊、合作,易与他人形成良好的人际关系,易被别人影响,更倾向于在组织中扮演被管理者的角色。

麦克利兰的成就需要理论,指出了在生存需要基本得到满足的前提下,成就需要、权力需要和情谊需要往往会共同作用于人的行为,且其中一种需

---

[1] Russell A. Clark and David C. McClelland, "A Factor Analytic Integration of Imaginative and Performance Measures of the Need for Achievement," *Journal of General Psychology*, Vol. 55, No. 1, 1956, pp. 73-83.

要会对人的行为起主导作用,是对马斯洛需要层次理论的发展。麦克利兰对权力需要的研究也更为深入,他还区分了权力需要的两种不同的表现形式,丰富和发展了领导理论。然而,成就需要理论在适用范围上仍存在一定的局限性。成就需要、权力需要和情谊需要,只适用于那些国民生存需要和安全需要早已得到满足的发达国家,对于一些国民仍挣扎于贫困线上的发展中国家并不适用。而对于公共组织中的领导人而言,一方面要注重对公职人员进行高成就激励,使其坚定为人民服务的志向和目标,努力为社会公众提供高质量的公共物品和公共服务;另一方面,也要注重培养自身的高成就需要,从而引导整个组织中的公职人员为实现组织目标而奋斗。

(二)激励过程理论

1. 弗鲁姆的期望理论

1964年,弗鲁姆在《工作与激励》一文中提出了"效价—期望理论",认为人们采取某项行动的动力或激励力取决于其对行动结果的价值评价和预期达成该结果的可能性的估计。① 也就是说,激励力的大小取决于该行动所能达成目标的预期价值,以及人们预估达成该目标的期望概率。根据这一观点可以得出,人们在工作中的积极性或努力程度(动力或激励力)是效价与期望值的乘积,用公式可以表示为:$M = V \times E$。其中,M 表示激励力(motivation),是指直接推动或促使人们采取某项行动的内驱力;V 表示效价(value),指的是达成目标对于满足个人需要的价值;E 表示期望值(evaluation),是个人根据以往的经验对某一行为达成目标并能导致某种特定结果的可能性或概率的主观估计与判断。

期望理论指出,人们从事某项活动能够得到的满足,与他对自己能否胜任这项工作的预估有极大关系。② 在效价较高、期望值却处于较低水平的情况下,所产生的激励力并不强;同理,在期望值较高、效价却处于较低水平的情况下,所产生的激励力也较弱。只有当人们对某项行动结果的效价和期望值同时处于较高水平时,才有可能产生较大的激励力。弗鲁姆的期望理论提

---

① V. H. Vroom, "Work and Motivation," *Industrial Organization Theory & Practice*, Vol. 2, 1964, pp. 2-33.

② Ibid.

出了目标设置应与个人需要统一的观点。因此,在对个体进行激励时,必须考虑到个体的不同需要以及个体实现自我设定的目标的具体方式是否可行。同样地,在公共组织中,也应当明确大部分公职人员认为效价最高的目标,科学、合理地设置组织目标和个人目标,适当地提高公职人员对该目标的期望值,以实现有效的目标激励。

2. 亚当斯的公平理论

1962 年,美国行为科学家亚当斯与罗森鲍姆在《工人关于工资不公平的内心冲突同其生产率的关系》这篇文章中首次提出了公平理论,又称社会比较理论。该理论对工资报酬分配的合理性、公平性,及其对员工生产积极性的影响等问题进行了深入探讨,认为员工的激励程度与其对自身及参照对象所获报酬和投入的比例的主观比较密切相关。[1] 一个人对自己所获工资报酬是否满意,不能只看其绝对值,也要看其相对值。公平理论主张员工不仅关注自己从事本职工作而获取的绝对报酬,还关注所获工资报酬与他人所获工资报酬之间的关系。

在实际工作中,人们总会自觉或不自觉地将自己所付出的劳动代价和工资报酬与他人进行比较,并对工资报酬分配的公平与否做出判断。人们的公平感将直接影响之后的工作动机和行为。据此,亚当斯认为,人的工作积极性与其所获实际报酬的多少相关,但与其对报酬的分配是否感到公平之间的关系更为密切。[2] 员工的工作积极性取决于其感受到的工资报酬在分配上的公正程度(公平感),员工的公平感则取决于一种社会比较或历史比较。社会比较,也称横向比较,是指员工将自身所获工资报酬与自身对工作的投入的比值同他人所获工资报酬与他人对工作的投入的比值进行比较。历史比较,也称纵向比较,是指员工对自己所获工资报酬与自己对工作投入的比值同自己在历史上某一时期内的这个比值进行比较。每个人都会自觉或不自觉地进行与他人的社会比较,同时也会自觉或不自觉地进行历史比较。如果员工对所获工资报酬进行社会比较和历史比较的结果是均衡的,就会产生公平感,有助于维持或进一步激发其工作热情;反之,如果员工认为自己所获工资

---

[1] J. S. Adams and W. B. Rosenbaum, "The Relationship of Worker Productivity to Cognitive Dissonance about Wage Inequities," *Journal of Applied Psychology*, Vol. 46, No. 3, 1962, pp. 161-164.

[2] Ibid.

报酬与对工作投入的比值过低,则会产生报酬不足的不公平感、挫折感和怨恨情绪,从而影响其工作积极性,少数时候也会因为比值过高而产生不安的感觉或感激心理。当员工产生不公平感时,便倾向于改变自己的投入和产出、歪曲对自我和他人的认知、选择其他参照对象或离开该领域,以减少心理失衡。

亚当斯的公平理论为组织管理者公平地对待每一个员工提供了一种看待问题的视角,对于组织管理有较大的参考价值。在公共组织中,管理者的管理行为应当严格遵循公平原则,同时要引导公职人员形成正确的公平观。尤其要重视公职人员薪资报酬分配的合理性和公平性,对其完成的工作量进行具体的量化考核并作为薪资报酬分配的依据,以建立科学的公职人员激励机制。然而,公平理论在适用范围上仍存在一定的局限性,如信息不对称将使"比较"的结果脱离实际状况,对公平与否的主观认知也容易引发"比较"的客观标准缺失,以及不同工作的投入和产出形式的多样性导致"比较"难以进行等。

3. 洛克的目标设定理论

1954年,美国著名管理学家德鲁克最早在《管理的实践》一书中阐述了目标管理理论,主张通过设置目标来激发人们的动机,指导人们的行为,使个人目标与组织目标相结合,以调动人们的工作积极性。① 在此基础上,经过一系列的科学研究,洛克于1967年提出了"目标设定理论",指出目标本身具有重要的激励作用,目标能把人的需要转变为动机,引导人们将活动与目标联系起来,并将自己的行为结果与既定的目标相比照,从而及时地进行调整和修正,以实现既定目标。② 这种使需要转化为动机,再由动机支配行动以达成既定目标的过程就是目标激励。

在进行目标激励的过程中,合理设置目标十分必要。既要恰当地确定目标的难度水平,又要保证目标的清晰度。目标设定得过于容易,则难以引起人们的工作兴趣;目标设定超出了个人的能力水平,又会引起人们的无力感,从而削弱工作动机。只有难度适当的目标设定,才能使人们相信通过努力是

---

① Peter F. Drucker, *The Practice of Management*, New York: Harper, 1954.

② J. F. Bryan and E. A. Locke, "Goal Setting as a Means of Increasing Motivation," *Journal of Applied Psychology*, Vol. 51, No. 3, 1967, pp. 274-277.

可以达到目标的,才能维持和提高其工作积极性,通过实现既定目标而产生满足感和成就感。目标的清晰度是进行工作目标设定的另一重要属性,体现在任务具体内容、最后完成期限和绩效评价标准等方面。模糊的目标不利于引导人们的行为,也无益于评价人们的绩效。门托、洛克和克莱因的研究显示,"尽最大努力去做"这类目标的弹性过大,没有明确的标准来衡量如何才算是尽了最大的努力。[①] 工作目标必须清晰而具体,才能使员工明晰自己努力的方向,促进绩效水平的提高。进行合理的目标设置,还应重视目标反馈的作用。目标绩效的反馈环节能够为目标的具体实现过程提供充足、有效的关于个体绩效水平的信息。

洛克的目标设定理论指出,奖励、工作反馈、监督压力等外来的刺激都是通过目标来影响人的动机的。在激励实践中,目标设定是激励绩效的一种较为简易、直接和高效的技术。然而,若目标不明确或难以实现,则只能引发个体的不满情绪和低工作绩效。因此,公共组织中的管理人员应当合理地设定组织目标,并引导公职人员有效设定与组织目标相一致的个人目标。其中,设置的目标要具有一定的挑战性,以激发公职人员的创造力。同时,目标也要具体化和量化,便于公职人员及时了解目标的完成进度、正确认知与目标之间的差距,以有效调整自己的工作行为。

(三) 激励强化理论

著名心理学家斯金纳长期致力于研究老鼠和鸽子的操作性条件反射行为,在此基础上,提出了"及时强化"的概念以及强化的时间规律,形成了自己的一套激励强化理论——操作性条件反射理论或行为修正理论。斯金纳认为,人类行为主要是由操作性反射构成的操作性行为,是作用于环境而产生结果的行为。在学习情境中,操作性行为更具有代表性。[②]

通过一系列系统的实验观察,斯金纳发现,动物的学习行为随着一个起强化作用的刺激而出现,尽管人类的学习行为相比动物而言复杂得多,但在

---

① A. J. Mento, E. A. Locke, and H. J. Klein, "Relationship of Goal Level to Valence and Instrumentality," *Journal of Applied Psychology*, Vol. 77, No. 4, 1992, pp. 395-405.

② B. F. Skinner, "Herrnstein and the Evolution of Behaviorism," *American Psychologist*, Vol. 32, No. 12, 1977, pp. 1006-1012.

这一点上也同样适用。① 人的一切行为几乎都是由外界环境决定的,是对其以往行为所带来的后果进行学习的操作性强化的结果。因此,外界的强化因素可以塑造人的行为。激励强化理论十分重视"强化"在学习中的重要作用,指出"强化"可以分为"正强化"和"负强化"两类。正强化,也称积极强化,即对那些符合组织目标的行为予以肯定和奖励,以期在类似条件下促使这一行为重复出现。负强化,又称消极强化,即对那些与组织目标相冲突的行为予以否定和惩罚,以抑制此种不良行为的重复出现。当个体由于某种行为而得到奖励(正强化)时,他很有可能不断重复这一行为;当个体由于某种行为而受到惩罚(负强化)时,这种行为便不太可能再次发生,但是惩罚措施并不能保证此种行为必然消失。据此原理可以得出,要增加个体某种行为发生的概率,可以借助正强化的方式,使行为者获得此种行为的相应收益;反之,要降低个体某种行为发生的概率,则可以通过相应的负强化手段来实现。

斯金纳的激励强化理论,指出了人类行为的可操作性,极大地提高了人类预知和引导自身行为的能力,为人类工作习惯的养成等社会化过程提供了心理学理论上的依据。要想在公共组织中全面发挥激励强化理论的积极作用,则应当对公职人员的积极行为用正强化措施进行引导,提高积极行为的频率和效率,同时对其消极行为用采取负强化措施及时予以遏制。对取得突出成绩和做出卓越贡献的先进单位和个人的正强化激励,应从薪酬激励机制、权力激励机制、考核激励机制和自我激励机制四个方面着手。对有悖于组织目标的行为,应及时通过完善监督制约机制、健全政务公开制度、加强行政伦理建设等负强化激励手段予以矫正,给行为者施加压力、予以限制和惩处,以教育和警示其他公职人员,从而约束和减少这些不当行为。然而,强化理论只关注外部环境因素对人类行为的刺激和影响,却忽视了人类的内在因素对外部环境因素的能动性作用。

(四)综合激励理论

1. X 理论—Y 理论

1957 年 11 月,麦格雷戈在《企业的人性面》一文中概括提出了著名的"X

---

① B. F. Skinner, "Herrnstein and the Evolution of Behaviorism," *American Psychologist*, Vol. 32, No. 12, 1977, pp. 1006-1012.

理论—Y理论"。X理论以"经济人"假设为理论依据,主要包含以下观点:人天性懒惰、不喜欢工作,只要有可能就会逃避工作;由于人天性不喜欢工作,因此必须采取强制措施或惩罚办法,以迫使他们完成工作;人生性不愿主动承担责任,宁愿接受他人的支配;人大都安于现状,缺乏进取心,反对变革;只有极少数人才具有解决组织问题所需要的想象力和创造力;人生性易受欺骗、易被煽动。① 管理学曾经提倡的"胡萝卜加大棒"式的管理方法,就是以此观点为指导而形成的。

麦格雷戈认为,X理论建立在错误的人性假设基础之上,在管理实践中,其所倡导的命令型、强制型管理方式效果不佳。仅仅重视满足员工的生理需要和安全需要,全盘依赖经济报酬激励和惩罚手段来促进生产,是难以奏效的。据此,他提出了以"自我实现人"假设为理论依据的Y理论。Y理论的主要观点为:人在工作中消耗体力与智力,是一件极其自然的事情,一般人并非生性厌恶工作,如果给予适当机会,人们是渴望在工作中发挥其才能的;控制和惩罚并不是使人努力工作的唯一方法,为了达成组织目标,人们将进行自我监督和自我控制;正常条件下多数人都愿意承担责任,寻求发挥自己的才能和创造性的机会;人们之所以努力实现目标,主要源于一种自我实现的需要;想象力和创造力乃是大多数人都具备的能力。② X理论、Y理论对于人性的看法不同,因而其所主张的管理方法也不同。相较X理论所主张的命令型、强制型管理方式,Y理论则更重视创造一个能满足员工多方面需要的良好环境。

"X理论—Y理论"较为系统地阐述了人性假设与管理理论之间的内在联系,提出了在管理实践中要重视调动员工的工作积极性、主动性和创造性,把个人目标和组织目标有机结合起来,促进了现代管理理论的发展。然而,麦格雷戈对人性的基本看法却过于绝对化,X理论并非一无是处,Y理论也未必普遍适用。应针对所面临的具体情况,科学地选择和综合地运用管理理论。对于公共组织而言,Y理论所倡导的提高薪资福利待遇水平、改善工作环境、充分授权、责任下放等激励措施,是激发公职人员工作积极性和主动性的

---

① Douglas McGregor, *The Human Side Of Enterprise*, Annotated Edition, New York: Mcgraw-Hill, 2006.

② Ibid.

主要方式。而 X 理论所提倡的健全公职人员监督约束机制等激励措施,又是保障 Y 理论有效实施的关键。

2. 超 Y 理论

尽管在管理实践中,多数人更倾向于运用 Y 理论,但事实上并非所有运用 Y 理论的企业在效率上都优于运用 X 理论的企业,甚至在某种情况下,其效率反而十分低下。基于此种困惑,1970 年,美国管理心理学家莫尔斯和洛尔施依据"复杂人"假设,提出了一种新的、权变型管理理论,即超 Y 理论。该理论认为,没有什么一成不变的、普遍适用的、行之有效的最佳管理方式,必须根据组织内部和外部环境的变化,灵活地采取相应的管理方式,以实现工作、组织、个人、环境等因素的最佳组合。① 超 Y 理论主要包含以下观点:人们加入组织的动机各不相同,但主要是为了获得一种胜任感;对不同人的管理方式也各不相同,不愿参与决策和承担责任的人更适用 X 理论主张的管理方式,自制力强和愿意发挥自身创造性的人更欢迎 Y 理论倡导的管理方式;管理部门要依据组织结构、管理层次、工作目标、工作分配、人员素质等因素,来确定相适应的管理方式。②

超 Y 理论是莫尔斯和洛尔施在对 X 理论和 Y 理论进行实验分析比较的基础上,吸收了 X 理论和 Y 理论的合理成分,所提出的一种主张权宜应变的经营管理理论。该理论的实质在于,在对组织成员进行适当的管理与激励的同时,应当考虑到外部环境、工作性质、组织结构、领导方式、人员素质等因素。同样地,公共组织中的管理人员也应当具体问题具体分析,针对不同公职人员的个性特征,结合组织内外环境情况,最大限度地调动其工作积极性。

3. Z 理论

20 世纪 80 年代,日本经济在国际上迅速崛起,促使美国企业界开始研究日本企业的管理之道,其中较为著名、影响较为广泛的是 Z 理论。1981 年,威廉·乌奇提出了代表日本式企业管理的 Z 理论,重点关注的是员工的需要,主张以坦白、开放、沟通为基本原则来实行"民主管理"。该理论的主要观点为:鼓励员工参与企业管理决策;基层管理者享有充分的权利;对员工进行长

---

① J. J. Morse and J. W. Lorsch,"Beyond Theory Y,"*Harvard Business Review*, Vol. 48, No. 3, 1970, pp. 61-68.

② Ibid.

期雇用或终身雇用;关心员工的福利;重视对员工进行全面培训;对员工进行长期、全面的考核,以此作为晋升的依据。① Z 理论更加注重员工的社会需要和个人发展需要,更加尊重员工,给予员工发挥个人才能与创造力的机会。同时,该理论更多地强调了组织管理的文化因素,认为促使员工关心组织是提高组织生产率的关键。② Z 理论倡导人性化的管理方式,体现了以人为本的管理思想,是对 X 理论和 Y 理论的一种补充和发展,开启了组织文化理论研究的先河。

Z 理论认为,组织管理要想取得成就,必须重视管理中的文化特性,包括信任、敏感性和亲密性。这就要求公共组织中的管理人员根据组织的实际情况,合理把握制度与人性、管制与自觉性之间的关系,科学、有效地运用激励措施。具体来说,领导者要给予公职人员以信任,为其营造一种亲密和谐的工作氛围和组织文化,激励组织成员以真诚的态度对待同事、对待工作,并为实现组织目标而共同努力。

二、理论的新进展及其应用

公共服务动机理论作为公共管理学的一个前沿主题,正日渐成为国内外公共管理学界的研究热点,其关注的焦点在于人们提供公共服务是否具有自利之外的动机。美国学者雷尼最早对公共服务动机问题进行了研究,发现公共组织中的管理人员比企业中的经理人更看重为公众提供公共服务。③ 他还指出,公共服务动机既是一个多维度的、宽泛的抽象概念,又是一系列难以描述和捉摸的内在心理过程。④ 它会随着时间和外部环境的变化而变化,并不仅仅局限于公共组织中,其在不同的部门的表现也有所不同。在雷尼研究结果的基础上,佩里和怀斯正式提出了公共服务动机的概念。他们认为,公共服务动机是人们渴望消除一种心理匮乏或满足一种需求,将其定义为"个人

---

① William Ouchi, "Theory Z: How American Business Can Meet the Japanese Challenge," *Business Horizons*, Vol. 24, No. 6, 1981, pp. 82-83.

② Ibid.

③ H.G. Rainey, "Reward Preferences Among Public and Private Managers: In Search of the Service Ethic," *American Review of Public Administration*, Vol. 16, No. 4, 1982, pp. 288-302.

④ H. G. Rainey, *Understanding and Managing Public Organizations*, San Francisco: Jossey-Bass Publishers, 1997.

主要或完全基于公共机构和组织的动机而做出回应的一种倾向",并指出了公共服务动机与利他主义和亲社会动机的相似之处在于都强调他人的利益、为他人服务。① 雷尼和施泰因鲍尔对公共服务动机含义的理解更为广泛,他们将公共服务动机定义为"一种服务于团体、地方、国家或全人类利益的利他主义动机",并指出公共服务动机在公共组织中的存在更为普遍。② 布鲁尔和塞尔登则强调公共服务动机并不局限于公共组织,是一种超越公共组织的动机,指的是"引导个人提供有意义的公共服务的动力"③。西米恩把理想的公共服务动机描述为一个类似于爱的概念,认为这种理想模式应当涵盖强烈的公共服务使命感和承诺感、明确的公共利益目标以及自我奉献的精神。④ 范德纳比在整合学者们多种观点的基础上,试图提出一个综合性的概念框架,认为公共服务动机是"一种超出个人和部门利益的信仰、价值观和态度",其关注焦点在于更为广泛的政治组织的利益,并且能够激发个人在适当的时候采取相应的行为。⑤

佩里和怀斯对公共组织中公职人员的公共服务动机进行了系统的概括和归纳,认为公共服务动机来源于三种类型的激励动机,即感性动机、道德规范动机和理性动机。⑥ 感性动机指的是个人由于坚信政府方案对社会极为重要,并信仰"博爱的爱国主义"而承担社会义务的动机。道德规范动机,是指为社会公众利益服务的强烈愿望、忠于职守、忠于政府以及维护社会公平正义的动机。理性动机指的是个人希望通过参与政府公共政策的制定以实现

---

① J. L. Perry and L. R. Wise, "The Motivational Bases of Public Service," *Public Administration Review*, Vol. 50, No. 3, 1990, pp. 367–373.

② H. G. Rainey and P. Steinbauer, "Galloping Elephants: Developing Elements of a Theory of Effective Government Organizations," *Journal of Public Administration Research and Theory*, Vol. 9, No. 1, 1999, pp. 1–32.

③ G. A. Brewer and S. C. Selden, "Why Elephants Gallop: Assessing and Predicting Organizational Performance in Federal Agencies," *Journal of Public Administration Research and Theory*, Vol. 10, No. 4, 2000, pp. 685–711.

④ A. Simeone, "The Ideal of Public Service: The Reality of the Rhetoric," *Dissertation Abstracts International*, Vol. 65, Section A, Chair: John A. Rohr, 2004, p. 695.

⑤ W. Vandenabeele, "Towards a Theory of Public Service Motivation: An Institutional Approach," *Public Management Review*, Vol. 9, No. 4, 2007, pp. 545–556.

⑥ J. L. Perry and L. R. Wise, "The Motivational Bases of Public Service," *Public Administration Review*, Vol. 50, No. 3, 1990, pp. 367–373.

自身权利和自我价值的最大化,以及出于个人利害关系而支持特殊利益的动机。① 个体的感性动机源于对组织和团队的依赖。出于对国家和政府政策的认同感以及坚定的政治立场,公共组织中的公职人员能够时刻保持一颗爱国之心,以公共价值和公共利益为出发点,努力为社会公众生产和提供高质量的公共产品和公共服务,推动社会的公平正义。个体的道德规范动机源于责任感和渴求回报的需要。受利他动机的支配,公共组织中的公职人员甘于奉献、勤政为民,能够超越物质利益诉求,通过合理行使公共权力、努力提供公共产品和公共服务来满足公众需求,形成了高尚的公共职业伦理观。个体的理性动机则源于对政策目标的追求。公共组织中的公职人员也是理性的"经济人",具有内在的自利动机,同样追求个人效用的最大化,既追求部门预算和个人预算的最大化,也追求参与政府公共政策制定的成就感和自我满足感,还追求包括政绩、职位晋升、工作自主性、工作环境、薪资福利等特定的个人利益。曾军荣也曾指出,公共服务动机作为一种内在动机,将促使具有较强公共服务动机的个体更多地追求内在报酬,而非功利主义诱因。② 因此,既需要对公共组织中的公职人员进行情感激励和组织认同感的培育,也需要给予适当的职位晋升、工作自主性、薪资福利等激励。

基于将公共组织中公职人员的公共服务动机划分为三种类型,佩里构建了六维的公共服务动机测量体系,包括公共政策制定的吸引力、对公共利益的承诺、社会公正、公民责任、同情心和自我奉献,并在实证研究中将该测量体系修正为涵盖公共政策制定的吸引力、对公共利益的承诺、同情心和自我奉献这四个维度的公共服务动机量表。③ 库西和潘迪的研究指出,佩里构建的四维度量表过于冗长和翔实,不适用于大型的实证调研,并对其进行了简化和修正,把自我奉献维度融入对公共利益的承诺这一维度中,从而将四个维度缩减为三个维度,即公共政策制定的吸引力、对公共利益的承诺和同情心。④

---

① 朱春奎、吴辰、朱光楠:《公共服务动机研究述评》,《公共行政评论》2011年第10期。
② 曾军荣:《公共服务动机:概念、特征与测量》,《中国行政管理》2008年第2期。
③ J. L. Perry, "Measuring Public Service Motivation: An Assessment of Construct Reliability and Validity," *Journal of Public Administration Research and Theory*, Vol. 6, No. 1, 1996, pp. 5-22.
④ D. Coursey and S. Pandey, "Public Service Motivation Measurement: Testing an Abridged Version of Perry's Proposed Measurement Scale," *Administration and Society*, Vol. 39, No. 5, 2007, pp. 547-568.

范德纳比则认为,佩里开发的四维度量表只适用于测量美国公共组织中公职人员的公共服务动机水平,却不一定适用于其他国家,据此对其进行了改进,在原有四个维度的构成基础上,增加了客户导向、公平和官僚主义价值观三个维度,并通过分析得出公共服务动机还包括民主治理这一维度。①

公共服务动机理论逐步发展,促使国内外公共行政学领域的诸多学者开始把研究重心转向公共服务动机与工作满意度,以及公共服务动机与工作绩效之间的关系上。然而,由于测量方式不一致,不同学者对公共组织中公职人员的公共服务动机与工作满意度之间关系的研究成果存在很大差异。部分学者经研究发现,公职人员的公共服务动机与工作满意度之间存在显著的相关性,也有学者认为两者之间并不存在显著的相关关系。雷尼研究发现,公共组织中公职人员的公共服务动机与工作满意度之间存在着显著的相关性。② 布鲁尔和塞尔登的研究证实了公职人员对公共服务的偏好与工作满意度之间的相关性,并进一步指出两者之间存在着显著的正相关关系,即公职人员对公共服务的偏好越强烈,则他对自己从事的工作越满意。③ 潘迪和斯塔兹克也认为,公共组织中公职人员的公共服务动机越强,其工作满意度越高,同时表现出更高的组织承诺。④ 吴绍宏通过对中国澳门特别行政区政府公务员的实证研究发现,公务员的公共服务动机与其工作满意度之间呈显著的正相关关系,具有较强公共服务动机的公职人员也具有较高的工作满意度,同时对所在组织的未来发展也充满信心。⑤ 不同于以上学者得出的研究结论,布莱特在分析公职人员的公共服务动机与工作满意度之间的关系时引

---

① W. Vandenabeele, "Development of a Public Service Motivation Measurement Scale: Corroborating and Extending Perry's Measurement Instrument," *International Public Management Journal*, Vol. 11, No. 1, 2008, pp. 143-167.

② Hal G. Rainey, "Reward Preferences Among Public and Private Managers: In Search of the Service Ethic," *The American Review of Public Administration*, Vol. 16, No. 4, 1982, pp. 288-302.

③ Gene A. Brewer and Sally Coleman Selden, "Why Elephants Gallop: Assessing and Predicting Organizational Performance in Federal Agencies," *Journal of Public Administration Research and Theory*, Vol. 10, No. 4, 2000, pp. 685-711.

④ S. K. Pandey and E. C. Stazyk, "Antecedents and Correlates of Public Service Motivation," in James L. Perry and Annie Hondeghem, eds., *Motivation in Public Management: The Call of Public Service*, New York: Oxford University Press, 2008, pp. 101-117.

⑤ 吴绍宏:《公务员的工作满意度、组织承诺与公共服务动机的关系探讨——以澳门特区政府公务员为例》,《中国人力资源开发》2010年第9期。

入了个体与组织的匹配度这一中介变量,并从美国三个州的三个公共组织中选取了205名公职人员进行了实证研究,指出公职人员的公共服务动机与其工作满意度之间不存在显著的相关关系。① 寸晓刚在对中国广东省公共组织中的公职人员进行实证调查的基础上得出结论:对被调查的处级及以上和科级以下公职人员而言,公共服务动机与其工作满意度之间存在着正相关性,而对科级公职人员而言,公共服务动机与其工作满意度之间并不存在相关性。②

公共服务动机与工作绩效之间的关系是公共服务动机理论研究的另一重要主题,内容涵盖公共服务动机对个体工作绩效的影响效力以及公共服务动机对组织绩效水平的影响效力。克鲁森较早关注到公共服务动机与个体工作绩效之间的关系。通过构建新的公共服务动机测量量表进行研究,他发现公共组织中公职人员的服务导向具有持久性和稳定性,这对于提高其工作产出十分有利。③ 纳夫和克拉姆通过对美国联邦政府公务员的实证研究发现,公共组织中公职人员的公共服务动机与个体工作绩效之间存在着显著的正相关关系。④ 金也认为,公职人员的公共服务动机与个体工作绩效之间具有稳定的正相关性。⑤ 范德纳比在对大量样本进行实证研究的基础上发现,公职人员的公共服务动机与个体工作绩效之间存在显著的正相关性,并指出公共服务动机对个体工作绩效的影响效力既有直接的,也有间接的,会受到个体与组织的匹配度、工作满意度等中间调节变量的影响。⑥ 孟凡蓉、马新奕

---

① L. Bright, "Does Pearson-Organization Fit Mediate the Relationship between Public Service Motivation and the Job Performance of Public Employees?" *Review of Public Personnel Administration*, Vol. 27, 2007, pp. 361-379.

② Xiaogang Cun, "Public Service Motivation and Job Satisfaction, Organizational Citizenship Behavior: An Empirical Study Based on the Sample of Employees in Guangzhou Public Sectors," *Chinese Management Studies*, Vol. 6, No. 2, 2012, pp. 330-340.

③ P. E. Crewson, "Public-Service Motivation: Building Empirical Evidence of Incidence," *Journal of Public Administration Research and Theory*, Vol. 7, No. 4, 1997, pp. 499.

④ K. C. Naff and J. Crum, "Working for America: Does Public Service Motivation Make a Difference?" *Review of Public Personnel Administration*, Vol. 19, No. 4, 1999, pp. 5-16.

⑤ S. Kim, "Individual-Level Factors and Organizational Performance in Government Organizations," *Journal of Public Administration Research and Theory*, Vol. 15, No. 2, 2005, pp. 245-261.

⑥ W. Vandenabeele, "The Mediating Effect of Job Satisfaction and Organizational Commitment on Self-reported Performance: More Robust Evidence of the PSM-Performance Relationship," *International Review of Administrative Sciences*, Vol. 75, No. 1, 2009, pp. 11-34.

通过对我国东西部义务教育教师的实证研究发现，公共服务动机与个体工作绩效之间存在着显著的正向关系。① 李小华和董军进一步指出了公共组织中公职人员的公共服务动机与个体工作绩效之间的直接相关性，即公共服务动机越强烈，个体的工作绩效水平越高。② 但也有部分学者认为，公共服务动机与个体工作绩效两者之间的关系仍不确定，还需要对此进行进一步的研究。③

还有不少学者将关注焦点从公共服务动机对个体工作绩效的影响效力转向其对组织绩效和组织效率的影响效力上。布鲁尔和塞尔登通过对1996年美国国会议员的实证研究发现，公职人员的公共服务动机与可感知的组织绩效之间存在着显著的正相关关系。④ 刘易斯和弗兰克的研究也证实了公共组织中公职人员的公共服务动机与组织绩效之间存在着正相关性。⑤ 金对来自韩国不同层级政府部门的1739名公职人员的公共服务动机与其所在部门的组织绩效之间的关系进行了实证分析，得出了一致的结论。⑥ 里茨把关注焦点从公共服务动机对组织绩效的影响效力扩展到对组织效率的影响效力上。他在对瑞士联邦政府的公职人员进行实证研究的基础上发现，公职人员对公共利益的承诺和对所在组织的认同度越高，目标导向型的管理内容越多，则组织内部的效率越高。⑦

新公共管理运动兴起以来，随着政府改革实践的不断深入，人们对公共组织绩效的要求也日渐提升。其中，公共组织中公职人员的公共服务动机和组织承诺对政府有效提供公共物品和公共服务起着不可或缺的重要作用，也

---

① 孟凡蓉、马新奕：《公共服务动机与工作绩效的关系研究》，《统计与决策》2010年第17期。
② 李小华、董军：《公务员公共服务动机对个体绩效的影响研究》，《公共行政评论》2012年第1期。
③ P. Alonso and G. B. Lewis, "Public Service Motivation and Job Performance: Evidence from the Federal Sector," *American Review of Public Administration*, Vol. 31, No. 4, 2001, pp. 363-380.
④ Gene A. Brewer and Sally Coleman Selden, "Why Elephants Gallop: Assessing and Predicting Organizational Performance in Federal Agencies," *Journal of Public Administration Research and Theory*, Vol. 10, No. 4, 2000, pp. 685-711.
⑤ G. B. Lewis and S. A. Frank, "Who Wants to Work for Government?" *Public Administration Review*, Vol. 62, No. 4, 2002, pp. 395-404.
⑥ Sangmook Kim, "Individual-Level Factors and Organizational Performance in Government Organizations," *Journal of Public Administration Research and Theory*, Vol. 15, No. 2, 2005, pp. 245-261.
⑦ A. Ritz, "Public Service Motivation and Organizational Performance in Swiss Federal Government," *International Review of Administrative Sciences*, Vol. 75, No. 1, 2009, pp. 53-78.

与公共组织的绩效息息相关。在这一背景下,公共服务动机应被纳入公职人员的激励体系之中。公共组织中的管理者要善于培育和引导公职人员形成较强的公共服务动机,培养和提升公职人员对政府的忠诚度,以及为公共利益服务的热诚精神,从而提高公职人员的工作满意度和工作绩效水平,促进组织整体绩效的改善。

第二节 经济学角度的激励理论

随着管理心理学中的激励理论的兴起和发展,经济学家也日渐关注被传统经济理论所忽视的企业内部的管理效率问题,开始认识到激励理论对于调动员工积极性和实现组织目标的重要性。不同于管理学中的激励理论重点关注人的多种需求,经济学中的激励理论的出发点是经济人的理性,旨在追求效用的最大化。迄今为止,经济学中的激励理论主要还是发展于并应用于私人组织之中,对公共组织中的内部激励领域的关注度仍然有限。将经济学的激励理论运用于对公共组织的研究,集中体现在政治代理人的道德风险上,既包括政治家,也涵盖了官僚。[①] 本小节结合经济学中的激励理论的最新研究成果和相关实证检验,集中分析其中的两个重要问题——完全契约视角下的委托—代理理论以及不完全契约视角下的交易成本理论。

近三十年来,作为经济学重要分支领域的激励理论得到了迅速发展,并一直处于完善过程之中。以基本前提假设和分析框架的不同为划分依据,可以将经济学的激励理论大致分为完全契约理论(委托—代理理论)与不完全契约理论(交易成本理论)两个分支。这两个理论分支相互补充,都是解释经济效率的重要理论工具。完全契约理论以契约的完全性为基本前提假设,认为委托人与代理人能够签订一个包含未来所有可能情况下的行动方案的完全契约,其主要研究内容为委托人应如何制定最优化的报酬契约,以激励代理人努力工作。所谓契约的完全性,指的是各方签订的契约已经对未来所有可能状况下的行动方案都做出了详细规定,因而在签约时无须进行再谈判。

---

① Avinash Dixit, "Incentives and Organizations in the Public Sector," *Journal of Human Resources*, Vol. 37, No. 4, 2002, pp. 697-727.

而不完全契约理论的基本前提假设则在于契约的不完全性,主要研究的是契约不完全情形下应如何建立再谈判的有效机制,以实现社会福利的最大化。①在各方签订的不完全契约中,由于难以对非人力资产在未来所有可能状况下如何被使用做出详尽的规定,后续的再谈判过程就十分必要。

一、完全契约视角下的委托—代理理论

1911年,被誉为"科学管理之父"的泰勒在他的主要著作《科学管理原理》一书中提出了著名的科学管理理论。基于"经济人假设",泰勒提倡用金钱等经济利益来提高工人的工作积极性。② 在此基础上,一些学者对经济学的激励理论进行了更为深入的研究,把理性经济人追求"经济利益的最大化"完善为追求"经济效用的最大化",形成了以非对称信息博弈为基础、以委托—代理理论为核心的多种激励模型。委托—代理理论作为经济学中完全契约视角下的重要激励理论框架和基本分析方法,被广泛运用于现代企业管理和公共组织的治理中。

委托—代理理论由威尔逊、罗斯、米尔利斯、霍尔姆斯特伦以及格罗斯曼和哈特等人共同开创并逐步完善,旨在解决委托人和代理人之间存在的信息不对称问题。③ 由于委托人和代理人之间存在着信息不对称,委托人难以直接观察到代理人的代理行为,代理人往往倾向于追求自身效用的最大化,而不以委托人的效用最大化为目标。随即产生了"道德风险"和"逆向选择"问题。委托—代理理论则为代理人提供了一种激励性契约的机制,使代理人在追求自身效用最大化的同时也有动力去实现委托人的效用最大化。委托—

---

① 杨瑞龙、聂辉华:《不完全契约理论:一个综述》,《经济研究》2006年第2期。
② F. W. Taylor, *The Principles of Scientific Management*, New York: Harper and Brothers Publishers, 1911.
③ R. Wilson, "The Structure of Incentives for Decentralization under Uncertainty," in G. Guilbaud, ed., *La Decision*: *Agregation et Dynamique des Ordres de Preference*, Paris: Centre National de la Recherche Scientifique, 1969, pp. 287-307; S. Ross, "The Economic Theory of Agency: The Principal's Problem," *The American Review*, Vol. 63, No. 2, 1973, pp. 134-139; James A. Mirrlees, "Notes on Welfare Economics, Information, and Uncertainty," in M. Balch et al., *Essays in Equilibrium Behavior Under Uncertainty*, Amsterdam: North-Holland, 2011; B. Holmstrom, "Moral Hazard and Observability," *Bell Journal of Economics*, Vol. 10, No. 1, 1979, pp. 74-91; S. J. Grossman and O. D. Hart, "An Analysis of Principal-Agent Problem," *Econometrica*, Vol. 51, No. 1, 1983, pp. 7-45.

代理理论认为,代理人的代理行为难以直接观察,且委托人对代理人进行监督的成本过高。为此,要使信息不对称问题带来的代理成本最小化,就需要设计一种以代理人的代理行为绩效为评价标准的激励型报酬方案,通过风险共担和激励兼容,来激励代理人努力实现委托人的效用最大化目标。

为实现对代理人的有效激励,激励型报酬方案的设计必须满足两个前提条件:一是参与相容约束,即给予代理人的激励要大于等于其不接受合约的效用,只有这样,他才会积极参与;二是激励相容约束,也就是说,激励或者合约的设计,要尽量让代理人的最优选择与委托人的最优化目标相一致。[①] 要实现激励相容约束,还需明确两点:一是委托人要明确代理人的代理目标;二是代理人的代理绩效可以被委托人直接观察,即具有可合约性。[②] 然而,由于公共组织的垄断性带来的服务垄断、信息垄断和评价标准的难以确定,目标多元性和目标弹性导致的绩效评估的困难,以及对其产出的量和质难以进行正确的测量,公共组织中的激励问题随之产生。[③] 从总体上看,公共组织中的激励与私人企业组织中的激励的区别主要在于,代理绩效评价标准和评价方法的不同以及组织治理结构的差异。[④] 相较私人企业组织委托人追求经济利益最大化的明确目标以及代理人的代理绩效的可衡量性,公共组织的公共服务功能定位、公共利益价值取向和组织运作的政治性等特点,则内在地决定了其难以针对公职人员建立有效的激励方案。所以,将委托—代理理论应用于公共组织中的管理实践中,既要重视对代理人激励报酬方案的设计,更要注重改善委托人与代理人之间的信息不对称状况,减少信息不完善带来的激励偏差现象。

20世纪80年代以来,经济学的激励理论在对委托—代理关系进行研究时,引入了动态博弈模型,论证了在多次重复委托—代理行为的情况下,竞争、声誉等隐性激励机制能够发挥激励代理人的作用,充实了长期委托—代

[①] Leonid Hurwicz, "The Design of Mechanisms for Resource Allocation," *American Economic Review*, Vol. 63, No. 2, 1973, pp. 1-30.
[②] 黄再胜:《公共部门组织激励理论探析》,《外国经济与管理》2005年第1期。
[③] 周志忍:《公共性与行政效率研究》,《中国行政管理》2000年第4期。
[④] Jean Tirole, "The Internal Organization of Government," *Oxford Economic Papers*, Vol. 46, No. 1, 1994, pp. 1-29.

理关系中激励理论的内容。与静态博弈模型不同,在动态博弈模型中,委托人和代理人双方可以在代理人先前的代理绩效基础上进行再谈判,而且由于是长期性的多次重复博弈,双方能够采取报复性行动,使得对方选择机会主义行为的可能性变小。鲁宾斯坦和拉德纳较早对委托代理的动态博弈模型进行了研究,并使用重复博弈模型证明,如果委托人和代理人之间保持长期的委托—代理关系,则委托人会根据观测到的代理人过去的代理行为来推断其在现阶段的努力水平,并据此设计契约性合同,对代理人实施激励措施,使得代理人难以通过不作为的办法来实现自身效用的最大化。① 也就是说,帕累托一阶最优风险分担和激励是可以实现的。

  关于动态博弈理论及隐性激励机制的研究中有两类经典模型,一类是代理人市场声誉模型,另一类是棘轮效应模型。② 当代理人的代理行为难以被委托人直接观察,甚至无法证实时,显性激励机制很难发挥效用,而长期的委托—代理关系则可以利用"声誉效应"这一有利条件。法马在研究中明确指出了代理人市场上的"声誉效应"对代理人行为的约束性作用。他认为,在竞争性市场中,经理人过去的经营业绩决定了其市场价值。从长期来看,经理人必须对自己的代理行为负完全责任。因此,即使缺乏一定的显性激励机制,经理人也会保持工作的积极性和主动性,因为这样做可以改进自己在代理人市场上的声誉,从而提高未来的收入水平。③ 霍尔姆斯特伦模型化了法马的"声誉效应"思想,形成了代理人市场声誉模型,证实了"声誉效应"在一定程度上可以通过向代理人施加外部压力来解决代理问题,即隐性激励机制也可以达到与显性激励机制同样的效果。④ 该声誉模型解释了静态博弈模型中的"囚徒困境"问题:当博弈双方只进行单次博弈时,理性的个人往往倾向于采取机会主义行为,通过欺骗等手段来实现自身效用的最大化,其结果只能是非合作均衡。但在博弈双方进行的长期性的多次重复博弈中,为了获取

---

  ① 参见苏明城、张向前:《激励理论发展及趋势分析》,《科技管理研究》2009 年第 5 期。
  ② 同上。
  ③ E. Fama, "Agency Problem and the Theory of the Firm," Journal of Political Economy, Vol. 88, No. 2, 1980, pp. 288-307.
  ④ B. Holmstrom, "Managerial Incentive Problems: A Dynamic Perspective," Review of Economis Studies, Vol. 66, No.1, 1999, pp. 169-182.

长期利益,理性的个人通常倾向于减少机会主义行为,以建立自己的声誉,从而在一定时期内,合作会作为均衡的结果出现。声誉这一隐性激励机制的作用在于,经理人的代理绩效是其工作努力程度和工作能力的一种信号。代理绩效水平低的经理人无法实现委托人的预期目标,将难以获得内部提升的机会,职业生涯发展通道随之不畅,也就难以实现自身效用的最大化。

在长期的动态博弈过程中,与"声誉效应"的正向激励效果相反,"棘轮效应"会弱化激励机制的作用。"棘轮效应"指的是委托人对代理人绩效的评价标准不断上升的一种倾向。委托人倾向于把代理人先前的代理绩效作为评价标准,以此来衡量代理人的工作努力程度和工作能力。而随着代理人不断提升工作努力程度和工作能力,委托人对其进行绩效评价的标准也不断提高。当代理人意识到努力工作的结果仅仅是绩效评价标准不断提高时,其工作的积极性将会降低。霍尔姆斯特伦和科斯塔对棘轮效应模型进行了研究,指出经理人和股东之间的风险分担存在着不一致性。[1] 股东往往倾向于把获得的高收益归结于其金融资产的回报,而非经理人投资能力的产出,从而不断提高对经理人的要求。当经理人意识到,自己努力工作创造高收益的结果却是股东不断提高绩效评价标准,其工作的积极性就会大打折扣。

简化的委托—代理模型仅仅考虑了代理人承担单项工作任务的情形,然而,在委托代理实践中,委托人分配给同一代理人的工作任务往往不止一项。而由于不同工作任务性质上的差异,委托人对代理人从事不同工作的监督能力也不同。霍尔姆斯特伦和米尔格罗姆的研究表明,简化的委托—代理模型中得出的结论并不适用于代理人承担多项工作任务的情形。[2] 当同一代理人承担多项工作任务时,对代理人进行激励不仅要考虑指定工作任务本身的可观察性,还要兼顾其他工作任务的可观察性。在特定的情形下,如果委托人期待代理人在某项指定的、难以直接观察的工作任务上花费更多的精力,那么,固定工资合约可能优于根据直接观察到的工作绩效来奖惩代理人的激励性合约。基于代理人的相对绩效比较,拉齐尔和罗森提出了适用于多代理关

---

[1] B. Holmstrom and Ricart I. Costa, "Managerial Incentives and Capital Management," *Quarterly Journal of Economics*, Vol. 101, No. 4, 1986, pp. 835-860.

[2] B. Holmstrom and P. Milgrom, "Aggregation and Linearity in the Provision of Intertemporal Incentive," *Econometrica*, Vol. 55, No. 2, 1987, pp. 303-328.

系的标尺竞赛理论。该理论指出,比较不同代理人在相似条件下的代理绩效,在一定程度上能够表明代理人的工作努力程度。① 因此,要想合理确定代理人的绩效目标,委托人应当考虑相似条件下其他代理人的绩效水平,兼顾绩效目标的挑战性和激励程度。并据此设计具有竞争性的标尺竞赛机制,以衡量代理人的工作努力程度,从而减少委托人主观评价的道德风险,增加激励承诺的可信度,提高代理人绩效评价的准确性。

二、不完全契约视角下的交易成本理论

不完全契约理论认为,人的有限理性、信息的不完全性以及交易过程的不确定性,使得明晰所有特殊权力的成本过高,拟定完全契约是不可能的。因而,不完全契约是必然的和普遍存在的。以该理论为基础,1937年,著名经济学家科斯在《企业的性质》一文中首次提出了"交易成本"的概念,即市场上经由价格机制产生的每一笔交易的谈判和签约的成本,包括企业用于寻找交易对象、订立合同、执行交易、监督交易等方面的支出,主要由搜索成本、谈判成本、签约成本与监督成本等构成。② 科斯进一步指出,企业和市场属于两种不同的组织劳动分工方式和交易方式。由于企业组织劳动分工的交易成本低于市场组织劳动分工的交易成本,企业作为替代市场的新型交易方式和资源配置机制应运而生。③ 人的有限理性、机会主义行为、交易过程的不确定性以及小数目谈判的存在,使得市场交易的成本十分高昂。而企业作为一种新型交易方式,能够将若干生产要素的所有者和产品的所有者组成一个共同的单位来进行市场交易,从而减少了交易者的数目和交易中的各种矛盾,大大节省了交易成本。

科斯认为,交易活动具有的稀缺性特点为交易成本理论的形成奠定了思想基础。然而,科斯在分析中没能明确指出稀缺性就是交易成本产生的根源。在此基础上,威廉姆森等经济学家对交易成本理论进行了发展和完善。

---

① E. P. Lazear and S. Rosen, "Rank-Order Tournament as Optimum Labor Contracts," *Journal of Political Economy*, Vol. 89, No. 5, 1981, pp. 841-864.

② R. H. Coase, "The Nature of the Firm," *Social Science Electronic Publishing*, Vol. 4, No. 16, 1937, pp. 386-405.

③ Ibid.

威廉姆森进一步对交易成本的产生、具体内容和形式进行了研究,指出为了使经济系统中的各种"交易活动"能够有效地进行,交易双方就要建立和推广各种契约关系,如市场交易合同、内部合同等。这就必然会产生一系列交易成本,包括起草合同的成本、谈判的成本、修改和补充合同的成本、维护和执行合同的成本等。[1] 在科斯观点的基础上,威廉姆森提出了具有自我意识的个人的行为假设,即"契约人"假设,认为人们收集和处理信息的能力是有限的,因而人类的行为是有限理性的,而且当个人利益受损时,将会诱发机会主义行为,这时诚实的品性和自我约束力将不复存在。威廉姆森还提出了关于资产专用性的观点,他把资产专用性分为四种,即地点专用性、物资资产专用性、人力资本专用性和特殊资产专用性,认为不同种类的资产专用性与不同的交易成本和交易活动的组织形式密切相关。[2] 威廉姆森把影响市场交易成本的因素划分为两组:第一组为"交易因素",指的是市场的不确定性、潜在交易对手的数量及交易的技术结构(交易物品的技术特性,包括资产专用性程度、交易频率等);第二组为"人的因素",指的是人的有限理性和机会主义行为。[3] 在他看来,市场的不确定性、小数目谈判、资产的专用性,以及人的有限理性和机会主义行为等因素的存在,都会导致市场交易成本的提高,这就产生了市场与企业之间的转换关系。威廉姆森对交易成本所做的大量的深入研究,最终促使交易成本理论形成了较为完善的理论体系。

此外,哈特也明确指出,契约的不完全性就是交易成本的来源,并在完善交易成本理论的基础上提出了著名的产权观点,以期解释契约的不完全性。[4] 在哈特看来,由于不完全契约难以详细规定未来所有可能状况下的权力和责任的划分,那么,没有被详尽规定的那部分资产的支配权就应当归资产的所

---

[1] Oliver E. Williamson, "Transaction-Cost Economics: The Governance of Contractual Relations," *Journal of Law and Economics*, Vol. 2, No. 22, 1979, pp. 233-261.

[2] Oliver E. Williamson, *The Economic Institutions of Capitalism*, New York: The Free Press, 1985, pp. 95-96.

[3] Oliver E. Williamson, "Transaction-Cost Economics: The Governance of Contractual Relations," *Journal of Law and Economics*, Vol. 2, No. 22, 1979, pp. 233-261.

[4] Oliver D. Hart, "Firms, Contracts, and Financial Structure: Clarendon Lectures in Economic," *Journal of Political Economy*, Vol. 106, No. 2, 1998, pp. 446-452.

有者。梯若尔对契约的不完全性进行了深入的探讨,认为契约的不完全性往往会被归于某种交易成本,而此类交易成本来源于不可预见的可能性、签订契约的成本、实施契约的成本和再磋商的可能性等因素。① 德姆塞茨把交易成本定义成"所有权权利交换的成本",并借助团队生产中监督劳动的困难来分析交易成本,认为交易成本的存在使得团队成员的偷懒行为成为一种现实可能,这将影响团队效率。②

随着交易成本理论的兴起和发展,新制度经济学家开始把它看作一种重要的分析工具,将交易成本和治理结构模式相结合,提供了产权合约安排的量化尺度。其中,制度变迁理论是新制度经济学的重要理论分支,主要探讨了制度的内涵、功能以及制度变迁的动因和规律。在《经济史中的结构与变迁》一书中,诺思概括了制度变迁的三块基石,即描述体制中激励个人和集团的产权理论、界定实施产权的国家理论,以及影响人们对客观存在变化的不同反应的意识形态理论。③ 在秉承理性经济人假设的基础上,诺思利用交易成本理论,指出了产权对于经济增长的重要性。以交易成本理论来看,公共组织中制度变迁的关键性目标也是节省交易成本、提高资源配置效率,这对于整个公共组织而言都是一种有效的激励力量。

第三节 公共组织中的激励机制

公共组织中激励机制的构建,有助于组织绩效的提升和人力资源的开发,从而促进组织目标的实现。在当前我国公共组织中的激励机制还存在诸多不足的情况下,对这一问题的研究更具有现实意义。公共组织中普遍存在的激励机制可以概括为四大类:显性激励机制、隐性激励机制、监督激励机制以及公职人员的内在激励机制。

---

① J. Tirole, "Incomplete Contracts: Where Do We Stand?" *Econometrica*, Vol. 67, No. 4, 1999, pp. 741-781.

② R. S. Demsetz, "Bank Loan Sales: A New Look at the Motivations for Secondary Market Activity," *Journal of Financial Research*, Vol. 23, No. 2, 1999, pp. 197-222.

③ 〔美〕道格拉斯·C. 诺斯:《经济史中的结构与变迁》,陈郁、罗华平译,上海三联书店、上海人民出版社 1994 年版,第 12 页。

一、公共组织中的显性激励机制

公共组织中的显性激励,指的是公共组织以公职代理人的代理绩效为评价标准而给予的,多体现为货币等正式报酬的激励。公共组织提供的显性激励具有硬预算约束性,即奖励金额一般是固定有限的,这在很大程度上导致显性激励的作用范围和效果十分有限。① 由于公共组织产出的公共物品和公共服务的量和质难以测定,当公共组织进行产出的成本控制时,往往会导致公职人员对质量因素的忽视。尤其是当公共组织提供的公共物品和公共服务属于经验产品(experience good)时,为了保障产出的质量,公共组织在设计激励方案时,更应当谨慎地运用货币性激励方式。②

1971年,尼斯卡宁在《官僚制组织与代议制政府》一书中提出了著名的官僚预算最大化模型,即官僚总是趋向于追求总预算规模的最大化。该模型以理性经济人假设作为分析的逻辑前提,认为官僚也是理性自利的经济人,也会追求个人效用的最大化,其行为的出发点并非代表社会大多数人价值的公共利益,而是官僚机构和官僚自身的利益。在尼斯卡宁看来,对于官僚机构来说,有三个至关重要的因素,分别为官僚机构自身的性质、官僚机构与周围环境之间关系的特征以及官僚的最大化动机。③ 根据尼斯卡宁的观点,官僚的效用函数与薪资水平、福利津贴、公共声誉、权力、恩惠、官僚机构的产出、做出改变的难易程度、管理官僚机构的难易程度等因素密切相关。④ 在这些因素当中,除后两项之外,其余都是与机构预算呈正相关的单调函数。官僚为获得更高的薪资、更多的福利津贴、更好的公共声誉、更大的权力,就必然倾向于扩大机构预算的规模。因此,机构预算规模越大,官僚越能实现个人效用的最大化。追求机构预算和个人预算的最大化就成为官僚的基本行为选择。

---

① Courty Pascal and Gerald Marschke, "Measuring Government Performance: Lessons from a Federal Job Training Program," *American Economic Review*, Vol. 87, No. 2, 1997, pp. 383-388.

② Avinash Dixit, "Incentives and Organizations in the Public Sector," *Journal of Human Resources*, Vol. 37, No. 4, 2002, pp. 697-727.

③ William A. Niskanen, *Bureaucracy and Representative Government*, Chicago: Aldine Atherton, 1971, p. 15.

④ Ibid., p. 37.

1974年,米格和贝朗格对尼斯卡宁的官僚预算最大化模型进行了部分修正。在他们看来,官僚最关心的是管理上的自由裁量,官僚内心真正追求的只有自由裁量的预算(收入超过最低成本的部分)的最大化。当然,他们也指出了自由裁量的预算仍依赖于丰裕的总预算资金。① 此后不久(1975年),尼斯卡宁也修正了自己之前的观点,认为官僚的效用可能是自由裁量的预算和产出(总预算)的函数。基于研究成果中所强调的公职人员分享公共部门预算或经费结余(公共产出实际成本与预算的差额)对其的显著激励作用,尼斯卡宁揭示了加大公共组织预算改革的必要性与紧迫性。他指出,应当完善公共组织预算改革的相关法律和制度,构建对于公职人员和预算支出的激励约束机制。

迪克西特的研究结论则显示,委托—代理关系的多重性和代理任务的多维性会对公共组织中的显性激励机制产生不良的影响。② 通过构建一个线性激励均衡模型,迪克西特指出,在共同代理情况下,n个政治委托人之间的非合作博弈,会使公职代理人因激励合约而敢于承担放大n倍的附加风险,进而由于风险和激励之间的替代关系,弱化了公共组织中的显性激励机制的作用。③ 所以,政治委托人越多,显性激励机制在公共组织中的作用就越小。

二、公共组织中的隐性激励机制

公共组织中的隐性激励,主要是指公共组织中的公职代理人对自身职业声誉和公职地位的关注,具体体现在晋升、再次当选和未来就业前景等方面。通常情况下,公共组织中的内部市场竞争和外部市场竞争是隐性激励的主要来源。然而,公共组织的非市场性和垄断性,以及政治市场上过高的交易成本,导致外部市场竞争的隐性激励作用相对弱化,且内部市场竞争和政治接管等隐性激励对公职代理人的激励作用也十分有限。因此,公共组织中的公职人员大多倾向于关注目前工作绩效和职业声誉对其未来薪酬的影响。

---

① J. L. Migue and G. Belanger, "Towards a General Theory of Managerial Discretion," *Public Choices*, Vol. 17, No. 1, 1974, pp. 27-43.

② Avinash Dixit, "Incentives and Organizations in the Public Sector: An Interpretative Review," *The Journal of Human Resources*, Vol. 37, No. 4, 2002, pp. 697-727.

③ Ibid.

组织理论：公共的视角

法马较早意识到职业声誉对代理人行为的影响，认为代理人市场将提供足够的激励来促使代理人努力工作，同时代理人也愿意为建立"自己有效率"的职业声誉而努力工作，因而没有必要借助建立在产量基础上的显性合约来解决代理人的道德风险问题。① 霍尔姆斯特伦的研究成果则显示，只有具备了十分严格的前提条件，法马所得出的结论才能成立。他认为，在不具备显性激励合约的条件下，基于职业声誉方面的考虑，代理人的努力在时间上的分配是无效率的。因为代理人追求的个人的人力资本收益与委托人所追求的货币资本的收益并不一致，所以代理人的职业声誉考虑可能会产生较好的激励效果，也可能会带来相反的激励作用，这主要取决于代理人和委托人所追求的两种资本收益的一致性程度。② 吉本斯和墨菲进一步发展了霍尔姆斯特伦的观点，考虑到之前被霍尔姆斯特伦忽视的显性的报酬激励合约，指出只有将职业声誉提供的隐性激励与报酬合约提供的显性激励有机组合起来，才能产生最优的激励效果。③ 随着理论研究的不断推进，职业声誉模型不仅适用于对企业经理人行为的分析，也适用于对公共组织中的公职代理人行为的分析。梯若尔指出了职业声誉对公共组织中的公职代理人起激励作用的四个前提条件，即绩效可以被直接观察、目前绩效中包含了公职代理人能力的信息、公职代理人应该着眼于未来，以及发出信号的成本并不高。④ 占小军和唐井雄通过构建一个简单的声誉博弈模型，提出了基于声誉的公职人员隐性激励机制，并指出该声誉激励机制的建立必须满足四个条件：一是具有长远预期，博弈次数具有无限性；二是作为对公职人员声誉投资的回报，具有良好声誉的公职人员能够获得一定的声誉租金；三是政府能够发现并及时惩罚公职人员的不合作行为；四是完备的信息传播渠道。⑤

---

① E. Fama, "Agency Problem and the Theory of the Firm," *Journal of Political Economy*, Vol. 88, No. 2, 1980, pp. 288-307.
② B. Holmstrom, "Managerial Incentive Problems: A Dynamic Perspective," *Review of Economic Studies*, Vol. 66, No. 1, 1999, pp. 169-182.
③ R. Gibbons and K. Murphy, "Optimal Incentive Contracts in the Present of Career Concerns: Theory and Evidence," *Journal of Political Economy*, Vol. 100, 1992, pp. 468-505.
④ J. Tirole, "The Internal Organization of Government," *Oxford Economic Paper*, Vol. 46, No. 1, 1994, pp. 1-29.
⑤ 占小军、唐井雄：《声誉激励：公务员激励机制的新思维》，《江西财经大学学报》2009 年第 4 期。

第七章　激励理论

阿吉奥和梯若尔的研究认为,在信息不对称的条件下,层级组织中的下级人员仅拥有一种非正式职权;而当上级管理人员对下级人员进行授权后,下级人员就拥有了一种正式职权,该正式职权对下级产生较强的参与效应和激励作用。[①] 公共组织是层级制组织中的典型,公共组织的领导者通过合理授权,不仅可以激发公职人员的工作积极性,还能够提高公职人员的工作绩效和工作满意度。迪克西特指出,在公共组织中,相较经济性的显性激励而言,非货币性的隐性激励既包括职业声誉激励,还包括因行使权力而具有的社会声望、社会地位等各种控制权收益的激励,所以对公职人员起着更为重要的激励作用。[②] 社会声望、社会地位等控制权收益所带来的隐性激励,更能满足公职人员自我实现的需要、对权力的需要,以及对公务消费和薪资福利之外的各种物质利益的需要。

基于以上对公共组织中隐性激励机制的研究可知,公共组织的管理中应当充分发挥声誉、授权等隐性激励机制的作用。经济学中的边际效用递减理论认为,金钱的边际效用随着人们收入的增加而下降,这表明货币等显性激励方式所能发挥的作用是有限的,对于显性激励具有硬预算约束性的公共组织中的公职人员来说更是如此。而官僚声誉、公共权力、公职地位等隐性激励对公职人员的激励作用远远强于显性激励。但要使这些隐性激励方式真正发挥作用,需要完善公职人员的声誉激励机制,引导公职人员形成对未来职业声誉的有效预期,加强对公职人员代理行为的信息披露力度,约束公职人员的机会主义行为,还要在公共组织中进行合理授权,以激发公职人员的工作积极性和主动性。

三、公共组织中的监督激励机制

公共组织中的监督激励,指的是在公共组织运作过程中,为了激励和保证公职代理人努力工作,对代理人实施的来自委托人的直接或间接的监督控制。监督激励机制作为一种直接的信息收集和处理机制,有助于委托人及时

[①] P. Aghion and J. Tirole, "Formal and Real Authority in Organizations," *Journal of Political Economy*, Vol. 105, No. 1, 1997, pp. 1–29.

[②] Avinash Dixit, "Incentives and Organizations in the Public Sector: An Interpretative Review," *The Journal of Human Resources*, Vol. 37, No. 4, 2002, pp. 697–727.

了解关于代理人行为和绩效表现的准确信息,从而提高对代理人绩效的评价的有效性,优化组织显性激励的整体效果。在公共组织的运作过程中,监督本身作为对公职人员的一种激励方式,能够激励公职代理人提高工作的努力程度和绩效表现。公职代理人的行为表现既受到来自权力制衡、政党、选民、舆论等的外部监督,也受到来自组织高层领导和公职人员彼此之间的内部监督。

目前有关代理的文献主要从两个方面来研究监督激励机制:一是团队生产理论中的纵向监督和横向监督;二是效率工资合约模型中的工资和监督强度之间的替代关系。① 阿尔奇安和德姆塞茨提出了团队生产理论,以解释企业内部结构中存在的激励问题。在他们看来,企业在本质上属于"团队生产"方式,产品的生产由组织成员共同负责。然而,由于难以精确测量组织内的每个成员对产品生产的真实贡献,无法依据每个成员的贡献去支付其应得报酬,这就为一些偷懒者提供了"搭便车"的机会。② 解决"搭便车"问题就需要对组织成员进行监督。其中,纵向监督是指委托人自上而下、垂直地对代理人实施的监督;横向监督指的是代理人之间所实施的水平监督。不管是纵向监督还是横向监督,它们都是有关代理人行为的信息收集和处理机制,其目的都在于激励组织成员提高工作的努力程度。阿诺特和斯蒂格利茨的研究结论显示,横向监督机制对于减轻"道德风险"和提高经济效率具有重要作用。③

夏皮罗和斯蒂格利茨所提出的效率工资合约模型认为,为了最大限度地激励雇员努力工作,雇主应该支付雇员足够高的工资,高于其接受雇佣后的保留工资(即机会成本),还应该对雇员的工作状态进行随机抽查,一旦发现雇员存在不尽职行为,就当场解雇。④ 这种效率工资合约激励机制能够把奖励和惩罚有机结合起来,既能通过提供较高的工资对雇员形成一种正向激

---

① 黄再胜:《公共部门组织激励理论探析》,《外国经济与管理》2005 年第 1 期。

② A. Alchian and Horold Demsetz, "Production, Information Costs, and Economic Organization," *American Economic Review*, Vol. 62, No. 5, 1972, pp. 777-795.

③ R. Arnott and Joseph E. Stiglitz, "Moral Hazard and Non-Market Institutions Dysfunctional Crowding Out or Peer Monitoring?" *American Economic Review*, Vol. 3, 1991, pp. 179-190.

④ C. Shapiro and Joseph E. Stiglitz, "Equilibrium Unemployment as a Worker Discipline Device," *American Economic Review*, Vol. 74, No. 3, 1984, p. 433.

励,又能通过解雇不尽职的雇员而对其形成一种负向激励,以增强正向激励与负向激励的效果。

普伦德加斯特分析了消费者投诉机制对公共组织中公职人员的监督激励作用。根据普伦德加斯特的观点,在享用公共物品和公共服务的消费者或受益人的个人偏好与整个社会的公共利益相一致的情况下,消费者或受益人对公职代理人提供的公共物品和公共服务的质和量不满意并对此进行投诉的行为,有利于政治委托人及时对公职代理人的行为进行核查,从而对公职代理人形成一种事前激励。[1] 然而,在现实生活中,享用公共物品和公共服务的消费者或受益人的个人偏好,往往与整个社会的公共利益是相互冲突的。在这种情形下,当公职代理人的代理行为有益于社会公共利益,却因此损害了消费者的个人利益时,消费者投诉机制对公职代理人的监督激励作用是十分有限的。

四、公职人员的内在激励机制

公共组织中公职人员的内在激励,主要是指公职代理人能够从其所从事的工作或承担的任务中获得一种成就感和满足感,从而有助于公职代理人提高其努力工作的积极性和主动性。以理性经济人作为基本假设的委托—代理理论认为,公共组织中的公职代理人都趋向于追求自身效用的最大化,而且公职代理人的效用来源于激励契约中的物质报酬。然而,近年来诸多学者的研究却显示出与此截然相反的结论,即公共组织中的公职代理人具备一些不同于纯粹为了获取物质报酬而努力工作的传统理性经济人的特质,比如对于组织、职业身份、工作任务等的高度认同和浓厚兴趣。而公共组织中公职人员的内在激励所强调的正是,公职代理人出于认同和兴趣而从事某项工作,具体体现在公职代理人可以从执行工作任务本身获得这种内在激励的效用。

克雷普斯认为,公共组织中存在着公职人员的内在激励,公职人员以所从事的工作为荣,并对所付出的努力心甘情愿。[2] 赫克曼和杰弗里在研究中

---

[1] Canice Prendergast, "The Limits of Bureaucratic Efficiency," *Journal of Political Economy*, Vol. 111, No. 5, 2003, pp. 929-958.

[2] David M. Kreps, "Intrinsic Motivation and Extrinsic Incentives," *American Economic Review*, Vol. 87, No. 2, 1997, pp. 359-364.

指出,公职代理人所从事的工作或承担的任务界限越是模糊,其内在激励就显得越重要。① 贝克的研究结果则进一步指出,内在激励效应的大小主要与公职代理人自身的价值取向、工作自信心、理想信念和职业伦理等因素密切相关,公职代理人的内在激励可以发挥重要的激励作用。② 贝斯利和加塔克发现,在公共组织提供的物质激励有限的情况下,仍然存在许多努力工作的公职代理人,即"自我激励型代理人"。这类代理人能够实现自我激励的原因正是内在激励因素发挥作用。③ 普伦德加斯特的研究结论也显示,由于公共组织中的公职代理人通常高度认同公共组织的理想目标和道德目标,因而,相较私人组织中的代理人而言,他们更容易从工作本身获得这种内在激励的效用。④ 周碧华、刘涛雄的研究认为,在公共组织中,具有组织承诺偏好的公职代理人并不单单追求自身效用的增加,也会关注他人效用的增加和组织利益的实现。⑤ 这一特征在效用函数中体现为,公职代理人的内在激励效用不仅依赖于自己的收入,也依赖于组织的收益。

第四节 本章小结

在整个社会的运行和管理中,公共组织占据着非常重要的地位。为了更好地向社会公众提供公共产品和公共服务,只有给予公共组织中的公职人员以充分的激励,才能激发其工作潜能。近年来,国内外学者日渐重视激励理论在公共组织中的运用研究。学者们的研究大多是从两种不同的学科视角展开的:一是在经验总结和科学归纳的基础上形成的管理学的激励理论,主要包括激励内容理论、激励过程理论、激励强化理论、综合激励理论、公共服

---

① James Heckman and Smith Jeffery, "Assessing the Performance of Performance Standards in Public Bureaucracies," *American Economic Review*, Vol. 87, No. 2, 1997, pp. 389-395.

② George Baker, "Distortion and Risk in Optimal Incentive Contracts," *Journal of Human Resources*, Vol. 37, No. 4, 2002, pp. 728-751.

③ T. Besley and M. Ghatak, "Competition and Incentives with Motivated Agents," *The American Economic Review*, Vol. 95, No. 3, 2005, pp. 616-636.

④ Prendergast Canice, "Intrinsic Motivation and Incentives," *The American Economic Review*, Vol. 98, No. 2, 2008, pp. 201-205.

⑤ 周碧华、刘涛雄:《组织承诺与最优激励》,《公共管理评论》2013年第2期。

务动机理论;二是在人的理性假设基础上,通过严密的逻辑推理和数学模型得出的经济学的激励理论,包括完全契约视角下的委托—代理理论和不完全契约视角下的交易成本理论。① 本章对管理学激励理论和经济学激励理论的主要内容和最新进展做了较为系统的述评,从这两种激励理论在公共组织中的应用出发,围绕如何对公共组织中的公职人员进行有效激励展开了理论上的探讨。研究发现,要构建完善的公职人员激励机制可以从四个方面着手,即显性激励机制、隐性激励机制、监督激励机制以及公职人员的内在激励机制。

【思考题】

1. 管理学激励理论的成果主要包括激励内容理论、激励过程理论、激励强化理论、综合激励理论。四者相互联系和区别之处有哪些?

2. 公共服务动机理论的内涵是什么?公共服务动机与工作满意度、工作绩效之间存在着什么样的关系?

3. 经济学激励理论中的委托—代理理论和交易成本理论对于完善公共组织中的激励机制有何借鉴意义?

【推荐阅读】

Arnott, R., and Joseph E. Stiglitz, "Moral Hazard and Non-Market Institutions Dysfunctional Crowding Out or Peer Monitoring?" *American Economic Review*, Vol. 3, 1991, pp. 179-190.

Coase, R. H., "The Nature of the Firm," *Social Science Electronic Publishing*, Vol. 4, No. 16, 1937, pp. 386-405.

Avinash, Dixit, "Incentives and Organizations in the Public Sector: An Interpretative Review," *Journal of Human Resources*, Vol. 37, No. 4, 2002, pp. 697-727.

Fama, E., "Agency Problem and the Theory of the Firm," *Journal of Politi-*

---

① 李春琦、石磊:《国外企业激励理论述评》,《经济学动态》2001 年第 6 期。

cal Economy, Vol. 88, No. 2, 1980, pp. 288-307.

James, Heckman, and Smith Jeffery, "Assessing the Performance of Performance Standards in Public Bureaucracies," *American Economic Review*, Vol. 87, No. 2, 1997, pp. 389-395.

Holmstrom, B., "Managerial Incentive Problems: A Dynamic Perspective," *Review of Economic Studies*, Vol. 66, No. 1, 1999, pp. 169-182.

Holmstrom, B., and Ricart I. Costa, "Managerial Incentives and Capital Management," *Quarterly Journal of Economics*, Vol. 101, No. 4, 1986, pp. 835-860.

Kreps, David M., "Intrinsic Motivation and Extrinsic Incentives," *American Economic Review*, Vol. 87, No. 2, 1997, pp. 359-364.

Perry, J. L., "Measuring Public Service Motivation: An Assessment of Construct Reliability and Validity," *Journal of Public Administration Research and Theory*, Vol. 6, No. 1, 1996, pp. 5-22.

Perry, J. L. and L. R. Wise, "The Motivational Bases of Public Service," *Public Administration Review*, Vol. 50, 1990, pp. 367-373.

Williamson, Oliver E., "Transaction-Cost Economics: The Governance of Contractual Relations," *Journal of Law and Economics*, Vol. 2, No. 22, 1979, pp. 233-261.

第八章 注意力分配理论

【内容提要】

信息爆炸时代,最宝贵的资源是注意力而不是信息。注意力分配一直被视为社会学的附属议题,尚未有学者对其进行系统评述。本章认为,注意力分配并不是一个技术问题(个人技巧或者计划安排),而是一个社会问题,它是组织环境、制度环境和社会环境的产物。基于这一研究立场,本章首先梳理了社会学领域的相关文献,澄清其历史脉络、研究贡献和不足;其次进行跨学科比较和综合,总结注意力分配研究的主要分支领域,关注这些领域之间的关联、延伸和交融;最后归纳和提炼注意力研究的分析概念、因果机制和解释框架。本章有助于将主要为心理学、经济学和管理学所关注的注意力分配问题,引入经济社会学和组织社会学的分析,以推进对组织决策、组织权威和组织激励等主题的深入思考。

第一节 注意力分配

注意力分配贯穿每个人的日常工作和生活。现代社会,随着信息技术和网络的普及,人们的互动越来越频繁。在此情形下,人们可能面临越来越复杂的任务环境,而多任务环境反过来进一步争夺人们稀缺的注意力资源。注意力的稀缺让人们更加重视时间管理。走进机场或商业街的书店,随手翻阅书架上的各类书籍,最引人注目的畅销书主题之一便是时间管理。

然而,繁忙或闲暇并不是社会学研究注意力分配的动力所在。它们只是一种结果,学界更关心繁忙背后的环境影响因素,包括组织环境、制度环境和社会环境。管理学的畅销书类似于一种"心灵鸡汤",提出许多系统应对多任务环境的个人技巧或策略,似乎只要按照这些建议,每个人都可以在时间上掌握自己的命运，甚至拥有成功的人生。本章的核心观点是：注意力分配并不是一个技术问题（个人技巧或计划安排），而是一个组织、制度甚至是社会问题。受制于环境，人们并不能随心所欲地安排自己的时间和节奏。从这个意义上讲，注意力分配的研究可能要超越一般意义上的时间管理范式，去挖掘真实世界更深层次的环境约束及其条件。

需要交代的是，本章为什么运用"注意力分配"概念。而不是"时间""时间管理"或者"时间社会学"等概念。第一，"时间"同时是自然科学和社会科学的研究领域，涉及天文时间、物理时间和社会时间等，而"注意力分配"更多的是社会科学的研究主题，只关注社会时间。因此，相比"时间"等概念，注意力分配研究不需要花费很多精力来区分自然科学领域还是社会科学领域。第二，"时间"等概念较为宏观（如社会时间），而"注意力分配"是更偏中观甚至微观的说法，它更加具体地展现了人们的时间支配过程，有助于资料收集和概念操作，更容易形成中观层次的理论解释。第三，时间支配最终都要通过行动主体的注意力分配这一载体展现。对载体的研究可以反映人们的时间使用过程。基于上述原因，本章主要运用"注意力分配"这一中观概念，它一方面有助于透视人们的微观动机和行为，另一方面能够折射宏观的环境影响过程。

相比心理学、经济学和管理学对注意力分配的关注，注意力分配一直以来都被看作社会学的附属议题。[1] 事实上，注意力分配的研究不应该忽视社会学视角，尤其是从组织环境、制度环境和社会环境角度关注人们的注意力分配。近年来，社会心理学、行为经济学和组织经济学等领域的研究越来越支持社会学视角。这些研究表明，如果离开环境因素分析人们的注意力分配，将面临严重的解释缺陷或困境。[2] 令人遗憾的是，当其他社会科学越来越

---

[1] James D. Lewis and Andrew J. Weigert, "The Structures and Meanings of Social Time," *Social Forces*, Vol. 60, No. 2, 1981, pp. 432-462.

[2] Leslie A. Perlow, "The Time Famine: Toward a Sociology of Work Time," *Administrative Science Quarterly*, Vol. 44, No. 1, 1999, pp. 57-81; Anuj Kumar Shah, Sendhil Mullainathan, and Eldar Shafir, "Some Consequences of Having Too Little," *Science*, Vol. 338, No. 6107, 2012, pp. 682-685; Anandi Mani, Sendhil Mullainathan, Eladar Shafir, and Jiaying Zhao, "Poverty Impedes Cognitive Function," *Science*, Vol. 341, No. 6149, 2013, pp. 976-980; Sendhil Mullainathan and Elder Shafir, *Scarcity: Why Having too Little Means So Much*, New York: Times Books, 2013; Decio Coviello, Andrea Ichino, and Nicola Persico, "Time Allocation and Task Juggling," *American Economic Review*, Vol. 104, No. 2, 2014, pp. 609-623.

重视注意力分配的社会学视角时,社会学领域的研究却屈指可数①,尤其是与之高度关联的经济社会学和组织社会学,往往难以寻觅到相关的研究工作。本章正是在这个意义上来梳理注意力分配问题的,借此开启和推进这一主题的相关学习和研究工作。

第二节 注意力分配的社会学研究

社会学的注意力分配研究主要集中于时间社会学领域。与其他学科相比,时间社会学更关注注意力分配背后的环境因素。本章根据研究层次将时间社会学研究分为三类:从天文时间到社会时间的宏观研究;从社会时间到组织时间的中观研究;从组织时间到个体时间的微观研究。

一、宏观:从天文时间到社会时间

索罗金和默顿最早研究时间社会学议题,他们从理论和方法上对话天文时间(astronomical time),强调社会时间(social time)对于解释人类行为规律和周期现象的意义。②

天文(日历)时间通常被假定为人们生活的唯一时间量度标准。但是这种角度难以解释:为什么相同日历时间长度,人们会有不同的理解?为什么不同日历时间长度,人们却认为相同?一个质疑是:天文时间或日历时间的概念基础是否充分?索罗金和默顿指出,天文时间并不是唯一的标准,比如哲学视角认为,时间是一种主观体验的非物质过程,所有被感知到的形式或先验的条件即一种"主观时间"。而心理学视角认为,时间受到具体事件的数量尤其是重要性的影响。某些活动非常有趣,人们享受其中并倍感时间飞逝;相反,面对一些乏味或不重要的活动,人们常常感叹度日如年。另外,心理年龄不同于生理年龄,这一说法也表明日历时间作为唯一标准的不完全

---

① 郑作彧:《时间结构的改变与当代时间政治的问题:一个时间社会学的分析》,《台湾社会学刊》2010年第44期;王宁:《压力化生存——"时间荒"解析》,《山东社会科学》2013年第9期;何健:《帕森斯社会理论的时间维度》,《社会学研究》2015年第2期。

② Pitirim A. Sorokin and Robert K. Merton, "Social Time: A Methodological & Functional Analysis," *American Journal of Sociology*, Vol. 42, No. 5, 1937, pp. 615-629.

性。因此，我们必须超越技术层面的天文时间，关注人们对时间概念的主观感知和内在心理等过程。

索罗金和默顿提出一种新的视角，即人们对时间的使用受到社会过程的影响，反映的是一种社会时间。① 社会时间是以其他社会现象作为参照点，表达社会现象的变化或运动。比如"春节之后"和"毕业时我去找你"，都是与社会现象而不是与日历时间相关的。它所表达的远不止日历时间，而是在事件和时间参照系之间建立起来的一种附加意义。比如谈及春节，就会联想到热闹气氛、红包往来以及中西方节日差异等附加内容。换言之，真实世界的天文时间更多的是一种社会时间，它包含许多社会过程和意义的联想或想象。

涂尔干指出，社会时间常常带有集体生活的烙印，承载着不同的习俗传统，"日历表达集体活动的节奏，其功能在于确保集体活动的规律性"②。对此，索罗金和默顿运用传统生活的二手资料进行证明，资料包括不同部落（卡西人、美拉尼西亚人、纳瓦霍人等）、不同宗教（道教、伊斯兰教、基督教等）、不同历史事件（巴比伦人的盖扎之争、希腊奥林匹克运动会、罗马人的亚克兴角之战等）和不同习俗传统等历史文献。研究发现，人们的时间表达和名称使用，是由集体生活的节奏和人们之间的内在关系确定的。这些集体意义塑造了人们的行为周期，使社会行为同步协调。③ 比如，某些宗教群体的生活周期不受天文时间影响，而是受到宗教节日惯例的影响。再比如，农业生产时间的计算不依赖于天文时间，而是取决于庄稼生长和收获的每一轮过程。还有人们一周时间的计算，不按照天文时间，而是取决于当地集市贸易的活动时间。从这个角度讲，社会时间强调性质差异而不是数量的多少。而天文时间是统一和同质的，强调数量，忽视质量变化。人们常常根据自身所在群体的信念和习俗，衡量社会时间的性质及扮演相应角色。那些

---

① 时间社会学研究，也涉及帕森斯、怀特黑德、米德、埃利亚斯、吉登斯、哈维和卢曼等人的理论研究。但是，本书更强调经验研究或者实证研究，且受到篇幅限制，不再梳理上述理论家的相关研究。对理论研究感兴趣的读者可参见何健的文章《帕森斯社会理论的时间维度》（2015）和哈萨德所编的时间社会学书籍:John Hassard, ed., *The Sociology of Time*, London: Macmillan, 1990.

② Émile Durkheim, *Elementary Forms of Religious Life*, New York: Free Press, 1947.

③ Pitirim A. Sorokin and Robert K. Merton, "Social Time: A Methodological & Functional Analysis," *American Journal of Sociology*, Vol. 42, No. 5, 1937, pp. 615–629.

第八章 注意力分配理论

相同的时间长度,从社会意义角度看可能不同;而不同的时间长度,从社会意义角度看却可能相同。总之,社会时间的性质并不单纯来自天文量度时间,而是来源于群体生活的共有信念和习惯,反映不同社会和群体的节奏、律动或韵律。

与涂尔干强调社会时间的稳定性不同,索罗金和默顿认为社会时间并不规律。社会群体依据有重要含义的显著事件衡量社会时间,导致社会时间并不像天文时间那样连续和稳定,常常被某些重要社会仪式打断,比如宗教仪式、典礼、季节性的节日、打猎、军队远征、集市活动和部落会议等。所有这些都挤占人们有限的时间,要求人们在一个固定时间进行复杂合作。更进一步,随着现代社会流动的变化,原本小群体的共有时间体系可能被打破,不同社会和文化背景的人聚合在一起,要求更大程度的协调,以保证行动的同步。换言之,随着群体间互动的扩展,一种范围扩大了的时间体系正在取代或者扩展原有地方性的时间体系。

总之,社会时间不同于天文时间。某些社会过程根据天文学测量方法缺乏周期性,但是按照社会时间角度,可能存在相对稳定的周期规律(包括打断规律)。从这个意义上说,社会时间可以被看作一种方法类型,它有助于发现、解释和预测社会周期及其规律。[1]

如果上述研究聚焦于一个变量的讨论(到底是天文时间还是社会时间),那么科塞等人的研究更集中于讨论两个变量的关系,即社会结构如何影响群体的时间观。[2] 科塞认为,社会时间影响群体时间观的重要机制在于社会结构。每个群体都生活在某一个社会结构中,这些社会结构不断强化共有记忆和价值取向。进一步,不同群体的社会结构差异很大,一些社会结构关注过去,而另外一些则强调当下和未来。从这个意义上讲,一体化的时间并不存在,尤其现代社会结构不断趋向分化和异质,一些群体追求的重要目标可能在其他群体看来微不足道。因此,人们需考虑不同群体时间观背后的社会结

---

[1] Pitirim A. Sorokin and Robert K. Merton, "Social Time: A Methodological & Functional Analysis," *American Journal of Sociology*, Vol. 42, No. 5, 1937, pp. 615-629.

[2] Lewis A. Coser and Rose L. Coser, "Time Perspective and Social Structure," in Alvin Ward Gouldner and Helen Patricia Gouldner, eds., *Modern Sociology*, New York: Harcourt, Brace & World, 1963.

构差异。表 8-1 展现的是科塞所划分的社会结构类型及其时间观。第一种是积极个体主义。主流文化鼓励人们借助合法或不合法的手段追求个体成功。在此类社会结构下,底层社会将上层社会及其时间观作为自己的基准,积极通过个人努力追求未来回报。第二种是积极集体主义,旨在通过集体主义方式缓解困顿处境。在此类社会结构下,有些人借助集体主义力量追求个人主义理想(如工人借助工会追求个人利益),而另外一些人则拒绝主流时间观,试图通过集体行动实现一个更美好的未来。第三种是消极集体主义。拒绝主流文化的积极主义,推行消极被动的时间观。在此类社会结构下,人们相信并期待一个撼动世界的大事件来改变现实。其特征是消极等待,不积极谋划,失望和没有安全感,找不到自己的力量和优势,倾向于接受消极的千禧年幻想。第四种是消极个体主义,特点为拒绝主流文化,消极被动地沉浸于享乐之中,丧失理性计划和安排生活的能力,无法成为任何团体的成员之一。[①]

表 8-1 美国社会结构的理想类型及其时间观

社会结构的理想类型	时间观
积极个体主义	顺应主流
积极集体主义	个人主义和未来取向
	集体主义和未来取向(乌托邦)
消极集体主义	千禧年主义(Chiliastic)
消极个体主义	享乐主义(Hedonist)

来源:参见 Lewis A. Coser and Rose L. Coser, "Time Perspective and Social Structure," in Alvin Ward Gouldner and Helen Patricia Gouldner, eds., *Modern Sociology*, New York: Harcourt, Brace & World, 1963, p. 263。

上述研究关注时间观背后的结构因素。但是,在汤普森看来,这种结构是一种静态结构,忽略了社会变迁下的结构动态演变。基于此,汤普森从历

[①] Lewis A. Coser and Rose L. Coser, "Time Perspective and Social Structure," in Alvin Ward Gouldner and Helen Patricia Gouldner, eds., *Modern Sociology*, New York: Harcourt, Brace & World, 1963.

史角度考察社会转型对人们工作时间和劳动纪律的影响。① 其核心观点是,前工业社会到工业资本主义社会的转型改变了人们的时间观念。其中,权力体系、产权关系和宗教制度等机制,促使人们将工作与时间观念内化成自身的观念。

汤普森的研究采用历史分析方法,运用大量的二手资料,比如流行歌曲、诗歌、日记、请愿书、信件、禁酒的小册子、工厂的手册读本、工作时间记录卡、学校校规、基督教礼拜规则等。这些资料折射出工业资本主义兴起后的三个重要变化:第一,城镇教区和其他公共空间开始普遍设置时钟;第二,任务导向向计时劳动的时间观念变化,劳动者意识到雇主时间和自己时间的区别,时间变得重要,甚至等同于金钱;第三,工作时间越来越同步化,个人或家庭随意支配的时间,逐渐演变成高度标准化的上下班时间。这三个变化通过权力和宗教机制不断强化。资本家获取政治权力后形成新的权力体系,制定严格的工作纪律。另外,新教伦理通过宣传促进工作纪律内在化,使劳工自愿接受。②

有趣的是,社会转型形成两股相互冲突的力量。一方面,社会转型通过权力和宗教机制,让人们自愿接受劳动习惯和时间纪律;另一方面,社会变迁也逐渐唤醒人们的权利意识,引发劳工阶层争取自身权利的集体行动。最后汤普森指出,国民经济增长只是经济成长的表象,如果没有伴随着社会意识的进步,就没有真正的经济成长。③

二、中观:从社会时间到组织时间

一些学者更多关注中观层面的组织时间。刘易斯和魏格特认为索罗金和默顿的社会时间过于宏观,缺乏细致的类型学划分。基于此,他们对社会时间进行分类并考察不同类型之间的可能关系。④

---

① Edward Palmer Thompson, "Time, Work-Discipline, and Industrial Capitalism," *Past & Present*, Vol. 38, No. 1, 1967, pp. 56-97.

② Ibid.

③ Ibid.

④ James D. Lewis and Andrew J. Weigert, "The Structures and Meanings of Social Time," *Social Forces*, Vol. 60, No. 2, 1981, pp. 432-462.

首先,刘易斯和魏格特强调社会时间研究的主体地位而不是附属地位。自索罗金和默顿发表社会时间的开创性论文[1]以来,虽然后续论文都在追踪这一主题,但是大多数社会学家并没有给予社会时间研究和其他调查研究相同的重视程度,只是把社会时间作为其他社会学问题的附带内容来对待。更遗憾的是,许多社会学家并不把社会时间看作研究的一个关键变量,而是以一种随随便便的方式介绍社会互动的时间维度。这些研究忽视了社会时间在解释人们行为方面的重要性。

刘易斯和魏格特希望重新奠定社会时间的主体研究地位,为此将社会时间划分为三类,即个体时间、组织时间和整体时间,并指出了不同类型之间的因果关联。个体时间直接出现在个体独立的自我体验当中,个人具有独特的自我时间感。组织时间包括正式时间和非正式时间。正式时间指的是正式科层组织运作的时间,严格的时间表、紧凑的时间结构是其基本特征。非正式时间指的是非正式的人际互动时间,具有一定的游戏规则和过程。整体时间是指社会结构和文化影响下的时间观念和共有知识,它贯穿每日事务、每周常规和一年各季。上述三个概念虽然出现在时间社会学的文献当中,但概念之间相互独立,没有学者进行关联分析。为此,刘易斯和魏格特建立"嵌入—分层—同步"的分析框架将它们串起来,将个体时间嵌入组织时间,同时个体时间和组织时间又依次被嵌入整体时间。嵌入性构成不同层次的时间交叉,从而产生时间分层,进一步要求协调和同步。

具体而言,时间嵌入(embeddedness)指的是,个体或组织的生命历程常常嵌入不同类型的时间。比如,传统社会是将个体时间嵌入超验时间;而现代社会是将个体时间嵌入现代机构的组织时间。时间分层(stratification)涉及的是个体或组织如何对不同类型的时间进行分类、控制和平衡。比如,个体如何平衡个体时间和组织时间,如何在遵循国家时间表的同时执行一个机构的职业时间规定等。时间同步(synchronicity)是指时间嵌入和分层后,如何保证人们行动和计划的同步,从而保证社会秩序的一致性。刘易斯和魏格特在

---

[1] Pitirim A. Sorokin and Robert K. Merton, "Social Time: A Methodological & Functional Analysis," *American Journal of Sociology*, Vol. 42, No. 5, 1937, pp. 615-629.

第八章 注意力分配理论

上述分析框架下,提出一系列有趣的命题和推论。

命题1:一段时钟时间内,被嵌入的事件数量越多,行动者之间的相互依赖越强。

命题2:行动者之间的相互依赖越强,时间同步的必要程度越大。

推论2.1:整体时间同步化的压力越大,组织正式和非正式时间的数量和种类就越多。这将产生回馈性的影响,进一步增强同步的压力。

推论2.2:一个组织的某一附属单位的同步,将在相关单位中产生同步的压力。

推论2.3:同步的压力将导致时钟时间的稀缺性增强。

推论2.4:时钟时间的稀缺性增强,会导致时间分类和平衡的自我控制减少。这种自我控制的丧失最终诱发忧虑、沮丧、角色失败的情绪,以及产生类似时间恐慌的心理症状。

命题3:社会时间按照如下层次划分(重要程度由最高到最低)——整体时间、组织时间和个体时间。

推论3.1:时间稀缺性一般向下传递到社会时间的各层次。比如,组织正式时间的稀缺性,将通过挤压非正式互动时间的稀缺性来解决(超时劳动),而非正式互动时间的稀缺性又通过相同的过程产生时间压力,导致个体时间更大程度的稀缺。

推论3.2:获得更多个体时间的最有效的办法是回避或者逃避,而不是计划。

推论3.3:职业角色非人格化的程度越大,在劳动环境中可利用的个体时间就越少,界定职业的时间结构的周期也就越严格。

推论3.4:在一个社会体制中,如果时间嵌入的广度以及随之而来的时间同步性的中断次数增加,那么社会时间的分层也变得更正式和严格。

推论3.5:与其他社会分层体制一样,社会时间的分层也得到意识形态和各种惩罚手段的支持。

与上述研究思路相近,泽鲁巴维尔研究的也是组织时间。[1] 不同的是,他关注的是什么机制在划分组织时间和个体时间的界限。首先,泽鲁巴维尔指出,传统社会的个人在各个群体的从属关系相互交织,形成同心圆格局。现代社会的个人在各个群体的从属关系表现为相互交叉的同心圆格局,这些圆互不包含,部分相互独立。进一步的问题是:个人所从属的各个社会群体的要求可能相互矛盾,个人所扮演的各种社会角色的要求也可能相互冲突,那么,怎样的机制可以缓解这些紧张关系?泽鲁巴维尔指出,专业承诺是划分个体时间和组织时间界限的重要机制。在时间上对不同专业角色的扮演加以规定,使人们的工作时间固定下来,从而保证个体时间和组织时间的边界清晰。当然,除专业承诺外,西方意识形态的重大转变也推动了公私时间的划分。比如,随着普遍民主信念和人们对隐私保护的要求日渐增加,个人有权在私人时间内控制外在干扰。因为组织时间被看作个体时间的一部分,雇主向雇员购买一部分个体时间作为组织时间(购买体现为工资支付和加班报酬等)。随后,泽鲁巴维尔运用医疗领域的案例表明,现代日渐增强的专业化趋势,迫使人们对专业承诺的时间边界进行刚性界定。医生的专业职责是以每周工作的小时数来界定,其他时间属于个体时间或者休息时间。医生半夜出诊的情况变得越来越少,他们常常将通信工具关掉,以避免在非医疗时间被打扰。最后,泽鲁巴维尔指出,医疗行业的专业承诺分析不仅适用于大多数现代职业,也适用于对其他组织和社会互动的一般分析。

上述研究从理论上讨论人们的时间类型。与此不同,珀洛[2]从实证角度研究人们的注意力分配。[3] 许多组织常常会碰到时间荒问题(time famine)。时间荒是指,总感觉有许多事情要做,但并没有足够的时间去做。珀洛首先梳理有关时间使用的文献,包括时间预算、管理者时间使用、时间使用模式和

---

[1] Eviatar Zerubavel, "Private Time and Public Time: The Temporal Structure of Social Accessibility and Professional Commitments," *Social Forces*, Vol. 58, No. 1, 1979, pp. 38-58.

[2] 珀洛是组织管理学家,由于她的研究更多基于社会学视角,提出的"工作时间社会学"概念也具有丰富的社会学意义,因此,本章将其归为注意力分配的社会学视角。

[3] Leslie A. Perlow, "The Time Famine: Toward a Sociology of Work Time," *Administrative Science Quarterly*, Vol. 44, No. 1, 1999, pp. 57-81.

第八章 注意力分配理论

时间管理等研究。这些研究的特点是：第一，大多是规范研究而不是实证研究。① 第二，将时间使用看作个人策略或技巧问题，似乎人们只要掌握了时间管理策略或技巧，就可以改变生活和控制环境。② 与上述研究不同，珀洛强调经验研究，并不追求泛泛地提出规范建议，而是探讨真实世界的时间使用过程，尤其关注组织环境的相互依赖机制对时间使用的约束性影响。

通过9个月的田野调查，珀洛注意到，一项产品通常需要3—5年的开发时间，但是公司却要求9个月完成。工程师的时间有限，因此倍感焦虑。珀洛借助参与观察、访谈、追踪和日志跟踪等多种定性方法，捕捉工程师应对时间压力的微观过程。她发现，员工参与的活动包括个体活动和互动活动。前者指员工集中注意力于研发，保证长时间不被打扰；后者指员工之间互动频繁，涉及常规性的打扰。许多员工常常同时进行个体活动和互动活动。在这种情况下，时间支配的有效性取决于两种活动的同步协调。当互动活动频繁时，有可能不停地打断个体活动，使得个体无法安心研发，进而降低个体绩效。相反，如果没有互动，个体独立研发，那么就难以产生一些新想法、新思路，可能思路会不够开阔。最佳的组织互动是，员工一部分工作时间不会被打扰，长时间或整块时间投入研发，而另一部分时间有中等程度的互动，通过互动促进异质信息的交流，从而提高组织绩效。

珀洛发现工程师的时间使用常常出现恶性循环，发生的步骤和机制如下：第一步，时间压力和危机心理。管理者常常有紧急任务，比如短时间内要求产品创新。在这种情况下，所有员工的注意力都集中于管理者所提出的危机事务。当员工忙着处理这些危机时，原来计划做的事情被迫拖延，甚至慢

---

① Tracy Kidder, *The Soul of a New Machine*, New York: Avon, 1981; Fred Moody, *I Sing the Body Electronic: A Year with Microsoft on the Multimedia Frontier*, New York: Viking, 1990; Gregg Pascal Zachary, *Showstopper! The Breakneck Race to Create Windows NT & the Next Generation at Microsoft*, New York: Free Press, 1994.

② William Thomas Brooks and Terry Wayne Mullins, *High Impact Time Management*, Englewood Cliffs, NJ: Prentice-Hall, 1989; Stephen Richards Covey, *The Seven Habits of Highly Effective People*, New York: Simon & Schuster, 1989; John Walter Jones, *High Speed Management: Time Based Strategies for Managers and Organizations*, San Francisco: Jossey-Bass, 1993; Stephen Richards Covey, A. Roger Merrill, and Rebecca R. Merrill, *First Things First*, New York: Simon & Schuster, 1994; B. Eugene Griessman, *Time Tactics of Very Successful People*, New York: McGraw-Hill, 1994.

慢地演变成新的危机。这一过程导致员工产生危机心理,感觉永远在处理此起彼伏的危机,其后果是计划已经变得不重要,因为计划永远赶不上变化。第二步,个体英雄主义。为了实现组织目标,管理者鼓励员工采取一切手段尽快完成所分派的任务,甚至不惜打断他人计划。在这种情况下,整个组织的文化和激励系统都在鼓励个体英雄主义,将完成自己的工作和打断他人看作一种理所当然的行为。第三步,持续打断和后果。当互动活动过于频繁,个体将没有长时段或者整块时间投入研发。在这种情况下,容易形成工作时间的恶性循环,对个体和组织都将产生恶性后果和系统效应,比如,个体和组织在这一过程慢慢丧失长远规划的能力,不断追求短期目标,过度关注速度而不是质量,等等。

最后,珀洛提出"工作时间社会学"的概念。该概念强调社会科学研究要关注组织环境,研究角度应该从个体层面提升到组织或集体层面。因为个体时间使用并不是一个独立的过程,它与组织环境之间相互依赖。[①]

三、微观:从组织时间到个体时间

社会学领域还有一些研究侧重微观层面的个体时间分析,但这些研究不同于管理学的个体时间分析。后者把时间看作个人技巧和计划安排问题,而前者则强调个体面对单调任务环境时,如何通过建构个体时间意义来对抗组织环境。换言之,社会学的微观层面研究仍然关注环境因素,其侧重点是考察环境约束及其诱发的策略性行为。

罗伊考察了工厂里机械工人的时间分配过程。[②] 一次偶然的经历,罗伊获得近距离观察群体行为的机会。这种机会相当于"自然实验",可以记录人们非正式互动的微妙之处。机械工人工作的环境特征包括:(1)漫长工作日从事简单重复的工作,即"放冲模—砸按钮—放冲模—砸按钮";(2)与其他员工相隔离;(3)空间狭隘,终日面对墙壁;(4)每天面对着时钟工作;(5)精神刺激匮乏;(6)身体活动极度受限(机械地移动手和手臂)。这就引出了一个

---

① Leslie A. Perlow, "The Time Famine: Toward a Sociology of Work Time," *Administrative Science Quarterly*, Vol. 44, No. 1, 1999, pp. 57-81.

② Donald F. Roy, "Banana Time: Job Satisfaction & Informal Interaction," *Human Organization*, Vol. 18, No. 4, 1960, pp. 289-312.

第八章　注意力分配理论

有趣的研究问题:个体如何克服令人生畏的"单调猛兽"?

研究发现,人们只能依靠自身资源获得工作乐趣。第一种是工作游戏,比如通过改变材料颜色或者冲模形状获得乐趣。第二种是人们之间的非正式互动,比如每天都有一些间歇时间,吃桃子、吃香蕉、打开窗户吹冷风、取货、喝咖啡和吸烟等。这些短暂活动成为每天日常安排的组成部分,其意义不在于发挥休息功能和时间提醒功能,而在于排解由漫长而枯燥的工作导致的不良情绪。另外,各种主题贯穿非正式互动过程,从毫无意义的闲聊到认真严肃的谈话,比如玩笑主题、严肃话题和唠叨主题等。这些主题和上面各种间歇活动不同,较为混杂,没有固定时间顺序。最后罗伊指出,该研究具有管理意义和理论意义:一方面,非正式互动是工作满意度的一个关键来源,因此管理应该重视非正式互动对正式组织运作的积极作用;另一方面,它从理论上推进了社会学长期以来关注的小群体行为研究。

与上述研究类似,科恩和泰勒关注的是监狱囚犯的时间支配。[①] 他们采用社会人类学方法,参与观察监狱某个警戒区的长期服刑囚犯。时间对于囚犯而言不是可以利用的资源,而是一种惩罚的工具。换言之,时间是一种外部控制,而不是一种私人资源。研究发现,这些囚犯通过各种丰富时间的方法,建立自己的主观时间,以避免陷入迷雾重重的恐惧深渊。具体方法包括:一是忘记时间,埋头于监狱的惯常事务;二是标注时间,通过把过去的日子从日历上划掉,从而区别和划分时间;三是主观计时,倾向于主观计时而非依靠时钟,比如通过情绪或者感觉上的主观变化,建立一种实在感和时间意义;四是时间想象,依赖对监狱外生活的设想,支撑自己度过在时间上毫无差异的日子。

综上,微观和中观、宏观层面的研究一样,关注注意力分配的环境影响。所不同的是,微观层面的研究更加侧重从个体时间来折射环境约束,而中观和宏观的研究则依赖组织时间和整体时间来体现环境因素的影响。另外,从研究单位看,微观层面的研究更多关注特殊组织中的时间支配,比如极为单调的工作环境以及监狱。特殊组织有着不同于一般组织的许多特征。以监

---

① Stanley Cohen and Laurie Taylor, *Psychological Survival*: *The Experience of Long Term Imprisonment*, Harmondsworth: Penguin, 1972.

狱为例,时间不具有正面意义,而是一种负面的惩罚手段。时间对人们来说不是稀缺资源,而是一种过度资源。

第三节　注意力分配的社会学研究评价

上述注意力分配的社会学研究,体现出明显的知识积累和不断超越。首先,涂尔干挑战已有的天文时间,表明社会时间有着不同于天文时间的符号意义。[1] 而索罗金和默顿认为这一观点过于静态,没有看到社会流动可能带来的时间不一致及其同步协调问题。[2] 刘易斯和魏格特在索罗金和默顿研究的基础上讨论时间嵌入、分层和同步,并对社会时间进行分类(整体时间、组织时间和个体时间)。[3] 泽鲁巴维尔在刘易斯和魏格特的研究之基础上,关注组织时间和个体时间的界限。[4] 珀洛根据田野观察分析组织时间面临的时间荒问题。[5] 与上述研究不同,科塞等人的研究不关注社会时间本身,而是关注社会时间背后的社会结构因素。[6] 汤普森关注结构的动态演变及诱发的工作时间观念和纪律的变化。[7] 下文将进一步评价宏观、微观和中观视角的研究工作。

一、宏观视角

宏观视角的优点在于指出注意力分配是一个社会过程而非技术过程。这一视角显著区别于心理学、经济学和管理学等学科取向。索罗金和默顿认

---

[1] Emile Durkheim, *Elementary Forms of Religious Life*, New York: Free Press, 1947.

[2] Pitirim A. Sorokin and Robert K. Merton, "Social Time: A Methodological & Functional Analysis," *American Journal of Sociology*, Vol. 42, No. 5, 1937, pp. 615-629.

[3] James D. Lewis and Andrew J. Weigert, "The Structures and Meanings of Social Time," *Social Forces*, Vol. 60, No. 2, 1981, pp. 432-462.

[4] Eviatar Zerubavel, "Private Time and Public Time: The Temporal Structure of Social Accessibility and Professional Commitments," *Social Forces*, Vol. 58, No. 1, 1979, pp. 38-58.

[5] Leslie A. Perlow, "The Time Famine: Toward a Sociology of Work Time," *Administrative Science Quarterly*, Vol. 44, No. 1, 1999, pp. 57-81.

[6] Lewis A. Coser and Rose L. Coser, "Time Perspective and Social Structure," in Alvin Ward Gouldner and Helen Patricia Gouldner, eds., *Modern Sociology*, New York: Harcourt, Brace & World, 1963.

[7] Edward Palmer Thompson, "Time, Work-Discipline, and Industrial Capitalism," *Past & Present*, Vol. 38, 1967, pp. 56-97.

第八章 注意力分配理论

为,社会时间和天文时间有着显著差异,社会时间强调社会过程和意义对注意力分配的影响。① 这一观点有助于解释为什么相同的时间长度在社会时间视角看来是不同的,而不同的时间长度在社会时间视角看来却是相同的。另外,它也能更好地解释人们的周期行为。这些周期行为不受天文周期影响,而是受到宗教活动、典礼仪式和集市活动等社会环境和过程的塑造。② 科塞等人的研究进一步丰富了社会结构的分析,指出不同类型的社会结构将产生截然不同的时间观。③ 总之,上述研究都强调从组织和环境角度而非技术角度,探讨社会结构和注意力分配之间的关系,充分显示注意力分配研究的独特社会学视角。

上述研究的缺陷表现在两个方面。

第一,认为注意力分配是单向过程而非双向互动过程。社会学的宏观视角假定社会环境单方面影响人们的时间使用过程,忽视人们的时间使用对环境的反作用,即人们的时间使用过程可能也是一种建构过程,反过来影响已有的社会环境,从而形成一种新的社会环境体系。换言之,社会环境和人的行为之间可能并非一个单向作用过程,而是一个互相影响的双向过程。汤普森的研究恰恰支持了这一观点。他不仅关注结构对行动者的影响,而且注意到行动者有可能形成一种新的结构力量。④ 比如,前工业社会向工业资本主义社会的转型,一方面促使人们将现代时间观念和工作纪律内化,另一方面也逐渐唤醒人们的权利意识,人们通过劳工运动对抗严格苛刻的工作纪律,从而形成一种新的劳资关系和结构。

第二,组织环境仍然是一个"黑箱"。现代个体的生命历程常常通过组织过程体现。单位组织(如企业、政府或者其他组织等)影响着一个人的地位、状况和生活机遇。在这个意义上,如果单纯关注宏观社会环境而不关注中观组织环境,将难以理解和解释组织成员的行为。科塞等人的研究更多关注正

---

① Pitirim A. Sorokin and Robert K. Merton, "Social Time: A Methodological & Functional Analysis," *American Journal of Sociology*, Vol. 42, No. 5, 1937, pp. 615–629.

② Emile Durkheim, *Elementary Forms of Religious Life*, New York: Free Press, 1947.

③ Lewis A. Coser and Rose L. Coser, "Time Perspective and Social Structure," in Alvin Ward Gouldner and Helen Patricia Gouldner, eds., *Modern Sociology*, New York: Harcourt, Brace & World, 1963.

④ Edward P. Thompson, "Time, Work-Discipline, and Industrial Capitalism," *Past & Present*, Vol. 38, 1967, pp. 56–97.

式组织之外的人群,比如一般社会成员、乌托邦者和无业游民等①,缺乏对更具普遍性的现代单位组织成员的关注,比如私人部门和公共部门的正常上下班的群体。从这个意义上讲,组织环境仍然是一个"黑箱",研究并没有揭示影响大多数人行为的组织环境的运作逻辑。

二、中观视角

中观视角的优点表现在以下两个方面。

第一,创造出一系列有趣的分析概念。刘易斯和魏格特提出了"嵌入""分层""同步"等分析概念②,泽鲁巴维尔提出了"专业承诺"的概念③,珀洛则提出了"相互依赖"④。这些分析概念直接细化和推进社会学视角的注意力分配研究。比如刘易斯和魏格特通过将社会时间细化为个体时间、组织时间和整体时间,打开社会时间的"黑箱"。另外,建立"嵌入—分层—同步"的分析框架,将三种时间联系起来,分析性强且丰富有趣。当然,有些分析思路仍待进一步探讨,比如刘易斯和魏格特假定个体时间嵌入组织时间、个体时间和组织时间嵌入整体时间。但是,该假定可能过于简单,无法解释为什么在真实世界中有些时间相互独立。比如个体时间部分独立于组织时间⑤,组织时间部分独立于整体时间。换言之,嵌入到底是完全嵌入还是部分嵌入?同步是部分同步还是整体同步?它们处于谱系中的哪一个位置?另外,泽鲁巴维尔发现,专业承诺机制区分组织时间和个体时间的界限。⑥但是,一些研究指出,某些拥有专业承诺的组织,其公私的时间界限却非常模糊,边界并没有刚

---

① Lewis A. Coser and Rose L. Coser, "Time Perspective and Social Structure," in Alvin Ward Gouldner and Helen Patricia Gouldner, eds., *Modern Sociology*, New York: Harcourt, Brace & World, 1963.

② James D. Lewis and Andrew J. Weigert, "The Structures and Meanings of Social Time," *Social Forces*, Vol. 60, No. 2, 1981, pp. 432-462.

③ Eviatar Zerubavel, "Private Time and Public Time: The Temporal Structure of Social Accessibility and Professional Commitments," *Social Forces*, Vol. 58, No. 1, 1979, 38-58.

④ Leslie A. Perlow, "The Time Famine: Toward a Sociology of Work Time," *Administrative Science Quarterly*, Vol. 44, No. 1, 1999, pp. 57-81.

⑤ Eviatar Zerubavel, "Private Time and Public Time: The Temporal Structure of Social Accessibility and Professional Commitments," *Social Forces*, Vol. 58, No. 1, 1979, 38-58.

⑥ Ibid.

第八章 注意力分配理论

性,组织时间常常挤占个体时间。① 换言之,除专业承诺机制之外,是否还有其他更为重要的机制在影响边界的刚性?比如权威机制②或者是内部劳动力市场机制③等。这些问题之所以重要,是因为它们有助于促进社会科学研究的条件化、精细化以及提升社会科学研究的解释力。

第二,研究方法更具可操作性,并提出了一系列可检验的命题推论。刘易斯和魏格特的研究提出了一系列可操作和检验的命题推论,尤其是在"嵌入—分层—同步"基础上提出的待检验的变量关系(见前述命题和推论)。珀洛的研究虽然没有提出命题推论,但是其研究方法具有可操作性,包括工作日志分析、参与观察、追踪和日志回访等研究方法,值得学习和借鉴。④ 总之,无论是资料收集方法还是命题推论,中观视角都从研究方法上推进了未来注意力分配的研究设计和经验研究。

令人遗憾的是,中观视角也存在一个缺陷,即后续推进或新近研究太少。现代生活中,人们的生命历程不断纳入单位组织,职业生涯随着单位组织环境的变化而变化。单位组织是连接微观动机和宏观环境的一个重要桥梁或载体。然而,通过梳理发现,后续关于单位组织的注意力分配的研究很少。这里的两个可能原因是:(1)把注意力分配看作心理学的研究议题。正如刘易斯和魏格特认为的,已有研究仅仅将时间看作社会学的附带问题,没有给予时间问题和其他调查研究主题相同的重视程度。⑤ (2)资料收集的成本竞争。西方社会科学越来越强调定量研究,一定程度上削弱了像注意力分配这种需仔细描述和观察的定性研究。定量研究的资料收集相对容易,尤其随着信息公开度的提高,大规模的统计调查数据和官方资料更可能被大家分享。相反,田野调查的资料获取相对困难,仍然需要投入大量的时间和精力。因此,注意力议

---

① Leslie A. Perlow, "The Time Famine: Toward a Sociology of Work Time," *Administrative Science Quarterly*, Vol. 44, No. 1, 1999, pp. 57-81.

② Peter M. Blau, *The Dynamics of Bureaucracy: A Study of Interpersonal Relations in Two Government Agencies*, Chicago: University of Chicago Press, 1955.

③ George Baker and Bengt Holmstrom, "Internal Labor Markets: Too Many Theories, Too Few Facts," *American Economic Review*, Vol. 85, No. 2, 1995, pp. 255-259.

④ Leslie A. Perlow, "The Time Famine: Toward a Sociology of Work Time," *Administrative Science Quarterly*, Vol. 44, No. 1, 1999, pp. 57-81.

⑤ James D. Lewis and Andrew J. Weigert, "The Structures and Meanings of Social Time," *Social Forces*, Vol. 60, No. 2, 1981, pp. 432-462.

题的社会学附属地位和资料收集成本可能是导致社会学领域注意力分配的中观研究较少的重要原因。

三、微观视角

微观视角的优点体现在细致入微的田野观察。无论是罗伊的非正式互动研究①,还是科恩和泰勒的监狱囚犯研究②,都采用了近距离的田野观察,记录人们注意力分配的微观过程。在统计数据和官方资料流行的当下,这种细致入微的田野观察值得鼓励。系统的微观资料是理论创新和突破的源泉。比如罗伊通过细致入微的观察审视人们非正式互动的过程,发现管理过程不能只强调正式过程,非正式互动对于提升工作满意度具有积极意义。③ 随后他对话管理学文献,并提出切实可行的管理建议:如果管理忽视非正式互动对正式组织运作的意义,一味强调正式任务安排,就有可能对员工士气产生负面影响,从而降低组织绩效。这些非正式互动是正式组织运作的润滑剂,有助于调解单调枯燥的工作环境,甚至纠正不合理的正式安排(如激励扭曲等)。另外,非正式互动有助于解释为什么一些组织相比其他组织,工作环境更为单调枯燥,但是员工的工作满意度和生产效率并不会太差这一现象。以上可以看到,细致入微的田野观察是理论对话甚至是创新的重要基础。

微观视角的缺陷体现在两个方面。

第一,缺乏条件分析。非正式互动推进注意力分配的研究工作,但是缺乏条件分析。已有研究指出,非正式互动既有正功能,也有负功能,比如互动既有助于促进工作所需要的异质信息的交流,也可能诱发打断。有待讨论的问题是:什么条件下,非正式互动有助于推进工作开展? 什么条件下,非正式互动有可能打断工作从而导致工作开展受到影响? 换言之,如何确定非正式互动的作用边界,使其既促进任务完成,又不打断他人。已有研究尚未回答

---

① Donald F. Roy, "Banana Time: Job Satisfaction & Informal Interaction," *Human Organization*, Vol. 18, No. 4, 1960, pp. 289-312.

② Stanley Cohen and Laurie Taylor, *Psychological Survival: The Experience of Long Term Imprisonment*, Harmondsworth: Penguin, 1972.

③ Donald Francis Roy, "Banana Time: Job Satisfaction & Informal Interaction," *Human Organization*, Vol. 18, No. 4, 1960, pp. 289-312.

这一问题。

第二,解释边界有限。社会学的个体时间研究要比管理学的个体时间研究更进一步。管理学抽离组织环境,将个体时间过程看作个体技巧或者计划安排问题。相反,社会学视角的个体时间研究强调组织制度环境对注意力分配的重要影响,不停留于规范研究或者策略研究。然而,值得注意的是,社会学的微观视角更多关注的是特殊的单任务环境(如监狱和单调工种环境)。但是,这种单任务环境只局限于小部分群体(囚犯等),它没有涉及更具普遍性的组织成员(政府机关和企事业单位等)。后面这些组织更可能面临多任务环境而不是单任务环境。① 因此,单任务环境的研究可能很难推广到多任务环境,因为后者有着不同于前者的注意力分配特征和机制。

第四节 注意力分配的跨学科研究

一、心理学领域

这一学科涉及一系列基础概念,比如"印象""直觉""意向""感觉""格式塔"等,其实这些概念与"注意"(attention)这一概念相关联。心理学的注意力研究至少包括两种类型:"注意"和"意图"(intention)。前者是自下而上的过程,即外界刺激诱发大脑注意力的配置和变化;后者强调自上而下的过程,即研究大脑的意识、思维活动和决策特征,大脑活动过程不一定以外界激励为条件。卡尼曼称之为两个系统,这两个系统相互调节,呈现快和慢的思考状态。②

上述系统逐渐演变成两个研究方向。一个方向是认知心理学,研究自下而上的外界刺激和注意力之间的关联。比如分析认知主体面对外界信息时,

---

① Henry Mintzberg, *The Nature of Managerial Work*, New York: Harper and Row, 1973; Bengt Holmstrom and Paul Milgrom, "Multitask Principal-Agent Analyses: Incentive Contracts, Asset Ownership, and Job Design," *Journal of Law, Economics & Organization*, Vol. 7, 1991, pp. 24-52; Leslie A. Perlow, "The Time Famine: Toward a Sociology of Work Time," *Administrative Science Quarterly*, Vol. 7, 1999, pp. 24-52; Decio Coviello, Andrea Ichino, and Nicola Persico, "Time Allocation and Task Juggling," *American Economic Review*, Vol. 104, No. 2, 2014, pp. 609-623.

② Daniel Kahneman, *Attention and Effort*, New Jersey: Englewood Cliffs, 1973; Daniel Kahneman, *Thinking, Fast and Slow*, London: Macmillan, 2011.

感觉器官如何处理信息,包括信息接收、处理和发送等过程。① 另一个方向是认知神经科学,关注自上而下的大脑思维活动及其触发的决策过程。② 这两个分支方向并非相互独立,而是相互支持、互相促进。就研究方法而言,前者采用实验研究,后者借助现代神经科学的检测技术(如磁共振)等。总结起来,心理学视角将注意力看作认知主体的大脑活动过程(无论是否受外界刺激),通过实验研究和神经科学检测技术,研究感觉器官的意识、思维活动和决策特征。

二、经济学领域

该领域至少包括四个研究分支。一是时间偏好研究。③ 其关心的问题是:人们为什么有时间偏好?为什么总是倾向于把未来效用折现到当前使用?为什么不把未来效用看得比当前效用更重要?这一主题涉及的范围较广,包括储蓄和投资、经济增长、利率决策、犯罪、药物滥用和成瘾行为等。④ 二是组织经济学。其研究的问题是:人们常常面临多任务的组织环境,那么多任务环境如何影响人们的注意力分配?具体研究领域包括事件注意力周期研究⑤、多任务情境下的管理困境和"救火"现象⑥、多任务委托代理分析⑦、

---

① Daniel Kahneman, *Attention and Effort*, New Jersey: Englewood Cliffs, 1973; James C.Johnston, Robert S. McCann, and Roger W. Remington, "Chronometric Evidence for Two Types of Attention," *Psychological Science*, Vol. 6, No. 6, 1995, pp. 365-369.

② Donald Arthur Norman and Tim Shallice, *Attention to Action*, Oxford: Basil Blackwell, 2000; Michael I. Posner, *Cognitive Neuroscience of Attention*, New York: Guilford Press, 2004; Michael I.Posner and Mary K. Rothbart, "Research on Attention Networks as a Model for the Integration of Psychological Science," *Annual Review of Psychology*, Vol. 58, 2007, pp. 1-23.

③ Gary S. Becker, "A Theory of Allocation of Time," *The Economic Journal*, Vol. 75, No. 299, 1965, pp. 495-517; Gary S. Becker and Casey B. Mulligan, "The Endogenous Determination of Time Preference," *Quarterly Journal of Economics*, Vol. 112, No. 3, 1997, pp. 729-758.

④ George Arthur Akerlof, "Procrastination and Obedience," *American Economic Review*, Vol. 81, No. 2, 1991, pp. 1-19.

⑤ Anthony Downs, "Up and Down with Ecology:The Issue-Attention Cycle," *Public Interest*, Vol. 28, 1972, pp. 38.

⑥ Roy Radner and Michael Rothschild, "On the Allocation of Effort," *Journal of Economic Theory*, Vol. 10, No. 3, 1975, pp. 358-376.

⑦ Bengt Holmstrom and Paul Milgrom, "Multitask Principal-Agent Analyses:Incentive Contracts, Asset Ownership, and Job Design," *Journal of Law, Economics & Organization*, Vol. 7, 1991, pp. 24-52.

多任务如何影响职业生涯激励和机构自主性①,以及法官审判案件时的任务跳跃问题(task juggling)②等。三是行为经济学。这一分支源于心理学视角的延伸,强调自下而上的外界激励对注意力分配的影响。近年来哈佛大学和普林斯顿大学的经济学家与心理学家合作,通过实验研究和参与观察,分析注意力稀缺和贫困之间的关系。③ 四是神经元经济学。这一分支也受到心理学的影响,关注自上而下的大脑活动、思维状态和决策特征。④

经济学视角将注意力看作激励过程的产物,正如有学者指出,"经济学的核心就是激励问题"⑤。在此基础上,该学科强调如何通过一个好的激励设计,更好地引导有效的注意力分配,这些设计可以包括激励合同、资产配置和工作设计等。⑥ 除采用计量模型外,经济学领域近年来也不断借鉴心理学的实验研究,提出了一系列条件性强和解释范围广的分析概念和研究框架。另外,该学科不仅关注注意力的收益,也分析其潜在的成本或代价。其不足之处在于过度强调计量模型,缺乏对真实世界内部过程和微观运作的把握。

三、管理学领域

管理学把注意力分配看作一个规划统筹过程,强调组织无序可以通过计划或者规划来控制,进而优化配置组织及其成员的注意力。在这一路径之下,至少发展出两个研究方向:企业运作研究和运筹学研究(比如管理科学与工程)。企业运作研究强调考察组织内部具体的注意力分配过程,比如信息

---

① Mathias Dewatripont, Ian Jewitt, and Jean Tirole, "The Economics of Career Concerns, Part II: Application to Missions & Accountability of Government Agencies," *Review of Economic Studies*, Vol. 66, No. 1, 1999, pp. 199-217.

② Decio Coviello, Andrea Ichino, and Nicola Persico, "Time Allocation and Task Juggling," *American Economic Review*, Vol. 104, No. 2, 2014, pp. 609-623.

③ Anuj Kumar Shah, Sendhil Mullainathan, and Eldar Shafir, "Some Consequences of Having Too Little," *Science*, Vol. 338, No. 6107, 2012, pp. 682-685.

④ 叶航、汪丁丁、贾拥民:《科学与实证——一个基于"神经元经济学"的综述》,《经济研究》2007年第1期。

⑤ Edward Lazear, *Personnel Economics*, Cambridge: MIT Press, 1996.

⑥ Bengt Holmstrom and Paul Milgrom, "Multitask Principal-Agent Analyses: Incentive Contracts, Asset Ownership, and Job Design," *Journal of Law, Economics & Organization*, Vol. 7, 1991, pp. 24-52.

爆炸和注意力分配①、多任务环境和注意力分配②、注意力分配的"救火综合征"③以及新产品发展过程的"救火"现象④。与此不同，运筹学研究并不直接关注真实环境，而是通过计算机模拟讨论注意力的优化配置。⑤ 虽然两种研究风格不同，但都强调通过有效的计划、规划和统筹，保证注意力的最优分配。这一领域的研究方法主要是计量模型和运筹方法。其贡献是，反对一般社会科学所认为的"组织无序"，强调规划统筹对于重建组织秩序的重要性；认为在多任务情况下，个体完成工作的速度并不取决于努力程度、能力水平和经验多少，而是取决于工作计划。其不足之处是偏向规范研究，关注"应该是什么"而不是"是什么"，缺乏对真实世界组织运作的把握；认为通过一个理想的计划安排或者时间管理技巧，就能够实现有效的注意力分配，过于强调制度安排而不是制度环境。

四、组织学领域

管理学家西蒙将组织注意力的渠道、结构和分配看作组织研究的核心，他称之为管理行为。⑥ 后来管理行为发展为组织理论⑦，进而在马奇及其合作者的努力下继续发展，形成注意力分配的组织学研究⑧，包括序贯注意力研

---

① Herbert Alexander Simon, *Administrative Behavior*, New York: The Free Press, 1947.
② Henry Mintzberg, *The Nature of Managerial Work*, New York: Harper and Row, 1973.
③ Roger Bohn, "Stop Fighting Fires," *Harvard Business Review*, Vol. 78, No. 4, 2000, pp. 83-92.
④ Nelson Repenning, "Understanding Fire Fighting in New Product Development," *Journal of Product Innovation Management*, Vol. 18, No. 5, 2001, pp. 285-300.
⑤ Kathleen Carley and Les Gasser, "Computational Organization Theory," in Gerhard Weiss, ed., *Multiagent Systems: A Modern Approach to Distributed Artificial Intelligence*, Cambridge: MIT Press, 1999; Sridhar Seshadri and Zur Shapira, "Managerial Allocation of Time & Effort: The Effects of Interruptions," *Management Science*, Vol. 47, No. 5, 2001, pp. 647-662; Gloria Mark, Daniela Gudith, and Ulrich Klocke, "The Cost of Interrupted Work: More Speed and Stress," paper delivered to Proceedings of the SIG-CHI Conference on Human Factors in Computing Systems, Florence, Italy, April, 2008.
⑥ Herbert Alexander Simon, *Administrative Behavior*, New York: The Free Press, 1947.
⑦ James Gardner March and Helen Alexander Simon, *Organizations*, New York: John Wiley and Sons, 1958.
⑧ James Gardner March, ed., *Introduction: A Chronicle of Speculations About Decision Making and Organizations*, Oxford: Basil Blackwell, 1988.

第八章 注意力分配理论

究①、模糊性下的选择理论和注意力结构研究②,以及可替代期望水平的注意力③等。

根据奥卡西奥④的观点,组织学的注意力分配研究至少有五种视角:一是企业行为视角,这一视角把组织看作企业内部各单元和政治联盟成员之间竞争注意力的一种系统⑤;二是管理认知视角,该视角将组织看作一种重新编码、反思和意义解析的解释系统⑥;三是议程设置视角,强调组织是一个议程设置系统,议程设置决定决策过程的参与者、信息进入和决策结构,它有助于解释为什么一些事件进入议程,而另一些事件消失⑦;四是注意力视角,该视角除强调组织是一个注意力分配系统之外,还对具体的注意力进行类型学划分,比如焦点注意力、情境注意力和结构注意力,研究更加细化⑧;五是组织生态

---

① James Gardner March, "The Business Firm as a Political Coalition," *Journal of Politics*, Vol. 24, No. 4, 1962, pp. 662–678.

② James Gardner March and Johan Peder Olsen, *Ambiguity and Choice in Organizations*, Bergen: Universitetsforlaget, 1976.

③ James Gardner March and Zur Shapira, "Managerial Perspectives on Risk and Risk Taking," *Management Science*, Vol. 33, No. 11, 1987, pp. 1404–1418.

④ William Ocasio, "Attention to Attention," *Organization Science*, Vol. 22, No. 5, 2011, pp. 1286–1296.

⑤ James Gardner March, "The Business Firm as a Political Coalition," *Journal of Politics*, Vol. 24, No. 4, 1962, pp. 662–678; Henrich R. Greve, "A Behavioral Theory of Firm Growth: Sequential Attention to Size and Performance Goals," *Academy of Management Journal*, Vol. 51, No. 3, 2008, pp. 476–494.

⑥ Karl Weick, *The Social Psychology of Organizing*, New York: McGraw-Hill, 1979; Karl Weick, *Sensemaking in Organizations*, Thousand Oaks, CA: Sage, 1995; Patricia Doyle Corner, Angelo J. Kinicki, and Barbara Woodruff Keats, "Integrating Organizational and Individual Information Processing Perspectives on Choice," *Organization Science*, Vol. 5, No. 3, 1994, pp. 294–308; Giovanni Gavetti and Daniel Levinthal, "Looking Forward and Looking Backward: Cognitive and Experiential Search," *Administration Science Quarterly*, No. 1, 2000, pp. 113–137.

⑦ Jane E. Dutton, "Strategic Agenda Building in Organizations," in Zur Shapira, ed., *Organizational Decision Making*, Cambridge: Cambridge University Press, 1997; Jisun Yu, Rhonda M. Engleman and Andrew H. Van de Ven, "The Integration Journey: An Attention-based View of the Merger and Acquisition Integration Process," *Organization Study*, Vol. 26, No. 10, 2005, pp. 1501–1528; Cyril Bouquet and Julian Birkinshaw, "Weight Versus Voice: How Foreign Subsidiaries Gain Attention from Corporate Headquarters," *Academic Management Journal*, Vol. 51, No. 3, 2008, pp. 577–601.

⑧ William Ocasio, "Attention to Attention," *Organization Science*, Vol. 22, No. 5, 2011, pp. 1286–1296.

学视角,这一视角把组织看作注意力竞争、变异、选择、适应和保留的过程。[①]上述五种视角差异较大,但总体上都把注意力看作组织环境的产物。其研究方法包括定量研究[②]、田野观察[③]和二手资料分析[④]。上述研究显示出组织学研究的多样性。其不足之处在于多种视角之间的关联性不强,各自为战,导致该研究领域没有显著的知识积累。不同研究者基于不同的理论视角和不同的概念定义,根据自身的理解研究注意力分配。奥卡西奥认为,应该借鉴认知神经科学,保护概念的稀缺性,揭示概念之间相互关联的机制和过程。[⑤]

五、社会学领域

相比其他社会科学,社会学视角的最明显特征是不把人们的时间使用看作个人技巧问题,而是强调社会环境对人们注意力分配的影响,继而以注意力分配为切入点,研究组织和制度环境及其运作机理。研究更多集中于制度

---

① Morten T. Hansen and Martine R. Haas, "Competing for Attention in Knowledge Markets: Electronic Document Dissemination in a Management Consulting Company," *Administrative Science Quarterly*, Vol. 46, No. 1, 2001, pp. 1-28; Matthew S. Bothner, Jwong-han Kang, and Toby E. Stuart, "Competitive Crowding and Risk Taking in a Tournament: Evidence from NASCAR Racing," *Administration Science Quarterly*, Vol. 52, No. 2, 2007, pp. 208-247; Michael Lounsbury, "A Tale of Two Cities: Competing Logics and Practice Variation in the Professionalizing of Mutual Funds," *Academic Management Journal*, Vol. 50, No. 2, 2007, pp. 289-307; Brayden G. King, "A Political Mediation Model of Corporate Response to Social Movement Activism," *Administration Science Quarterly*, Vol. 53, No. 3, 2008, pp. 395-421; Cyril Bouquet and Julian Birkinshaw, "Weight Versus Voice: How Foreign Subsidiaries Gain Attention from Corporate Headquarters," *Academic Management Journal*, Vol. 51, No. 3, 2008, pp. 577-601; Bilian NiBouquet, "Competition and Beyond: Problems and Attention Allocation in Organizational Rule Making Processes," *Organization Science*, Vol. 21, No. 2, 2010, pp. 432-450.

② Morten T. Hansen and Martine R. Haas, "Competing for Attention in Knowledge Markets: Electronic Document Dissemination in a Management Consulting Company," *Administrative Science Quarterly*, Vol. 46, No. 1, 2001, pp. 1-28.

③ Leslie A. Perlow, "The Time Famine: Toward a Sociology of Work Time," *Administrative Science Quarterly*, Vol. 44, No. 1, 1999, pp. 57-81.

④ Andrew J. Hoffman and William Ocasio, "Not All Events Are Attended Equally: Toward a Middle-Range Theory of Industry Attention to External Events," *Organization Science*, Vol. 12, No. 4, 2001, pp. 414-434.

⑤ William Ocasio, "Attention to Attention," *Organization Science*, Vol. 22, No. 5, 2011, pp. 1286-1296.

环境对个体或者组织的影响。研究方法包括田野观察、访谈和二手资料分析。其贡献在于捕捉内部过程,强调环境对行为的影响。其不足在于过于宏大,过多描述性概念,缺乏分析性概念,对中层意义的组织环境关注不足,组织环境及内部的注意力分配仍然是一个"黑箱"。因此,在未来的注意力分配研究中,社会学研究者应该借鉴经济学等学科,运用分析概念研究组织环境和注意力分配,从而提炼出一些有趣的研究思路,把组织运作的条件和边界讲得更清楚。

六、注意力分配研究中跨学科的关联、延伸和交融

(一) 跨学科概念的关联

首先是信息超载。不同学科对于信息超载有着不同的界定,比如经济学用"多任务"①概括,心理学强调"带宽过窄"②,管理学用"信息爆炸"概括。表达不同,但意义相近。其次是注意力偏差。各学科都注意到信息超载容易诱发注意力偏差,比如经济学用"任务跳跃"③的概念进行概括,社会学用"时间荒"④予以表达,而管理学则呈现"救火综合征"⑤,心理学用"注意力忽视"⑥来刻画。这些概念虽然表述有差异,但意思相近。最后是注意力和专业化。各学科都关注注意力和专业化之间的关系,揭示关联的机制。比如社会学研究显示了在时间荒的情况下,专业投入不足,关注短期目标,进而丧失长远规划

---

① Bengt Holmstrom and Paul Milgrom, "Multitask Principal-Agent Analyses: Incentive Contracts, Asset Ownership, and Job Design," *Journal of Law, Economics & Organization*, Vol. 7, 1991, pp. 24–52.

② Sendhil Mullainathan and Elder Shafir, *Scarcity: Why Having Too Little Means So Much*, New York: Times Books, 2013.

③ Decio Coviello, Andrea Ichino, and Nicola Persico, "Time Allocation and Task Juggling," *American Economic Review*, Vol. 104, No. 2, 2014, pp. 609–623.

④ Leslie A. Perlow, "The Time Famine: Toward a Sociology of Work Time," *Administrative Science Quarterly*, Vol. 44, No. 1, 1999, pp. 57–81.

⑤ Roger Bohn, "Stop Fighting Fires," *Harvard Business Review*, Vol. 78, No. 4, 2000, pp. 83–92; Nelson Repenning, "Understanding Fire Fighting in New Product Development," *Journal of Product Innovation Management*, Vol. 18, No. 5, 2001, pp. 285–300.

⑥ Sendhil Mullainathan and Elder Shafir, *Scarcity: Why Having Too Little Means So Much*, New York: Times Books, 2013.

的能力。① 经济学学者认为,多任务比单任务需要更多的激励措施以保证专业性,比如激励合同、产权和工作设计。② 心理学学者认为,注意力稀缺具有双重效应,它有助于获得专注红利,但也会导致稀缺陷阱。③ 从上文可以看到,不同学科的概念有着许多相似之处。本章认为,跨学科对话,一方面应该保证概念的稀缺性,反对重叠树立和各自为战的概念定义和理解,这样有助于大家都在同一个平台上讨论,达到真正的知识积累;另一方面,要鼓励分析性概念而不是描述性概念,以提高分析和解释能力。

（二）跨学科视角的延伸

视角延伸强调某个学科对其他学科视角的借鉴,甚至在视角延伸的基础上发展出新的学科分支。首先是心理学视角的延伸。在心理学视角的影响下,经济学发展出一个新兴的学科分支即行为经济学。与此相似,近年来兴起的神经元经济学也是在心理科学的影响下发展起来的,它关注大脑的意识、思维过程和决策特征。组织学者奥卡西奥强调,组织学也应该借鉴认知神经科学,揭示注意力分配的机制和过程。④ 由此我们看到,心理学视角影响行为经济学、神经元经济学和组织学等学科的建立和发展。其次是经济学视角的延伸。近年来,社会学的消费社会学和闲暇研究,开始借鉴经济学的时间偏好视角,考察代际消费、时间贴现、工作和生活平衡等问题。⑤ 最后是社会学视角的延伸。社会学视角强调注意力背后的环境影响,这对心理学、经济学和管理学的影响很大。比如心理学的实验设计越来越强调对真实环境的模拟,以捕捉社会环境对行为的真实影响。组织经济学研究由关注组织内

---

① Leslie A. Perlow, "The Time Famine: Toward a Sociology of Work Time," *Administrative Science Quarterly*, Vol. 44, No. 1, 1999, pp. 57-81.

② Bengt Holmstrom and Paul Milgrom, "Multitask Principal-Agent Analyses: Incentive Contracts, Asset Ownership, and Job Design," *Journal of Law, Economics & Organization*, Vol. 7, 1991, pp. 24-52.

③ Sendhil Mullainathan and Elder Shafir, *Scarcity: Why Having Too Little Means So Much*, New York: Times Books, 2013.

④ William Ocasio, "Attention to Attention," *Organization Science*, Vol. 22, No. 5, 2011, pp. 1286-1296.

⑤ Juliet Schor, *The Overworked American: The Unexpected Decline of Leisure*, New York: Basic Books, 1992.

部行为走向分析组织外部环境对组织内部行为的影响。一些管理学研究开始反思不基于经验材料的规范研究,强调对真实环境约束的研究。① 上述研究显示,各学科视角相互借鉴,取长补短,延伸广泛。

(三)跨学科方法的交融

近年来,许多学科的研究方法越来越多元,这得益于跨学科方法的交融。比如组织经济学和管理学越来越强调对组织内部过程的关注,通过吸收社会学的参与观察方法,试图更好地理解真实世界的组织环境。另外,行为经济学除采用传统的计量模型外,开始越来越多地借鉴心理学的实验研究方法。② 神经元经济学的研究更多采用认知神经科学的检测方法,比如 EEG(脑电图)、MEG(脑磁图)、PET(正电子发射断层扫描)、MRI(磁共振成像)和 fMRI(功能性磁共振成像)等。跨学科方法的交融促进跨学科研究的扩展。以经济学为例,近年来神经元经济学的研究不仅发表在经济学权威期刊,而且发表于神经科学权威期刊,甚至频繁见诸《科学》和《自然》等国际顶级期刊。据不完全统计,自 2000 年以来,仅《科学》和《自然》杂志发表的相关论文,就多达 96 篇。③(见表 8-2)

表 8-2　注意力分配研究的跨学科视角

学科	心理学	经济学	管理学	组织学	社会学
理论视角	把注意力看作行动主体的大脑认知过程	把注意力看作一个激励过程	把注意力看作一个计划统筹过程	把注意力看作组织环境的产物	把注意力看作社会环境的产物

---

① Nelson Repenning, "Understanding Fire Fighting in New Product Development," *Journal of Product Innovation Management*, Vol. 18, No. 5, 2001, pp. 285-300.

② Anuj Kumar Shah, Sendhil Mullainathan, and Eldar Shafir, "Some Consequences of Having Too Little," *Science*, Vol. 338, No. 6107, 2012, pp. 682-685; Anandi Mani, Sendhil Mullainathan, Eladar Shafir, and Jiaying Zhao, "Poverty Impedes Cognitive Function," *Science*, Vol. 341, No. 6149, 2013, pp. 976-980; Sendhil Mullainathan and Elder Shafir, *Scarcity: Why Having Too Little Means So Much*, New York: Times Books, 2013.

③ 叶航、汪丁丁、贾拥民:《科学与实证——一个基于"神经元经济学"的综述》,《经济研究》2007 年第 1 期。

(续表)

学科	心理学	经济学	管理学	组织学	社会学
分支领域	1.认知心理学；2.认知神经科学	1.时间偏好研究；2.组织经济学；3.行为经济学；4.神经元经济学	1.企业运作研究；2.运筹学研究	1.企业行为视角；2.管理认知视角；3.议程设置视角；4.注意力视角；5.组织生态视角	1.宏观社会时间(消费社会学)；2.中观组织时间；3.微观个体时间
研究方法	1.实验研究；2.神经学检测技术	1.计量经济学；2.实验研究	1.运筹学方法；2.计量经济学	1.定量研究；2.二手资料；3.田野观察	1.田野观察；2.访谈；3.二手资料
研究贡献	关注自上而下的大脑的意识、思维活动和决策特征	1.分析概念多；2.收益—成本分析；3.条件性强；4.解释范围广	强调注意力的最优配置不取决努力、能力和经验，而取决于计划	研究视角多样，侧重组织环境研究，易于观察和操作	1.强调社会环境而非技术环境对注意力分配的影响；2.关注内部过程
研究局限	实验室环境不同于真实世界的环境	计量模型取代组织内部过程，得到的是统计关系而非因果关系	1.规范研究；2.过于强调技术过程，忽略环境约束	不同的概念理解，各自为战，缺乏显著的知识积累	1.描述性概念过多，分析性概念较为缺乏；2.社会环境太宽泛
跨学科概念关联	1.信息超载:带宽过窄(心理学)＝多任务(经济学)＝信息爆炸(管理学) 2.注意力偏差:注意力忽视(心理学)＝任务跳跃(经济学)＝救火综合征(管理学)＝时间荒(社会学) 3.专业化:丧失专注红利(心理学)＝弱化职业生涯激励(经济学)＝短期激励(社会学)				

(续表)

学科	心理学	经济学	管理学	组织学	社会学
跨学科视角延伸	1.心理学的视角延伸到行为经济学、神经元经济学和组织学等研究领域; 2.经济学的时间偏好研究,后来关联和扩展到社会学的消费社会学和闲暇研究; 3.社会学视角对心理学、经济学和管理学的影响很大,强调注意力背后的环境影响					
跨学科方法交融	1.行为经济学借鉴心理学的实验研究方法; 2.神经元经济学借鉴心理学的现代神经科学检测技术; 3.组织经济学和管理学借鉴社会学的参与观察方法					

第五节 本章小结

本节对注意力分配的分析概念、因果机制和解释框架进行总结性梳理,旨在为未来的组织理论提供一些分析工具和理论基础,推进组织决策、组织权威和组织激励等主题的研究工作。

一、注意力的嵌入

注意力的嵌入指的是事务或时间的嵌入。上述研究揭示出其中的许多机制。

第一,社会结构的演变。在稳定社会结构下,人们的注意力分配相对稳定,日出而作,日落而息。① 但是随着社会结构演变和现代社会流动,不同社会和文化背景的群体聚合在一起,打破原有小群体的共有时间,嵌入多样化的事务和时间体系。②

第二,再社会化。某些人因犯罪行为,不得不在监狱内进行再社会化。在这种情况下,人们不是被动嵌入各种时间,而是主动嵌入多样化的时间类

---

① Emile Durkheim, *Elementary Forms of Religious Life*, New York: Free Press, 1947.
② Pitirim A. Sorokin and Robert K. Merton, "Social Time: A Methodological & Functional Analysis," *American Journal of Sociology*, Vol. 42, No. 5, 1937, pp. 615-629.

型(主观时间和标记时间等),以打发服刑时单调的时光。①

第三,权力和权威机制。研究表明,前工业社会到工业资本主义社会的转型过程中,最明显的变化是权力体系的变化:资本家获取政治权力后,制定严格的工作纪律,继而,个人或家庭随意支配的时间逐渐演变成高度标准化的上下班时间。② 与此类似,权威机制也会导致时间嵌入。比如一个组织内部的管理者,借助其权威的影响,常常动员被管理者从正常工作中抽离,集中精力完成管理者安排的紧急任务,导致被管理者在同一时间内要完成多种任务类型。③

第四,激励机制。激励机制对人们的注意力分配有很大影响,如果整个组织文化和激励系统都鼓励打断,那么人们的工作过程必然包含各种事务的嵌入。④ 正如博恩强调的,要建立一个主动解决问题的组织而不是被动救火的组织,不要形成奖励救火行为的组织文化。⑤

第五,非正式力量。正式组织运作过程,常常伴随着各种非正式力量的干扰。比如意大利法官在案件审判过程,常常面临着非正式力量的游说,进而诱发任务跳跃的现象。⑥

由上可见,许多机制导致事项或任务进入人们有限的注意力,这些事项或任务可能不会相互替代,而是同时并存,这进一步争夺了人们有限的注意力资源。更进一步的问题是:人们如何按轻重缓急的顺序应对各种时间嵌入?

---

① Stanley Cohen and Laurie Taylor, *Psychological Survival: The Experience of Long Term Imprisonment*, Harmondsworth: Penguin, 1972.

② Edward Palmer Thompson, "Time, Work-Discipline, and Industrial Capitalism," *Past & Present*, Vol. 38, 1967, pp. 56-97.

③ Robert Dubin and S. Lee Spray, "Executive Behavior and Interaction," *Industrial Relations*, Vol. 3, No. 2, 1964, pp. 99-108; Edward Palmer Thompson, "Time, Work-Discipline, and Industrial Capitalism," *Past & Present*, Vol. 38, 1967, pp. 56-97; Leslie A. Perlow, "The Time Famine: Toward a Sociology of Work Time," *Administrative Science Quarterly*, Vol. 44, No. 1, 1999, pp. 57-81.

④ Leslie A. Perlow, "The Time Famine: Toward a Sociology of Work Time," *Administrative Science Quarterly*, Vol. 44, No. 1, 1999, pp. 57-81.

⑤ Roger Bohn, "Stop Fighting Fires," *Harvard Business Review*, Vol. 78, No. 4, 2000, pp. 83-92.

⑥ Decio Coviello, Andrea Ichino, and Nicola Persico, "Time Allocation and Task Juggling," *American Economic Review*, Vol. 104, No. 2, 2014, pp. 609-623.

二、注意力的分层

由于资源和注意力有限,人们不可能同时完成全部事项,必须对各种事项根据轻重缓急进行分类。对此,已有研究阐述了不同的分层或者缓冲机制。

第一,专业承诺。现代社会分工背景下,存在许多专业组织,专业组织和科层组织的最大区别是拥有专业承诺。专业承诺成为一种严格的组织规范,这种组织规范有助于划分组织时间和个体时间的界限,避免组织时间对个体时间的过度挤占。[1] 另外,有些学者认为,多任务目标容易导致专业性差,而专业性是发展组织使命感的重要基础。如果使命感较弱,机构更可能受到外在干扰而非内在使命的影响,导致自主性程度下降。从这个意义上讲,专业化是保护个人或机构自主性的一个关键要素或机制。[2]

第二,计划机制。有关意大利法官的审判的研究表明,在多任务的情况下,个体完成工作的速度并不取决于工作者的努力程度、能力水平和经验的多少,而是取决于工作计划(平行处理还是序贯处理)的执行情况(或合理性)。[3] 也有大量管理学研究提出了时间管理的各种策略或技巧[4],包括问题解决的优先原则、后进先出原则、先进先出原则和随机原则[5]。另外,议程设

---

[1] Eviatar Zerubavel, "Private Time and Public Time: The Temporal Structure of Social Accessibility and Professional Commitments," *Social Forces*, Vol. 58, No. 1, 1979, p. 58.

[2] James Quinn Wilson, *Bureaucracy: What Government Agencies Do, and Why They Do It*, New York: Basic Books, 1989; Mathias Dewatripont, Ian Jewitt, and Jean Tirole, "The Economics of Career Concerns, Part II: Application to Missions & Accountability of Government Agencies," *Review of Economic Studies*, Vol. 66, No. 1, 1999, pp. 199-217.

[3] Decio Coviello, Andrea Ichino, and Nicola Persico, "Time Allocation and Task Juggling," *American Economic Review*, Vol. 104, No. 2, 2014, pp. 609-623; William Thomas Brooks and Terry Wayne Mullins, *High Impact Time Management*, Englewood Cliffs, NJ: Prentice-Hall, 1989.

[4] Stephen Richards Covey, A. Roger Merrill, and Rebecca R. Merrill, *First Things First*, New York: Simon & Schuster, 1994; John Walter Jones, *High Speed Management: Time Based Strategies for Managers and Organizations*, San Francisco: Jossey-Bass, 1993; B. Eugene Griessman, *Time Tactics of Very Successful People*, New York: McGraw-Hill, 1994.

[5] Sridhar Seshadri and Zur Shapira, "Managerial Allocation of Time & Effort: The Effects of Interruptions," *Management Science*, Vol. 47, No. 5, 2001, pp. 647-662.

置也是一种计划机制,决定了哪些事务进入议程,哪些事务不进入议程。① 这些研究显示,计划机制有助于更好地缓解多任务压力,尽管一些学者对计划机制并不抱有信心②。

第三,显著机制。阿克洛夫认为,人们处理事务遵从显著性(undue salience or vividness)机制。③ 人们往往对于显著或生动事件赋予很高的权重或关注度,而对于不显著的事件赋予很低的权重或者关注度。比如,当前不拖延成本相比未来不拖延成本显著得多,导致个体将任务拖延至明天。因此,显著性是注意力分层的一种重要机制。

第四,激励设计。多任务情况下,可以通过多样化的激励设计及其平衡引导人们的注意力分配,包括激励合同、产权和工作设计等。④ 比如教师既要承担教学和科研任务,又想把时间精力投入到其他事项(如横向课题)。为抑制这种多任务冲动,可以通过较高水平的固定工资保证教师专注于教学和科研。再比如企业销售员既想从事销售工作,又想把多余精力投入到其他事项,在这种情况下,企业可以通过股权激励的形式,让销售员拥有资产收益,这样他们就可能专注于销售和企业业绩。

第五,标准和期望机制。面对多项任务时,人们的期待标准不同,并不是所有人都会期望任务按最高标准完成。有些人可能追求最高标准,有些人则追求中等标准,还有些人只要保证最低标准,达到满意原则即可。⑤ 不同的期望标准事实上是保护稀缺注意力的一种重要机制,否则所有事务都按照最高

---

① Jane E. Dutton, "Strategic Agenda Building in Organizations," in Zur Shapira, ed., *Organizational Decision Making*, Cambridge: Cambridge University Press, 1997; Jisun Yu, Rhonda M. Engleman, and Andrew H. Van de Ven, "The Integration Journey: An Attention-based View of the Merger and Acquisition Integration Process," *Organization Study*, Vol. 26, No. 10, 2005, pp. 1501–1528; Cyril Bouquet and Julian Birkinshaw, "Weight Versus Voice: How Foreign Subsidiaries Gain Attention from Corporate Headquarters," *Academic Management Journal*, Vol. 51, No. 3, 2008, pp. 577–601.

② Leslie A. Perlow, "The Time Famine: Toward a Sociology of Work Time," *Administrative Science Quarterly*, Vol. 44, No. 1, 1999, pp. 57–81.

③ George Arthur Akerlof, "Procrastination and Obedience," *American Economic Review*, Vol. 81, No. 2, 1991, pp. 1–19.

④ Bengt Holmstrom and Paul Milgrom, "Multitask Principal-Agent Analyses: Incentive Contracts, Asset Ownership, and Job Design," *Journal of Law, Economics & Organization*, Vol. 7, 1991, pp. 24–52; Paul Milgrom and John Robert, *Economics, Organization and Management*, Englewood Cliffs: Prentice Hall, 1992.

⑤ James Gardner March and Helen Alexander Simon, *Organizations*, New York: John Wiley and Sons, 1958.

标准要求,必然导致不良后果。

第六,解释机制。组织是一种重新编码、反思和进行意义解析的解释系统。① 这种视角认为,组织并不是一种规章或常规支配的系统。这一系统无法解释为什么受同样的规章影响,人们却有极为不同的注意力分配,而在不同规章的影响之下却可能有相同的注意力分配。事实上,组织是一种解释系统,对规章制度的解释不同,人们的注意力分配和行为也各不相同。因此,解释过程相当于一种注意力的分类或分层机制,不同的人因为对任务的不同解释,会有不同的注意力分配。

总之,以上注意力分配的不同分层机制,有助于人们按照事情的轻重缓急程度来应对多任务环境。进一步的问题是:既然这些分层机制可以很好地保护人们稀缺的注意力,为什么真实世界中还存在大量注意力偏差的行为(比如任务跳跃、注意力忽视和时间荒等)?

三、注意力的同步

注意力不仅涉及分层,而且涉及分层之后的同步问题。如果同步或协调做得不好,容易导致注意力分配的扭曲。接下来我们从决策、权威和激励三个方面讨论注意力的同步问题。

第一,整体决策和分散决策的权衡。一个注意力分配过程,可能包含多个项目、多个阶段和多个标准,比如独立研发项目和组织合作项目,短期繁杂项目和长远创新项目,最高标准、最低标准和中间标准,产品构思、设计和检测阶段,等等。② 从决策角度看,选择整体决策还是分散决策,会对多项目、多

---

① Karl Weick, *The Social Psychology of Organizing*, New York: McGraw-Hill, 1979; Karl Weick, *Sensemaking in Organizations*, Thousand Oaks, CA: Sage, 1995; Patricia Doyle Corner, Angelo J. Kinicki, and Barbara Woodruff Keats, "Integrating Organizational and Individual Information Processing Perspectives on Choice," *Organization Science*, Vol. 5, No. 3, 1994, pp. 294-308; Giovanni Gavetti and Daniel Levinthal, "Looking Forward and Looking Backward: Cognitive and Experiential Search," *Administration Science Quarterly*, Vol. 45, No. 1, 2000, pp. 113-137.

② Leslie A. Perlow, "The Time Famine: Toward a Sociology of Work Time," *Administrative Science Quarterly*, Vol. 44, No. 1, 1999, pp. 57-81; Nelson Repenning, "Understanding Fire Fighting in New Product Development," *Journal of Product Innovation Management*, Vol. 18, No. 5, 2001, pp. 285-300; Sridhar Seshadri and Zur Shapira, "Managerial Allocation of Time & Effort: The Effects of Interruptions," *Management Science*, Vol. 47, No. 5, 2001, pp. 647-662; Decio Coviello, Andrea Ichino, and Nicola Persico, "Time Allocation and Task Juggling," *American Economic Review*, Vol. 104, No. 2, 2014, pp. 609-623.

阶段和多标准的同步和协调产生不同影响。如果选择整体决策,意味着把多项目和多阶段结合起来考虑。在这种情况下,各项目或阶段紧密关联。一个项目和阶段成功与否,将立即传导到其他项目或阶段。因此,在这种情况下,同步协调的压力较大。相反,如果选择分散决策,意味着各项任务处于松散关联的状态。一个项目、阶段和标准的失败,并不会快速传导到其他项目、阶段和标准。在这种情况下,同步协调的压力较小。正如西蒙指出的,现代专业分工越来越精细化,当涉及整体决策时,越来越需要这些分工子系统相互依赖。在这种情况下,应该把决策分解到子系统当中,减少子系统的相互依赖,保护稀缺的注意力资源。① 与此类似,韦克指出,相比紧密关联系统,松散关联系统更有助于缓解各个系统的同步协调压力,增强组织的灵活性。② 总之,虽然已有研究强调许多事务、互动和行为常常相互依赖③,但是这并不意味着没有机制去弱化相互依赖的程度。上述分析表明,松散关联为基础的分散决策相当于一种分离机制,它能最大限度地减少各子系统的相互依赖程度,从而缓解同步协调的压力。

第二,专业权威和科层权威的协调。专业组织虽然有专业承诺机制,用以划分组织时间和个体时间的界限,但是,专业组织背后可能有科层权威,科层权威和专业权威在某些条件下可能产生冲突。比如,一方面,建立在第三方专业规范基础上的专业认同,在一定程度上削弱了人们对科层组织的忠诚或服从;另一方面,科层权威常常考虑行政方面的因素,有可能把基于专业标准的专业权威搁置一边。珀洛笔下的专业工程师,常常面对科层管理者的干预和打断,进而诱发时间荒。④ 行为经济学研究显示,打断本身是非常短暂的,但其产生的影响却能持续很久,被打断之后需要花费很长时间返回或者重新集中。⑤ 还有研究显示,科层权威常常推行多任务目标,导致机构的专业

---

① Herbert Alexander Simon, *Administrative Behavior*, New York: The Free Press, 1947.

② Karl Weick, "Educational Organizations as Loosely Coupled Systems," *Administrative Science Quarterly*, Vol. 21, No. 1, 1976, pp. 1-19.

③ Leslie A. Perlow, "The Time Famine: Toward a Sociology of Work Time," *Administrative Science Quarterly*, Vol. 44, No. 1, 1999, pp. 57-81.

④ Ibid.

⑤ Sendhil Mullainathan and Elder Shafir, *Scarcity: Why Having Too Little Means So Much*, New York: Times Books, 2013.

性差,难以发展出组织使命感,弱化人们的职业生涯激励。① 从上文可见,注意力分配不能忽视组织内部的权威因素,必须有效协调可能相互冲突的权威类型,从而避免科层权威对专业过程的过度干预或打断。

第三,激励机制之间的兼容。有学者认为,在多任务的情况下,可以通过多种激励设计(如激励合同、产权和行政控制),引导人们有效地进行注意力分配。② 但是,在多种激励机制并存的情况下,有可能出现激励机制的不兼容。正如一些学者指出的,不同的激励机制依赖于不同的组织结构和过程。某些机制一旦制度化,就会排斥不兼容的其他机制,而不同机制的任意替代将引起内部冲突,从而导致注意力分配的不稳定。③ 从这个角度讲,在不同机制基础上建立平衡激励并非易事。④科维略等人对意大利法官审判案件的注意力分配过程进行了考察。⑤ 他们发现,为了提高案件审判的效率,法院设计两种激励方式,一是奖励产出,二是惩罚延迟。表面上看,这两种激励方式都旨在加快法官审判案件的速度,但是激励方式的不兼容,导致了非预料性后果。奖励产出,导致法官只关注容易或能快速完成的项目;惩罚延迟,则诱发法官关注相对复杂的项目。

上述分析表明,注意力分配并不是单一过程,它不仅涉及嵌入和分层,而且涉及同步。已有研究揭示的"注意力忽视""任务跳跃""救火综合征""时间荒"等问题,很大程度上是因为缺乏一个好的分层甚至同步机制。这些分层和同步困境有助于解释为什么管理学的时间管理技巧常常失效,而社会学

---

① James Quinn Wilson, *Bureaucracy: What Government Agencies Do, and Why They Do It*, New York: Basic Books, 1989; Mathias Dewatripont, Ian Jewitt, and Jean Tirole, "The Economics of Career Concerns, Part II: Application to Missions & Accountability of Government Agencies," *Review of Economic Studies*, Vol. 66, No. 1, 1999, pp. 199-217.

② Bengt Holmstrom and Paul Milgrom, "Multitask Principal-Agent Analyses: Incentive Contracts, Asset Ownership, and Job Design," *Journal of Law, Economics & Organization*, Vol. 7, 1991, pp. 24-52.

③ Oliver Eaton Williamson, *The Economic Institution of Capitalism*, New York: Free Press, 1985; George Baker, Robert Gibbons, and Kevin Murphy, "Bringing the Market Inside the Firm," *American Economic Review*, Vol. 91, No. 2, 2001, pp. 212-218.

④ Paul Milgrom and John Robert, *Economics, Organization and Management*, Englewood Cliffs: Prentice Hall, 1992.

⑤ Decio Coviello, Andrea Ichino, and Nicola Persico, "Time Allocation and Task Juggling," *American Economic Review*, Vol. 104, No. 2, 2014, pp. 609-623.

的相互依赖等视角越来越得到心理学、经济学和管理学的注意和重视。

【思考题】

1. 为什么人们阅读了许多关于时间管理的书籍，或者吸取了很多时间管理的实践经验，但现实当中的时间管理和注意力分配仍然难以达到良好状态？
2. 相比物理时间或天文时间，社会时间有着怎样特殊的含义？
3. 心理学、经济学、管理学、组织学和社会学等五个学科是如何看待注意力分配的？有着怎样的区别？又有着怎样的关联？
4. 请论述注意力分层、嵌入和同步三者之间的关系。

【推荐阅读】

Coser, Lewis A., and Rose L. Coser, "Time Perspective and Social Structure," in Alvin Ward Gouldner and Helen Patricia Gouldner, eds., *Modern Sociology*, New York: Harcourt, Brace & World, 1963.

Coviello, Decio, Andrea Ichino, and Nicola Persico, "Time Allocation and Task Juggling," *American Economic Review*, Vol. 104, No. 2, 2014, pp. 609–623.

Dewatripont, Mathias, Ian Jewitt, and Jean Tirole, "The Economics of Career Concerns, Part II: Application to Missions & Accountability of Government Agencies," *Review of Economic Studies*, Vol. 66, No. 1, 1999, pp. 199–217.

Hassard, John, ed., *The Sociology of Time*, London: Macmillan, 1990.

Holmstrom, Bengt, and Paul Milgrom, "Multitask Principal-Agent Analyses: Incentive Contracts, Asset Ownership, and Job Design," *Journal of Law, Economics & Organization*, Vol. 7, 1991, pp. 24–52.

Lewis, James David, and Andrew J. Weigert, "The Structures and Meanings of Social Time," *Social Forces*, Vol. 60, No. 2, 1981, pp. 432–462.

Perlow, Leslie A., "The Time Famine: Toward a Sociology of Work Time," *Administrative Science Quarterly*, Vol. 44, No. 1, 1999, pp. 57–81.

Seshadri, Sridhar, and Zur Shapira, "Managerial Allocation of Time & Effort: The Effects of Interruptions," *Management Science*, Vol. 47, No. 5,

2001, pp. 647-662.

Simon, Herbert Alexander, *Administrative Behavior*, New York: The Free Press, 1947.

Sorokin, Pitirim Alexandrovich, and Robert King Merton, "Social Time: A Methodological & Functional Analysis," *American Journal of Sociology*, Vol. 42, No. 5, 1937, pp. 615-629.

第九章 政府与非营利组织关系理论

【内容提要】

本章介绍了政府与非营利组织关系的主要理论,包括政府失灵理论,合约失灵理论,第三方管理理论,政府与非营利部门关系的类型学,以及政府、市场、志愿部门相互依赖理论。现有理论在解释中国政府与非营利组织关系时还存在一定的局限性,需要通过精细的实证研究,发展出更具解释力的理论。

20世纪70年代以来,在北美和欧洲,学术界对于非营利组织的研究急剧增加。即使在东欧,非营利组织也受到了高度关注。到了90年代,非营利组织在世界范围内成为一个新兴的跨学科研究领域。经过几十年的发展,国外学界关于政府与非营利组织关系形成了几种较为权威的理论。

第一节 政府失灵理论

政府失灵理论是美国经济学家韦斯布罗德提出的。[1]韦斯布罗德认为,当代经济学长期以来建立的私人部门理论较好地论证了私人市场的存在及其均衡行为模式,后来发展起来的公共部门理论对政府行为进行了系统的研究,但现有的经济学无法解释为什么要由非营利部门来提供公共的、集体消费的物品。他试图发展一个模型来解释:在政府和市场之间为什么会存在非营利部门?哪些因素决定了物品是由政府、私人市场还是非营利部门来提供?政府、私人市场和非营利部门之间的关系是怎样的?韦斯布罗德对于非

---

[1] Burton A. Weisbrod, "Toward a Theory of the Voluntary Nonprofit Sector in Three-Sector Economy," in E. Phelps, ed., *Altruism Morality and Economic Theory*, New York: Russel Sage, 1975, pp. 171-196.

第九章 政府与非营利组织关系理论

营利部门的研究深受詹姆斯·布坎南和戈登·图洛克的影响。①

韦斯布罗德仍然是在需求—供给这样一个传统经济学的分析范式下解释非营利部门的存在的。在论证非营利部门存在的必要性的时候,他采用了剩余分析的策略。在他看来,任何投票者都有对于物品的需求(包括公共物品和私人物品),政府、市场和非营利部门都是满足个人需求的手段。这三者在满足个人的需求方面存在相互替代性。正是政府和市场在提供公共物品方面的局限性,导致了对非营利部门的功能需求,这是非营利部门存在的主要原因。

他的论证是沿着这样一个逻辑线索展开的:首先,个人需求是异质性的。在任何政治单位中,个人在收入、财富、宗教、种族背景、教育水平等方面都有一定程度的不同,这直接导致个人对于税收制度等各种公共物品需求的差异性。其次,政府提供的任何商品的数量和质量都是由政治决策过程决定的,对于公共物品的提供也不例外。在不存在投票交易的简单多数模型中,投票结果往往反映了中位选民的需求,而留下了大量不满意的选民。尽管在公共选择中也可能采用加权投票的方法,但韦斯布罗德认为,投票方式的变化只会较小地改变不满意人群的数量,但并没有改变他阐述的定理;只要反映中位选民需求的政治决策过程还存在,政府就仍然不能满足异质性较强的消费者的需求②,这为其他组织机制的介入提供了前提条件。

最后,大量的对政府提供的公共物品不满意的消费者可以有几种不同形式的替代性选择:(1)移民;(2)形成较低层次的政府;(3)求助于私人市场;(4)求助于非营利组织。这些满足消费者需求的形式是自发形成的。对于选择(1),人们的迁移是有成本的,而且人们在选择居住地点的时候往往更多地考虑其他的因素,而不是当地政府的税收政策。对于选择(2),人们有可能组成只包括他们自己的政治单位,形成较低层次的政府来提供公共物品。比如说,公园和图书馆就可以同时由联邦、州、县和地方政府提供。韦斯布罗德认为,尽管有了选择(2),不满意的消费者仍然会存在。对于选择(3),韦斯布罗

---

① James Buchanan and Gordon Tullock, *The Calculus of Consent: Logical Foundations of Constitutional Democracy*, Ann Arbor: University of Michigan Press, 1962.

② 韦斯布罗德是在广义上使用"消费者"(consumer)的概念的,他把政府活动视为市场,那么,一切对公共物品有需求的人都是消费者,包括对政治过程的参与。

德认为,没有技术可以防止私人市场生产公共物品,由私人和政府提供公共物品的区别在于消费者的偏好和相对价格。从消费者偏好来看,公共物品的一个弊端在于,每个消费者对物品的形成、质量、用途、调配的控制程度低。在这种情况下,为了实现个人效用最大化,消费者通常会选择购买可以有更多个人控制、具有较少外部收益的私人替代品,而较少去购买公共物品。这意味着消费者处于政府和私人市场的非最优位置,他们对政府提供的公共物品过度满意或不满意,同时在私人市场上做出了社会无效率的选择。

上述这些组织机制都不足以满足不满意的消费者的需求,这意味着志愿组织作为政府以外的集体物品的提供者有存在的必要。在韦斯布罗德看来,非营利部门是专门提供集体类型物品的部门。非营利部门提供的公共物品的数量取决于公共部门能够满足选民的多样需求的程度。在其他条件相同的情况下,对政府使用的税收价格体系不满意的公共物品需求的数量越大,非营利部门的规模就越大。对于特定的政府提供的输出,消费者需求的差异越大,可以预计的非营利部门的输出就越大。相似的,如果其他条件相同,消费者需求的同质性越高,不满意的需求就越少,相对于政府部门的规模来说,非营利部门的规模就越小。

韦斯布罗德的论证逻辑如图9-1所示。

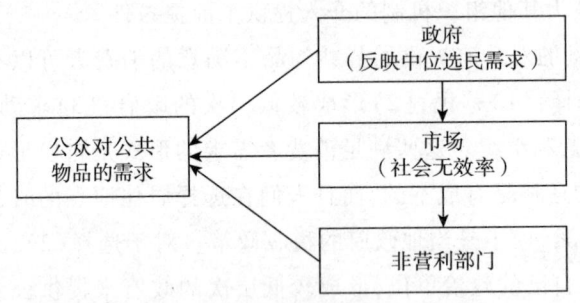

图9-1 韦斯布罗德的分析逻辑图

来源:作者根据韦斯布罗德的思想整理绘制。

韦斯布罗德是在经济学的框架内,把原有的经济学方法拓展到对非营利部门的分析中。他遵循的仍然是需求—供给的分析方法。在他的分析中,政府、市场和非营利部门是满足个人对于公共物品的需求的存在相互替代关系的工具。政府和非营利部门在提供公共物品上是互补关系。韦斯布罗德的理论开创了经济学解释非营利部门的先河。但由于他的理论采用的是剩余分析的策略,还存在诸多值得商榷的地方,包括:在满足个人的公共物品需求方面,政府和非营利部门到底谁是最初的提供者,谁先存在? 非营利部门提供的都是公共物品吗? 政府和市场在提供公共物品时有那么多的缺陷,非营利部门难道就没有局限性吗? 非营利部门的特性是怎样的? 这当中最为重要的问题是,韦斯布罗德通过论证政府和市场在提供公共物品方面的局限性,来从功能上证明非营利部门存在的必要性,而没有对非营利部门为什么能够提供公共物品、它的组织特性是什么等重要问题做出分析。非营利部门自身的组织特点和运作方式在韦斯布罗德的理论中仍然是一个黑箱。

第二节 合约失灵理论

合约失灵理论是美国法律经济学家亨利·汉斯曼提出的。[①] 与韦斯布罗德的研究目的相似,汉斯曼也是因为现有的经济学和法学对于非营利组织还缺乏相应的解释而提出该理论的。如果说韦斯布罗德更多的是在关注政府与非营利部门之间的互补关系的话,汉斯曼则更多的是在解释,非营利组织和营利组织的区别是什么,是什么因素使得某些特定的活动只能由非营利组织而不是营利组织来开展。

汉斯曼从营利组织的局限性入手对非营利组织的功能需求进行分析。现有的经济学理论认为,当某些特定的条件满足以后,营利性厂商会以体现社会效率最大化的数量和价格来提供商品和服务。这些条件中最重要的是,消费者不需要付出不适当的成本就做到:(1)在购买之前,对不同厂商的产品和价格做出精确的比较;(2)与选定的厂商在商品与服务的价格上达成一致;(3)判断厂商是否遵守了协议,如果没有,可以获得赔偿。在许多情况下,这些条件能够得到适当的满足,但有时候,要么是购买产品的详细情形,要么是产品本身的性质,消费者与生产者在产品和服务的质量上存在明显的信息不对称,消费者无法准确判断厂商承诺提供给自己的商品或服务,这

[①] Henry Hansmann, "The Role of Nonprofit Enterprise," *Yale Law Journal*, Vol. 89, No. 5, 1985, pp. 835-901.

就使得他们往往不能达成最优契约,即使达成了契约,也很难实施。在这种情况下,由营利性的厂商构成的市场竞争只能是无效率的。生产者完全有可能通过提供劣质商品来获取额外的收益。结果消费者的福利蒙受了大量的损失。由于信息不对称,仅仅依靠生产者和消费者的合约(contract)难以防止生产者坑害消费者的机会主义行为,这就是汉斯曼所说的"合约失灵"现象。

汉斯曼认为,在如下情况下会出现合约失灵:再分配性质的慈善活动、提供复杂的个人服务、服务的购买者和消费者分离、存在价格歧视和不完全贷款市场、提供公共物品。而这类商品或服务由非营利组织来提供,生产者的欺诈行为就会少得多。这是因为非营利组织受到了"非分配约束"。所谓"非分配约束",是指非营利组织不能把获得的净收入分配给对该组织实施控制的个人,包括组织成员、管理人员、理事等。① 净收入必须保留,完全用于为组织的进一步发展提供资金。在汉斯曼看来,"非分配约束"是非营利组织区别于营利组织的最重要的特征。这个特征使得非营利组织在提供存在信息不对称的商品和服务时,尽管有能力去提高产品价格或降低产品质量,但仍然不会去损害消费者的利益,因为他们获得的利润不能分配,这在很大程度上抑制了生产者采取机会主义行为的动机,进而维护了消费者的利益。非营利组织的"非分配约束"特性,实际上是在传统市场上的"合约失灵"时,对生产者机会主义行为的另一种有力的制度约束。非营利组织是消费者无法通过合约来监督生产者(合约失灵)时的一种制度反应。

与韦斯布罗德的理论相比,汉斯曼注意到了非营利组织本身的特性,并深入地分析了这种非营利特性促成的非营利组织在提供某些物品中的优势地位,从而论证了为什么某些特定的活动只能由非营利组织而不是营利组织来承担。但他仍然是站在制度需求的角度来分析非营利组织这一组织形态存在的必要性,带有浓厚的功能分析的色彩,他同样没有对非营利组织的特点、规模和制度供给状况做出更为全面、细致的分析。这个工作是由莱斯特·萨拉蒙完成的。

---

① 所谓净收入,汉斯曼指的是除去成本和支付给工作人员的工资等之后的纯利润。

第三节 第三方政府理论

第三方政府(the third-party government)理论是著名的非营利组织研究专家萨拉蒙提出的。[①] 萨拉蒙认为,已有的福利国家理论及非营利部门研究中的市场失灵、政府失灵和合约失灵理论在对美国的社会现实进行解释时都有某种程度的局限性。因此,重新构建更富有解释力的理论是非常必要的。

在萨拉蒙看来,福利国家理论对于美国来说是不适用的,因为这种理论没有区分作为"资金和指导的提供者"的政府和"服务递送者"的政府这两种角色。[②] 与传统理论描述的庞大的官僚体系不同,美国联邦政府主要是作为资金和指导的提供者出现的。在提供具体的社会服务的时候,联邦政府更多依靠大量的第三方机构——州、市、县、大学、医院、行业协会以及大量的非营利组织。联邦政府通过大量的第三方来实施政府的功能,因此出现了精巧的"第三方政府"模式。在这种政府体系中,政府与第三方分享在公共基金支出和公共权威运用上的处理权。联邦政府在福利项目提供中更多的是发挥管理的功能,而把很多处理权留给了非政府部门。这种政府行动的方式反映了美国政治思想中对公共服务的需求与对政府机构的敌意之间的冲突。而第三方政府的出现实际上是对这种矛盾冲突的一种调和:一方面,政府在公共福利提供中发挥一定的作用,主要表现在为公共福利服务提供资金;另一方面,又避免了一个不符合美国治理传统的、庞大的政府官僚机构的出现。

萨拉蒙认为,在政府失灵和合约失灵理论中,志愿部门往往被视为在政府和市场失灵之后的辅助性衍生物,是由政府的局限产生的提供公共物品的替代性制度。在萨拉蒙看来,这些观点忽略了非营利部门本身的缺陷。他认为,志愿部门作为人类服务的提供者也是有固有缺陷的,会产生"志愿失灵",

---

[①] Lester Salamon, "Rethinking Public Management: Third-Party Government and the Changing Forms of Government Action," *Public Policy*, Vol. 29, No. 3, 1981, pp. 255-275.

[②] 韦斯布罗德也没有区分由政府直接生产某种物品和通过购买或外包由其他组织提供公共物品,他关注的是政府提供经费。他使用"政府供给"(government provision)的概念来描述这两种类型的安排。

而政府可以视为"志愿失灵"之后的衍生性制度。他引入了"交易成本"的概念来比较当公共物品短缺时，分别由政府和非营利组织来提供公共物品的成本。他认为，利用政府提供公共服务的交易成本会比利用非营利组织高得多。① 因此，在市场失灵的时候，非营利部门应该作为提供公共服务的首选机构，只有在非营利部门提供的服务不足的情况下，政府才能进一步发挥作用。因此，政府的介入不是对非营利部门的替代，而是补充。

萨拉蒙提出了志愿失灵理论来说明非营利部门的缺陷，进而论证了政府支持志愿部门的必要性。在他看来，非营利部门的固有局限性有如下几个方面。

一是对于慈善的供给不足。之所以存在这个局限，一方面是由于公共物品供给中普遍存在的搭便车问题。更多的人倾向于不花成本地享受别人提供给自己的福利，而缺少激励去利他性地为别人提供福利。因此，社会实际供给的服务总量肯定少于社会最优的数量。另一方面，慈善的资金来源容易受到经济波动的影响。一旦发生经济危机，有爱心的人可能会发现连自己的生计都难以维持，更谈不上帮助别人。只有建立在强制基础上的税收才能提供稳定的、足够的资源。

二是慈善的特殊主义。志愿组织的服务对象往往是社会中的特殊人群，比如残疾人、未婚母亲、儿童、外来移民等。不同组织获取资源的能力是不一样的，现有的志愿组织可能无法覆盖所有的亚群体。同时，大多数群体拥有代理人呼吁人们为自己捐款，这就容易导致非营利机构数量过多，超出经济的承受能力，从而降低整体制度的效率。

三是非营利组织的家长式作风。私人慈善是志愿部门获得资源的唯一途径，那些控制着慈善资源的人往往根据自己的偏好，而不是根据社区的需求，来决定提供什么样的服务，这往往导致富人喜爱的服务提供得较多，而穷人真正需要的服务却供给不足。

四是慈善的业余主义。根据社会学和心理学的有关理论，对于穷人、残

---

① 在对政府行动的成本估计中，萨拉蒙考虑了雇用官员、相关法律制定、政府决策中的多数原则运用以及具体项目实施等各个环节的成本。

第九章 政府与非营利组织关系理论

障人士、未婚母亲等特殊人群的照顾是需要受过专业训练的专业人员的,但是志愿组织往往由于资金的限制,无法提供足够的报酬来吸引专业人员加入。这些工作只好由有爱心的业余人员来做,从而影响到服务的质量。

非营利组织的这些弱点正好是政府的优势。政府能够通过立法获得足够的资源发展福利事业,能够用民主的政治程序来决定资金的使用和提供服务的种类,能够通过赋予民众权利来防止服务提供中的特权和家长式作风,等等。但是政府往往由于过度科层化而缺乏对社会需求的即时回应。而且在美国这样一个有着浓厚的自由主义传统的社会,人们对政府力量总是抱着怀疑的态度。相比之下,志愿组织比较有弹性,能够根据个人需求的不同提供相应的服务;能够在较小范围内开展服务;能够在服务的提供者之间展开竞争;等等。正是由于政府和非营利组织在各自组织特征上的互补性,政府出于对服务提供的成本考虑,与非营利组织建立了合作关系,从而既可以保持较小的政府规模,又能够较好地提供福利。

第四节 政府—第三部门关系的类型学

吉德伦、克莱默和萨拉蒙在对政府与第三部门之间的关系进行了跨国比较之后,提出了政府—第三部门关系的类型学。在吉德伦等人看来,政府与第三部门的关系远比政治上的论争要复杂,因此他们希望提出一种基本模式,来更好地描述福利国家中政府与第三部门之间的关系。他们认为,在所有的福利服务中有两个关键的要素:一是服务的资金筹集和授权,二是服务的实际配送。这两类活动可以由不同的制度来规范。吉德伦等以这两种要素为核心变量,提出了政府与第三部门关系的四种基本模式。[①]

一是政府支配模式。在这个模式中,政府在公共服务的资金筹措和服务配送中占据着支配性地位。政府既是主要的财政提供者,又是福利服务的主要提供者。政府通过税收制度来筹集资金,由政府雇员来传送需要的服务。

---

① Benjamin Gidron, Ralph Kramer, and Lester Salamon, *Government and The Third Sector*, San Francisco: Jossey-Bass Publishers, 1992.

二是第三部门支配模式。在这个模式中,第三部门在资金筹措和服务配送中起着支配性的作用。产生这种模式的原因很复杂,或者是出于意识形态或宗教的原因,民众对政府提供社会服务有一种强烈的反对情绪,或者是这些地区对社会服务还没有普遍需求。第三部门支配模式和政府支配模式分别处于政府与第三部门关系模式的两极。

三是双重模式。这是处于政府支配模式和第三部门支配模式之间的一种模式。在这种混合模式中,政府和第三部门都高度参与筹措公共服务的资金并提供服务,但都局限在各自界定的领域之内。这里有两种不同的形式:其一,第三部门为国家没有顾及的服务对象提供同样类型的服务。其二,第三部门通过提供政府没有提供的服务类型,来补充政府的职能。在这两种形式中,都存在规模大但相对自治的资金筹措和服务提供体系。

四是合作模式。这种模式也是由政府和第三部门共同开展公共服务,但它们不是互相分离的。非常典型的情形是由政府提供资金,由第三部门组织配送服务。合作模式包括两种方式:一是"合作的卖者"模式。在这个模式中,第三部门仅仅作为政府项目管理的代理人出现,拥有较少的处理权或讨价还价的权力。另外一种是"合作的伙伴关系"模式。在这个模式中,第三部门拥有大量的自治和决策的权力,在项目管理上也更有发言权。吉德伦等指出,长期以来,人们由于误以为政府提供资金就能够控制第三部门,理所当然地认为合作的卖者模式是最普遍的形式。但实际上,合作的伙伴关系模式在福利国家中更加普遍。美国是最典型的合作模式。

吉德伦等人提出的政府与第三部门关系的四种基本模式见表9-1。

表 9-1 政府与第三部门关系模式

功能	模式			
	政府支配模式	双重模式	合作模式	第三部门支配模式
资金筹措	政府	政府/第三部门	政府	第三部门
服务提供	政府	政府/第三部门	第三部门	第三部门

来源:Benjamin Gidron, Ralph Kramer, and Lester Salamon, *Government and The Third Sector*, San Francisco: Jossey-Bass Publishers, 1992, p. 18.

第五节 政府、市场、志愿部门相互依赖理论

罗伯特·伍思诺提出了国家、市场和志愿部门的三部门模式。[①] 他把国家定义为,由形式化的、强制性的权力组织起来并合法化的活动范围。国家的主要特点是强制性的权力。市场被定义为涉及营利性的商品和服务的交换关系的活动范围,市场是以价格为基础的,主要依据非强制的原则来运作。志愿部门是国家和市场之外的剩余活动范围,既不是正式的强制,也不是以利润取向的商品和服务的交换为基础的,志愿部门主要以志愿主义的原则来运作。[②]

伍思诺认为,在概念上,这三个部门之间的关系看起来比较清楚,但在实践中,政府、市场和志愿部门的界限正变得日益模糊。在政府与市场之间,由于政府和商业部门在科学技术方面的共同投资以及政府以管制、税收等方式介入市场,两者的界限已经很难分清了;在政府和志愿部门之间,由于政府把一些福利项目外包给志愿部门,并为它们提供资金,两者的界限也变得模糊了;很多国家把营利性活动与非营利性活动置于同样的管理体制之下,志愿部门与市场的界限也日益模糊。在不同的社会中,这三个部门的范围和关系存在差异。

在伍思诺看来,政府、市场和志愿部门之间存在着频繁的互动和交换关系,这包括竞争与合作、各种资源的交换以及各种符号的交易等。当不止一个部门的组织提供相似的服务时,就存在竞争关系。当集中不同的资源来共同解决社会问题的时候,彼此之间就是合作关系。伍思诺以许多城市中为老年人提供食品的例子来说明这种合作关系:由政府出钱购买食品,营利性的

[①] Robert Wuthnow, *Between States and Markets: The Voluntary Sector in Comparative Perspective*, Princeton, NJ: Princeton University Press, 1991.

[②] 伍思诺在这里的论述很大程度上是借用了莱维特的观点。莱维特认为,政府、市场以及第三部门的行动工具是不一样的。政府最主要的行动工具是法律,拥有强制的权力;商业部门的行动工具是市场中的交换;第三部门的主要工具从历史上就是志愿主义(voluntarism),它在很大程度上依赖于时间和金钱方面的自愿捐献。Theodore Levitt, *The Third Sector: New Tactics for a Responsive Society*, New York: AMCOM, 1973.

组织如饭馆等负责准备食品,由非营利组织来协调这些活动并负责组织志愿者来发放食品。各个部门之间还存在着资源交换关系,组织和管理人员、技术、法律保护、公共关系、资金等往往在部门之间流动。

第六节 本章小结

韦斯布罗德较为细致地分析了政府失灵与非营利组织的产生之间的关系。在他看来,非营利组织是在政府和市场都不能满足公众的多样化需求的情况下应运而生的。他的理论可以部分解释中国非营利组织的生成和发展。从中国现阶段的情况来看,非营利组织确实是在政府之后出现的,而且在很大程度上是在政府无法满足公众需求的情况下产生的。但我们有必要分析一下韦斯布罗德所说的政府失灵的含义是什么。如果脱离具体的运用范围和分析逻辑,"政府失灵"的说法常常是大而不当的。从前面的论述可以看出,韦斯布罗德所说的"政府失灵"指的是,由于代议民主制政府特定的运作逻辑(民主制的投票决策方式),政府决策往往只代表了中位选民的意见,而不能满足其他选民的需求,从而导致政府失灵。这与中国非营利组织产生的制度环境存在较大差异。当然,韦斯布罗德并没有试图把他的理论扩展到对中国非营利组织的分析。但当我们尝试运用他的理论来解释中国现实的时候,要注意适用条件的变化导致的理论局限性。如果我们假设中国的非营利组织是在政府失灵的情形下产生的,那么这种政府失灵可能是政府进行资源动员和社会治理能力的不足,而不是投票决策方式导致的失灵。

萨拉蒙采用了与韦斯布罗德截然不同的分析逻辑。韦斯布罗德更多的是把非营利组织看作政府失灵和市场失灵之后的替代性衍生物,而萨拉蒙则认为,非营利组织是先于政府(国家)出现的,非营利组织的根源可以上溯到几千年以前。同时,萨拉蒙注意到了政府和非营利组织各自的组织特点和运行方式,以及它们的局限性,并由此推论,正是由于两者在资金来源、运行方式、组织成本等方面的优劣互补,政府与非营利组织之间才建立起了伙伴关系。这一理论仍然不能圆满地解释中国非营利组织的产生和运作。

吉德伦等人提出的政府—非营利部门关系的类型学,伍思诺提出的政府、市场、志愿部门相互依赖理论,基本上是从宏观层面来把握政府与非营利部门之间的关系。这种类型化的模式划分尽管可以为我们观察两者的关系提供一个简洁的途径,但运用到中国的现实分析时,往往容易把复杂的问题简单化。在中国,政府与非营利部门如此复杂地交织在一起,以至于有些时候,我们甚至不能明确地区分哪些是非营利组织,哪些是政府部门。中国的非营利组织与政府,正以一种精巧而超乎寻常的方式互动着。这种复杂的社会现实,为我们建构能够更好地解释中国非营利组织的产生和运作的理论提供了一个平台,也提出了更为迫切的要求。

【思考题】

1. 韦斯布罗德提出的政府失灵理论的主要观点是什么?
2. 汉斯曼提出的合约失灵理论的主要观点是什么?
3. 萨拉蒙提出的第三方政府理论的主要观点是什么?
4. 吉德伦、克莱默和萨拉蒙提出的政府与非营利组织关系类型学是什么?
5. 伍思诺提出的政府、市场、志愿部门相互依赖理论的主要观点是什么?

【推荐阅读】

Gidron, Benjamin, Ralph Kramer, and Lester Salamon, *Government and The Third Sector*, San Francisco: Jossey-Bass Publishers, 1992.

Weisbrod, Burton A., "Toward a Theory of the Voluntary Nonprofit Sector in Three-Sector Economy," in E. Phelps, ed., *Altruism Morality and Economic Theory*, New York: Russel Sage, 1974.

Hansmann, Henry, "The Role of Nonprofit Enterprise," *Yale Law Journal*, Vol. 89, No. 5, 1985, pp. 835-901.

Salamon, Lester, *Partners in Public Service: Government-Nonprofit Relations in the Modern Welfare State*, Baltimore: The Johns Hopkins University Press, 1995.

Levitt, Theodore, *The Third Sector: New Tactics for a Responsive Society*, New York: AMCOM, 1973.

Wuthnow, Robert, *Between States and Markets: The Voluntary Sector in Comparative Perspective*, Princeton, NJ: Princeton University Press, 1991.

〔美〕莱斯特·M.萨拉蒙:《公共服务中的伙伴——现代福利国家中政府与非营利组织关系》,田凯译,商务印书馆2008年版。

第十章 治理理论

【内容提要】

本章系统介绍了二十余年来国外治理理论的发展脉络、研究主题及主要论争。治理理论的核心观点是,以政府为主体、以纵向命令控制为特征的传统科层制治理模式已经无法应对政府面临的各种危机,因此,国家应该进行分权化和去中心化改革,让市场、社会组织等多元主体更多地参与公共事务。基于对国家作用的不同理解,治理理论产生了国家中心论和社会中心论两种不同的理论主张。治理理论还不是一个成熟的理论范式,概念和论证逻辑上存在模糊性。该理论的进一步发展需要处理好理论思辨与实证研究、宏观研究与微观研究、定性研究与定量研究、静态分析与动态分析之间的关系。

第一节 治理理论的发展

20世纪90年代以来,"治理"(governance)一词频繁出现于政治学、公共行政学、经济学、社会学、法学等学科之中。治理一词的流行,与民主化、全球化浪潮是分不开的。国际货币基金组织、世界银行等国际组织在许多国家和地区推行政治改革,并以此作为提供经济援助的条件。为了避免政治改革这一提法在意识形态上的敏感性,国际组织选择了"治理"这一替代性用语。同时,这一时期国际社会的发展遇到了全球气候变化、跨国有组织犯罪等共同难题,这些问题需要各国协调起来予以应对。在这一背景下,国际学术界对不存在一个权威主体的问题解决方式产生了浓厚的兴趣,治理一词开始作为具有特殊内涵的学术名词在国际关系的著作中出现。著名学者罗西瑙将没有权威主体的问题解决方式称为"没有统治的治理"(governance without government)。他认为治理就是在没有强权力的情况下,各相关行动者解决分歧、达成共识,以实现某一共同目标。统治是依靠正式权力,而治理则依赖基于共同目标的协商与共识。①

与此同时,治理一词也渗透到了政治学与公共行政学领域。政治学与公共行政学话语体系下的治理可以分为旧治理与新治理两个发展阶段。斯托克认为,传统意义上的"治理"与"统治"是同义词,旧治理与统治在本质上没有差别。② 托尔夫森、齐托和盖尔也指出,在正统政治学中,治理是"政府做什么"以及"政治统治的方法和行动"的同义词。③ 随着福利国家的衰落、非营利组织的成长以及政府不可治理性的增加,以罗兹为代表的学者认为,传统依赖于自上而下科层体制的统治方式已经过时,而现实中采取网络方式的治理越来越多,这是一种新的治理方式。④ 为了把"治理"这一概念与以往的"统治"概念区分开来,一些学者还特意在治理前贴上不同的标签,即新治理。⑤

在罗兹看来,治理依靠网络,其主要特征有:第一,组织相互依赖。治理改变了国家权力的边界,它意味着公共部门、私人部门与第三部门之间的界限变得模糊。第二,网络成员持续互动。各成员存在着共同的目标,为了实现这一目标,他们需要进行资源的交换。第三,博弈性互动,这种互动根植于信任,并受到网络成员共同协商认可的规则约束。第四,治理网络具有不受国家权力控制的高度自主权。治理网络是一种自组织形式,不需要对国家权力负责。⑥ 洛贝尔认为,治理具有多元性、竞争性、透明性、参与性与分权化等

---

① James N. Rosenau, "Governance, Order and Change in World Politics," in James N. Rosenau and Ernst-Otto Czempiel, eds., *Governance without Government*, Cambridge: Cambridge University Press, 1992, pp. 2-7.

② Gerry Stoker, "Governance as Theory: Five Propositions," *International Social Science Journal*, Vol. 50, No. 155, 1986, pp. 17-28.

③ Chris Tollefson et al., "Symposium Overview: Conceptualizing New Governance Arrangements," *Public Administration*, Vol. 90, No. 1, 2012, pp. 3-18.

④ R. A. W. Rhodes, *Understanding Governance*, Buckingham: Open University Press, 1997, pp. 8-25.

⑤ 相关的代表性研究有 R. A. W. Rhodes, "The New Governance: Governing without Government," *Political Studies*, Vol. 44, No. 4, 1996, pp. 652-667; S. Hix, "The Study of the European Union II: The 'New Governance' Agenda and its Revival," *Journal of European Public Policy*, Vol. 5, No. 1, 1998, pp. 38-65; Susana Borrás and Kerstin Jacobsson, "The Open Method of Co-ordination and New Governance Patterns in the EU," *Journal of European Public Policy*, Vol. 11, No. 2, 2004, pp. 185-208。

⑥ R. A. W. Rhodes, "Understanding Governance: Ten Years On," *Organization Studies*, Vol. 28, No. 8, 2007, pp. 1243-1264.

价值主张,而这些都与统治的价值体系有所不同。①

现有的关于治理的研究主要有国家中心与社会中心两种不同路径。② 在国家中心论看来,统治所依赖的是自上而下的政府机构及其权力。治理与此不同,治理是政府通过伙伴关系,把社会中其他行动者吸纳到治理中来。但是,此路径仍然强调政府权力对这种伙伴关系的主导与规制作用,政府是公共利益的最佳代言人。而在社会中心论看来,治理依靠社会各行动者的自主协商,政府应该与其他非政府部门一样,是一个普通的参与者,而不应该依靠权力来主导这种公私关系。公私部门各种正式或非正式的互动关系,促成了不同的网络治理形态。"社会中心的研究路径似乎更接近治理的本质,尤其是在解决全球性问题时,因为国际社会尚不存在一个对各主权国家进行强制的权力机构,所以国家中心的治理路径显然不能很好地解决这些国际问题,而社会中心的治理路径则适用于国家之间、地方政府之间、组织之间等多个层次。"③

在治理理论的发展中,无论是遵循国家中心论抑或社会中心论的学者,都尝试对治理下定义。例如克利因、斯坦因和埃德兰博斯认为,治理是政府通过分权方式来运行一个多元行动者参与的网络。④ 在研究与制定治理指标方面颇具影响力的学者考夫曼、克雷和马斯特鲁奇则将治理定义为一个国家权力运行的传统与制度,包括政府是如何产生的、政府执行政策的能力等。⑤ 福山认为,治理是政府制定并实施规则的能力,以及提供公共服务的能力。⑥ 显然,这三个定义是遵循国家中心的研究路径。也有一些学者持社会中心的

---

① Orly Lobel, "Setting the Agenda for New Governance Research," *Minnesota Law Review*, Vol. 89, No. 498, 2005, pp. 1-9.

② Jon Pierre, "Introduction: Understanding Governance," in Jon Pierre, ed., *Debating Governance: Authority, Steering, and Democracy*, Oxford: Oxford University Press, 2000, pp. 2-6.

③ Matthew Flinders, "Governance in Whitehall," *Public Administration*, Vol. 80, No. 1, 2002, pp. 51-75.

④ Erik Klijn et al., "The Impact of Network Management on Outcomes in Governance Networks," *Public Administration*, Vol. 88, No. 4, 2010, pp. 1063-1082.

⑤ Daniel Kaufmann et al., "The Worldwide Governance Indicators: Methodology and Analytical Issues," *Hague Journal on the Rule of Law*, Vol. 3, No. 2, 2011, pp. 220-246.

⑥ Francis Fukuyama, "What is Governance," *Governance*, Vol. 26, No. 3, 2013, pp. 347-368.

观点。例如施米特认为,治理是一种解决问题与冲突的方法或机制,在这一框架下,各行动者借助协商与合作来达成政策的制定与执行。治理的结构安排是水平的,各个公私部门行动者在地位方面没有差异,同时,该治理网络的可进入性强。①锡恩提出,治理是许多人(单独地或集体地)参与到一个跨越政府、市场与非营利组织界限的结构安排中,共同促进公共物品的生产与供给,最终实现公共利益。②

可见,治理理论尚在发展中,没有形成一个准确且被普遍接受的治理定义,基于此,鲍克尔特将治理理论称为"学术迷雾"。③ 不过,我们可以尝试从分歧中寻找共识。"虽然学术界对治理的定义存在诸多争论,但有一点已经达成共识,即治理代表了公私部门界限的模糊。治理结构的生成与治理机制的运行,不再仅依赖于政府的权威,而是社会中各行动者互动的结果。"④斯托克认为,治理的本质在于,不是仅仅依赖于政府的权力资源来进行管理。⑤ 他提出了关于治理的五个著名论点:(1)治理包括一系列复杂的机构与行动者,不仅限于政府;(2)治理理论意识到在处理社会问题与经济问题时,存在着边界与责任方面的模糊性;(3)治理理论认为集体行动所涉及的各个机构之间存在着权力依赖;(4)治理是网络中各个行动者的自主自治;(5)治理理论认为,政府在处理问题时,关键不是依靠基于权力的命令或权威,而是运用新的工具和技术来进行掌控与引导。

---

① Philippe C. Schmitter, "Participation in Governance Arrangements," in Jurgen R. Grote and Bernard Gbikpi, eds., *Participatory Governance: Political and Societal Implications*, Opladen: Leske and Budrich, 2002, p. 52.

② Ian Thynne, "Governance and Organizational Eclecticism in the Public Arena: Introductory Perspectives," *Public Organization Review*, Vol. 13, No. 2, 2013, pp. 107-116.

③ Geert Bouckaert, "Governance: A Typology and Some Challenges," in Andrew Massey and Karen Johnston, eds., *The International Handbook of Public Administration and Governance*, Massachusetts: Edward Elgar Publishing Limited, 2015, p. 35.

④ Jan Kooiman and Martijn V. Vliet, "Governance and Public Management," in Kjell Eliassen and Jan Kooiman, eds., *Managing Public Organizations*, London: Sage, 1993, p. 64.

⑤ Gerry Stoker, "Governance as Theory: Five Propositions," *International Social Science Journal*, Vol. 50, No. 155, 1986, pp. 17-28.

第二节　治理理论的主要论题

一、公私伙伴关系

公私伙伴关系是治理的核心要素,也是治理区别于统治的重要特征。沙利文和斯凯奇指出,"公私伙伴关系是一种半自主的组织机制。借助这一机制,政府、私人部门、志愿组织等参与到不同层次的公共政策的辩论、协商与制定中来。"①相对于政府、市场、非营利组织这样的单一行动者而言,公私伙伴关系在资源动员、复杂社会问题的解决等方面具有优势。② 治理的关键是在各行动者之间寻求利益与激励的平衡,并将包容性、透明性、平等、责任、效率与效益等价值和规范整合到公私伙伴关系中。

对于治理的类型,学者们基于不同的视角有不同的理解。现阶段比较有代表性的分类分别以公私部门治理能力和话语分析为基础。尼尔和莱曼库尔根据公私部门治理能力,将治理划分为四种不同的类型(见表10-1)。第一,妨碍型的规制。此时政府能力低下,既不能提供公共物品,也不愿意改变治理结构以将私人部门引入公共物品的供给中来,甚至还通过权力干预或阻碍等方式制造负外部性,从而使私人部门活动效率低下。第二,干预型的规制。政府相当强势,几乎渗透并控制着社会治理的方方面面。第三,私人部门的自我规制。在这种关系模式下,政府的治理能力低下,而私人部门具有较强的能力并承担了部分公共物品的供给。政府需要做的是对社会的自我规制进行引导,比如给予社会的自我规制以合法性、促进不同社会行动者的交流与协调等。第四,规制型的自我规制。在这种关系模式下,公私部门有着更多的良性互动,具体的合作方式也是多样化的。政府通过给私人部门提供财政支持、授权等方式,激励私人部门参与公共物品的供给。需要强调的是,政府拥有其他社会成员所不具备的权力与资源调配能力,所以政府需要承担保

---

① Helen Sullivan and Chris Skelcher, *Working across Boundaries: Collaboration in Public Services*, Basingstoke: Palgrave Macmillan, 2002, p. 10.
② Derick W. Brinkerhoff and Jennifer M. Brinkerhoff, "Public-Private Partnerships: Perspectives on Purposes, Publicness, and Good Governance," *Public Administration and Development*, Vol. 31, No. 1, 2011, pp. 2–14.

证公共物品供给的责任。

表 10-1　公私治理的四种理想类型

		公共部门的治理能力	
		低	高
私人部门的治理能力	低	妨碍型的规制	干预型的规制
	高	私人部门的自我规制	规制型的自我规制

来源：Christoph Knill and Dirk Lehmkuhl,"Private Actors and the State: Internationalization and Changing Patterns of Governance," *Governance*, Vol. 15, No. 1, 2002, pp. 41-63。

斯凯奇、马瑟和史密斯认为，在伙伴关系这种元话语（meta-discourse）中，存在着管理主义式话语（managerial discourse）、协商式话语（consociational discourse）和参与式话语（participatory discourse）三种类型。[1] 管理主义型伙伴关系在新公共管理运动中得到了较好的发展，它重视管理过程中管理者对一系列管理工具的运用。然而，在这种伙伴关系中，主导权仍然掌握在政府手里，私人部门只是参与者。协商型伙伴关系重视精英政治框架下不同社会行动者之间的合作，主张通过协商来寻求共识。尤其值得注意的是，为了减少决策过程中不同行动者之间的价值冲突，协商型伙伴关系往往会把意识形态方面的价值问题界定为"手段—目的"的技术性问题。参与型伙伴关系更为民主，它主张把决策权下放给多元行动者。民众对公共决策的参与是参与型伙伴关系必不可少的一部分。

有学者从生命周期的角度研究了公私伙伴关系的形成、延续或终止的过程。朗兹和斯凯奇认为，伙伴关系的生命周期可以分为四个阶段。[2] 第一个阶段是前伙伴关系阶段。该阶段的主要特征是社会的自我协调，此时的合作建立在人际关系的基础上，具有非正式性。该阶段的合作在很大程度上取决于相关行动者的关系密切程度与相互信任程度，以及个体在成本—收益方面的理性计算。这种建立在人际信任基础上的合作的不足之处在于，新的行动

---

[1] Chris Skelcher, Naveep Mathur, and Mike Smith,"The Public Governance of Collaborative Spaces: Discourse, Design and Democracy," *Public Administration*, Vol. 83, No. 3, 2005, pp. 573-596.

[2] Vivien Lowndes and Chris Skelcher, "The Dynamics of Multi-Organizational Partnerships: An Analysis of Changing Modes of Governance," *Public Administration*, Vol. 76, No. 2, 1998, pp. 313-333.

者和资源难以进入该网络。第二个阶段是伙伴关系的产生与巩固阶段。为了使合作更加正式并可持续,前伙伴关系的合作需要转化为正式的伙伴关系。在这个阶段,各个行动者需要把角色清晰化、明确各自的责任,并通过协商来确立伙伴关系的规则。第三个阶段是伙伴关系的项目运作阶段。在该阶段,各行动者间的合作关系有着较为鲜明的市场机制特征,对于项目资金的分配,通常会借用招标、合同等方式进行。市场机制的引入,有利于增强伙伴关系的灵活性和有效性。需要注意的是,从字面上看,伙伴关系常常意味着共识与合作,但事实上,在伙伴关系中各行动者之间仍然存在着较激烈的竞争,所以各个行动者需要随时判定网络中哪些行动者是潜在的竞争者或合作者。这种判断对于小型组织或者志愿部门尤为重要,因为它们自身的资源少、规模小,如果加入一个错误的合作网络、与错误的对象合作,可能会威胁到组织的生存。第四个阶段是伙伴关系的终止或延续阶段。在某个合作项目完成后,伙伴关系要么延续,要么终止。一般而言,如果伙伴关系得以延续,通常是由于以下三个原因:在前一轮合作中已经建立了牢固的关系,基础设施等合作项目需要继续管理,或者合作关系的持续有利于某个领域的进一步发展。综合来看,在伙伴关系的不同阶段,科层制、市场与网络发挥着不同的作用。建立伙伴关系的关键在于,综合运用科层制、市场与网络的组织优势,来实现公共物品的有效供给。

二、治理的主要模式

治理主要有网络化治理与整体性治理两种模式。它们侧重点稍有不同。网络化治理侧重于政府与非政府行动者间的合作,而整体性治理则强调政府内部不同部门或不同层级间的合作,但两者在本质上都强调在治理过程中行动者与其他行动者进行合作。

(一)网络化治理

治理是包含不同行动者的网络的运行过程。治理理论的代表人物罗兹更直截了当地指出,治理就是对网络的管理。① 克利因与科彭简恩也认为,网络化治理有利于解决一系列复杂、动态与相互依赖的公共难题,它改变了新

---

① R. A. W. Rhodes, *Understanding Governance*, Buckingham: Open University Press, 1997, pp. 2—15.

公共管理的理念与实践,并促成了新公共治理这一新理论范式的产生。①豪利特和拉米什指出,现实社会中存在着政府、市场与非营利组织这三大行动者,这些行动者之间的互动产生了多种治理,如政府与企业之间互动产生的市场治理、政府与非政府部门之间互动产生的非营利组织治理、企业与非政府部门之间互动产生的私人治理,而网络化治理则囊括并整合了以上这三种治理类型。②

网络化治理之所以如此重要,是因为它与市场机制、科层制相比,有着自己的特点与优势(见表10-2)。

表10-2 治理模式:市场、科层与网络

	市场	科层	网络
规范基础	契约、产权	雇佣关系	能力互补
交流手段	价格	文书主义	交互性
冲突解决方法	讨价还价、诉诸法院	行政许可、监管	互惠、信誉
灵活度	高	低	中
成员间的忠诚度	低	中	高
基调或氛围	精确和(或)怀疑	正式化	开放、互惠
行动者偏好或选择	独立	依赖	相互依赖

来源:Walter W. Powell, "Neither Market nor Hierarchy: Network Forms of Organisation," *Research in Organizational Behaviour*, Vol. 12, No. 1, 1991, pp. 295-336。

库伊曼提出,网络化治理可以分为三个层次:第一个层次是指根据已有的规则来进行日常管理;第二个层次是改变治理的规则安排与制度环境,以满足不同的利益群体;第三个层次是元治理(meta-governance),即找到治理的内在原则,并判断治理的措施与这些内在原则是否匹配。③ 在实践中,"网络化治理可采用激活(activation)、协调配合(orchestrate)和调节(modulation)三

---

① Erik-Hans Klijn and Joop Koppenjan, "Governance Network Theory: Past, Present and Future," *Policy & Politics*, Vol. 40, No. 4, 2012, pp. 587-606.

② Michael Howlett and M. Ramesh, "'Achilles' Heels of Governance: Critical Capacity Deficits and their Role in Governance Failures," *Regulation & Governance*, Vol. 9, No. 3, 2015, pp. 301-313.

③ Jan Kooiman, *Governing as Governance*, London: Sage, 2003, pp. 166-175.

个技巧"①。激活即政府劝说、引导行动者参与到网络中来;协调配合是指政府通过沟通、讨价还价等方式,促进各行动者更好地相处,从而使网络的运行更为有效;调节是指政府综合运用奖励与惩罚措施,对网络中各行动者的行为进行调整。

基克尔特总结了网络化治理理论中存在的工具主义、互动主义与制度主义三个分析视角。② 工具主义视角的核心是"掌舵",关注的主要问题是在网络中各行动者均具备掌舵能力的前提下,一个行动者如何才能对其他行动者施加影响。基于这一视角的学者认为,在网络化治理的情境下,依赖于强制力的第一代统治工具已经过时,而激励、沟通、契约等第二代治理工具能更好地发挥作用。互动主义视角的核心是"集体行动",关注的主要问题是,网络中的行动者如何互动,以采取集体行动。该视角不把网络中各行动者间的关系界定为"控制者"与"被控制者"之间的关系,而是认为各行动者都有着不同的角色定位。由于资源的分散性与目标的相互依赖性,这些角色能相互施加影响。为了更好地促成目标实现,网络中的各个理性行动者需要调整自身的策略以相互适应。当然,各行动者间的目标差异不应过大,否则会导致合作网络的停滞与负和博弈。工具主义与互动主义视角都强调各行动者及他们之间的互动过程,而制度主义的视角则把网络当成一个整体,既强调网络中的行动者、关系、资源、组织等结构性因素,也强调规范、认知、制度等文化性因素。制度主义分析视角将政府与其他行动者的关系视为网络化管理的核心。

(二) 整体性治理

整体性治理是对传统公共行政与新公共管理的反思,其核心是整合。这种整合主要包括三个方面:一是不同治理层级的整合,如全球与国家层面的整合、中央与地方机关的整合;二是不同治理功能的整合,如政府为把不同的功能整合在一起,进行大部制改革;第三是公私部门的整合,如促进公私部门

---

① Lester M. Salamon, "The New Governance and the Tools of Public Action: An Introduction," *Fordham Urban Law Journal*, Vol. 28, No. 5, 2001, pp. 1-47.

② Walter J. M. Kickert, "Public Governance in the Netherlands: An Alternative to Anglo-American," *Public Administration*, Vol. 75, No. 4, 1997, pp. 731-752.

建立合作关系。①埃默森、纳巴奇和巴洛特认为整体性治理是一种跨界治理，这种治理超越政府各层级、各部门之间的界限以及公私领域之间的界限，各行动者为实现共同的目标而共同努力。他们指出，与整体性治理相关的核心理论包括政府间合作理论、利益集团理论、集体行动理论、博弈论以及公共池塘资源理论等。②

整体性治理是基于现实中治理的碎片化而提出来的。一些观点认为，传统的政府组织都是依具体职能来设置机构的。这种基于功能的治理，存在成本高、难以变革、不重事前预防而重事后解决、缺乏协调等问题，容易造成公共服务的碎片化。因此，不同领域、不同功能的水平联系与整合至关重要。对于整体性治理而言，预算与信息的整合最为关键，可采取的策略主要有围绕产出和目的而非功能来做预算、引入竞争、跨越政府组织传统的功能边界开展合作、提高产出的可测量性等。③波利特认为，整体性治理可以减少不同政策之间的矛盾与冲突，增加政策的有效性；可以更好地整合并利用稀缺资源；可以促进不同利益相关者之间的交流与合作，达成协同效应；可以促成公共服务的无缝隙供给。他认为，虽然从这些目标来看，整体性治理是一种管理主义的或者技术型的变革，但事实上，它有着更多的政治考虑，是在回应对政府空心化的担忧。在管理碎片化的状态下，政府能力有限，会把许多本属于政府的职能剥离出去，而整体性治理有利于政府提高治理能力，从而有效地履行核心职能。④

三、理论取向的变化

从治理的理论与实践来看，治理实现了从纵向层级到水平、从单一中心到多中心的转变。其中，从纵向层级到水平的转变主要关注从传统科层制到网络化治理这一过程中，权力的集中程度与治理结构的变化，其本质上是国家对其他行动者自上而下的权力关系转变为治理网络中各相关行动者之间

---

① Perri 6 et al., *Towards Holistic Governance: The New Reform Agenda*, London: Palgrave, 2002, p. 29.

② Kirk Emerson et al., "An Integrative Framework for Collaborative Governance," *Journal of Public Administration Research and Theory*, Vol. 22, No. 1, 2011, pp. 1–29.

③ Perri 6, *Holistic Government*, London: Demos, 1997, p. 26.

④ Christopher Pollitt, "Joined-Up Government: A Survey," *Political Studies Review*, Vol. 1, No. 1, 2003, pp. 34–49.

的水平关系;从单一中心到多中心的转变则主要关注市场、社会组织等多元行动者参与到治理中来。伴随着从垂直到水平、从单一中心到多中心的转变,从统治到治理的转变也得以实现。

(一)从垂直到水平的转变

在治理理论的文献中,权力的转移是一个核心关注点。罗兹认为,政府过于依赖权力和采用命令进行控制,这容易造成政府失灵。政府必须与复杂网络中的个体和组织一起发挥作用。[1]迪安指出,统治是以国家为中心的,权力的运行具有自上而下的科层制特征,依赖于"命令—控制"机制,其背后的支撑是一系列社会认可并被法律确认的授权、问责、控制机制。而治理则相反,它具有横向水平的特征,其运行依靠各个独立但相互依赖的行动者之间的互动,尽管这些行动者之间存在差异甚至冲突,但他们能够相互尊重与信任,这是治理网络得以运行的重要基础。风险评估、责任规则、绩效管理、标杆管理等,都是治理网络的重要工具。[2]

怀特认为,政府所面临的环境日益复杂、动态和多元,原有的自上而下的治理模式正被社会的自组织所取代,政府与社会的关系发生了变化,社会与政府一起承担起治理的任务与责任。[3]卡帕诺、雷纳和齐托明确指出,政府在政治、机构与规制安排方面,正面临"从统治到治理"的挑战,原有高度单一中心、自上而下、基于科层制的统治,转变为分权的、多层次的治理体系。[4]普罗文和凯尼斯特别强调信任对于治理的重要性。[5]传统的政府管理模式依赖于控制和命令,而治理理论强调水平层面的权力运行,各行动者会就目标以及实现目标的手段进行协商,这些行动都是以相互信任为前提的。

(二)从单一中心到多中心的转变

奥斯特罗姆提出,公共问题的解决不能仅仅依靠政府或者市场,而是要

---

[1] R. A. W. Rhodes, "Understanding Governance: Ten Years On," *Organization Studies*, Vol. 28, No. 8, 2007, pp. 1243-1264.

[2] Mitchell Dean, *Governmentality: Power and Rule in Modern Society*, London: Sage, 1999, pp. 30-42.

[3] Leroy White, "Effective Governance through Complexity Thinking and Management Science," *Systems Research and Behavioral Science*, Vol. 18, No. 3, 2001, pp. 241-257.

[4] Giliberto Capano et al., "Governance from the Bottom Up: Complexity and Divergence in Comparative Perspective," *Public Administration*, Vol. 90, No. 1, 2012, pp. 56-73.

[5] Keith G. Provan and Patrick Kenis, "Modes of Network Governance: Structure, Management, and Effectiveness," *Journal of Public Administration Research and Theory*, Vol. 18, No. 2, 2007, pp. 229-252.

超越政府与市场,建立起多种行动者均能参与的制度,这样的制度安排就是多中心治理。政府的政策制定与执行能力有限,而多中心的结构安排能把私人(市场)、非营利组织、政府等不同形式的治理主体纳入水平的治理网络中,使它们在更大程度上参与公共物品的供给,从而实现从单一中心到多中心的转变。①博瓦尔德认为,"在公共治理范式中,各治理主体之间的相互关系发生了变化,决策与责任不再只是政府的事,而是由网络内各主体共担"②。

在以国家为中心的统治模式下,问题的解决往往依靠政府的科层体系,以法律的强制力来完成。而多中心治理模式则有着更为分权的制度安排,企业、社会组织等参与到公共治理中来,共同解决社会问题。据奥斯特罗姆观察,发达国家公共物品的供给,往往会依赖多中心的机制而非单一中心的科层体制。多中心治理带来了权力分配的多元化,这改变了传统上政府与市场、政府与社会的关系。③斯温格多夫认为,政府通过民营化、去规制化、分权等手段,使政府职能外部化。这些管理方式的变革必然会把非政府的行动者(企业、社会组织等)引入各种社会、经济和文化活动的治理过程中来。④

(三) 从统治到治理的转变

巴德认为,统治可以界定为国家借助立法与其他职能,代表选民来正式运用权力与权威,而治理则是权力和权威在一系列组织机构与行动者之间的非正式分配与运用,这些组织机构和行动者分别以利益群体代表的身份参与到治理网络中来。⑤事实上,统治与治理的合法性均来源于其所代表群体的

---

① Elinor Ostrom, "Beyond Markets and States: Polycentric Governance of Complex Economic Systems," *The American Economic Review*, Vol. 100, No. 3, 2010, pp. 641-672.

② Tony Bovaird, "Public Private Partnerships: From Contested Concepts to Prevalent Practice," *International Review of Administrative Sciences*, Vol. 70, No. 2, 2004, pp. 199-215.

③ Elinor Ostrom, "A Polycentric Approach for Coping with Climate Change," *Policy Research Working Paper*, Washington, DC: The World Bank, 2009.

④ Erik Swyngedouw, "Globalisation or Glocalisation? Networks, Territories and Rescaling," *Cambridge Review of International Affairs*, Vol. 17, No. 1, 2004, pp. 25-48.

⑤ Leslie Budd, "Post-Bureaucracy and Reanimating Public Governance: A Discourse and Practice of Continuity?" *International Journal of Public Sector Management*, Vol. 20, No. 6, 2007, pp. 531-547.

利益的实现程度,而不同之处在于,前者的权力分配是以正式制度为基础,后者的权力分配则是以非正式制度为基础,并通过自主协商来完成。

乔丹等学者认为,从统治到治理是一个连续谱,连续谱的一端是大政府时代的强国家,另一端则是社会中各行动者的自组织与协调网络,"在统治与治理的连续谱中,统治与治理至少有四种可能的互动模式,即共存、融合、竞争与替代"[①]。共存是指统治与治理同时存在但没有渗透到对方领域;融合是指两者相互交织;竞争是指两者展开角逐,甚至可能存在冲突;替代是指一方取代另一方。许辛承袭了乔丹等学者关于连续谱的思想,并从治理工具与风格、公私部门关系、政策层次三个维度,对统治与治理进行了更为明确的区分,参见表10-3。

表10-3 统治与治理的连续谱

维度	国家干预 ←				→ 社会自治
治理工具与风格	命令与控制(法律制裁)	激励性工具(税收与补助)	委托的公共职能	信息工具	志愿性工具(协议与标签)
公私部门关系	等级关系	制度化公私关系(国家主导)	网络的促进与赋能	公私行动者间网络的相互依赖	私人自治
政策层级	国家层级的治理	权力与责任向其他层级下放	把关(执行中的治理)	多层级的治理(规避国家层级)	由全球非营利部门来治理
	统治 ←			→ 治理	

来源:Erik Hysing, "From Government to Governance? A Comparison of Environmental Governing in Swedish Forestry and Transport," *Governance*: *An International Journal of Policy, Administration and Institutions*, Vol. 22, No. 4, 2009, pp. 547-672。

从垂直到水平、从单一中心到多中心、从统治到治理这三大转向的实现,促使政府的理念与行为从传统公共行政模式逐步转向新公共管理模式,并最

[①] Andrew Jordan et al., "The Rise of New Policy Instruments in Comparative Perspective: Has Governance Eclipsed Government?" *Political Studies*, Vol. 53, No. 3, 2005, p. 481.

终转向新公共治理模式(见表10-4)。

表10-4 公共行政、新公共管理与新公共治理的治理模式比较

	公共行政的模式	新公共管理的模式	新公共治理的模式
公民利益观	选举者/纳税人	顾客/消费者	合作生产者
主要的立法偏好	规制	改革经济绩效	加强公民导向
组织结构与形式	统一的科层机构	竞争性市场	合作型网络
政府的基本任务	政策执行	市场交换	网络协调
控制的关注点	投入、组织内部程序	产出	组织间的过程与结果
主要绩效标准	遵守规章制度	效率与经济绩效	效能/公民满意度

来源：F. Wiesel and S. Modell, "From New Public Management to New Public Governance? Hybridization and Implications for Public Sector Consumerism," *Financial Accountability & Management*, Vol. 30, No. 2, 2014, pp. 175-205。

第三节 治理理论中的政府作用

治理理论的核心在于探讨公共部门改革中国家本质和作用的变化。[①] 该理论在国际学术界和政府改革实践中产生重要影响的同时，也充满了争议。鲍勃·杰索普曾指出，"尽管'治理'一词已经成为社会科学领域的时髦用语，但它仍然处于前理论阶段，是多种不同思想来源的杂糅，充满着多样性和矛盾性"[②]。乔恩·皮埃尔和盖伊·彼得斯表达了相似的观点，"今天治理的概念被广泛使用，但不够精确，在文献中呈现出大量替代性的，甚至相互矛盾的含义"[③]。治理理论的多样性不仅是由于"治理"一词在内涵和外延上的模糊性，更在于学者在该理论的旗帜下所主张的关于国家或政府的作用范围及方

---

① R. A. W. Rhodes, "Understanding Governance: Ten Years On," *Organization Studies*, Vol. 28, No. 8, 2007, pp. 1243-1264.

② Bob Jessop, "The Rise of Governance and the Risks of Failure: The Case of Economic Development," *International Social Science Journal*, Vol. 50, No. 155, 1998, pp. 29-45.

③ Jon Pierre and Guy Peters, *Governing Complex Societies: Trajectories and Scenarios*, Basingstoke: Palgrave McMillan, 2005.

式的观点多种多样,甚至相互冲突。皮埃尔和彼得斯评论认为,关于治理的争论是围绕着政治机构的作用展开的。①皮埃尔观察到,治理理论存在国家中心论和社会中心论两种取向。国家中心论仍然强调国家的主导作用,关心的核心问题是国家如何通过设立目标来为社会和经济掌舵。社会中心论则强调网络的协调和自我治理,具有明显的去国家化倾向。②乔丹等人研究指出,治理理论中政府的作用是一个连续谱,其中一个极端形式是大政府时代的强政府,而另一极端形式是社会行动者的自我组织和协调的网络,积极反对政府掌舵。③

治理理论的文献十分庞杂,汇集了来自政治学、经济学、社会学、国际关系、公共行政等不同背景的学者的论述。他们有的使用"国家",有的使用"政府"来表达自己的观点。本节在论述中会根据相应作者的用法使用国家或政府一词。为论述方便起见,本节不加区分地使用这两个概念。

一、对政府作用的质疑:治理理论兴起的背景

治理理论的兴起具有两个重要的社会背景。一是国际关系领域。从20世纪80年代末期开始,随着冷战结束和国际形势变化,国家之间的相互依赖程度日益增强,政府的权力也在发生变化,部分权力转移给超国家的国际组织,部分职能由非政府组织承担。罗西瑙使用"没有统治的治理"来分析在国际层面没有一个居于中心地位的中央权威主体的情况下,构成世界秩序的方式。他认为,虽然治理和统治都涉及目的性的行为和目标导向的活动,都具有规则体系的含义,但两者存在明显差别。统治是依靠正式权力和警察等强制性手段保证政策的执行。治理则是由共同目标所支持的活动,不依靠强制力量,而是通过各方沟通协商达成共识。治理是只有被多数人接受才能生效的规则体系,它既包括正式的、政府的机制,也包括非正式的、非政府

---

① Jon Pierre and Guy Peters, *Governing Complex Societies: Trajectories and Scenarios*, Basingstoke: Palgrave McMillan, 2005.

② Jon Pierre, *Debating Governance: Authority, Steering, and Democracy*, Oxford: Oxford University Press, 2000.

③ Andrew Jordan et al., "The Rise of New Policy Instruments in Comparative Perspective: Has Governance Eclipsed Government?" *Political Studies*, Vol. 53, No. 3, 2005, pp. 477-496.

的机制。①

二是20世纪80年代和90年代英国与荷兰的政府改革。随着20世纪70年代石油危机爆发,以政府层级体系为核心的福利国家日益暴露出严重弊端,政府部门规模过于庞大、机构臃肿且出现财政赤字,政府的权力基础开始动摇。政府由于过于官僚化、反应迟钝而遭遇合法性危机,国家治理经济、解决社会问题的能力和合法性受到严重质疑。② 国家把自己的意愿强加给社会的能力受到具有内聚力的政策网络的挑战。③ 政府不再被视为解决问题的有效途径,甚至被归结为产生问题的根源。④ 国家不得不寻求替代性策略,对传统治理模式予以变革。在新自由主义思潮的影响下,撒切尔政府开始对强大的中央政府集权模式进行反思,寻找替代性的解决机制,其中最重要的举措是通过市场化和私营化等方式,缩小政府作用的范围,同时通过公共部门和私人部门的伙伴关系来提供以往由政府垄断性供给的公共服务。罗兹把强大的中央政府主导的英国模式称为威斯敏斯特模式(Westminster model)。他认为,治理理论正是要超越这一传统模式,弱化国家的控制能力。⑤ 本章是在政治学和公共行政领域探讨治理理论,刻意忽略了国际关系领域的相关文献。

治理理论兴起的背景是,传统上以政府为最主要行动者、以层级制为主要组织特征的治理模式面临困境。⑥ 以自上而下的命令和控制为核心的科层体系曾被认为是政府部门最有效的组织机制。韦伯和威尔逊这两位公共行政学的奠基人都把层级结构视为政府行政系统最理想的组织模式。在韦伯

---

① James N. Rosenau, "Governance, Order and Change in World Politics," in James N. Rosenau and Ernst-Otto Czempiel, eds., *Governance without Government*, Cambridge: Cambridge University Press, 1992, pp. 2-7.

② Guy Peters and Jon Pierre, "Governance without Government? Rethinking Public Administration," *Journal of Public Administration Research and Theory*, Vol. 8, No. 2, 1998, pp. 223-243.

③ David Marsh and R. A. W. Rhodes, eds., *Policy Networks in British Government*, Oxford: Clarendon Press, 1982.

④ Jon Pierre, *Debating Governance: Authority, Steering, and Democracy*, Oxford: Oxford University Press, 2000.

⑤ R. A. W. Rhodes, *Understanding Governance: Policy Networks, Governance, Reflexivity and Accountability*, Buckingham: Open University Press, 1997.

⑥ Guy Peters and Jon Pierre, "Governance without Government? Rethinking Public Administration," *Journal of Public Administration Research and Theory*, Vol. 8, No. 2, 1998, pp. 223-243.

看来,理想的官僚制应该遵循等级原则,上下级之间有着严格的等级关系。上级对下级的命令和控制、下级对上级的服从,被视为官僚制最基本的特征之一。[①] 威尔逊的观点与韦伯一致,他认为,完美的行政组织建立在两个条件的基础上:一是拥有受过专业训练的公务人员,二是能够把这些公务人员按照不同的层级有序组织起来。[②] 英国、荷兰等国的实践表明,以政府为最主要行动者、以层级制为核心的组织模式存在一定的缺陷,例如政府规模过大、行政效率低下、难以对公众需求做出及时回应以及运作成本高昂等。在重重危机面前,政府作用的范围该如何收缩,公共服务的供给方式该如何变革?这是治理理论关心的核心问题。

二、变化中的政府作用:平等参与者还是特殊行动者?

从总体上看,治理理论主张改变政府作为单一行动者的服务供给模式,强调政府与私人部门和志愿部门形成伙伴关系,同时政府不再以强制性权力直接干预自组织的治理网络,而是赋予自组织网络高度自治权。但在政府的具体功能方面,学者们有着不同的理解。有的学者主张国家权力不参与或最低限度地参与治理过程,治理网络主要依靠多元行动者的自组织,有的学者则主张更为积极的政府参与,强调国家具有独特的资源优势,可以通过国家弥补自组织失灵。

(一)从垄断性的行动者到平等的参与者、从直接控制到间接影响

governance 一词有着悠久的历史。杰索普研究认为,英语中的 governance 可以追溯到古拉丁语和古希腊语中的"操舵"一词,原意主要是控制、指导或操纵,其含义与 government 交叉。[③] 罗兹研究表明,在 19 世纪 80 年代之前,关于英国政府的研究中,governance 是 government 的同义词。[④] 学者们从 20 世

[①] Max Weber, *Economy and Society: An Outline of Interpretive Sociology*, Berkeley: the University of California Press, 1968.

[②] Woodrow Wilson, The Study of Administration, *Political Science Quarterly*, Vol. 2, No. 2, 1887, pp. 197-222.

[③] Bob Jessop, "The Rise of Governance and the Risks of Failure: The Case of Economic Development," *International Social Science Journal*, Vol. 50, No. 155, 1998, pp. 29-45.

[④] R. A. W. Rhodes, "The New Governance: Governing without Government," *Political Studies*, Vol. 44, No. 4, 1996, pp. 652-667.

纪90年代开始逐渐赋予治理一词新的含义,主要用它来分析20世纪末期国家作用的变化。利文斯进一步明确区分了 government 和 governance 两个概念。他认为,government 是指国家在主权和领土范围内对权力的运用模式,而 governance 则是指运用公共和私人行动者组成的网络来处理具体问题,不再使用强制性权力。①

学术界对于治理有着多样化的理解,罗兹把它们归结为六种:一是最低限度的国家,二是法人组织的治理,三是新公共管理,四是善治(good governance),五是社会—控制系统(socio-cybernetic),六是自组织的网络。社会—控制论最初由荷兰学者库伊曼提出。② 该理论认为,单一的统治权威存在明显的局限性。没有一个行动者(包括政府在内)具有解决复杂问题的所有知识、信息和工具,因此没有一个行动者能够单方面处于支配地位。治理是相关行动者互动的结果,是社会—政治系统中突生的模式或结构,行动者之间相互依赖,具有共同目标。治理意味着公共部门与私人和志愿部门之间的界限日益模糊。政策领域中的秩序不是自上而下的权力强制形成的,而是受影响各方通过协商谈判建构的。罗兹本人即自组织网络思想的倡导者。他认为,自组织指网络拥有自主权,实行自我治理。罗兹的自组织思想受到基克尔特等学者的"自生系统"(autopoiesis)思想的影响。③罗兹对治理的不同用法进行吸收和归纳,主要以最低限度国家、社会—控制系统和自组织网络思想为基础,重新界定了治理概念,以便更好地解释英国政府的改革过程。他认为,治理具有如下特征:第一,组织之间存在相互依赖关系。治理是比统治更宽泛的概念,它包括非国家的行动者。治理改变了国家权力的边界,意味着公共部门、私人部门和志愿部门之间的界限变得模糊。第二,网络成员之间存在持续性互动。网络由多个相互独立的组织构成,这些组织需要交换资源(包括资金、信息、专门技能),各成员具有共同的目标。第三,网络成员之间存在博

---

① Matthias Lievens, "From Government to Governance: A Symbolic Mutation and Its Repercussions for Democracy," *Political Studies*, Vol. 63, 2015, pp. 2-17.

② Jan Kooiman, "Social-Political Governance: Introduction," in Jan Kooiman, ed., *Modern Governance: New Government-Society Interactions*, Newbury Park, CA: Sage.

③ Walter Kickert, "Autopoiesis and the Science of Administration: Essence, Sense and Nonsense," *Organization Studies*, Vol. 4, No. 1, 1993, pp. 261-278.

弈性互动。这种互动根植于信任,并受到网络成员共同协商认可的规则约束。第四,网络具有高度自主权,是一种自组织形式,不需要对国家权力负责。①

　　罗兹所说的新治理并没有完全排斥政府参与,而是指在网络中加入了政府以外的行动者,同时,网络具有高度自治性,国家并不处于一个具有特权的、至高无上的地位,只能间接地对网络进行管理,不再以强制性权力参与网络。治理意味着国家最低限度的参与。罗兹把网络看作一种治理结构,一种对市场和层级制的替代机制。罗兹这一看法受到组织理论家鲍威尔的影响。②英国政府通过设立执行机构、非政府公共机构(NDPB)、准政府组织,鼓励发展公私伙伴关系,创造了复杂的政策网络。罗兹认为,"治理是对网络的管理"③。但他的这一提法并非原创。荷兰学者基克尔特就曾把公共管理界定为"对复杂的组织间网络的管理和治理"④。英国学者弗兰德、鲍尔和叶利特⑤,德国学者汉夫和沙夫⑥,美国学者阿格拉诺夫⑦的研究也蕴含了这一思想。斯托克看法与罗兹相似,认为治理过程包括一系列来自政府但不限于政府的行动者。相对于传统的政府管理模式来说,治理过程的参与者更为多元化,而且行动者自治程度很高。政府更为分权化,作用范围有所收缩,允许社会中存在相对自治的行动者网络。政府不再依赖权力实现目标,而是使用新的工具和技术来掌舵和指引。⑧

---

　　① R. A. W. Rhodes, "The New Governance: Governing without Government," *Political Studies*, Vol. 14, No. 2, 1996, pp. 652-667.

　　② Walter W. Powell, "Neither Market nor Hierarchy: Network Forms of Organisation," *Research in Organizational Behaviour*, Vol. 12, No. 1, 1991, pp. 295-336.

　　③ R. A. W. Rhodes, "The New Governance: Governing without Government," *Political Studies*, Vol. 44, No. 4, 1996, pp. 652-667.

　　④ Walter Kickert, " Complexity, Governance and Dynamics: Conceptual Explorations of Public Network Management," Jan Kooiman, ed., *Modern Governance: New Government-Society Interactions*, Newbury Park, CA: Sage, 1993.

　　⑤ John Friend et al., *Public Planning: The Intercorporate Dimension*, London: Tavistock, 1974.

　　⑥ Kenneth Hanf and Fritz Scharpf, eds., *Interorganizational Policy Making*, London: Sage, 1978.

　　⑦ Robert Agranoff, " Frameworks for Comparative Analysis of Intergovernmental Relations," *Occasional Paper 26, School of Public and Environmental Affairs*, Indiana University, 1990.

　　⑧ Gerry Stoker, "Governance as Theory: Five Propositions," *International Social Science Journal*, Vol. 50, No. 155, 1986, pp. 17-28.

萨拉蒙对新治理理论与传统公共行政理论予以区分。① 他认为两者的根本区别在于政府采取公共行动的工具的变化。传统公共行政理论关注的核心问题是政府机构内部的运作过程。其特征是层级制、命令和控制为主，政府处于合法使用权力的垄断地位，具有代表公众采取行动的权力，而且把政府与私人部门之间的关系视为一种竞争性的紧张关系。新治理理论则把关注点从政府组织的内部运作过程转向多元行动者参与的网络，强调公共部门和私人部门之间的合作关系，认为命令和控制不再是合适的管理方式，没有一个行动者（包括国家）可以长期把自己的意愿强加给其他行动者。在这种情况下，谈判和说服替代了命令与控制，成为最重要的管理方法。

在彼得斯和皮埃尔看来，治理理论中的国家最重要的转变，就是从以往的直接控制转为间接施加影响。② 国家并不是完全失去了能力，而是失去了直接控制的能力，代之以间接施加影响的能力。政府不再处于绝对支配地位，而是以相对平等的地位与网络中的其他行动者讨价还价。政府只是治理网络中的一个行动者，和其他行动者是一种资源上相互依赖的关系，而不是单向的支配关系。政府仍是网络的一部分，但它比以前更加依赖私人部门的行动者。

科彭简恩和克利因把治理网络界定为"相互依赖的行动者之间或多或少稳定的社会关系模式，这些社会关系模式是围绕着政策项目形成的，并随着一系列的博弈活动而得以维持和改变"③。治理网络通过政府、企业、非营利组织之间的关系来制定和执行公共政策，网络中的行动者以相互依赖为基础，通过协商而不是行使权力来进行互动。治理是指政府在存在多元行动者的情境中运行，并且政府是采用水平化而非纵向层级的方式来加以管理。④科彭简恩和克利因的治理网络理论并没有把政府排除在外，但他们没有把政府

---

① Lester M. Salamon, ed., *The Tools of Government: A Guide to the New Governance*, Oxford: Oxford University Press, 2002.

② Guy Peters and Jon Pierre, "Governance without Government? Rethinking Public Administration," *Journal of Public Administration Research and Theory*, Vol. 8, No. 2, 1998, pp. 223-243.

③ Joop Koppenjan and Erik Hans Klijn, "Managing Uncertainties in Networks," London: Routledge, 2004.

④ Erik Klijnet al., "The Impact of Network Management on Outcomes in Governance Networks," *Public Administration*, Vol. 88, No. 4, 2010, pp. 1063-1082.

当作一个具有强制权力的特殊行动者,而是强调政府与其他行动者基于平等地位的沟通协调过程。

博瓦尔德持相似的观点。他指出,"在公共治理范式中,各行动者之间的相互关系发生了变化,决策与责任不再只是政府的事,而是由网络内各主体共担"①。施米特把治理看作各个行动者借助协商与合作来制定与执行政策、解决问题与冲突的机制。治理的结构安排是水平的,各个公私部门行动者在地位方面没有差异,同时,该治理网络是开放的而不是封闭的,具有很强的可进入性。②

(二)从国家空心化到政府权力的回归

罗兹指出,英国政府的治理结构从威斯敏斯特模式向政策网络的转型,会导致国家空心化问题。③ "空心化的国家"(the hollow state)概念最早由美国学者彼得斯使用④,但罗兹拓宽了其内涵和外延。在罗兹那里,"国家空心化"有四方面的含义:(1)私营化并限制公共干预的范围和形式;(2)中央和地方政府减少职能,把部分职能转移给替代性的服务提供系统(例如执行机构);(3)英国政府把部分职能转移给欧盟;(4)通过新公共管理限制公务员的自由裁量权,强调对公务员进行管理问责,更为明确地区分政治与行政,使政治上的控制更为明晰化。在改革过程中,英国中央政府不断向欧盟、苏格兰、威尔士和北爱尔兰转移权力,影响了政策法令的执行。公共服务外包、市场化、网络化以及执行机构改革,使得公共服务的组织系统碎片化,削弱了政府对政策执行过程的控制,政府难以对复杂的组织网络进行掌舵,也难以应对政策网络中的问责问题。对企业、非营利组织等行动者的依赖,削弱了政府采取有效行动的能力。分权化改革虽然有利于规避集权体制的弊端,但同时降低

---

① Tony Bovaird, "Public Private Partnerships: From Contested Concepts to Prevalent Practice," *International Review of Administrative Sciences*, Vol. 70, No. 2, 2004, pp. 199-215.

② Philippe C. Schmitter, "Participation in Governance Arrangements," in Jurgen R. Grote and Bernard Gbikpi, eds., *Participatory Governance: Political and Societal Implications*, Opladen: Leske and Budrich, 2002.

③ R. A. W. Rhodes, "The Hollowing Out of the State: The Changing Nature of Public Service in Britain," *The Political Quarterly*, Vol. 65, No. 2, 1994, pp. 138-151.

④ Guy Peters, "Managing the Hollow State," in K. Eliassen and Jan Kooiman, eds., *Managing Public Organizations*, London: Sage, 1993.

了政府的协调和计划能力。因此,层级制、市场与网络治理都存在失灵的可能。

格里克斯和菲尔波茨通过对英国体育部门中郡级体育部门伙伴关系的经验研究,对罗兹的国家空心化理论提出了质疑。[1] 他们认为,英国政府体育部门从表面上看确实与执行机构、非政府公共机构、协会、慈善组织等非营利机构建立起了伙伴关系,但仍然存在着明显的层级权力结构。政府通过设定政策目标、问责机制、绩效管理、标杆管理、审计与监督机制、权力制衡等新管理技术,约束着对其存在资源依赖的其他组织的行动。中央政府通过一系列的控制策略和机制保证地方层面的政策执行。英国的体育政策仍然是政府主导的,没有出现罗兹所说的国家空心化现象。基于对英国政府体育部门的经验研究,他们提出了"非对称性网络治理"(asymmetrical network governance)的概念,来概括政府与其他组织之间非对称的权力关系。在非对称性网络治理模式中,政府起着主导作用,中央政府对政策制定和实施予以高度控制,政府拥有更大的权力来设定政策目标,并建立一套严密的控制机制监督和管理网络中的其他组织,而网络中的其他组织则处于对政府的依赖状态,并不具有与政府同等协商的地位。

多米特和弗林德斯研究了英国政府 2010—2014 年对非政府公共机构(NDPB)的管理变革。[2] 他们认为,自 2010 年 5 月以来,内阁办公室明显强化了内阁、主管部委对公共机构的监督和控制能力。内阁办公室正在出台一系列规则,例如公共机构法、内阁办公室控制指南等,以减少公共机构的自由裁量权和自治权。多米特和弗林德斯认为,这些改革举措是政府的权力中心对其他组织的反击,是一个权力向内阁及主管部委重新集中的过程。

多米特和弗林德斯的研究验证了格里克斯和菲尔波茨的非对称性网络治理理论。虽然英国从 20 世纪 80 年代开始市场化、执行机构化(agencification)改革,但最终控制权仍然保留在政府手里。政府在规则制定、资源、法定

---

[1] Jonathan Grix and Lesley Phillpots, "Revisiting the Governance Narrative:'Asymmetrical Network Governance' and the Deviant Case of the Sports Policy Sector," *Public Policy and Administration*, Vol. 26, No. 1, 2011, pp. 3-19.

[2] Katharine Dommett and Mathew Flinders, "The Centre Strikes Back: Meta-Governance, Delegation, and the Core Executive in the United Kingdom 2011-2014," *Public Administration*, Vol. 93, No. 1, 2015, pp. 1-16.

权力等方面仍拥有其他类型组织所不具有的独特优势。英国公共部门从网络化、市场化、私营化到政府权力中心反击的过程,也再次证明了韦伯的著名论点:国家是一个"作为垄断合法暴力和强制机构的统治团体",是合法地使用暴力的组织,是运用暴力"权利"的唯一的源泉。① 林德布洛姆也曾指出,作为一种组织的政府的特殊性,恰恰在于政府会把其权威施加到其他组织之上。② 施特雷克等认为,国家并非仅仅是组织环境中的众多行动者之一。国家具有合法性强制能力,因此是一种十分独特的行动者。③ 值得注意的是,权力向内阁及主管部委重新集中的过程,并不意味着英国政府会回到大政府和强政府时代,而是展示出了政府在确立博弈规则、影响公私合作关系方面的最终控制权。政府在治理中不可替代的独特作用,下文将详细论述。

(三)政府:一个具有独特优势的特殊行动者

相对于罗兹等把国家看作平等参与者的学者来说,戈德史密斯和埃格斯、阿格拉诺夫和麦圭尔、皮埃尔和彼得斯等学者更为强调国家的特殊性。他们认为,政府拥有制定政策的能力、更为充分的信息,具有相对独特的资源优势,可以在治理中发挥重要作用。

研究网络治理的学者们发现,网络中存在多个行动者,因此需要个人或组织对网络活动进行协调,"一个能力很强的集成者能够协调各种活动、处理各种问题,并保证高质量的服务供给,它是一个设计完美的网络中的关键组成部分"④。劳利斯和摩尔⑤、曼德尔⑥把对网络进行协调的行动者称为"网络

---

① Max Weber, *Economy and Society*: *An Outline of Interpretive Sociology*, Berkeley: the University of California Press, 1968.

② Charles E. Lindblom, *Politics and Markets*: *The World's Political-Economic Systems*, New York: Basic Books, 1977.

③ Wolfgang Streeck and P. C. Schmitter, "Community, Market, State and Associations? The Prospective Contribution of Interest Governance to Social Order," in Wolfgang Streeck and Philippe C. Schmitter, eds., *Private Interest Government*: *Beyond Market and State*, Beverly Hills, CA: Sage, 1985.

④ Keith G. Provan and H. Brinton Milward, "Do Networks Really Work? A Framework for Evaluating Public-Sector Organizational Networks," *Public Administration Review*, Vol. 41, No. 4, 2001, pp. 414-423.

⑤ Michael W. Lawless and Rita A. Moore, "Interorganizational Systems in Public Service Delivery: A New Application of the Dynamic Network Framework," *Human Relations*, Vol. 42, No. 12, 1989, pp. 1167-1184.

⑥ Myrna Mandell, "Application of Network Analysis to the Implementation of a Complex Project," *Human Relations*, Vol. 37, No. 8, 1984, pp. 659-679.

经纪人"(network broker),普罗文和米尔沃德则称之为"网络管理组织"(NAO)。① 戈德史密斯和埃格斯认为,协调网络可以有三种选择:一是政府自身作为网络管理者;二是把所有的协调和管理任务委托给一个承包商;三是雇用一个第三方组织协调整个网络。他们明确地强调了政府从层级制转变为网络治理后的角色定位。② 在构建网络之初就应该确定政府职能,在网络化治理过程中,政府也应该发挥多种功能:(1)政府应该永远保留制定政策的权力;(2)政府官员或政治家是网络的激活者,政府可以设计网络,政府有权通过补贴或合同形式提供小笔资金,吸引潜在参与者的注意力,鼓励多元行动者形成网络,可以利用人力资源或技术资源激活一个网络所需要的各种资源;(3)政府权威是形成网络的一种重要资源,政府可以有效利用召集不同行动者的权力,围绕重要的公共事务,为组织和个人提供合作机会,促使他们通过协商达成共识。在网络化治理时代,政府应该发展一系列新的核心能力,尤其是构思网络、设计网络和促进网络各方沟通和知识共享的能力。

阿格拉诺夫和麦圭尔也强调了政府不同于其他行动者的特殊之处,尤其是政府对网络进行管理的能力。"对于美国国家航空航天局、能源部以及全球各级政府来说,政府管理网络的能力与管理公共雇员的能力,将会对机构运行的成败产生同等重要的影响。那些很少或者根本就没有能力管理其合作伙伴的政府,根本就谈不上靠自己的能力来提供服务。"③他们认为,政府面对网络化的环境时,需要不同于以往的管理能力,政府除了需要具备制定计划、编制预算、安置人员等职能之外,还需要激活、安排、稳定、集成和管理网络的技能,政府官员应该具有谈判、调解、风险分析、建立信任、促进合作和进行项目管理的能力。④ 凯特尔提出了类似的观点,他分析指出,传统的公共行政是以层级权威为基础的,全球化和分权化对美国政府的层级制形成了挑

---

① Keith G. Provan and H. Brinton Milward, "Do Networks Really Work? A Framework for Evaluating Public-Sector Organizational Networks," *Public Administration Review*, Vol. 41, No. 4, 2001, pp. 414-423.

② Stephen Goldsmith and William D. Eggers, *Governing by Network: The New Shape of the Public Sector*, Washington, DC: Brookings Institution Press, 2005.

③ Robert Agranoff and Michael McGuire, "After the Network Is Formed: Process, Power, and Performance," in Myrna Mandell, ed., *Getting Results through Collaboration*, Westport, Conn: Quorum Books, 2001, pp.11-29.

④ Ibid.

战。在治理转型过程中,政府不仅要增强结构的适应性,把横向水平系统与纵向层级系统进行整合,而且要提高治理和问责能力,采取新的策略来对公共项目进行有效管理。[①]

关于网络对政府的影响,阿格拉诺夫与罗兹存在不同看法。他认为,尽管网络正在改变政府的层级模式,但只是有限程度的改变。"网络只是以最微弱的方式改变了国家的边界,它们并没有以任何方式替代公共官僚制。"[②] 网络化治理的兴起以及非营利组织、企业组织的参与,在一定程度上影响了政府的行动过程,但这种影响是有限的。在公共管理网络中,联邦政府、州政府和地方政府官员通常处于网络的核心,或是几个处于网络核心地位的关键行动者之一。由于政府官员掌握了立法、管制、资金方面的关键资源,很难被边缘化。在网络化治理中,通常是政府机构在政策层面做出最终决策,政府可以通过合同条款、贷款条件等政策工具对合作者进行控制。

相对于罗兹来说,皮埃尔和彼得斯更为积极地看待政府持续治理的能力。[③] 在他们看来,政府确实没有再以传统的命令和控制方式治理社会,但政府仍然有能力参与治理过程,而且应该在治理中处于中心地位,没有任何其他机制能够替代政府在民主社会中的作用。政府参与某些活动必不可少,甚至比过去更为必要。国家与社会网络之间并不是替代关系,而可能是合作共赢的关系。最有效的治理形式必须既有强大的国家,又有发达的社会网络。如果所有成员能够达成一致,志愿行动网络也许可以解决某些问题,但当他们不能达成一致时,网络就难以应对公共问题。而政府在解决冲突、分配资源方面具有相对优势,有能力解决更为困难的问题。他们认为,尽管近几十年来,越来越多的社会行动者参与公共治理过程,但政府在四个方面仍是支配性的行动者。一是为社会阐明共同目标并确定优先顺序。在治理网络中,虽然成员可以通过协商形成共同目标,但不能为更广范围的群体设立目标。

[①] Donald F. Kettl, "The Transformation of Governance: Globalization, Devolution, and the Role of Government," *Public Administration Review*, Vol. 60, No. 6, 2000, pp. 488-497.

[②] Robert Agranoff, "Inside Collaborative Networks: Ten Lessons for Public Managers," *Public Administration Review*, Vol. 66, No. 10, 2006, pp. 56-65.

[③] Jon Pierre and Guy Peters, *Governing Complex Societies: Trajectories and Scenarios*, Basingstoke: Palgrave McMillan, 2005.

政府可以通过合法程序和决策方式,为社会确立目标。政府的这一独特优势是其他组织不具有的。这是政府在治理中的首要任务,也是最实质性的任务。二是保持一致性。政府(尤其是更高层级的政府)具有更广阔的视野,能够平衡各方利益,在保持目标的一致性和协调性方面具有优势。网络和市场虽然也可以通过协调机制达成一致,但缺少设定总体性目标的途径,这限制了它们的协调能力。三是掌舵。政府通过与社会行动者合作,促使社会达成预定目标。四是问责。政府创造相应的机制让参与治理的行动者为其行动负责。

萨拉蒙的新治理理论认为,随着社会复杂性的增加,需要对社会、经济及政治予以整合,在这个过程中,政府的作用更为重要。① 政府是各种组织和部门互动规则的守护人。但基于公众对政府作用的质疑,政府不可能再依靠传统模式采取行动,政府也不太可能承担政府再造理论倡导的掌舵职能。尽管政府在合法使用强制性权力方面处于垄断地位,但缺少权威和独立性来把自己的意愿强加给其他行动者。在第三方治理中,行动者之间是相互依赖的关系,而不是层级关系,这限制了政府的掌舵能力。萨拉蒙认为,在多个行动者合作解决公共问题的新系统中,政府应该是平衡轮,其功能在于建立伙伴关系,在最初设计公共行动方案中发挥作用,并确保在合作体系中公共价值的效用,防止公共权力被滥用。

杰索普认为,由于多元行动者有时难以通过沟通和谈判达成一致意见,难以形成共同目标,自组织治理也存在失灵的可能。② 自组织治理经常面临合作与竞争、开放与封闭、可治理性与灵活性、问责与效率之间的两难困境。多元行动者的自组织治理需要合作与共识,但过于强调合作会抑制竞争及创造性。自组织治理需要保持网络的开放性,但为了对有限的合作者进行有效协调又不得不实行一定程度的封闭。组织之间的相互依赖会增加问责的难度;为了提高效率需要分清彼此的责任,但责任过于清楚又不利于高效率的

---

① Lester M. Salamon, ed., *The Tools of Government: A Guide to the New Governance*, Oxford: Oxford University Press, 2002.

② Bob Jessop, "The Rise of Governance and the Risks of Failure: The Case of Economic Development," *International Social Science Journal*, Vol. 50, No. 155, 1998, pp. 29-45.

合作。杰索普强调通过"自组织的组织"这种元治理的方法摆脱治理困境,包括制度设计、产生愿景、促进不同领域的自组织及在多元目标之间达成一致等。国家在元治理中发挥着重要作用。国家提供了治理的基本规则,保证不同治理机制的兼容性。在杰索普之前,诸多学者强调了国家在制定规则中的重要性。例如社会学家艾森斯塔德认为,政治体系的重要活动,就是决定社会的基本目标和制定维持社会秩序的一般规则。① 经济学家诺思曾指出,国家存在的目的之一就是界定形成产权结构的竞争与合作的基本规则②;政治学家米格代尔把国家制定和执行规则视为国家能力的重要方面。③ 在治理理论中,哈耶尔也提出过类似的看法,他认为治理中权威主体的缺乏,会导致治理网络中各行动者缺乏普遍接受的规则与规范,进而使制度失效。④ 政府的核心作用就是为社会中各独立行动者设定能够产生信任的规则;如果没有权威主体,便缺少了信任与整合机制。

杰索普指出,国家是重要的组织者,它可以促进不同政策领域的对话,促使不同亚系统之间达成一致。当其他亚系统失灵时,国家可以行使最高统治权,作为最后的求助对象采取补偿性行动。在发生冲突与争端时,国家可以充当法官和裁判的角色。国家虽然不再处于至高无上的地位,只是参与者之一,但仍然具有独特的资源优势,可以为网络成员提供集体智慧和信息,有助于沟通谈判的进行。国家还可以对不均衡的权力各方予以平衡,促进系统整合和社会一致性。在杰索普看来,国家处于一个矛盾的地位,其责任和能力之间存在紧张关系。一方面,国家只是复杂社会的一个子系统,没有能力自上而下地对社会予以控制,但另一方面,国家又有促进组织整合和社会凝聚的责任,所以国家既要发挥自身的资源优势,弥补自组织治理的失灵,又不能直接介入自组织治理过程。

---

① Shmuel Eisenstadt, *The Political Systems of Empires*, Glencoe: Free Press, 1963.

② Douglass North, *Structure and Change in Economic History*, Cambridge: Cambridge University Press, 1981.

③ Joel Migdal, *Strong Societies and Weak States: State-Society Relations and State Capabilities in the Third World*, Princeton, NJ: Princeton University Press, 1988.

④ Maarten Hajer, "Policy without Polity? Policy Analysis and the Institutional Void," *Policy Sciences*, Vol. 36, No. 2, 2003, pp. 175-195.

第四节 对治理理论的反思

学术界对治理理论的反思主要从两方面展开：一是从理论范式的角度，讨论治理理论是否称得上是新的研究范式；二是从治理理论的价值主张和治理机制方面来思考治理理论的内在矛盾，进而探讨"没有政府的治理"是否可能。

一、治理理论是否是新的理论范式？

对于治理理论，学者们有着不同的评价与定位。一些学者认为治理还不是一个完整的理论范式，只能算是一种思潮。皮埃尔和彼得斯指出，治理这一概念非常含糊，它被学者与实践者广泛运用，但却没有普遍认同的定义。① 林恩、海因里希和希尔也认为，治理是一个无所不包的术语，但缺乏一个明确的定义，理论界或实践界运用此概念时，不能确定它是指组织结构、行政过程、行政哲学、激励系统与规则，还是这些因素的组合体。② 施奈德甚至指出，治理在概念上的模糊性正是其现在如此流行的秘诀所在。③

但是，也有一些学者持不同意见。斯托克明确指出，治理超越了传统的公共行政与新公共管理的范式，成为一种新的理论范式。在这种范式下，没有一个部门能够垄断权力与资源，包括政府在内的各个行动者，都需要通过协商而非命令来沟通。政府的职责在于创造公共价值，并综合运用科层、市场、第三部门等多种机制，来保证公共物品供给的公平性和有效性。④ 马什则认为，科层制模式有着很大的缺陷，应该从依靠权力的统治转换为依靠网络的治理，而且无论从理论还是实践来看，治理正在成为政策科学的主流。⑤

---

① Jon Pierre and G. Peters, *Governance, Politics and the State*, Basingstoke: Macmillan, 2000, p. 7.
② L. E. Lynn, C. J. Heinrich, and C. J. Hill, "Studying Governance and Public Management: Challenges and Prospects," *Journal of Public Administration Research and Theory*, Vol. 10, No. 2, 2000, pp. 233-236.
③ V. Schneider, "State Theory, Governance and the Logic of Regulation and Administrative Control," in A. Warntjen and A. Wonka, eds., *Governance in Europe*, Baden-Baden: Nomos, 2004, p. 45.
④ G. Stoker, "Public Value Management: A New Narrative for Networked Governance?" *American Review of Public Administration*, Vol. 36, No. 1, 2006, pp. 41-57.
⑤ D. Marsh, "What is at Stake? A Response to Bevir and Rhodes," *The British Journal of Politics and International Relations*, Vol. 10, No. 4, 2008, pp. 735-739.

二、没有政府的治理是否可能？

首先需要特别说明的是，在治理理论中，"没有政府的治理"这一提法并非主张排斥政府参与，而是指政府不再依赖权力的强制作用参与治理网络。"政府仍然是治理网络的组成部分之一，只是角色发生了变化，政府与网络中的其他行动者居于平等地位。各行动者相互依赖，当遇到问题时，政府是通过协商而非使用强制性权力来与其他行动者沟通的。"[①]对于"没有政府的治理是否可能"这一问题，我们可以细分为几个小问题来讨论：治理网络的形成是否可能？如果能形成，治理网络内部存在着哪些问题？

（一）治理网络的形成是否可能？

很多学者认为形成治理网络是很困难的。哈耶尔认为，治理中权威主体的缺乏，会导致治理网络中各行动者缺乏普遍接受的规则与规范，进而使制度失效。政府的核心作用就是为社会中各独立行动者设定能够产生信任的规则，如果没有权威主体，便缺少了信任与整合机制。[②]霍格特也提出，有些学者假定在伙伴关系中协商可以替代价值冲突，进而促成系统性的共识，但是，伙伴关系可能是脆弱的，各行为者或许有着共同的规范与价值，但是重大的问题一旦出现，潜在的冲突容易显性化，从而导致伙伴关系解体。[③] 在这种情况下，格里克斯和菲尔波茨提出了"非对称性网络治理"[④]的概念。他们认为，伙伴关系本质上并不是个体或组织之间的平等合作、责任共担与利益共享，而是在地位不平等的行动者之间开展强制性的合作(enforced cooperation)。

---

① B. G. Peters and Jon Pierre, "Governance without Government? Rethinking Public Administration," *Journal of Public Administration Research and Theory*, Vol. 8, No. 2, 1998, pp. 223–243.

② M. Hajer, "Policy without Polity? Policy Analysis and the Institutional Void," *Policy Sciences*, Vol. 36, No. 2, 2003, pp. 175–195.

③ P. Hoggett, "Conflict, Ambivalence, and the Contested Purpose of Public Organizations," *Human Relations*, Vol. 59, No. 2, 2006, pp. 175–194.

④ J. Grix and L. Phillpots, "Revisiting the Governance Narrative：'Asymmetrical Network Governance' and the Deviant Case of the Sports Policy Sector," *Public Policy and Administration*, Vol. 26, No. 1, 2011, pp. 3–19.

(二) 治理网络的内在问题

治理网络面临的最大问题,就是谁来对治理负责。康西丁指出,对于水平化的治理而言,最重要的是责任问题。在科层制线性控制体系下,命令就意味着责任。在治理网络下,责任不像在垂直的科层制下那样明确,每个行动者都对结果负责,反而导致责任的分配不明确。[①] 博泽尔认为,政府与企业、社会其他行动者分享权力等资源,容易造成政府被其他行动者俘获。同时,政府的规制能力也会相应下降,一旦其他行动者违反公共利益,政府因缺乏必要信息未能及时制止,便会造成对公共利益的损害。[②] 由于治理结构中责任模糊等原因,政府容易推卸责任,最终导致治理失灵。

博泽尔指出,治理理论在责任方面存在的问题会带来民主的不稳定性。因为在代议制民主体系下,存在着委托—代理关系,这时的责任主体是明确的,但是在治理网络这种多中心体制下,难以确定谁是委托方、谁是代理者。[③] 斯塔姆也认为,水平化治理的一个理论假定是,工作任务的开展有赖于网络中各行动者通过谈判达成共识,而不是由一个既定的权威主体来确定并实现目标。但关键在于,在这种情况下,一旦出现问题,便没有明确的行动者对后果承担责任。[④]

斯温格多夫指出,治理的某些理念与传统的政治实践存在着矛盾,如公众参与式治理与精英治理之间、治理网络的透明性与科层制的隐秘性之间的矛盾。[⑤] 罗兹分析了治理理论存在的问题,例如,对政府之外行动者的依赖使得政府的核心执行能力减弱;分权与多元化虽然有利于规避集权的弊端,但同时使得政府的协调能力降低。因此,科层制、市场与网络化治理等各种治理形式都存在失灵的可能。[⑥] 格里芬通过对欧洲北海渔业治理的实证案例分

[①] M. Considine, "The End of the Line? Accountable Governance in the Age of Networks, Partnerships and Joined-up Services," *Governance*, Vol. 15, No. 1, 2002, pp. 21-40.

[②] T. A. Börzel, "Networks: Reified Metaphor or Governance Panacea?" *Public Administration*, Vol. 89, No. 1, 2011, pp. 49-63.

[③] T. A. Börzel, "Experimentalist Governance in the EU: The Emperor's New Clothes?" *Regulation & Governance*, Vol. 6, 2012, pp. 378-384.

[④] N. Stame, "Governance, Democracy and Evaluation," *Evaluation*, Vol. 12, No. 7, 2006, pp. 7-16.

[⑤] E. Swyngedouw, "Governance Innovation and the Citizen: The Janus Face of Governance-beyond-the-State," *Urban Studies*, Vol. 42, No. 11, 2005, pp. 1991-2006.

[⑥] R. A. W. Rhodes, "The Governance Narrative: Key Findings and Lessons from the ESRC's Whitehall Programme," *Public Administration*, Vol. 78, No. 2, 2000, pp. 345-363.

析，证明治理在参与性、协调性、有效性、透明性与责任分配等方面，均存在着一定的局限性。①

治理理论是学术界针对政府失灵与市场失灵提出来的，但网络化治理、多中心治理也存在失灵的可能性。针对这个问题，学者们提出了元治理（meta-governance）的概念。元治理是治理的治理（governance of governance），它主要强调如何进行治理结构的安排，以协调科层治理、市场治理与网络化治理的关系。索伦森和托弗因认为，元治理是一个反思性的过程（reflexive process），通过这一过程，许多拥有合法性与资源的行动者致力于形成符合特定规则、程序与标准的治理机制。②

第五节 本章小结

治理是一个充满争议的概念，不过这种争议对理论的发展并非坏事。有学者明确指出，学术界围绕着治理产生的争论，提高了该理论的分析性与解释力。③ 从目前的发展状况来看，治理理论尚不足以称为一个成熟的理论范式，更像是一种价值主张或社会思潮。库恩曾指出，范式"代表着一个特定共同体的成员所共有的信念、价值、技术等构成的整体"④，而学术界尚未对治理的定义、内涵等诸多关键问题达成共识。成熟的理论范式不是流行概念与术语的拼接，而应该具有清晰且被广泛接受的概念、核心的研究主题以及不同层次的命题。治理理论是在对传统公共行政理论进行反思与批判的基础上发展起来的，它更像一个多元的话语丛林，而不是一个清晰、严谨的学术研究范式。治理理论要想成为成熟的研究范式，需要解决概念和语义上的分

---

① L. Griffin, "The Limits to Good Governance and the State of Exception: A Case Study of North Sea Fisheries," *Geoforum*, Vol. 41, No. 2, 2010, pp. 282-292.

② E. Sørensen and J. Torfing, "Making Governance Networks Effective and Democratic through Metagovernance," *Public Administration*, Vol. 87, No. 2, 2009, pp. 234-258.

③ Perri 6, "Governance: If Governance is Everything, Maybe it's Nothing," in A. Massey and K. Johnston, eds., *The International Handbook of Public Administration and Governance*, Massachusetts: Edward Elgar Publishing, Ltd., 2015, p. 57.

④ 〔美〕托马斯·库恩：《科学革命的结构》，金吾伦、胡新和译，北京大学出版社2003年版，第157页。

歧,摆脱碎片化的逻辑建构方式。

治理理论观察到了政府后撤的现象,强调在解决公共问题的过程中,政府与社会行动者的合作关系,强调以基于网络的自组织治理替代层级制度,这是其理论创新和独特之处。但总体来看,这一理论视角仍然过于粗糙,处于杰索普所说的前理论阶段。[①] 首先,治理理论在分析政府作用时,缺乏与已有知识谱系的关联。政府与市场的关系、国家与社会的关系、国家能力、社会网络理论,都是社会科学中已经相对成熟的理论,关于国家作用和网络已经积累了丰富和系统化的知识,但治理理论的文献中,很少看到该理论与前人已有研究的承继关系。治理理论不应是飞来奇石,而是应该建立在政治学、经济学、社会学关于国家研究的知识传统之上,只有这样才可能发展出逻辑严密的理论体系。其次,治理理论领域的学者在基本概念和理论取向上缺少共识。学者在"治理"这个基本概念上都存在重大分歧,在分析政府作用时也缺少分析工具,对政府后撤、政府与社会行动者的合作过程、网络治理的运作机制等重大问题缺少深入研究,缺乏逻辑一致的理论命题。最后,治理理论缺乏经验研究的支撑。该理论更多是一种宏观层面的观察和思辨,是在规范层面探讨政府应该如何,而对政府的实际运作过程缺乏深入研究。罗兹对英国改革过程的分析没有以坚实的实证研究为基础,更多的是一种宏观层面的感性观察。格里克斯和菲尔波茨[②]、多米特和弗林德斯[③]开始通过实证研究来检验罗兹的观点,这是一个很好的开端,但他们的研究在规范性、深入性和严密性程度方面与社会学、政治学和经济学的经验研究相比,还有一定差距。格里克斯和菲尔波茨曾评论道,"粗略地从总体上理解政策领域的结构变革,难以解释中央政府在某些政策领域对政策设计和产

[①] Bob Jessop, "The Rise of Governance and the Risks of Failure: The Case of Economic Development," *International Social Science Journal*, Vol. 50, No. 155, 1998, pp. 29-45.

[②] Jonathan Grix and Lesley Phillpots, "Revisiting the Governance Narrative: 'Asymmetrical Network Governance' and the Deviant Case of the Sports Policy Sector," *Public Policy and Administration*, Vol. 26, No. 1, 2011, pp. 3-19.

[③] Katharine Dommett and Mathew Flinders, "The Centre Strikes Back: Meta-Governance, Delegation, and the Core Executive in the United Kingdom 2011-2014," *Public Administration*, Vol. 93, No. 1, 2015, pp. 1-16.

出的高度控制"①,他们强调有针对性地考察具体政策部门,在经验研究基础上探讨政府作用,这是对治理理论现有研究方法很重要的反思。在研究取向上,奥斯特罗姆的研究方法和构建理论的方式值得治理理论学者借鉴。②奥斯特罗姆和她的研究团队在不同国家收集了公共池塘资源治理的多个案例,并提出了通过自组织机制治理公共池塘资源的条件。她的分析既以经验研究为基础,又提出了具有明确条件的、可检验的理论命题。这是丰富和发展治理理论的重要方向。

正如卡帕诺、豪利特和拉米什所说,治理不仅仅是一个简单的时髦话语,它正处于发展之中,在未来必定会伴随我们相当长的时间。③ 正因为如此,我们有必要对其展开更为深入的研究。从研究策略上看,相关研究者需要处理好理论思辨与实证研究、宏观研究与微观研究、定性研究与定量研究、静态分析与动态分析之间的关系。现有治理理论更多是从规范性角度、从宏观层面进行的思辨式理论叙事,基于定量或定性方法的经验研究极为缺乏,这种研究取向不利于知识积累与理论发展。治理理论的进一步精细化,需要从理论思辨走向实证研究,从宏观研究走向中观和微观层面的行动研究和过程研究,从静态分析走向动态分析,需要在澄清诸如"治理""元治理"等基本概念的基础上,提出一系列具有适用条件、可供经验研究检验的理论假设,逐步形成逻辑一致的理论命题。治理理论涉及治理过程中不同类型行动者之间的互动,这些行动者之间的沟通、协调、冲突、合作、规则确立和权威形成的过程是极为动态和复杂的,只有在实证研究的基础上,观察和分析各行动者的策略与互动方式,才能为治理理论的发展奠定坚实的基础。这种研究策略要求治理理论在思想来源上更为多元化,把公司治理理论、博弈论、制度分析、行动理论、组织间关系理论、理性选择理论等相关领域的研究范式引入研究中,

---

① Jonathan Grix and Lesley Phillpots, "Revisiting the Governance Narrative:'Asymmetrical Network Governance' and the Deviant Case of the Sports Policy Sector," *Public Policy and Administration*, Vol. 26, No. 1, 2011, pp. 3-19.

② Elinor Ostrom, *Governing the Commons: The Evolution of Institutions for Collective Action*, Cambridge: Cambridge University Press, 1990.

③ G. Capano, M. Howlett, and M. Ramesh, "Rethinking Governance in Public Policy: Dynamics, Strategy and Capacities," in G. Capano, M. Howlett, and M. Ramesh, eds., *Varieties of Governance: Dynamics, Strategies, Capacities*, London: Palgrave Macmillan, 2015, pp. 3-4.

逐步整合和发展,从而形成更为精密、细致的理论体系。

目前,治理已经成为中国政府部门和学术界的热门话语,"国家治理""政府治理""社会治理"等新概念不断涌现。这些概念是在中国政府部门试图对政府职能、政府结构、政府与市场关系、政府与社会关系进行一系列调整的背景下提出的,改革的起点是以政府为单一主体、以纵向命令控制为特征的科层制体系在应对公共问题时的能力不足。中国政府部门在使用治理相关话语时,一方面主张加强市场和社会组织等多元行动者对公共事务的参与,另一方面特别强调政府对政府以外行动者的主导和支配作用,这更接近于西方语境中以国家为中心的治理学派的观点。

中国是一个研究政府作用转型的重要样本。中国正处于经济、社会转型的关键期,政府与市场、国家与社会的关系正在发生重大变化,与20世纪80年代和90年代的英国有相似之处。通过市场化取向的改革,政府在逐步减少对经济的管控。政府通过去行政化改革,对行业协会商会类、科技类、公益慈善类、社区服务类社会组织取消双重管理体制,通过向社会组织购买服务,加大对社会组织的培育力度,国家对社会实行总体性控制的状况正逐步改变。政府与企业和社会组织的伙伴关系正在形成之中。在中国的改革过程中可以明显观察到政府作用的变化。但是,中国有两千多年中央集权的国家传统,在改革过程中有明显的路径依赖,政府对市场和社会的控制程度仍然很高,这是中国转型最重要的特征及初始条件。列维在研究西方社会时发现,国家在税收、社会福利、私人产业等方面的作用明显不同。①中国在大一统的宏观结构背景下,又具有高度异质性,地区之间、不同政策领域之间,政府作用方式存在差异,国情更为复杂。这就要求研究者在运用治理理论分析中国现象时,清楚认识到该理论在研究方法和理论建构上的局限性,通过对具体政策领域开展坚实的实证研究,发展出解释中国治理转型的理论模型,推进治理理论的发展。

【思考题】

1. 关于"治理"的概念存在哪些争议?

---

① Margaret Levi, "The Predatory Theory of Rule," *Politics & Society*, Vol. 10, No. 4, 1981, pp. 431-465.

2. 如何看待治理理论中"国家中心论"和"社会中心论"的争论？

3. 网络治理、整体性治理和多中心治理的主要观点是什么？

4. 治理理论关于政府的作用存在哪些不同观点？如何评价这些观点？

【推荐阅读】

Bevir, Mark et al., "Traditions of Governance: Interpreting the Changing Role of the Public Sector," *Public administration*, Vol. 81, No. 1, 2003, pp. 1-17.

Bryson, John et al., "Public Value Governance: Moving Beyond Traditional Public Administration and the New Public Management," *Public Administration Review*, Vol. 74, No. 4, 2014, pp. 445-456.

Kaufmann, Daniel et al., "The Worldwide Governance Indicators: Methodology and Analytical Issues," *Hague Journal on the Rule of Law*, Vol. 3, No. 2, pp. 220-246.

Klijn, Erik, and Chris Skelcher, "Democracy and Governance Networks: Compatible or Not?" *Public Administration*, Vol. 85, No. 3, 2007, pp. 587-608.

Mosley, Jennifer, "How Structural Variations in Collaborative Governance Networks Influence Advocacy Involvement and Outcomes," *Public Administration Review*, Vol. 79, No. 5, 2019, pp. 629-640.

Ostrom, Elinor, "Beyond Markets and States: Polycentric Governance of Complex Economic Systems," *The American Economic Review*, Vol. 2, No. 2, 2010, pp. 1-12.

Rhodes, R. A. W., "Understanding Governance: Ten Years On," *Organization Studies*, Vol. 28, No. 8, 2007, pp. 1243-1264.

Stoker, Gerry, "Governance as Theory: Five Propositions," *International Social Science Journal*, Vol. 50, No. 155, 1986, pp. 17-28.

Stoker, Gerry, "Embracing Complexity: A Framework for Exploring Governance Resources," *Journal of Chinese Governance*, Vol. 4, No. 2, 2019, pp. 91-107.

Warsen, Rianne et al., "Mix and Match: How Contractual and Relational Conditions Are Combined in Successful Public-Private Partnerships," *Journal of Public Administration Research and Theory*, Vol. 29, No. 3, 2019, pp. 375-393.

第十一章　非营利组织治理理论

【内容提要】

治理是国际范围内非营利组织研究的一个重要主题。本章系统介绍了英文文献中自20世纪80年代中后期以来关于非营利组织治理的主要理论,包括代理理论、管家理论、资源依赖理论、制度理论和利益相关者理论。在对各理论的渊源和主要观点系统梳理的基础上,本章从理事会的功能、理事会与执行层的关系、理事会成员的选择三个方面,对不同理论之间的异同进行了比较。在将来的发展中,各理论之间的对话、吸收和融合会日益明显。

20世纪80年代中后期以来,国际学术界关于非营利组织治理的研究文献迅速增加,治理已经成为国际范围内非营利组织研究的一个重要主题。美国非营利组织研究的著名学者奥斯特罗尔和斯通对20世纪80年代以来的英文研究文献系统梳理后认为,从1987年到2006年近20年时间里,西方学者对于非营利组织治理研究的兴趣明显增加了。学术界已经形成了规模不大但可分辨出来的治理研究领域,而且这一领域在迅速成长。[1] 20世纪90年代中后期以来,随着中国非营利部门的逐步发育,非营利组织因管理不善暴露出的问题日益增多,中国学术界对非营利组织治理的研究兴趣显著增加。但由于对国际上关于该主题的研究文献缺乏了解,研究还较多停留在现象描述和对策分析的层面,缺乏理论深度,更难以和国际上该主题研究的主流理论建立起逻辑联系。基于这一现实,本章对英文文献中非营利组织治理研究的

---

[1] Francie Ostrower and Melissa M. Stone, "Governance: Research Trends, Gaps, and Future Prospects," in W. Powell, ed., *The Nonprofit Sector: A Research Handbook*, 2nd edn., New Haven: Yale University Press, 2006.

第十一章　非营利组织治理理论

主要理论做出系统评述。本章侧重介绍代理理论、管家理论、资源依赖理论、制度理论和利益相关者理论这五个理论。

第一节　代理理论

代理理论是研究非营利组织治理的一个最为主要的理论。该理论最初在企业治理中得到了较为充分的运用,后被拓展至非营利组织理事会制度的研究与设计。该理论关注的核心问题是,委托人(例如雇主)如何设计一个补偿系统(一个契约)来驱动另一个人(他的代理人,例如雇员)为委托人的利益行动。[1] 伯利和米恩斯注意到了美国企业中所有权和控制权的分离,认为这种分离打破了原来由所有者行使控制权的平衡状态,进而提出了现代企业管理的核心问题——如何激励公司的经营者根据所有者的利益来运营企业。[2] 詹森和梅克林在1976年把代理关系界定为一种契约,在这种契约下,一个人或更多的人(委托人)聘用另一个人(代理人)代表他们来从事某些活动,包括把若干决策权委托给代理人。[3] 但如果这种关系的双方当事人都以效用最大化为目标,代理人就不会总依据委托人的最大利益采取行动,由此产生了"代理成本"问题。他们进一步揭示了代理成本与分离和控制的关系。代理理论建立在三个潜在的基本人性假设的基础上:(1)人是自利的,代理人会利用一切可能的机会去谋求自身利益的最大化,而不是致力于委托人利益的最大化;(2)人的理性是有限的,由于信息的不完备性,委托人不可能了解代理人的所有信息;(3)人是厌恶风险的。[4]

由于代理人的自我利益驱动,如何在充满不确定性和监督不完备的条件下,建立委托人与代理人之间的契约关系,从而为代理人提供有效的激励,促

---

[1] Joseph E. Stiglitz, "Principal and Agent," in John Eatwell, Murray Milgate, and Peter Newman, eds., *Allocation, Information and Markets*, London: Palgrave Macmillan, 1989, pp. 241-253.

[2] Adolf A. Berle and Gardiner C. Means, *The Modern Corporation and Private Property*, New York: Macmillan, 1968.

[3] Michael C. Jensen and William H. Meckling, "Theory of the Firm: Managerial Behavior, Agency costs, and Ownership Structure," *Journal of Financial Analysis*, Vol. 3, No. 4, 1976, pp. 305-360.

[4] Eugene F. Fama and Michael C. Jensen, "Separation of Ownership and Control," *Journal of Law and Economics*, Vol. 26, No. 2, 1983. pp. 327-349.

使其以使委托人的福利最大化的方式采取行动,就成了企业治理中的关键问题。法马和詹森提出,把代理问题限制在最低水平的一个方法是把决策控制(审查和监督)与对决策的管理(提出和执行)分离开来。他们认为,建立独立的董事会是让委托人与代理人利益保持一致的一种方法,董事会处于组织决策控制系统的顶端,掌握聘用、解雇和补充高层决策经营者以及认可和监督主要决策的权力。在法马和詹森看来,由董事会行使最高决策控制权有助于保证组织内最高层的决策经营与控制的分离。法马和詹森注意到,非营利组织与企业相类似,也具有决策经营(提议与实施)与决策控制(认可与监督)分离的制度。他们认为,这种决策制度使非营利组织能够保证捐赠款项不易被侵吞,是非营利组织得以继续生存的关键。

代理理论在司法实践中得到了较为充分的运用,世界各国关于非营利组织治理的法律规范都是以这一理论为基础的。非营利组织研究领域把该理论倡导的治理模式概括为"政策治理模式"(policy governance model)。[1] 该模式建立在理事会和执行层权力分立的基础上,把理事会看作代表其社区和利益相关者的受托人,为了扮演好这一角色,理事会需要集中关注组织的愿景、使命、价值、战略重点、筹资、治理过程等问题,来保证对利益相关者的回应。理事会具有审核批准和监督的责任,理事会成员负责选择管理者,评估管理层是否合格,并监督他们的行动,以保证管理层的利益不与组织或社会的利益相冲突。理事会任命和解聘执行长、监督和评估执行长的绩效。执行长受理事会委托来实施决策,向理事会汇报工作,在组织的运营中发挥着领导作用。这种模式因符合外部环境中法律的要求而成为许多非营利组织采用的框架。

代理理论得到了经验研究的支持。纪伯曼、葛尔曼和波拉克通过对五家非营利组织的个案研究发现,理事会适当的监督和控制可以有效防止对非营利组织利益相关者的伤害。[2] 在他们研究的五个个案中,有四家非营利组织由于理事会没有有效发挥作用,执行长把组织的资金挪为己用。由此他们提

---

[1] J. Carver and M. M. Carver, *Carver Guide 1: Basic Principles of Policy Governance*, San Francisco: Jossey-Bass, 1996.

[2] M. Gibelman, S. R. Gelman, and D. Pollack, "The Credibility of Nonprofit Boards: A View from the 1990s and Beyond," *Administration in Social Work*, Vol. 21, No. 2, 1997, pp. 21–40.

出,理事会有责任监督和防止管理者的机会主义行为,并有义务保证组织只从事那些与社区期望相一致的活动。代理理论在理解理事会的监督功能方面具有很强的解释力。

第二节 管家理论

管家理论的目的是修正和完善代理理论。[①] 在该理论看来,虽然代理理论是治理研究的主要范式,但仍存在很大的局限性。代理理论关于代理人由于追求个人效用最大化而伤害委托人利益的假设并不是对所有的代理人都适用的。事实上,从心理学和社会学的角度来看,无论是委托人还是代理人,他们的需求都是多样化的,其行为也受到心理和情境等多种因素的影响。由于个人和组织生活的复杂性,不能过于依赖代理理论。

管家理论和代理理论建立在不同的行为假设基础上。管家理论认为,在某些情境中,管理者[②]并不是被个人自利的目标所激励,而是一位称职的管家,他们的行为动机与委托人的目标是一致的,会为了委托人的利益最大化而行动。因此,非常有必要认真研究管理者的不同特点以及具体情境对管理者行为的影响。戴维斯、斯库尔曼和唐纳德森从人的行为模式、心理机制、情境机制三个方面,对管家理论和代理理论的区别进行了系统说明,具体见表11-1。

表11-1 代理理论与管家理论的比较

	代理理论	管家理论
人的行为模式	经济人	自我实现的人
	自利的	为集体服务的

[①] James H. Davis, F. David Schoorman, and Lex Donaldson, "Toward a Stewardship Theory of Management," *Academy of Management Review*, Vol. 22, No. 1, 1997, pp. 20-47.

[②] 戴维斯、斯库尔曼和唐纳德森更多使用 manager 这一概念来代指委托—代理理论中的 agent(代理人)。戴维斯等人使用的 manager 相当于中文语境中的"经理人"概念,指受所有者委托对组织进行管理的职业经理人。由于"经理人"这一概念在中文语境中多指企业的管理者,而我们在本章中更多将 manager 这一概念运用到对非营利组织的分析,为避免可能的误解,笔者把戴维斯、斯库尔曼和唐纳德森使用的 manager 这一概念统一译为"管理者"。

(续表)

		代理理论	管家理论
心理机制	激励	低层次/经济需要（生理需要、安全需要、经济需要）	高层次需要（发展的需要、成就需要、自我实现需要）
		外在的	内在的
	社会比较	其他管理者	委托人
	认同	低度价值承诺	高度价值承诺
	权力	制度的（合法性的、强制的、奖励的）	个人的（专家的、指示的）
情境机制	管理哲学	控制取向	参与取向
	风险取向	控制机制	信任
	时间框架	短期	长期
	目标	成本控制	提高绩效
	文化差异	个人主义	集体主义
		权力距离大	权力距离小

来源：James H. Davis, F. David Schoorman, and Lex Donaldson, "Toward a Stewardship Theory of Management," *Academy of Management Review*, Vol. 22, No. 1, 1997, p. 38.

在管家理论看来，委托人和管理者可能采取代理人或管家的行为。因此，所有者与管理者之间的关系，不再仅仅是代理理论所描述的委托人—代理人的关系，而是存在四种可能性。戴维斯、斯库尔曼和唐纳德森对委托人与管理者的选择模式进行了归纳（见表11-2）。

表11-2 委托人—管理者选择模式

		委托人的选择	
		代理人	管家
管理者的选择	代理人	把潜在成本最小化 相互的代理关系	管理者采取机会主义行为 委托人很愤怒 委托人被背叛
	管家	委托人采取机会主义行为 管理者遭受挫折 管理者被背叛	把潜在绩效最大化 相互的管家关系

来源：参见 James H. Davis, F. David Schoorman, and Lex Donaldson, "Toward a Stewardship Theory of Management," *Academy of Management Review*, Vol. 22, No. 1, 1997, p. 39.

在第一种情形中,委托人和管理者都把对方看作自利的、个人取向的,都把双方的关系看成代理关系,这是传统的代理理论所描述的情形。在这种情形中,所有的制度设计都是要防止管理者采取机会主义行为去伤害委托人的利益,其管理哲学和管理风格都是控制取向的,对管理者也不会有授权取向。采取这种治理模式,对组织来说潜在的损失是最小的。在第二种情形中,委托人把两者之间的关系看成管家关系,对管理者采取一种信任的态度和管理模式,而管理者却采取机会主义行为,以牺牲委托人的利益去追求自身利益的最大化,委托人的利益会遭受重大损失。在第三种情况下,委托人把两者之间的关系看成委托人—代理人关系,把管理者假设为机会主义和自利取向的,而管理者却把自己和委托人的关系看成管家关系,认为自己是值得委托人信任的,也期望委托人采用信任的方式来处理他们之间的关系,那么管理者就会对委托人控制取向的管理风格感到不满,觉得没有被信任,处处被质疑,他们的成长、尊重和自我实现的内在心理需求很难得到满足,工作积极性被挫伤,甚至可能采取破坏组织的行为。在第四种情形下,委托人和管理者都对对方采取信任态度,把两者之间的关系看成合作的、互益的、值得信任的,委托人把尽可能多的权力授予管理者,管理者也尽心尽力去工作,为委托人的利益最大化而采取行动。在这种情况中,双方的内在心理需求都得到了最大满足,组织的管理风格和谐而友好,组织的潜在绩效也是最大的。

管家理论的最大贡献在于,它扩展和丰富了代理理论关于人性的假设,进而观察到了理事会和执行层之间关系的多样性,而不是像代理理论那样仅仅把理事会和执行层的关系看成委托人—代理人关系,总是从防止执行层违背理事会利益的视角去设计有关治理机制。管理理论的提出有利于我们在非营利组织的治理中,更为人性化、更有针对性地根据组织的具体情境,采用不同的理事会—执行层关系模式,从而更多地考虑双方的心理需求,更有效地激励管理者,更好地提高非营利组织的效能。

第三节　资源依赖理论

资源依赖理论被广泛运用于企业和非营利组织理事会的分析,成为理解理事会行为的一个重要理论。在该理论看来,组织生存的关键是获取和维持资源的能力。但是没有一个组织能够实现对所需资源的完全控制,也就是说,组织内部不能产生所有必需的资源。因此,如果组织要生存,就必须学会利用环境中其他组织的资源,由此形成了对环境中其他组织的依赖。

但在普费弗和萨兰西克看来,组织并不是被动地被环境塑造的,而是具有一定的能动性。组织为了减少对环境中资源的依赖以及由此带来的不确定性,可以选择它运行的环境。组织是在创造和改变环境,而不是被环境选择。组织决策者可以通过策略选择来调整内部结构和过程以及与环境的关系。在这个过程中,组织追求两个目标:一是让自己对其他组织的资源依赖最小化,二是让其他组织对自己的资源依赖最大化。组织决策者利用策略选择来减少对外部资源的依赖,让组织适应环境的压力,减少不确定性。

资源依赖理论认为,理事会在从环境中获取组织所需资源、处理组织与外部环境之间的关系中起着极其重要的作用。在资源依赖理论家看来,理事会的作用主要在于:首先,理事会是一种减少环境不确定性的机制,最重要的作用是为组织提供获取重要资源的机会,减少组织对环境的依赖性;其次,理事会通过从外部环境收集和解读与组织相关的重要信息,保持组织在动态环境中的适应性和竞争性;最后,通过把环境中重要的利益群体代表纳入理事会,理事会可以提升公共形象,获得合法性。因此,如何选择理事会成员,理事会如何构成,对于组织的发展来说至关重要。

资源依赖理论家强调理事会的吸收[①](cooptation)功能。他们认为,吸收是组织处理环境不确定性的一种策略,应该把环境中重要的利益相关者纳入理事会,其中包括服务对象、资金提供者(或组织)、评价组织效能的人士(或组织)、有助于提升组织公共形象的人士(或组织),以及环境中其他掌握组织所需重要资源的富有影响力的人士(或组织)。

普费弗和萨兰西克认为,不同组织之间理事会成员的互锁(interlocking)有助于处理组织之间的相互依赖关系。组织通过把环境中重要群体的代表纳入顾问委员会或理事会,加强了组织间的互动,建立了组织之间的友谊和承诺,交换了组织间的信息,加强了组织的合法性,从而创造了组织之间更加

---

① "吸收"这一术语是由菲利普·塞尔兹尼克提出的。塞尔兹尼克认为,吸收是组织采用的把外部群体的代表纳入组织的决策制定结构的一种机制。参见 Philip Selznick, *TVA and the Grass Roots: A Study in the Sociology of Formal Organization*, Berkeley: University of California Press, 1949。

稳定的联系网络。互锁是一种处理组织间相互依赖性的灵活机制。这种灵活性表现在,任何组织都可以创设理事会或顾问委员会,并邀请重要的外部人士担任成员。同时,组织可以根据依赖的对象自主决定选择哪些代表进入理事会或顾问委员会。

普费弗认为,理事会的功能不是一成不变的,而是与组织面临的环境相关的。① 在高度复杂的环境中,组织依赖环境提供的资源生存,组织的理事会主要处理与环境的关系。而对于较少依赖外部环境资源的组织来说,其理事会则会更多从事日常行政管理活动。

米勒-米勒森在普费弗等人研究的基础上提出了四个关于理事会功能的假设,有助于我们进一步理解理事会对边界跨越和监督这两种职能的选择。② 这四个假设是:(1)当组织从外部资源中获取收入的比例更高时,理事会更多执行边界跨越功能,更少发挥监督功能;(2)当组织从外部资源中获取收入的比例偏低时,理事会更多执行监督功能,更少发挥边界跨越功能;(3)当外部环境复杂或组织处于转型或危机时,非营利组织的理事会更多发挥边界跨越功能;(4)当执行层专业化程度高时,理事会更多发挥边界跨越功能。

总体看来,资源依赖理论强调了理事会在组织获取环境中的重要资源、应对环境中的不确定性、处理组织之间的相互依赖性、提升公众形象、提高组织的合法性和有效性等方面所起的作用。它同时让学者和从业者意识到理事会成员选择的重要性,并明确提出了非营利组织应该考虑吸收的几类重要外部利益群体。

第四节 制度理论

制度理论强调制度环境对组织结构和过程的影响。③ 组织分析中新制度

---

① J. Pfeffer, "Size, Composition, and Function of Hospital Boards of Directors: A Study of Organization-Environment Linkage," *Administrative Science Quarterly*, Vol. 18, No. 3, 1973, pp. 349-363.

② J. L. Miller-Millesen, "Understanding the Behavior of Nonprofit Boards of Directors: A Theory-Based Approach," *Nonprofit and Voluntary Sector Quarterly*, Vol. 32, No. 4, 2003, pp. 521-547.

③ J. W. Meyer and B. Rowan, "Institutionalized Organizations: Formal Structure as Myth and Ceremony," *American Journal of Sociology*, Vol. 83, No. 2, 1977, pp. 340-363; P. DiMaggio and W. Powell, "The Iron Cage Revisited: Institutional Isomorphism and Collective Rationality in Organizational Fields," *American Sociology Review*, Vol. 48, No. 2, 1983, pp. 147-160.

主义者的理论贡献主要表现在两个方面。

一是观察到了组织的相似性。迪马吉奥和鲍威尔发现,组织的形式变得越来越相似。他们提出了一个术语即"趋同"来概括这一现象。他们把趋同分为三种形式,即强制性趋同、模仿性趋同和规范性趋同。所谓强制性趋同,是指某一组织由于受到它所依赖的其他组织或者社会中的文化期望对它施加的正式和非正式压力,而在形式上与它所依赖的组织或其他组织变得越来越相似。模仿性趋同的动力来自组织所面临的不确定性。当组织的技术难以理解或组织目标模糊,或者组织面临着一个原因不清楚、结果不明确的问题,或者环境中产生了不确定性时,组织可能模仿其他的组织。组织通过模仿可以用较少的代价找到解决问题的可行方法。规范性趋同来源于专业化所要求的规范性。大学、专业培训机构、专业协会、同业公会在界定和传播有关组织的规则和行为方面起着重要作用。

二是关注合法性机制对组织结构和程序的影响。[①] 新制度主义者所讲的合法性不仅是指合乎我们通常理解的法律制度的要求,更是与文化、观念、社会期望等人们广泛接受的、认为理所当然的社会事实保持一致。迈耶和罗恩观察到,很多组织采用的结构和程序与技术要求无关,不是为了提高组织提供产品或服务的技术效率,而是为了符合制度环境规定的要求。他们认为,制度环境会改变组织的正式结构。组织通过设计符合制度环境规定的正式结构,显示它正按照集体价值目标,以一种适合而正当的方式行动。把制度化的要素合并到组织的正式结构中,为组织的活动提供了一个合理的解释,使得组织的行为不会遭到质疑。组织因此变得合法了,可以运用这种合法性来强化组织参与者对它的支持,维持组织的生存。组织把环境中仪式化的价值纳入结构,更容易得到组织领域内参与者的认同,也更容易获得贷款、捐赠或投资。通过对制度的遵从,组织更易获得生存所必需的合法性和资源,从而提高生存和成功的概率。

制度理论很容易解释全球范围内非营利组织治理模式的相似性和趋同性。这同时涉及强制性趋同、模仿性趋同和规范性趋同三种机制。从世界范

---

① J. W. Meyer and B. Rowan, "Institutionalized Organizations: Formal Structure as Myth and Ceremony," *American Journal of Sociology*, Vol. 83, No. 2, 1977, pp. 340-363.

第十一章 非营利组织治理理论

围来看,几乎所有的国家都在法律层面把理事会制度作为非营利组织治理的基本架构,无论组织的规模如何,无论理事会制度是否适用于该组织、是否能够对组织效能产生积极影响,政府都强制性要求非营利组织注册时,在组织章程中规定以理事会为核心的治理模式。非营利组织的理性选择是从形式上遵从这些制度规定,在组织的正式架构中建立起理事会。① 这可被视为强制性趋同。理事会制度起源于英国的公司治理,这种制度被非营利组织采纳就是向企业学习的结果。理事会制度在全球范围的发展也是一个从英、美、德等发达国家向发展中国家扩散的过程。这当中既有发展中国家非营利组织的主动模仿,也有国际组织的主动知识输出。例如,一些富有影响力的国际非营利组织定期对发展中国家的非营利组织领导人进行治理方面的培训。前者可视为模仿性趋同过程,后者可视为规范性趋同过程。组织也倾向于模仿那些它们觉得更加合法或更加成功的组织。例如,一些非营利组织的理事会下设了很多专业委员会。这些组织设立专业委员会可能并不是因为建立这些工作委员会可以提高工作效率,而是因为这些组织看到很多有名望的大型非营利组织设立了专业委员会,觉得专业委员会的设立使组织看起来更加理性,更加具有专业性。

制度理论也可以从另一方面解释理事会成员的多样化现象。在资源依赖理论看来,组织之所以把不同的利益相关者纳入理事会,是因为这些理事拥有组织所需要的多种不同资源。而在制度理论看来,在很多情况下,组织是不得不让理事会成员多元化。一方面可能是有些出资者把理事会成员的多元化作为捐赠条件。这些出资者认为,只有把不同利益相关者纳入理事会,防止内部控制或少数人控制,才能让组织更加可靠、值得信任,因此他们强制性要求把理事会成员的多元化作为捐赠的条件。另一方面,不同的利益相关者对组织有着不同的预期和要求,这也是制度环境的重要组成部分。组织通过把不同的利益相关者吸收到理事会中,很好地解决了组织的合法性问题。这也是为什么很多非营利组织的理事会采用代表性原则,即由不同的利益相关者代表构成理事会。

---

① 当然,这种以理事会为核心的治理模式可能是和组织的效率要求相违背的。所以,在实践中,有些组织只是在形式上设立了理事会,理事会制度只是停留在章程的层面,在组织的实际运行中并没有发挥作用。这就是迈耶和罗恩所说的分离化(decoupling)策略。

第五节 利益相关者理论

在企业治理理论中，利益相关者理论是对传统的股东治理理论的发展。该理论的创始人弗里曼把利益相关者界定为"能够对组织目标的实现施加影响或者被组织的目标实现程度所影响的任何个人或群体"[①]。在传统的股东治理理论中，组织仅仅需要对所有者负责，公司治理的关键问题是如何设计一种制度安排，让管理层为所有者的利益最大化而采取行动。利益相关者理论则认为，仅仅强调对股东负责很容易导致管理层为了取悦股东而不惜伤害其他利益相关者的利益。既然组织的决策会影响到所有利益相关者的利益，那么组织就不应该仅仅对所有者负责，而应该对社会中与该组织利益相关的群体负责。组织只有很好地协调不同利益相关者群体之间的利益冲突，才能够有效达成组织的目标。理事会的作用在于协调和解决不同利益相关群体之间可能相互冲突的利益，从而决定组织的总体目标并制定相应的政策。其中一个重要策略是把不同的利益相关者纳入理事会。

利益相关者理论极力倡导理事会成员的多元化，主张应该让不同利益相关群体的代表进入理事会。这样组织才能对广泛的社会利益做出回应，而不是仅为了某一个群体的利益而采取行动，不惜伤害其他群体的利益。一般来说，利益相关者包括组织的雇员、顾客、供应商、股东、环保主义者、政府以及其他群体。

利益相关者理论提出以后，在企业治理中遭遇了很多挑战。其中最关键的问题是，组织如何有效协调和平衡不同利益相关者之间的利益冲突，在决策中达成一致意见。利益相关者理论在应然的层面很容易表达，也很容易获得社会舆论的支持，但操作起来极为不易。不同利益相关者的利益偏好和目标可能差别很大，而且相互冲突。即使在同一利益群体内部，不同个体之间也经常存在明显差异。因此，如果要求组织对所有利益相关者负责，组织的决策将变得极为困难，决策成本会明显上升，甚至在很多问题上无法达成一致意见。

---

① R. E. Freeman, *Strategic Management: A Stakeholder Approach*, Boston: Pitman, 1984, p. 26.

相对于企业来说，公共组织和非营利组织更具公共性，利益相关者理论在这两类组织的治理中得到了普及和广泛接受。康恩弗斯发现，在英国的教育行业中，政府非常强调把各种利益相关者纳入理事会。① 英国政府规定，公立学校的理事会必须由来自不同利益相关群体的代表构成，包括学生家长、当地教育局、学校主管教师的负责人。如果学校接受了志愿援助资金的话，还要求有捐赠方的代表。1999年，英国政府为了避免理事会构成上失去平衡和难以问责，特别规定理事会还要包括学校的行政人员代表、学生代表以及社区代表。

第六节　不同理论的主要观点的比较

从前面的分析可以看出，这些理论有着各自的关注点，有的观点甚至相互冲突。它们从不同方面反映了非营利组织治理问题的多样性和复杂性。下面将从理事会的功能、理事会与执行层之间的关系、理事会成员的选择三个方面，对五种理论的观点进行比较和对照。

从理事会功能来看，代理理论认为，理事会最主要的功能是决策控制，理事会具有审核批准和监督的责任，需要选择和评估执行层，并监督他们的行动是否与组织或社会的利益相冲突。资源依赖理论在认同理事会的监督功能的同时，更加强调理事会在资源获得中的重要作用。它把理事会看作一种组织应对环境不确定性的机制，理事会纳入对组织的重要资源有决定性影响的人士，从环境中获取组织相关的重要信息，有利于保持组织在动态环境中的适应性和竞争性。资源依赖理论的另一重要贡献是注意到了理事会功能的权变性和动态性。它指出理事会的功能不是一成不变的，而是与组织面临的环境相关。在高度复杂的环境中，组织依赖环境提供的资源生存，组织的理事会主要处理与环境的关系。而对于较少依赖外部环境资源的组织来说，理事会则更多从事日常管理活动。管家理论并没有从根本上否定代理理论关于理事会功能的观点，而是主张理事会应该根据执行层的具体状况，灵活

---

① C. Cornforth, "Introduction the Changing Context of Governance-Emerging Issues and Paradoxes," in Chris Cornforth, ed., *The Governance of Public and Non-Profit Organizations*, London: Routledge, 2003.

决定是否应该更多授权或采用更加人性化、更加信任的方式来处理与执行层的关系。制度理论则强调了理事会在增强组织合法性方面的作用,认为理事会的一个重要功能是保证组织的活动符合规范和法律的要求。利益相关者理论认为,理事会的作用在于协调和解决不同利益相关群体之间可能相互冲突的利益,从而决定组织的总体目标并制定相应的政策。

  从理事会与执行层的关系来看,代理理论强调的是理事会对执行层的监管,认为理事会的作用就是保护所有者的利益,监督和评估执行层是否忠实执行了理事会的决议,是否维护了所有者的利益。而执行层的职责就是贯彻执行理事会的决议,为所有者的利益兢兢业业地工作。代理理论倡导的这一模式得到了各国政策实践的支持,成为最为普遍的治理模式。但代理理论所倡导的政策治理模式在实践中也碰到了诸多问题。无论是在公司治理还是非营利组织的治理中,学者都发现了组织的日常运作中违背或偏离政策治理模式的情形。实际上,很多经验研究表明,政策治理模式忽略了组织之间的差异,过于简化和标准化理事会与执行层之间的关系。尽管这一模式从法律层面上能够最大限度地防止损坏组织利益的状况发生,但也导致了组织和协调成本过高、运作效率低下等一系列问题。因此,代理理论倡导的政策治理模式在实施中常常走样,成为一种仪式化的制度。管家理论的最大贡献在于,它注意到了理事会和执行层可能存在的多样化关系。由于人的心理需求是复杂而多元的,在某些心理机制和情境机制的作用下,执行层也可能以和理事会利益一致的方式行动。如果不考虑个体差异而过于简化或单一地套用代理理论倡导的模式,就会挫伤执行层的积极性,影响组织的效能。事实上,管家理论倡导的是一种权变模式,即根据委托人和受托人的个体特征(如心理需求、是否值得信任等)和具体情境,选择最合适的关系模式。

  从理事会成员的选择来看,代理理论强调维护所有者的利益,因而主张由所有者的代表组成理事会。利益相关者理论和资源依赖理论则认为,理事会不应该仅由所有者代表构成,而应该把服务对象、雇员、出资者等与组织利益密切相关者的代表纳入理事会。世界各国非营利组织的实践更多验证或采纳了利益相关者理论和资源依赖理论的主张。与企业不同的是,非营利组织的理事会很少仅由所有者代表构成,而是广泛覆盖诸多对组织资源的获得产生影响的人士。管家理论的关注点是理事会与执行层的关系,没有对理事会成员的选择提出直接的建议。

第七节 本章小结

本章介绍了英文文献中非营利组织治理研究的主要理论,并对不同理论的观点进行了比较。从以上分析可以看出,不同的理论对于非营利组织治理中的核心问题既有相似的观点,也有相互冲突的看法。在针对具体问题的研究当中,需要借鉴和综合多种理论。对于非营利组织治理理论的发展来说,各派理论之间的融合、借鉴与吸收也必不可少。随着中国非营利组织发展过程中暴露出越来越多的问题,中国学术界对于治理理论的需求日益迫切。在这种社会背景下,我国对国际上非营利组织治理理论的引入显得尤为重要。现实问题的呈现不仅为理论运用提供了场地,更为检验、发展和推进理论提供了动力。基于中国场景的扎实的经验研究将对这些理论的丰富和完善起到重要的推动作用。

【思考题】

1. 代理理论关于非营利组织治理的主要观点是什么?
2. 管家理论关于非营利组织治理的主要观点是什么?
3. 资源依赖理论关于非营利组织治理的主要观点是什么?
4. 制度理论关于非营利组织治理的主要观点是什么?
5. 利益相关者理论关于非营利组织治理的主要观点什么?
6. 代理理论、管家理论、资源依赖理论、制度理论、利益相关者理论关于非营利组织治理的观点存在哪些区别?

【推荐阅读】

Berle, Adolf A., and Gardiner C. Means, "The Modern Corporation and Private Property," New York: Macmillan, 1968.

Fama, Eugene F., and Michael C. Jensen, "Separation of Ownership and Control," Journal of Law and Economics, Vol. 26, No. 2, 1983. pp. 327–349.

Ostrower, Francie, and Melissa M. Stone, "Governance: Research Trends, Gaps, and Future Prospects," in W. Powell, ed., *The Nonprofit Sector: A Research Handbook*, 2nd edn., New Haven: Yale University Press, 2006.

Davis, James H., F. David Schoorman, and Lex Donaldson, "Toward a Stewardship Theory of Management," *Academy of Management Review*, Vol. 22, No. 1, 1997, pp. 20-47.

Pfeffer, Jeffrey, "Size, Composition, and Function of Hospital Boards of Directors: A Study of Organization-Environment Linkage," *Administrative Science Quarterly*, Vol. 18, No. 3, 1973, pp. 349-363.

Miller-Millesen, Judith L., "Understanding the Behavior of Nonprofit Boards of Directors: A Theory-based Approach," *Nonprofit and Voluntary Sector Quarterly*, Vol. 32, No. 4, 2003, pp. 521-547.

Jensen, Michael C., and William H. Meckling, "Theory of the Firm: Managerial Behavior, Agency Costs, and Ownership Structure," *Journal of Financial Analysis*, Vol. 3, No. 4, 1976, pp. 305-360.

第十二章　非营利组织战略管理理论

【内容提要】

非分配约束是非营利组织区别于营利组织的最重要特征,也是管理非营利组织需要最先考虑的法律问题。非营利性以及由此导致的非分配约束,把非营利组织放在了与营利组织不同的制度环境中,使得非营利组织的管理和运行呈现出诸多与企业组织不同的特征。非营利组织由于享有税收豁免、具有非利润分配性而受到有关法律的约束。社会公众、管理机构对组织目标的认同程度、对组织事业的接受程度等对非营利组织的发展至关重要。非营利组织处于不完全的竞争环境之中,相对于企业来说,非营利组织的绩效考核更为困难。在分析非营利组织特征的基础上,本章介绍了布赖森的战略管理模式以及罗勒的战略选择矩阵。

非营利组织研究领域的著名学者萨拉蒙注意到,20世纪70年代以来,"在北美、欧洲和亚洲的发达国家,在亚洲、非洲和拉丁美洲的发展中社会以及苏联,人们组成协会、基金会和其他相似机构来提供公共服务、促进发展、防止环境恶化、保护公民权利以及实现许多其他的目标"[①]。他认为,非营利部门的发展是20世纪后期全球范围内重要的社会和政治发展现象,其意义类似于19世纪后期民族国家的兴起。20世纪80年代以来,中国非营利部门的迅速成长引起了国际学术界的广泛兴趣。本章的目的在于介绍非营利组织战略管理的理论与方法。本章的内容从三方面展开:第一部分介绍非营利组织的基本特征和战略管理的概念,这是对非营利组织进行战略管理的基础;第二部分介绍布赖森的战略管理模式;第三部分介绍罗勒的非营利组织战略选择矩阵。

---

① 〔美〕莱斯特·M.萨拉蒙:《公共服务中的伙伴——现代福利国家中政府与非营利组织的关系》,田凯译,商务印书馆2008年版,第244页。

第一节　基本概念和特征

一、非营利组织的界定

研究非营利部门的学者通常把社会划分为政府部门、市场部门和非营利部门(或第三部门)。① 社会中的组织相应地可以区分为政府、企业和非营利组织。道格拉斯指出，政府部门的本质特征是以依靠法律实施的命令为基础的权威关系；市场部门以交换为特征；而非营利部门的特征在于"志愿的集体认同"(voluntary collective identification)。在市场部门中，参与者的关系是自愿的，却在追求自我利益。政府和非营利组织都以追求公共利益为目标，但政府利用的是法律强制的权威方式，非营利组织则是通过参与者的自愿组织来追求公共利益。②

萨拉蒙认为，非营利组织应该具有这些特征：(1)正规性，指有一定的组织机构，非正规的、临时聚集在一起的人不能被认为是非营利领域的一部分，非营利组织必须具有根据国家法律注册的合法身份；(2)私立性，在组织结构上独立于政府，非营利组织既不是政府机构的一部分，也不受由政府官员主导的董事会领导；(3)非利润分配性，非营利组织不为其拥有者积累利润，它们也许在一定期限内积累一定的利润，但是这些利润必须投资组织使命所规定的工作，而不是在组织所有者中分配；(4)自我控制性，非营利组织能控制自己的活动，具有不受外部控制的内部管理程序；(5)志愿性，无论是在实际活动中，还是在管理组织事务中均有明显的志愿参与；(6)公共利益性，非营利组织要服务于某些公共目的和为公众奉献。③

二、非营利组织的特征

从组织理论的视角来看，与企业、政府等其他类型的组织相比较，非营利组织在利润分配、生存环境、绩效考核方面具有一些独有的特性，这些特性与非营利组织的战略管理是息息相关的。

---

① Theodore Levitt, *The Third Sector: New Tactics for a Responsive Society*, New York: AMCOM, 1973.
② James Douglas, *Why Charity? The Case for a Third Sector*, Beverly Hills: Sage Publications, 1983.
③ 〔美〕莱斯特·赛拉蒙：《非营利领域及其存在的原因》，李亚平、于海编选：《第三域的兴起》，复旦大学出版社1998年版。

（一）非营利性与非分配约束

所谓"非分配约束"（nondistribution constraint），是指非营利组织不能把获得的净收入分配给对该组织实施控制的个人，包括组织成员、管理人员、理事等。净收入必须保留，完全用于为组织的进一步发展提供资金。① 汉斯曼认为，非分配约束是非营利组织区别于营利组织的最重要特征，也是管理非营利组织需要最先考虑的法律问题。非营利性以及由此导致的非分配约束，把非营利组织放在了与营利性组织不同的制度环境中，使得非营利组织的管理和运行呈现出诸多与企业组织不同的特征。很多可以让企业组织有效运行的管理原则，对于非营利组织来说可能并不适用。

驱使企业组织努力寻求市场定位、提高组织绩效、尽量满足消费者需求的最根本动力在于企业经营者的营利性动机。正如斯蒂格利茨所说，"在现代市场经济中，利润向厂商提供了生产个人需要的商品的激励"，"对利润的渴望驱使厂商对价格提供的信息做出响应"②。由于非营利组织不能把利润分配给个人，非营利组织的激励方式可能与企业组织存在较大差异。一些企业组织采用的激励手段可能并不适合在非营利组织中运用。非营利组织的从业人员更需要具有利他主义精神，没有非常强烈的追求物质利益的动机。

非营利组织的资金来源对其运行方式产生了重要影响。由于非营利组织提供公共物品，但又不像政府那样拥有合法的强制性权力，所以会遇到资金问题。③ 格伦比耶格指出，"绝大多数非营利服务组织依赖于令人眼花缭乱的资金来源：来自政府部门的资助和合同；基金会赠款、企业支持、个人直接捐款、联合之路（United Way）资助、教会捐赠、遗赠等形式的捐款；通过会费、

---

① Henry Hansmann, "The Role of Nonprofit Enterprise," *Yale Law Journal*, Vol. 89, No. 5, 1980, pp. 835-901.
② 〔美〕约瑟夫·斯蒂格利茨：《经济学（上）》，梁小民、黄险峰译，中国人民大学出版社1997年版，第29—31页。
③ Burton Weisbrod, "Toward a Theory of the Voluntary Nonprofit Sector in Three-Sector Economy," in Edmund S. Phelps, ed., *Altruism Morality and Economic Theory*, New York: Russel Sage, 1975; Lester Salamon, *Partners in Public Service: Government-Nonprofit Relations in the Modern Welfare State*, Baltimore: The Johns Hopkins University Press, 1995.

服务收费、租金、产品销售等获得的收入;来自捐赠、投资和特殊事件的其他收入"①。同时,由于非营利组织享有税法规定的税收豁免,也就相应地有义务接受公众及诸多机构的审查。② 也就是说,非营利组织的有效运转依赖于政府、资金筹募组织、纳税人、捐赠人等多个组织或个人的支持。这些组织或个人为非营利组织提供了经济支持,因此会对非营利组织的运行提出一些限制条件,有的甚至会介入非营利组织的内部管理。③

(二)非营利组织的合法性约束

迈耶和斯科特把组织环境区分为技术环境(technical environments)和制度环境。④ 所谓技术环境,是指组织生产用于市场交换的产品和服务的环境。在技术环境中,组织由于产品服务质量的改进和产量的提高而受到奖励。技术环境鼓励了有效地协调技术工作的理性化结构的发展。而制度环境则是组织为了获得合法性和支持而必须遵守的规则和必要条件。在制度环境中,组织由于采用了正确的结构和程序,而不是由于它们产出的数量和质量受到奖励。斯科特认为,任何组织都要面对这两种环境,只不过不同类型的组织

---

① Kirsten Grønbjerg, *Understanding Nonprofit Funding: Managing Revenues in Social Services and Community Development Organizations*, San Francisco: Jossey-Bass, 1993, p. 22.

② 例如,1989 年美国国家统计总局的一份报告指出,在所调查的非营利医院中,有 57% 的医院提供的慈善性服务的价值抵不上因税收优惠而获得的收益。如果非营利性医院提供的慈善性医疗服务达不到标准,州政府和地方政府将起诉它们,追回免除的税收款。参见〔美〕里贾纳·E.赫茨琳杰:《有效的监管:给非营利组织董事们的建议》,里贾纳·E.赫茨琳杰等:《非营利组织管理》,北京新华信商业风险管理有限责任公司译,中国人民大学出版社、哈佛商学院出版社 2000 年版。

③ 例如,迈克尔·塞德拉克观察到,20 世纪 30 年代的联合慈善组织(United Charities)使依赖其支持的社会服务机构的结构、方法和理念都发生改变和同质化了。迪马吉奥和鲍威尔注意到,一些非营利组织为了具有获得联邦政府合同和资金的资格,不得不按照政府的法律和技术要求在组织结构和运行程序方面做出调整。这些强制性的要求使得组织变得越来越相似了。参见 Michael Sedlak, "Youth Policy and Young Women, 1950—1972: The Impact of Private-sector Programs for Pregnant and Wayward Girls on Public Policy," Paper presented at National Institute for Education Youth Policy Research Conference, Washington, 1981; Paul J. DiMaggio and Walter W. Powell, "The Iron Cage Revisited: Institutional Isomorphism and Collective Rationality in Organizational Fields," *American Sociology Review*, Vol. 48, No. 2, 1983, pp. 147–160。

④ John W. Meyer and Richard W. Scott, *Organizational Environments: Ritual and Rationality*, Beverly Hills, Calif.: Sage Publications, 1983.

生存的技术环境和制度环境强弱不同而已。①

非营利组织与制度环境发生关联的一个重要途径是合法性机制。② 在韦伯的理论中,"合法性"中的"法"指的是法律和规范。他所谓的合法秩序(legitimate order)是由道德、宗教、习惯、惯例和法律等构成的。合法性是指符合某些规则,而法律只是其中一种比较特殊的规则,其他的社会规则还有规章、标准、原则、典范以及价值观等。因此,合法性的基础可以是法律程序,也可以是一定的社会价值或共同体所沿袭的先例。③ 奥尔德里奇把合法性区分为两类:认知合法性与社会政治合法性。认知合法性是指社会把某种新生事物当作环境的一种理所当然的特征加以接受。社会政治合法性指组织被主要的股东、公众、政府官员认为是适当和正当的而加以接受。④

非营利的组织特性把非营利组织放在了与企业组织不同的制度维度中。非营利组织由于享有税收豁免、具有非利润分配性而受到有关法律的约束。社会公众、管理机构对组织目标的认同程度、对组织事业的接受程度等对非营利组织的发展至关重要。各种法令和章程规定的义务、传统、社会价值、公众态度等都会对非营利组织构成制约,限制它们的自主权和灵活性,导致它们在决策和战略方面不得不把更多的精力用于处理制度环境中的不确定性,而不是像企业那样主要处理技术环境中的问题。

(三)非营利组织弱竞争性的环境

竞争对于市场的有效运行至关重要。竞争是一种重要的力量,它迫使厂商寻求更高效的生产方法并且更有效地满足消费者需求。⑤ 企业如果管理不善,组织绩效低下,则会在市场竞争中处于劣势,进而被更有效率的组织取而代之。然而,非营利组织在社会服务中往往处于垄断地位,或者是不完全竞

---

① Richard W. Scott, *Organizations: Rational, Natural and Open System*, New Jersey: Prentice-Hall, 1992.
② Richard W. Scott, "Unpacking Institutional Arguments," in Walter W. Powell and Paul J. DiMaggio, eds., *The New Institutionalism in Organizational Analysis*, Chicago: The University of Chicago Press, 1991.
③ 〔德〕马克斯·韦伯:《经济与社会》,林荣远译,商务印书馆1997年版。
④ Howard Aldrich, *Organization and Environment*, Englewood Cliffs, NJ: Prentice-Hall, 1979.
⑤ 〔美〕约瑟夫·斯蒂格利茨:《经济学(上)》,梁小民、黄险峰译,中国人民大学出版社1997年版,第138页。

争状态。① 纳特和巴可夫注意到,"公共和第三部门组织不便为获得顾客而进行竞争,有时,这类竞争甚至是被禁止的,人们希望它们能与其他提供类似服务的机构合作而不是竞争。否则的话,就会被人们认为是提供重复服务,而世界上没有人认为提供重复服务是可取的。第三部门组织如医院之间,通常相互默认各自只为一定的区域提供服务,只有医院间谈判破裂的时候,才会出现竞争。当有新竞争者要进入时,管理机构便会以提供重复服务为由质疑增加新资源的合理性,并以此阻止它们的进入"②。

非营利组织运行的不完全竞争环境对组织的内部管理产生了重要影响。这一方面意味着竞争性战略管理模式在公共性很强的组织中没有多少用处③;另一方面,由于缺乏竞争,非营利组织会缺少外在压力去主动改变管理方式,提高管理效率,消费者需求可能得不到满足。

(四)非营利组织的绩效考核方式

企业有比较成熟的量化指标,来比较迅速而准确地反映出企业的经营状况,为企业的下一步发展提供有效信息。④ 在市场中,评价企业组织的一个最重要标准是赢利能力。尽管在如何测量利润以及什么是可接受的利润水平方面存在着诸多争议,但如果一个企业组织能够在法律允许的框架内盈利,那么一般来说可以认为该组织是成功的。然而,盈利能力标准对于非营利组织来说并不适用。对非营利组织来说,能挣钱并不一定是好事情,也不一定说明组织运行有效率,甚至会完全相反。非营利组织的纯粹利益取向会严重影响公众对组织的认同,导致公众对组织存在的合法性基础产生怀疑,进而直接影响到组织获取资源的能力。

相对于企业来说,非营利组织的绩效考核更为困难。很多非营利组织提

---

① 例如,中国的《社会团体登记管理条例》第十三条规定,如果在同一行政区域内已有业务范围相同或者相似的社会团体,登记管理机关认为没有必要成立,则不予批准筹备。《民办非企业登记管理暂行条例》第十一条规定,在同一行政区域内已有业务范围相同或者相似的民办非企业单位,没有必要成立的,登记管理机关不予登记。

② 〔美〕保罗·C.纳特、罗伯特·W.巴可夫:《公共和第三部门组织的战略管理:领导手册》,陈振明等译校,中国人民大学出版社2001年版,第26页。

③ 同上。

④ 比如一定时期内的产品数量、产品质量、成本和收益状况等。

供某种类型的公共服务,而不直接从事具有可观察形态的产品生产。相对来说,测量公共服务的质量和数量要困难得多,很难确立一套合理的量化指标来对组织的绩效进行考核。有些非营利组织接受资助以后,常常提供免费服务,这使得非营利组织的绩效考核更为困难。到目前为止,非营利组织的绩效测量还没有一个很好的标准。①

三、战略管理的概念

战略最初是一个军事术语,指在战争中实行的一套克敌制胜的策略。后来马基雅维利把这个词运用于政治领域,指代有计划地运用权力和贯彻国家目标的活动。工商业界也利用这个军事概念发展出了自己的战略观,用于描述企业为达到目标而实施的各种策略。② 对非营利组织战略管理的研究开始于 20 世纪 70 年代中后期。四十余年来,该研究领域迅猛发展。非营利部门最初采用的是战略规划而不是战略管理。相对前者来说,战略管理是一个更为宽泛的概念,不仅包括战略规划,还包括战略执行和战略控制。皮尔斯和罗宾森认为,战略管理是指为实现组织目标,使组织和其所处环境高度协调,而在制定和实施战略的过程中所采取的一系列决策和行动的总和。③ 非营利组织战略管理可以分为战略形成(strategy formulation)、战略内容(strategy content)、战略实施(strategy implementation)三大部分。战略形成是"用于评估或再评估组织的使命、哲学和目标,并制订计划来实现与组织的使命和哲学相一致的目标的过程"④。战略内容包括构成组织战略的行动和策略,具体可分为组织、业务和职能部门三个不同层面的战略。战略实施集中关注如何把决策转换为行动、如何对战略进行评估。三者之间的关系可见图 12-1。

---

① Victoria D. Alexander, "Environmental Constraints and Organizational Strategies: Complexity, Conflict, and Coping in the Nonprofit Sector," in Walter W. Powell and Elisabeth S. Clemens, eds., *Private Action and Public Good*, New Haven: Yale University Press, 1998.

② 〔美〕保罗·C. 纳特、罗伯特·W. 巴可夫:《公共和第三部门组织的战略管理:领导手册》,陈振明等译校,中国人民大学出版社 2001 年版,第 46 页。

③ John A. Pearce and Richard B. Robinson, *Strategic Management: Strategy, Formulation, and Implementation*, Homewood, Ill: Irwin, 1985.

④ Stephen M. Shortell, Ellen M. Morrison, and Shelley Robbins, "Strategy Making in Health Care Organizations: A Framework and Agenda for Research," *Medical Care Review*, Vol. 42, No. 2, 1985, p. 223.

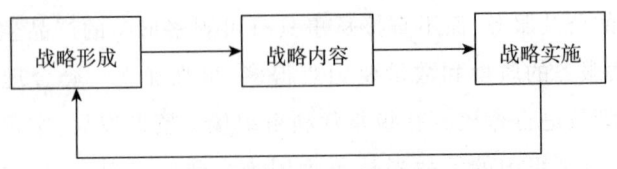

图 12-1　战略形成、战略内容与战略实施的关系

非营利组织战略管理探讨的一个重要问题是,组织如何定位以面对越来越不确定的未来。战略管理理念的引入,可以帮助非营利组织通过对组织的优势(strengths)、弱点(weaknesses)、机会(opportunities)和威胁(threats)的综合分析(SWOT 分析),为组织定位,使组织对于使命、发展目标、组织结构、决策方式等有更为清楚明确的把握,从而准确地为长期发展制定出可预期的路线图。同时组织也可以更加有效而迅速地对急剧变迁的环境做出反应,获得更好的发展。

第二节　布赖森的战略管理模式

布赖森以 SWOT 分析法为基础,提出了对非营利组织进行战略管理的八个步骤。

一、达成最初的一致意见

布赖森认为,战略管理的第一步是组织内外部关键决策者就总体战略进行沟通并达成一致观点。关键决策者的支持与承诺对于组织的战略规划的成功至关重要。这就需要有某个人或某个群体来推动关于总体战略的协商,明确哪些人是关键决策者,哪些人、群体、部门或组织应该参与到战略规划中来,并在此基础上形成战略规划小组。布赖森的这个观点与纳特和巴可夫的类似,但后者使用的是"战略管理小组"(strategic management group,SMG)的概念。纳特和巴可夫更为明确地提出,战略管理小组应由代表组织内外部利益和处于权力中心的人士构成,它是组织如何进行变革的思想源泉,也是组织变革的发起者和推动者。纳特和巴可夫进一步指出,为了确保战略管理小组对战略相关信息有足够的了解,并能够保证战略顺利实施,需要在战略管理小组中引入组织的理事会代表、首席执行官、组织内不同职能部门的高级雇员、外部利益相关者等各方人士。

在布赖森看来,准备对组织进行战略规划的关键人士达成的一致意见应该涵盖努力的目标、步骤、报告的形式和时间表、参与的部门或群体的作用、所需的资源,以及战略规划小组的地位和作用。

二、明确相关法令

由于非营利组织面临着比企业更为非常复杂的制度环境,因此了解制度规则显得尤为重要。政府关于非营利组织运行的相关立法、方针、命令、合同等制度规范构成了组织的行动边界,对组织的行动施加了种种约束。非营利组织管理者必须充分了解与组织生存和发展密切相关的法律、法规和要求,处理好与监督机构和管理权威的关系。布赖森把与非营利组织相关的法令分为正式法令和非正式法令两种形式。正式法令是外部强加的立法、管制、指导方针、条例、合同等,也包括组织章程和理事会的规定。非正式法令主要体现为内外部利益相关者对组织的预期。正如纳特和巴可夫所指出的,"非营利组织要做的事情远远不应该局限于消费者将购买什么样的服务,它们除了应关注客户和雇员对变革的观点外,还要考虑政治、财政和法律的影响"[①]。

三、明确组织的使命和价值

在布赖森看来,组织的使命有三个功能:一是说明组织存在的社会正当性;二是澄清组织的目标,消除组织内部大量不必要的冲突;三是激励组织的关键利益相关者,尤其是雇员。

布赖森认为,在阐明使命之前,组织必须对利益相关者进行分析。他把利益相关者定义为"任何能对组织的资源或产出产生影响的个人、群体或组织"[②]。非营利组织的利益相关者包括顾客/服务接受者,雇员和志愿者,主要

[①] 〔美〕保罗·C.纳特、罗伯特·W.巴可夫:《公共和第三部门组织的战略管理:领导手册》,陈振明等译校,中国人民大学出版社 2001 年版,第 158 页。

[②] John M. Bryson, "Strategic Planning and Action Planning for Nonprofit Organizations," in Robert D. Herman, ed., The Jossey-Bass Handbook of Nonprofit Leadership and Management, San Francisco: Jossey-Bass, 1994, p. 160.

管理人员、理事会、会员、第三方付款人或资金提供者、提供补充服务的其他非营利组织、公共的、非营利的或营利性的竞争者等。布赖森认为,战略规划小组对利益相关者的分析应围绕几个中心问题:哪些个人、群体或组织是本组织的利益相关者?他们在组织中的利益是什么?他们判断组织绩效的标准是什么?这些利益相关者如何影响组织?组织需要从利益相关者那里获得什么?对利益相关者的分析是制定战略的前提。

组织在确立使命时应该努力回答六个问题:作为一个组织来说我们是谁?我们需要满足的基本社会需求、政治需求是什么?我们如何识别并满足这些需求?我们如何对主要利益相关者的要求做出回应?我们的哲学和核心价值是什么?我们因为什么而与众不同?

四、外部环境评估

对外部环境进行评估的目的在于发现组织面临的机会和威胁。布赖森认为战略规划小组应该从两个方面来监测组织的机会与威胁:一是监测环境中政治方面、经济方面、社会方面和技术方面(PESTs)的变化和趋势;二是对各种利益相关者进行监测,包括服务对象、竞争者、合作者等。[①]

五、内部环境评估

内部环境评估的目的在于发现组织的优势和弱点。为此,布赖森强调,组织应该从资源(投入)、当前的战略(过程)以及绩效(产出)三方面来评估组织的内部环境。在这个过程中,有关投入、战略和绩效的信息对于战略规划小组来说十分重要,组织应该创造完善的指标体系对这三个方面进行监测,并及时向利益相关者(捐赠人、服务对象、出资人等)公布相关信息。

---

① 研究非营利组织战略的经济学家对非营利组织行业层面的分析给予了较多关注。他们把非营利领域看作一个市场,借用经济学关于市场和竞争的分析,来看待非营利组织与竞争者、合作者、捐款人等之间的关系。这种思维逻辑与布赖森的战略管理模型存在一定的视角差异,但可以进一步丰富布赖森评估外部环境的方法。例如,奥斯特借用迈克尔·波特对企业竞争战略的分析模型,较为详细地分析了非营利组织面临的新进入者的威胁、进入障碍、非营利组织之间的竞争与合作等,具有一定的参考作用,可参见 Sharon M. Oster, *Strategic Management for Nonprofit Organizations*, Oxford: Oxford University Press, 1995。

六、确定战略议题

布赖森把战略议题界定为"影响组织的使命和价值、产品或服务、服务对象、资金、管理或组织设计的基本政策问题"①。由于选择战略议题十分重要，布赖森提出了三种确定战略议题的方法。一是直接或间接的方法。这是对组织的使命、优势和弱点以及组织在环境中面临的机会和威胁进行评估，进而确定战略议题。这个过程包括对利益相关者的分析、SWOT 分析法以及组织使命的陈述等。二是目标方法。由于组织一般都有明确的目标，组织可以根据议题是否有助于组织将目标转换为行动来选择战略议题。三是愿景方法。愿景描述了组织如果成功将要达成的状态。该方法是把组织当前的状态与愿景相比较，通过找出两者之间的差距及其原因来确定战略议题。

七、战略发展

战略发展是把战略议题变为具体行动的过程。布赖森建议战略规划小组采用五个步骤来发展战略。第一步是确定解决战略议题的实际可行方案；第二步是弄清实施这些方案可能存在的问题和障碍；第三步是提出重要的计划安排来实施这些方案；第四步是提出在接下来的两三年里为具体操作这些计划需要采取的行动；第五步是在接下来的半年到一年里实施这些行动的具体工作计划。

八、对组织未来的描述

布赖森认为，组织应该清楚地描述组织"成功的愿景"，即组织成功地实施这些战略对组织的重大影响。对成功的愿景的描述应该包括组织的使命、基本战略、绩效标准、决策规则以及对雇员的道德规范。这种描述的功能在于让组织成员清楚组织的发展方向，并激励和动员组织成员共同实现组织的目标。

---

① John M. Bryson, "Strategic Planning and Action Planning for Nonprofit Organizations," in Robert D. Herman, ed., *The Jossey-Bass Handbook of Nonprofit Leadership and Management*, San Francisco: Jossey-Bass, 1994, p. 163.

第三节　罗勒的非营利组织战略选择矩阵

罗勒以通用/麦肯锡(GE/Mckinsey)的规划方格理论[①]为基础,提出了非营利组织战略选择的矩阵模型。[②] 罗勒认为,非营利组织的战略选择受到组织内部竞争力以及外部环境的双重影响,最佳的战略是使组织的内部竞争力与环境相匹配的战略。该矩阵的横轴是组织提供项目的优势/竞争力(program strength/competitive position)。纵轴是组织所提供的服务或所在服务领域的吸引力(service/service area attractiveness)。

罗勒认为,组织可以从规模、会员的增长情况、在服务领域的声望、稳定性、项目的范围、项目的声望、可利用的资源、资金状况、成员或志愿者的专业知识、职员的胜任力等方面评价项目的优势/竞争力,可以从需求程度和普及程度来评价组织所提供服务的吸引力,可以从服务领域的家庭平均收入、人口增长率、失业率或工作增长率、住房成本、服务领域与组织使命的一致性程度等指标评价组织所在服务领域的吸引程度。

罗勒采用了赫伯特和德雷斯基的分类方法[③],把战略分为成长/发展(growth/develop)、稳定化(stabilize)、转向(turnaround)、收割(harvest)四种。他把组织提供项目的优势/竞争力分为强、中、弱三个层次,把组织所提供的服务或所在服务领域的吸引力分为高、中、低三种不同类型,由此产生了九种不同的情形,需要分别采用不同的战略(见表12-1)。

罗勒认为,在方格1中,组织在外部环境中有很强的竞争优势,并能获得持续的经济资源支持,这使得组织能够采用迅速成长战略。这类组织应该通过扩大项目规模、雇用新员工等方法来吸引更多的服务对象。在组织的结构和提供的服务能够支持的情况下,组织甚至可以采用垂直一体化战略。

---

① 通用/麦肯锡矩阵是管理咨询公司麦肯锡在20世纪70年代对GE公司的战略业务单位进行评估时开发的评估模型。该矩阵的横轴为竞争优势(competitive strength),纵轴为市场吸引力(market attractiveness),都分为高、中、低三种不同程度。

② Robert Roller, "Strategy Formulation in Nonprofit Social Services Organizations: A Proposed Framework," *Nonprofit Management and Leadership*, Vol, 7, No, 2, 2006, pp. 137-153.

③ Theodore T. Herbert and Helen Deresky, "Generic Strategies: An Empirical Investigation of Typology Validity and Strategy Content," *Strategic Management Journal*, Vol. 8, 1987, pp. 135-147.

第十二章 非营利组织战略管理理论

表 12-1　Roller 的非营利组织战略选择矩阵

		项目优势/竞争力状态		
		强	中	弱
服务/服务领域吸引力	高	通过扩大项目/增加服务对象和垂直一体化来获得快速成长 1	通过扩大项目和增加服务对象来获得成长 2	转向 3
	中	稳定/集中化 4	通过增加服务对象或扩大服务来稳定成长 5	通过合并项目或改组或与其他组织合并进行收缩 6
	低	通过扩充组织的使命和/或地理范围来获得成长 7	通过修改组织的使命和/或获得补充性的资金来源来得到发展 8	收割、结合（合并或组织间联系）或清算 9

来源：Robert Roller, "Strategy Formulation in Nonprofit Social Services Organizations: A Proposed Framework," *Nonprofit Management and Leadership*, Vol. 7, No. 2, 2006, p. 143。

在方格 2 中，组织有较强的竞争力和一些内部优势，能够提供富有吸引力的服务或处于富有吸引力的服务领域。罗勒认为，这类组织可以通过扩展项目类型、增加或扩展服务对象，来增加运营的范围。罗勒强调，在实施战略时，这类组织必须以比项目扩张更快的速度增加资金投入，以便项目或服务对象的扩张能够有充足的资金支持。

在方格 3 中，组织提供的服务或所处的服务领域具有高度吸引力，但项目的优势和竞争力很弱。罗勒认为，在这种情况下，组织应该采用转向战略，在保持现有的利益相关者和资金来源的同时，通过合并项目或服务来降低成本。此外，要通过裁员等方式提高组织的运营效率。

在方格 4 中，组织提供的服务或所处的服务领域具有中等程度的吸引力，项目优势/竞争力强。罗勒认为，从长远来看，处于这种情形中的组织可以提高服务领域的吸引力，争取向方格 1 迈进；但从短期来说，由于受到环境领域的约束，组织在很大程度上已经达到极限，应该采用稳健、缓慢的成长战略，避免采用冒险性的激进成长战略。

在方格5中，组织提供的服务或所处的服务领域具有中等程度的吸引力，项目优势/竞争力中等。罗勒主张，这类组织应该采用稳健的战略，积极提高项目的竞争优势。同时，可以通过削减低效率的项目或服务等方式提高组织的运作效率。

在方格6中，组织提供的服务或所处的服务领域具有中等程度的吸引力，项目优势/竞争力弱。罗勒认为，这类组织存在生存问题。应该积极采用两种方式摆脱这种状况：一是采用缩减战略，合并或削减项目和服务，实现可利用的资源与项目之间的平衡；二是可以考虑被更强的组织善意接管。

在方格7中，组织提供的服务或所处的服务领域缺乏吸引力，但组织的项目优势/竞争力强。罗勒认为，这类组织在受到环境严重约束的情况下，已经达到成长极限。在这种情况下，组织可以利用强大的竞争优势把提供的项目或服务扩展到更具吸引力的相关领域，争取逐步进入方格4所在的状态。

在方格8中，组织提供的服务或所处的服务领域缺乏吸引力，组织的项目优势/竞争力中等。罗勒认为，这类组织处于衰退之中，不能采取扩张战略。可以通过调整组织的使命，获取补充性的资金，或者与相似的组织合并，来让组织生存。

在方格9中，组织提供的服务或所处的服务领域缺乏吸引力，组织提供的项目优势/竞争力弱。在罗勒看来，这类组织处于衰退的环境中，自身的竞争力弱，应该采用收割战略来降低成本，减少在项目和服务上的投资，也可以考虑与其他组织合并。

第四节 本章小结

非营利组织在世界各国的经济与社会发展中正发挥着日益重要的作用。本章系统介绍了非营利组织的特征及战略管理的理论与方法。非分配约束是指非营利组织不能把获得的净收入分配给对该组织实施控制的个人，包括组织成员、管理人员、理事等。净收入必须保留，完全用于为组织的进一步发展提供资金。非营利组织由于享有税收豁免、具有非利润分配性而受到有关法律的约束。各种法令和章程规定的义务、传统、社会价值、公众态度等都会对非营利组织构成制约,限制它们的自主权和灵活性,导致它们在决策和战略方面不得不把更多的精力用于处理制度环境中的不确定性。非营利组织处于竞争性较弱的环境当中,与企业组织相比更加强调合作而不是竞争。布赖森以 SWOT 分析法为基础,提出了对非营利组织进行战略管理的八个步骤:达成最初的一致意见、明确相关法令、明确组织的使命和价值、外部环境评估、内部环境评估、确定战略议题、战略发展、对组织未来的描述。罗勒以通用/麦肯锡的规划方格理论为基础,提出了非营利组织战略选择的矩阵模型。非营利组织的战略选择受到组织内部竞争力以及外部环境的双重影响,最佳的战略是使组织的内部竞争力与环境相匹配的战略。

【思考题】

1. 非营利组织区别于企业组织的重要特征是什么?
2. 非营利组织战略管理包括哪些内容?
3. 布赖森战略管理的主要观点是什么?
4. 罗勒战略选择矩阵的主要观点是什么?

【推荐阅读】

Pearce, John A., and Richard B. Robinson, *Strategic Management: Strategy, Formulation, and Implementation*, Homewood, Ill: Irwin, 1985.

Bryson, John M., "Strategic Planning and Action Planning for Nonprofit Organizations", in Robert D. Herman, ed., *The Jossey-Bass Handbook of Nonprofit Leadership and Management*, San Francisco: Jossey-Bass, 1994, p. 163.

Roller, Robert, "Strategy Formulation in Nonprofit Social Services Organizations: A Proposed Framework," *Nonprofit Management and Leadership*, Vol. 7, No. 2, 2006, pp. 137-153.

Herbert, Theodore T., and Helen Deresky, "Generic Strategies: An Empirical

Investigation of Typology Validity and Strategy Content," *Strategic Management Journal*, *Vol.* 8, 1987, pp. 135–147.

〔美〕保罗·C. 纳特、罗伯特·W. 巴可夫：《公共和第三部门组织的战略管理：领导手册》，陈振明等译校，中国人民大学出版社2001年版。

〔美〕莱斯特·M. 萨拉蒙：《公共服务中的伙伴——现代福利国家中政府与非营利组织的关系》，田凯译，商务印书馆2008年版。

教师反馈及教辅申请表

北京大学出版社本着"教材优先、学术为本"的出版宗旨,竭诚为广大高等院校师生服务。为更有针对性地提供服务,请您认真填写完整以下表格后,拍照发到 ss@pup.pku.edu.cn,我们将免费为您提供相应的课件,以及在本书内容更新后及时与您联系邮寄样书等事宜。

书名		书号	978-7-301-	作者	
您的姓名				职称、职务	
校/院/系					
您所讲授的课程名称					
每学期学生人数	_____人	_____年级		学时	
您准备何时用此书授课					
您的联系地址					
联系电话(必填)				邮编	
E-mail(必填)				QQ	
您对本书的建议:					

我们的联系方式:

北京大学出版社社会科学编辑部

北京市海淀区成府路 205 号,100871

联系人:梁　路

电话:010-62753121 / 62765016

微信公众号:ss_book

新浪微博:@未名社科-北大图书

网址:http://www.pup.cn

更多资源请关注"北大博雅教研"